中国历史文化名村大观

（上册）

刘玉国　林诚斌　主编

中国时代经济出版社

《中国历史文化名村大观》编委会

主　　任：沈镇昭　唐　珂

副 主 任：张力军　董学玉　曹　举　刘玉国　潘利兵

成　　员（以姓氏笔划为序）：

马旭铭　王应德　刘　军　刘亚军　张先宏　张合旺　张丽萍

李　震　肖克之　陈　军　陈　军　单爱东　林正同　林诚斌

柏　芸　胡泽学　唐志强　曹幸穗　曹　博　管　文

主　　编：刘玉国　林诚斌

副 主 编：孟行正　钱文忠　宁　刚　陈　影

编　　辑：李士毅　吴燕生　迟铭雯　杨作贵　崔晓燕　魏秀玲　金　重

张　卫　王　江　陈红琳　朱祥龙　孔祥芝　宿小妹　韵晓雁

霍敬东　王庆锋　王　涛

撰　　稿：林诚斌　孟行正　钱文忠　宁　刚　陈　影　李士毅

统　　稿：刘玉国　林诚斌

摄　　影：孟行正　林诚斌　钱文忠

图片统筹：林诚斌　陈　影

序言

中国历史文化名村大观

　　中国是一个传统农业大国，古村落之多、地域分布之广为世界罕见。村落是中国社会的缩影，是记录中华文明的一座座博物馆。这些古村落的现存建筑，少量为宋元时代建造，多数为明清时期遗留，一般分布于近代以来交通闭塞、经济落后的山区，自然环境保存较为完好，保留有大量的民间文物和乡土艺术资料。

　　在广袤的中国大地上，村落虽然各具特色，但也遵循一定的规律。一是接近水源，靠近河湖、溪川，或有丰富的地下水可资利用。二是交通方便，水陆交通便利，能通大道，或有河流可停泊船只。三是地势高爽，易于排水，不易洪涝。四是朝向好，在东西走向的路侧或东西流向的河边，坐北朝南，夏日接受凉风，冬天可挡寒流。较大的村落有街有巷，民居分布在街巷两侧。五是方便生产，接近耕地，周边有适宜开展农业生产的自然条件。六是避免自然灾害，避开冲沟、易滑坡等危险地段。

　　按照我国传统的风水理论，村落基址后面有主峰来龙山，亦称靠背山，且来龙山后要有龙脉，即与大山形势相连通；左右有略低于来龙山的山岗或土丘，俗称为扶手，即左辅右弼，也称左青龙、右白虎；前有月牙形池塘或弯曲的水流，水流的对面有一座对景山，也称案山。这种格局形成较封闭的区域居住环境，既可以使村落避开强烈山风和寒冷潮湿气流的侵扰，又可以吸纳临水而过的凉风，还满足了村民安全稳定的心理需要。在平原地带，水流就代替山脉而成为"龙脉"。如果用风水理论检验村镇的地形有某些缺陷（"不吉"因素），可以用人工开圳塘、筑丘坝、植树林、造桥梁、建亭阁等方法加以补救，使其趋于理想模式，达到引来财源、招来吉祥的好结果。风水理论虽然有迷信的因素，但大多数符合地理学原理，体现了中国古人对"天人合一"理想的追求。

　　风水理论将人工建筑与自然环境相融合，追求山水相映。一般村落虽然没有严格的规划，但受乡俗民约和风水理论指导，各民居之间多能相互协调。多数村落的空间组织、街巷布局表现出整体性，公共建筑和崇祀建筑的建置一般能够与民居相配合。街道多东西走向，以符合民居主要建筑朝南的习尚。同时尽可能地将溪水引入村落，以方便村民生活。

　　除民居建筑外，村落中还有一些乡土建筑，如防卫建筑寨门、围墙、看家楼，崇祀建筑祠堂、庙宇、戏台、牌坊，文教建筑学校、文昌阁、文峰塔，以及商业店铺和手工作坊等。为抵御外界侵扰，村落多以血缘的内聚力聚族而居。多数村落建有祠堂，这是中国礼制建筑中最重要的建筑。村落一般没有正规佛寺和道观，只有一些小型的非正规的宗教庙宇，供奉与人们生活密切相关的财神、观音及灶君等，有的设有关帝庙、妈祖庙、孔庙等。庙址多选在村口或村中心，形成大众活动中心。一般村落中设有私塾，由一位先生教几个学童，属于启蒙教育。为了提倡学习，村落中常建有文昌阁、文峰塔等建筑。文昌阁是祭祀文昌帝君的，关系到村民的功名。文峰塔是改善村落文运的，企望仕宦迭出、科第连登。

中国乡间民居大致可归纳为六类。一是木构架庭院式民居，这是中国传统民居的最主要形式，其数量多，分布广。这种民居以木构架房屋为主，在南北向的主轴线上建正厅或正房，正房前面左右对峙建东西厢房，四合院是木构架庭院式民居的代表，其中以北方四合院最为典型。二是"四水归堂"式民居，平面布局与北方的"四合院"大体一致，只是院子较小，称为天井，仅作排水和采光之用，因各屋面内侧坡的雨水都流入天井，故俗称"四水归堂"，徽派民居是"四水归堂"式民居的代表。三是"一颗印"式民居，分布于我国西南部，布局原则与"四合院"大致相同，只是房屋转角处互相连接，组成一颗印章状民居建筑，木构架，土坯墙，多绘有彩画。四是大土楼，这是福建西部客家人聚族而居的围成环形的多层楼房，防卫性很强。五是窑洞式民居，分布在我国中西部黄土层较厚的地区，节省建筑材料，施工技术简单，冬暖夏凉，经济适用。六是干阑式民居，分布于我国西南部的云南、贵州、广东、广西等地区，为傣族、景颇族、壮族等的民居形式，用竹、木等构成的楼房，底层架空，用来饲养牲畜或存放东西，上层住人。

总之，中国传统村落在环境、建筑、人文等方面都有着极其丰富的内涵。村落的历史文化，是中华历史文化不可或缺的组成部分。国家住房和城乡建设部（原建设部）、国家文物局联合开展中国历史文化名村的评选和命名工作，截至 2010 年 11 月，已分四批公布了 108 个中国历史文化名村。这 108 个中国历史文化名村，是我国众多村落的典型代表。中国历史文化名村研究，是中国农业博物馆 2009 年下达的一个课题。中国农业博物馆将中国历史文化名村列入研究范围，足见其对农村历史文化遗产保护工作的关注和重视，彰显一个国家级博物馆的社会责任感。

在过去的两年时间里，本书的作者们克服重重困难，一一深入 108 个中国历史文化名村，做了大量卓有成效的研究工作，圆满完成了任务，取得的成绩可圈可点、可喜可贺。在认真研究的基础上，编辑出版《中国历史文化名村大观》一书，对于继承和弘扬中华文明，对于保护我国文化遗产特别是农村文化遗产，必将起到积极的推动作用。该书图文并茂，内容翔实，文字和图片均是作者们现场调研的第一手材料，具有较强的系统性、史料性和可读性。是为序。

沈镇昭

二〇一一年一月

前言

中国历史文化名村大观

中国历史悠久，幅员辽阔，是一个具有五千年历史的文明古国。我国灿烂的古代文明归根到底是农业文明，而众多的村镇正是这一文明最重要的承载者。据统计，我国现存的历史文化遗产一半以上分布在农村。在长期的生产和生活过程中，先人给我们留下了许多历史小城镇和古村落，它们是传统文化、民俗风情和建筑艺术的物化档案，记录着历史文化和社会发展的脉络。

保存文物特别丰富，具有较高历史、文化和艺术价值或革命纪念意义，能较完整地反映某一历史时期的传统文化、历史风貌、地方特色或民族风情的村，被称为历史文化名村。由国家主管部门评选和命名的为国家级历史文化名村，也称中国历史文化名村；由省主管部门评选和命名的为省级历史文化名村。从2003年起，国家住房和城乡建设部（原建设部）、国家文物局联合开展中国历史文化名村的评选和命名工作。截至2010年11月，已分四批公布了108个中国历史文化名村。这些名村或文物古迹丰富，或建筑技艺高超，或民族风情浓郁，或文化底蕴深厚，或村落形态独特，或历史名人辈出，或自然环境优美，或几者兼而有之，无不凝聚着炎黄子孙的聪明才智和创造精神，集中体现了中华民族的审美情趣和价值取向。

开展中国历史文化名村的评选和命名工作，有利于更大范围、更全面地继承和保护我国历史文化遗产，使遗产保护的数量尽快与中华文明古国的地位相称；有利于保持名村特色，丰富当代建筑形式和文化内涵；有利于对历史遗产和历史文化进行深入挖掘和利用，提炼名村价值体系和文化内涵；有利于提升名村知名度，促进当地经济尤其是旅游业发展，逐步改善村民生活条件，为名村保护创造必要的物质基础；有利于名村成为社会主义和爱国主义教育基地，满足人民群众精神文化需要，提高全民族思想道德素质。

2009年4月，中国历史文化名村研究列为中国农业博物馆的一个课题。中国历史文化名村数量多，地域分布广，遍及22个省、自治区、直辖市；108个名村各有特色，类型不一，保存状况不尽相同；多数名村地处偏僻，交通不便，这些都给研究工作带来一定困难。在过去的两年时间里，课题组成员克服困难，分别赴各个名村进行实地调查研究，108个中国历史文化名村无一遗漏。在实地调查研究中，详细了解名村发展历程，认真分析名村形成规律，客观记录名村现实状况，努力探索名村保护措施，搜集了许多相关文字信息，拍摄了大量的图片和录像资料。

在调查研究的基础上，我们对中国历史文化名村有关问题进行研究和梳理，对所拍摄的数万幅图片进行了初步整理。在这一过程中，我们不时为有这么丰厚的历史文化遗产感到骄傲和自豪。为让更多人了解我国历史文化名村的实际情况，共同推动名村保护工作，我们将课题研究初步成果整理编辑成书。本书图文并茂，力图从一个侧面证明，中国是一个历史悠久的文明古国，在我国广阔农村有着极其丰富的历史文化资源，这些资源是人类文化遗产的重要组成部分。

108 个中国历史文化名村犹如一颗颗珍珠洒在神州大地上，闪闪发光，把一颗颗珍珠穿成一串美丽的项链是我们的心愿。我们一边调查研究，一边整理编辑，目前只是在总体上有所把握，对许多问题还来不及深入考证，一些细节问题需要进一步研究和探索。因此，此书取名"中国历史文化名村大观"。大观，一是数量大，涵盖 108 个国家级历史文化名村；二是受篇幅限制，不可能面面俱到，只能概而观之，总体上看看，不求细节。冀盼此书能起抛砖引玉作用，引来更多的人关注历史文化名村，为保护名村历史文化遗产尽微薄之力，为传承中华文明做出应有贡献。

中国历史文化名村按公布批次顺序编排，依次为第一批、第二批、第三批、第四批，同一批次内部按我国省级行政区划的习惯顺序编排。每个中国历史文化名村有近 2000 字的文字叙述，同时编排有一定数量的实景图片，每幅图配有简单的文字说明。中国历史文化名村有着非常丰富的历史文化遗产，既有大量物质文化遗产，也有许多非物质文化遗产。本书重点反映物质文化遗产，对非物质文化遗产只在文字叙述中作简要介绍。

需要特别说明的是，本书对 108 个中国历史文化名村的研究，只限于与历史文化相关的内容，如历史渊源、历史建筑、村落环境和传统文化等，上至唐宋，下至民国。新中国成立以来，这些名村在政治、经济和文化等方面取得了举世瞩目的成就，村民生活也发生了翻天覆地的变化，限于篇幅，本书不作介绍。

由于时间仓促，水平有限，书中肯定存有错误和疏漏，敬请社会各界和读者朋友批评指正。

编　者

二〇一一年一月

目录

中国历史文化名村大观

综述

中国历史文化名村

中国历史悠久，幅员辽阔，是一个具有五千年历史的文明古国。我国灿烂的古代文明归根到底是农业文明，而众多的村镇正是这一文明最重要的承载者。据统计，我国现存的历史文化遗产一半以上分布在农村。在长期的生产和生活过程中，先人给我们留下了许多历史小城镇和古村落，它们是传统文化、民俗风情和建筑艺术的物化档案，记录着历史文化和社会发展的脉络。2002 年《中华人民共和国文物保护法》将历史文化村镇纳入法制保护的轨道，国家住房和城乡建设部（原建设部）和国家文物局从 2003 年起公布了 108 个国家级历史文化名村，2008 年国务院颁布了《历史文化名城名镇名村保护条例》，为我国历史文化名村保护带来前所未有的机遇。我国的历史文化遗产保护体系日趋完善，已发展成为由"文物保护单位、历史文化街区、历史文化名城和历史文化名镇名村"组成的遗产保护体系。

一、国外历史文化村镇保护概况

国际社会很早就注意对包含丰富建筑遗产的众多历史村镇进行保护。1964 年从事历史文物建筑工作的建筑师和技术人员国际会议通过的《威尼斯宪章》，就明确指出文物古迹"不仅包括单个建筑物，而且包括能够从中找出一种独特文明、一种有意义发展或见证一个历史事件的城市或乡村环境"。1975 年国际古迹遗址理事会通过的《关于保护历史性小城镇的决议》，正式提出保护历史小城镇的概念。1976 年联合国教科文组织通过的《关于历史地区的保护及其当代作用的建议》，明确提出历史地区属于城市和乡村环境中形成的人类聚落，其范围包括史前遗址、历史城镇、老城区、老村落及古迹群。1999 年国际古迹遗址理事会通过的《乡土建筑遗产宪章》，认为乡土建筑、建筑群和村落的保护应尊重文化价值和传统特色，其乡土性的保护要通过维持和保存有典型特征的建筑群和村落来实现。

世界上不少国家对历史古镇和古村进行成片保护，认为这是民族的荣耀，是民族文化的基因，只有严格保护，才能使自己的文化走向世界，才能使自己的民族在世界上立于不败之地。美国、法国、英国和日本等国家纷纷开展历史小城镇和古村落的保护工作，建立乡村建筑遗产登记制度、成立保护协会、筹集保护资金等，取得了较好的保护效果。

二、历史文化名村的基本内涵

我国是一个历史悠久的农业大国，在漫长的历史进程中形成了众多村落。其中有些村，或在一定历史时期对推动全国或某一地区的社会经济发展起过重要作用，具有全国或地区范围的影响；或系当地水陆交通中心，成为闻名遐迩的客流、货流和物流集散地；或在一定历史时期内建设过重大工程，并对保障当地人民生命财产安全、保护和改善生态环境有过显著效益且延续至今；或在革命历史上发生过重大事件，曾为革命政权机关驻地而闻名于世；或历史上发生过抗击外来侵略，经历过改变战局的重大战役，曾为著名战役军事指挥机关驻地；或能体现我国传统选址和规划布局的经典理论，反映经典营造法式和精湛建造技艺，或能集中反映某一地区特色和风情、民族特色传统建造技术。这些保存文物特别丰富，具有较高历史、文化和艺术价值或革命纪念意义，能较完整地反映某一历史时期的传统文化、历史风貌、地方特色或民族风情的村，被称为历史文化名村。

在这些历史文化名村中，由国家主管部门评选和命名的为国家级历史文化名村，由省主管部门评选和命名的为省级历史文化名村。这些名村或文物古迹丰富，或建筑技艺高超，或民族风情浓郁，或文化底蕴深厚，或村落形态独特，或历史名人辈出，或自然环境优美，或几者兼而有之，无不凝聚着炎黄子孙的聪明才智和创造精神，集中体现了中华民族的审美情趣和价值取向。

三、我国历史文化名村保护进展情况

作为世界四大文明古国之一，我国应该保护好自己的历史古镇、古村和其他历史文化遗产。1972 年联合国教科文组织出台了《保护世界文化与自然遗产公约》，1985 年我国成为该公约缔约国，并形成了以文物保护单位、历史文化名城和历史文化保护区为主的遗产保护体系。随着我国遗产保护工作的不断深入，鉴于历史文化遗产大量存在于村镇的客观事实，在借鉴国际上遗产保护经验的基础上，我国政府逐步将历史文化名村纳入遗产保护范围。1986 年国务院在公布第二批历史文化名城时，就提出对文物古迹比较集中的小镇和村落进行保护。随后，不少省份陆续开展了历史文化名村名镇的评选工作，命名了一批省级历史文化名村。在我国政府的积极申报下，2000 年安徽省黟县西递镇西递村、安徽省黟县宏村镇宏村两个古村落被列入世界文化遗产名录。2002 年通过的《中华人民共和国文物保护法》，明确提出历史文化村镇的概念，并以法的形式确认了历史文化村镇在我国遗产保护体系中的地位。

从 2003 年开始，国家住房和城乡建设部（原建设部）、国家文物局在制定《中国历史文化名镇（名村）评选办法》和《中国历史文化名镇（名村）评价指标体系》的基础上，开展了国家级历史文化名村的评选和命名活动。截至 2010 年 11 月，已分四批公布了 108 个中国历史文化名村。其中，第一批 12 个于 2003 年 10 月公布，第二批 24 个于 2005 年 11 月公布，第三批 36 个于 2007 年 6 月公布，第四批 36 个于 2008 年 12 月公布。2008 年 4 月，国务院颁布了《历史文化名城名镇名村保护条例》，对历史文化名城名镇名村的申报、批准、规划和保护工作进行了规范。

开展中国历史文化名村评选和命名工作，有利于更大范围、更全面继承和保护我国历史文化遗产，使遗产保护数量尽快与中华文明古国地位相称；有利于保持名村特色，丰富当代建筑形式和文化内涵；有利于对历史遗产和历史文化进行深入挖掘和利用，提炼名村价值体系和文化内涵；有利于提升名村知名度，促进当地经济尤其是旅游业发展，逐步改善村民生活条件，为名村保护创造必要物质基础；有利于名村成为社会主义和爱国主义教育基地，满足人民群众精神文化需要，提高全民族思想道德素质。

四、中国历史文化名村的地理分布

截至 2010 年 11 月，我国已经公布和命名了 108 个中国历史文化名村，分布于 22 个省、自治区、直辖市。其中，山西 13 个，江西 12 个，广东 11 个，安徽 10 个，福建 9 个，贵州 7 个，河北 6 个，浙江 5 个，湖南 4 个，云南 4 个，北京 3 个，山东 3 个，湖北 3 个，四川 3 个，广西 3 个，内蒙古 2 个，陕西 2 个，河南 2 个，江苏 2 个，新疆 2 个，青海 1 个，宁夏 1 个。

从中可以看出，108个中国历史文化名村的地理分布很不均衡，呈现"东多西少、南多北少"的格局。这种分布格局的形成，有着极其复杂的原因。从自然条件看，西部生存条件比较恶劣，东部相对适宜居住，东部村落的数量和规模明显多于西部；从社会背景看，历史上北方多战乱，人员流动频繁，而南方相对稳定，南方村落发展和延续的社会条件总体上好于北方；从经济条件看，在最近数百年间，南方相对富足于北方，东部相对发达于西部，富足发达地区较贫困落后地区更重视民居、祠堂和公共设施建设，因而可能留下更多文物古迹。当然，各地区对申报中国历史文化名村工作重视程度的差异，也可能是造成现有名村分布状态的原因之一。

晋中南、皖南赣东北的古徽州、珠江三角洲，是中国历史文化名村分布最集中的三个地区。这些地区在历史上或商业发达，晋商、徽商云集；或旅居海外人数众多，为华侨祖居地。

五、中国历史文化名村的类型划分

名村可以按多种方法进行分类，目前尚无统一标准。我们综合考虑108个中国历史文化名村的特点，将其划分为10个类型，具体是文物古迹型、名人故里型、自然景观型、交通要道型、红色摇篮型、民族风情型、历史事件型、风水八卦型、军事屯兵型、宗教庙宇型。各类型的特点是：

（一）文物古迹型。文物古迹丰富，古村落外观形态完整，保存有大量的明清古民居、古桥、古树、古祠堂等，如北京市门头沟区斋堂镇爨底下村、安徽省歙县徽城镇渔梁村、广东省佛山市顺德区北滘镇碧江村等。

（二）名人故里型。历史上重视教育，人才辈出，为一位或多位历史名人祖籍地、出生地、居住地，名人故居或与名人相关的建筑保存完好，如江苏省苏州市吴中区东山镇陆巷村、山西省阳城县北留镇皇城村、广东省中山市南朗镇翠亨村等。

（三）自然景观型。村落布局合理，村中及周边自然景观优美，有知名的自然景点，青山绿水，鸟语花香，气候宜人，如安徽省黟县西递镇西递村、安徽省旌德县白地镇江村、江苏省苏州市吴中区西山镇明月湾村、浙江省武义县武阳镇郭洞村等。

（四）交通要道型。古代曾为水陆交通枢纽和必经之地，或为重要物资运输的集散地和中转站，或为传递信息和邮件的驿站，如河北省怀来县鸡鸣驿乡鸡鸣驿村、江西省婺源县江湾镇汪口村、云南省会泽县娜姑镇白雾村等。

（五）红色摇篮型。在近代革命战争中，曾为革命根据地、红色政权驻地，为红军的发展和壮大，为抗日战争、解放战争的胜利作出重大贡献，如陕西省米脂县杨家沟镇杨家沟村、河北省清苑县冉庄镇冉庄村、江西省吉安市青原区文陂乡渼陂村、贵州省赤水市丙安乡丙安村等。

（六）民族风情型。民风淳朴，邻里关系和睦，民族风情浓郁，保留着传统的民风民俗、节庆礼仪，多为少数民族聚居的村落，如贵州省从江县往洞乡增冲村、四川省丹巴县梭坡乡莫洛村、广东省连南瑶族自治县三排镇南岗古排村、云南省巍山县永建镇东莲花村等。

（七）历史事件型。发生过重大历史事件，在一定程度上改变了社会历史的进程，对当时的政局、社会稳定和人们生活产生了一定的影响，如广东省深圳市龙岗区大鹏镇鹏城村、北京市门头沟区龙泉镇琉璃渠村、山西省灵石县夏门镇夏门村等。

（八）风水八卦型。村落选址遵循中国传统风水理论，古民居和构筑物的布局依据八卦原理，崇尚自然力量，讲究天人合一，如浙江省武义县俞源乡俞源村、安徽省黟县宏村镇宏村、安徽省黄山市徽州区呈坎镇呈坎村、湖北省武汉市黄陂区木兰乡大余湾村等。

（九）军事屯兵型。历史上曾为重要军事据点，为屯兵防御、抗击外侵的城堡，具有完整的城墙、城楼和各种军事设施，如山东省即墨市丰城镇雄崖所村、福建省晋江市金井镇福全村、贵州省安顺市西秀区七眼桥镇云山屯村等。

（十）宗教庙宇型。村落建筑以宗教庙宇为主，在某一地区或全国范围内有重要影响，如内蒙古自治区包头市石拐区五当召镇五当召村、新疆维吾尔自治区鄯善县吐峪沟乡麻扎村、青海省同仁县年都乎乡郭麻日村等。

上述类型的划分是相对的，往往一个村同时具有几个类型的特点。

六、历史文化名村保护的主要内容

（一）建筑古迹

建筑古迹是记载历史信息的实物，也是历史文化名村保护的基本内容，具有较高考古价值和历史科学价值。包含的种类很多，如民居、店铺、书院、会馆、戏台等传统建筑，私家园林、碑坊、亭榭、雕塑、古桥等园林小品，街巷、桥梁、码头、驳岸、井台等日常生活设施，城墙、关隘、大坝、瓮城、地道等防御设施，寺庙、道观、经幢、佛塔、石窟、摩崖造像等宗教建筑，地下墓室、地上陵台、陵园、祠堂等陵寝建筑，以及人类活动遗址、文化层、军事遗址等历史遗迹。

（二）村落形态

村落形态，指古村总体布局形式、整体外观形态以及街巷、民居、水系等要素的空间格局，体现了规划布局的基本思想，记录了村落历史变迁的痕迹，反映了村民与自然环境互动融合的过程。广东省佛山市三水区乐平镇大旗头村，村落南面开放，北面封闭，前低后高，池塘调温，冬暖夏凉，是粤中地区村落"梳式布局"的典型代表。安徽省黟县宏村镇宏村，其村落形态与水系组织密切联系，依"牛"的形象设计，引清泉为"牛肠"，经九曲十湾后流向"牛胃"月沼，最后注入"牛肚"南湖。广东省恩平市圣堂镇歌马村，建筑布局匠心独运，村场巷道扇状展开，巧藏"雄马"形神之内涵，百年老宅鳞次栉比，无不讲究"四水归堂"风格，处处透出"风水"的神奇韵味。

（三）自然环境

自然环境，指与村落相互依存的周边山脉、水系、田野、植被、地形地貌等。古人在村落选址时，多会选择山环水绕、风光秀丽的地方，这些山脉水系、森林湖泊和自然景观是历史文化名村不可分割的组成部分。安徽省黟县西递镇西递村，四面环山，三条溪流穿村而过，周围稻田均布。浙江省武义县俞源乡俞源村，建筑与周边的山脉、河流和田野构成非常奇妙的太极图。村落的规模一般较小，加之农耕生产的需要，比城市更接近田园风光，来到古村的城里人会有重返大自然的感觉。

（四）民风民俗

乡土人家所承载的民风民俗，是历史文化名村的一项重要保护内容。包括集会庙会、健身赛事、宗教活动、饮食服饰、节庆礼仪等民间习俗，也包括戏曲杂技、诗词歌赋、地方方言、神话传说、歌舞表演等民间艺术，是本地居民长期积淀下来的社会心理、思维方式、邻里关系、生活方式、行为模式、名人事件和风俗习惯的集中体现。

七、历史文化名村保护中存在的问题

（一）思想认识不到位。对保护的重要性、紧迫性认识不足，是各个名村普遍存在的问题。具体表现形式多样，有的村民没有认识到文化遗产的重要价值，把历史建筑当成破烂拆毁；有的领导保护意识不强，在城镇化快速发展和新农村建设中，破坏了历史文化名村的传统风貌；有的重申报、轻管理，重建设、轻保护，没有处理好保护与发展的关系；有的片面理解农民改善居住条件和生活环境的愿望，盲目模仿大中城市的风格，采取"拆旧建新"的做法，对原有传统格局和历史风貌造成破坏；有的虽然保留着原有空间格局，但是村内插建了一些现代建筑，与历史形成的村容村貌很不协调，破坏了历史文脉的延续，破坏了与自然和谐相处的传统景观。

（二）保护规划滞后。不少历史文化名村对自身拥有的历史文化资源底数不清，对资源的种类、数量、年代、工艺和材料等基本信息没有建立档案，导致保护管理缺乏科学依据，影响了历史建筑的挂牌保护和宣传展示，不利于公众参与和社会监督。有的没有及时编制保护规划，在保护和发展中缺少必要的依据，随意性较大；有的虽然编制了保护规划，但内容深度不够，往往只注重"点"的保护，而忽视"线"和"面"的保护；有的在保护规划实施过程中，管理不到位，保护措施不落实，致使部分村民随意建设，建设性破坏时有发生。

（三）忽视改善居民生活。有的历史文化名村忽略当地居民生活水平的提高，片面地强调古迹建筑的保护和旅游事业的发展，对居民的感受和意愿重视不够，造成原有居民外流；有的在环境改造、民居维修以及基础设施建设等方面投入不足，传统建筑年久失修，造成自然损坏甚至倒塌；有的历史文化名村给排水、供电等基础设施陈旧简陋，不能满足人们日常生活的需要。另外，普遍忽视自然环境保护，水资源污染比较严重，一些江南古村落"小桥尚在，流水不清"。

（四）旅游开发性破坏。有的历史文化名村在旅游开发过程中过于强调商业利益，随意改变历史建筑及其环境，严重破坏了名村的历史原真性。这种破坏比时间推移产生的自然损坏来得更快，造成的后果更严重。有的将遗产保护与旅游开发本末倒置，把十分珍贵和脆弱的文化遗产当作普通旅游资源开发；有的干脆将古村落整体出让给企业经营，使整个村的内涵完全变了；有的认为历史建筑维修太难，把古人结合当地材料、以充裕时间精心雕琢出来的老房子推倒，建一批完全没有文化价值的仿古建筑、假古董；有的无视历史文化遗产的脆弱性，不加限制地接待游客，任凭游客在历史古迹上乱刻乱画，对历史文化遗产造成严重损害。

（五）城镇化带来的威胁。历史文化名村的文化遗产在漫长历史岁月中经历许多灾难和浩劫，保留至今实属不易，具有不可再生性和脆弱性，一旦遭到破坏就无法恢复。自改革开放以来，随着经济发展、城镇化进程加速，在"旧城改造"和"空心村治理"过程中，一些历史文化名村盲目模仿大中城市的风格，不顾村落的空间格局、尺度和传统文化，简单生硬地建广场、筑高楼、修马路、拓绿地，严重破坏了传统格局和历史脉络。另外，巨大的人口压力和恶化的生态环境，也使传统村落遭受破坏，一些遗产变成"遗憾"。

（六）非物质文化遗产保护面临较大挑战。在历史文化名村保护中，普遍重视物质文化遗产特别是建筑遗产的保护，忽视非物质文化遗产的保护。一些古村镇现代商业气息过于浓厚，传统民俗文化逐渐衰退，与历史环境格格不入。有的为达到"更好"地保护古村落，盲目地将古村落内的居民全部迁出，将民居全部改为旅游和娱乐设施，租售给外地人员经营。人口置换带来文化变迁，历史文化名村渐渐失去传统的生活方式和生活习俗，失去"生活真实性"，失去原有的历史韵味，扎根于本地居民中的非物质文化遗产难以传承。

八、中国历史文化名村保护对策

（一）完善法规体系。国家先后颁布了《中华人民共和国文物保护法》、《历史文化名城名镇名村保护条例》等法律法规，各地要结合地方实际，制定地方法规和实施细则，使名村保护有法规可依，有制度可循。同时，要加强乡规民约建设，使名村保护成为当地村民的共同行动。实践证明，乡规民约在名村保护中具有不可替代的作用，凡是保护较好的历史文化名村都制订有严密的乡规民约。例如浙江省武义县武阳镇郭洞村，800多年来乡规民约规定谁也不能动山上的一草一木，古老的乡规民约至今仍然发挥重要作用。经科学考察，这里的山体由碎石堆积而成，非常容易滑坡，保护山体对郭洞村的安全起着重要的作用。

（二）增加经费投入。首先，国家层面要加大对名村保护的经费投入，逐步改善名村的基础设施和生活环境，保护重点历史文物。其次，各级地方政府要加大财政支持力度，每年列出专款用于名村的保护。再次，鼓励社会团体和个人资助名村保护，扩大保护资金的筹集数量，建立名村保护社会基金。经费将用于调整村落人口和建筑密度，适当减少核心保护区内的居民数量，优化居民结构；拆除一些与历史风貌不协调的新建建筑，恢复建筑的传统风貌和村落的历史形态；进行必要的基础设施的建设，如给排水、燃气、道路等。在进行基础设施建设时，要使用当地的材料和工艺，体现出当地的文化特色。

（三）认真编制规划。编制规划是实施历史文化名村保护的有效措施之一，各地要加大对保护规划的审查力度，确保规划编制的质量，并认真组织实施。规划编制要坚持原真性、整体性和持续性，对重要历史建筑坚持修旧如旧，使其延年益寿，并按照文物古迹的保护办法严格保护。对于一般的旧民居，内部可以进行适当更新和改造，但外观和结构一定要保持原有风貌。新建的建筑必须与古村落保持一定距离，并与古村落风貌相协调。在保护范围内，发展步行交通，控制机动车穿行，合理设置停车场、广告、商业标志、电力通信电缆、路标和街道装饰，保持古朴、整洁、和谐的村容村貌。

（四）加大宣传力度。历史文化名村是不可再生人类文化遗产，做好保护工作是全社会的共同责任。要加大宣传力度，让社会公众特别是本地居民了解其价值，增强做好保护工作的自觉性。要努力探索多种形式，调动社会方方面面参与名村保护的积极性，建立政府、民间和公众共同参与的保护体系。广播、电视、网络、报纸和图书等媒体要发挥各自优势，广泛宣传历史文化名村保护的重要意义，普及相关知识。利用历史文化名村发展旅游事业，让公众在休闲游览中了解我国历史文化名村的独特历史风貌和丰富地方文化，体现名村的社会价值和经济价值。在旅游开发中，要合理预测古村落的游客容量，加强对游客的教育和监督，引导游客尽到保护责任。

（五）建立信息系统。各地要组织做好名村历史文化资源的调查建档工作，查清传统建筑、环境要素以及历史街巷的基本信息，查清文化遗产的类型、保护等级、数量和保护状况等，建立资源信息数据库，并利用计算机进行管理，为文化遗产资源的保护提供依据。文化遗产资源的信息包括文字信息，也包括视频和图像信息。在调查摸底的基础上，建立历史文化名村动态监管信息系统和预警信息系统，对历史文化资源保存状况和保护规划的执行情况进行动态跟踪监测。国家主管部门要组织人员对保护工作进行抽查，对保护不力的要限期整改，确保名村文化遗产得到有效保护，确保名村的可持续发展。

（六）提供技术支持。历史文化名村保护是一项十分复杂的系统工程，也是一项技术性很强的工作，因此要建立历史文化名村技术支撑体系和服务体系，为历史文化名村保护提供理论依据和技术支持。坚持整体保护原则，发挥专家队伍的作用，鼓励规划学、建筑学、历史学、地理学和生态学等领域的专家从不同角度开展名村保护研究工作，提出具体的保护意见和建议。加强对历史文化名村各级主管领导的培训，增强保护历史文化遗产的意识，提高保护历史文化名村的自觉性，避免在保护与发展过程中造成决策偏差。加强基层专业技术人员培养，使其掌握正确的保护理论和保护方法，避免在保护性修缮和利用中造成新的破坏。

分布图

中国历史文化名村

乌鲁木齐

拉萨

哈尔滨

长春

沈阳

呼和浩特

北京
天津

银川

太原　石家庄

济南

西宁

兰州

西安

郑州

合肥　南京

上海

成都

武汉

杭州

重庆

长沙　南昌

贵阳

福州

昆明

台北

南宁

广州

澳门　香港

海口

广州　香港

南宁　澳门

海口

南海诸岛

第一批

中国历史文化名村

爨底下村

Cuandixiacun

北京市门头沟区斋堂镇爨底下村

北京市门头沟区斋堂镇爨底下村，位于北京西部山区，距离京城90公里。村民以韩姓为主，相传明代从山西省洪洞县大槐树移民而来。据说，爨底下村原村址在村西北的老坟处，后因山洪暴发，整个村庄被毁，只有一对青年男女外出幸免于难。为延续韩姓后代，两人推磨为媒，结婚生子，在现址立村，其后代以"福景自守玉、有明万宏思、义巨晓怀孟、永茂广连文"排辈。爨底下的"爨"字，共有三十笔，可用"兴字头，林字腰，大字下面加火烧，大火烧林，越烧越兴，岂不很热"来帮助记忆。"爨"字为"热"，"韩"姓谐音为"寒"，热与寒正好互补。

爨底下村始建于明永乐年间（1403-1424），村落布局呈"元宝"状，坐落在山沟北侧缓坡之上，坐北朝南，依势而就，线条清晰。古建筑群高低错落，结构严谨，布局合理，建筑与环境完美结合。整个村落犹如一座古城堡，被称为"北京地区的布达拉宫"。村落以村后龙头为圆心、南北为轴线，呈扇形展开，三条通道贯穿上下。一条长200米、最高处20米的弧形大墙将山村分成上下两层，沿弧形大墙是一条东西走向的石板街。村前围绕一条170米长的弓形墙，具防洪和防匪功能。爨底下村比较完整地保存了明清时期的四合院70余套约500间。

为适应山地特点，减少占地面积，爨底下四合院的东西厢房向院中央缩进。建筑工艺讲究干磨细摆，磨砖对缝，既有江南水乡注重细节的风韵，又有北方高宅大院的恢弘气势。四合院的正房、倒座房大部分为四梁八柱，厢房为三梁六柱，墙体为四角硬，地基用条石砌成，房顶为双坡硬山清水脊，房脊两端起蝎子尾，下置花草盘子，板瓦石望板或木望板。房内设土炕、地炉，方砖铺地，条砖墙裙。门和窗棂富于变化，有工字锦、灯笼锦、大方格、龟背锦、满天星、一马三箭、斜插棂字等。大部分门楼建在四合院东南角，也就是沿中轴线横向东移，寓意"发横财"。雨水从大门左侧地洞排出，符合"左青龙、右白虎"的风水思想。石板街南侧的门楼建在四合院西北角。屋宇式门楼居多，前有前门罩，后有后门罩，或硬木透雕荷花、牡丹，或装窗棂卡花，门额之上有圆形或多边形门簪，上雕迎祥吉语。门槛下置门枕石，外起石墩，石雕花纹繁多而不雷同，有大方格、斜方格、水波纹或花卉瑞兽等。门上装铜制或铁制门钹，配门环、钉锦，门楼四角下有迎风盖板，上有戗檐博逢，富

丽而壮观。

四合院的附属建筑主要有门外影壁、门内影壁、门楼、拴马桩、上马石、荆芭棚等。民居装饰有砖雕、石雕、木雕、字画等，雕刻装饰多以象征吉祥的鸟兽、花卉为主，如喜鹊、蝙蝠、牡丹、荷花、莲蓬等，形体各异，绝少雷同，装饰的主要部位集中于建筑的屋脊、檐口、墙腿口、门墩石、门窗、门簪、门罩、墙壁及影壁等处。爨底下的街道和胡同多用青石、灰石、紫石板铺路，质地坚固而漂亮，雨过天晴各色石板映射出迷人色彩。院内多用方砖铺地，夏天不热，冬天不凉，走路不滑，还可调节院内湿度。地面上镶嵌外方、中央有圆洞的六个石窝，秋季时石窝内树起六根带叉木桩，搭放荆芭，上晒粮食，下可行人。粮食晒干下棚，将木桩拔掉，既美观又实用。地下建有地窖，用于储存蔬菜和果品。

爨底下四合院前院和后院东厢房的南山墙建有影壁。影壁上有帽，中有心，下有座。帽上雕有寿桃、万字锦，檐头瓦当或虎头或福字；磨砖假椽头或圆或方，精雕梅花，取万事美好之意；心外角雕有四时花卉，内角雕云花，中心或雕"鸿禧"或书"福"字，"福"字左上点为蝙蝠造型，下为梅花鹿头造型，右侧为寿星造型，寓意福、禄、寿。更有在福、禄、寿上布有梅花，以五瓣梅花寓意五福临门。影壁用料考究，做工精细，装饰华美，主要功能是显豪富、壮观瞻、避邪气、迎吉祥。

广亮院，又称"楼儿上"，位于村落中轴线的最高点，建于清代早期。南北（上下）两进，分东、中、西三路，共有45间房，据说这是财主的宅院。广亮院正房5间，俗称"大五间"，处全村扇面状民居的交汇点，亦是全村规格最高、质量最好的民居建筑，室内三明两暗，建筑结构五间五檩，两边是卧室，中间是客厅（也称堂屋），隔扇有雕花壁罩，两侧耳房下有储存室。

在明清时代，从爨底下村前穿过的古驿道是京城通往河北、山西、内蒙一带的重要通道。爨底下村四面环山，山上遍布青松翠柏，有丰富的自然景观和人文景观。如金蟾望月、威虎镇山、神龟啸天、蝙蝠献福、一线天、花仙池、老龙窝、牛头山、京西古道遗址等。村北一公里处的"一线天"像只喇叭，强纳东方紫气，拂祥入户。村南半公里的笔峰山垂伸一梁（门插岭），插入东山之坳，劲锁财神在家。

爨底下村至今还保留着清代的治家格言和照壁题字，以及抗美援朝和文化大革命等历史时期的标语。村中有多座庙宇建筑，村东山上有关帝庙，村落对面山上有送子娘娘庙，财主院西侧有五道庙等。

从金蟾山俯视爨底下村

从关帝庙俯视爨底下村

隆鑫客栈门楼与影壁

门枕石

弧形大墙将山村分成上下两层

一线天

四合院门楼与影壁

财主院与大五间

垂花门楼木雕

古碾房

古井

大五间近景

财主院

关帝庙

五道庙

送子娘娘庙

西湾村

Xiwancun

山西省临县碛口镇西湾村

山西省临县碛口镇西湾村，位于临县县城南 50 公里处、湫水河西侧，西南距离碛口古镇 1 公里。村里人家几乎都姓陈，为陈氏家族聚居的村落。西湾村的兴衰，与黄河古碛口码头有着不解之缘。明末清初时期，西湾村始祖陈先模（字师范）利用碛口黄河古渡的商贸条件，做担工，开店铺，经营各种物资，逐渐发达起来，成为当地较为富庶的商人，于是陈师范便在湫水河畔、紧邻碛口的一处背山面水的风水宝地上建起了村落。陈师范亲自兴修的第一批建筑位于村东，将村西的大片空地留给后人扩建发展。

陈氏族人艰苦创业，持家有道，至第四代"三"字辈的陈三锡时，家业蒸蒸日上。陈三锡生于清康熙二十四年（1685），在世的 74 年正值康乾盛世。陈三锡先在碛口与候台镇之间搞货物转运生意，后又走南闯北做大宗生意。那时碛口街上到处是陈家的商号，日进白银上百两。陈氏家族的极盛时期，也是西湾大兴土木修建民居的时期。从明末到清咸丰年间，陈氏家族修建大小不等、规格不同的宅院 30 多座，形成规模宏大、气势壮观的西湾民居建筑群。

西湾村坐落在石山的斜坡上，坐北朝南，背山面水，形成避风向阳、靠山近水的格局。整个村落东西长约 250 米，南北宽约 120 米，湫水河从村旁静静地流过。依山就势的民居，有着很强的层次感，犹如波涌浪卷。村落选址遵循了传统阴阳风水学说"背山面水、左青龙右白虎"和《老子》"万物负阴而抱阳，中气以为和"的原则，占据上乘风水，与周围环境相互协调，体现了天、地、人合一的哲学思想。防盗、防火、排水、泄洪等设施配置十分精妙，一砖一石一木无不洋溢着浓浓的传统文化气息。

西湾村的主体部分位于两座石山之间 30 度斜坡上，民居建筑层层叠置，立体和平面布局丰富多彩。由低到高达六层之多，参差错落，变化有致。村落由五条南北走向的竖巷分隔开来，五条竖巷寓意"金、木、水、火、土"五行，代表着陈氏家族的五个支系。各个支系分别依这五条巷子聚族，既便于管理，又易于村落日后向左右扩展。每条竖巷里的宅院都互相贯通，只要进入一座院落，就可以游遍全村，可谓"村是一座院，院是一山村"。这样的设计，既解决村内的横向交通，也有利于突发事件时村民的快速转移和集体防御。巷子地面用石块铺砌，两侧有石护墙，

有的地方还建有堞楼和供巡视的墙道。早先村子外围建有封闭的村墙，整个村子如同一座壁垒森严的城堡，只在村南段建有寓意"天、地、人"的三座大门，如今村墙已塌毁。可见，西湾村对外部世界来说是封闭的，对陈氏大家庭内部来说又是开放的，折射出对外防御、对内聚合的传统心态。

西湾民居建筑群并非普通富商或地主之住宅，实际上是建于山中的商人兼官宦府第，其门额所悬"明经第"等牌匾就是最好的证明。因此，该村建筑刻意追求豪华与气势，特别注重"风水"。陈师范所建宅院，在选址、造型和装饰上均为全村之冠，是封建礼制和宗法等级制度的生动体现。其院落隐蔽在一个并不起眼的街巷中，外部院门仅施板门两扇。推门而入，里面却出现一座设计精巧、建筑考究的大门。头道门显露出的寒酸相，表现了陈氏先祖藏富不露、免遭横祸的心态，这种构思在国内民居建筑中不多见。

西湾民居的门楣上大多镶嵌有石质或木质匾额，有企盼福寿禄的"寿山福海"、"福备三多"、"竹苞松茂"等，也有庇荫后代子孙昌荣兴盛的"克昌后"、"居仁由义"等，彰显主人内心存仁、行事循义的理念。此外，还有显示身份的"岁进士"、"恩进士"、"明经第"等门楣，这些宅第的主人并不是真正的进士，这些名号是皇上给屡试未第者的虚名、雅号和安慰。

村中有陈家祠堂和陈氏祠堂。陈家祠堂是清晚期建筑，规模不大，保存比较完整，祠堂里供奉着陈家历代祖宗的牌位。大门上有一副书写工整流畅的对联，上联"俎豆一堂昭祖德"，下联"箕裘千载振家声"，横批是"承先启后"，俎和豆是古代祭祀用的器具，箕和裘是指先人的事业。陈氏祠堂在村子的西南，显得有些破败，石刻匾额已风化，隐约可辨"思孝堂"三字。拱形窗的两侧，有两块嵌墙石碑，碑有残损，右侧一块的碑文题目被人凿掉，左侧碑的题目是"创修陈氏祠堂序"，碑文对祠堂取名"思孝堂"作了解释。思孝堂祀奉陈氏始祖陈先模及二世祖、三世祖，由此推断从始祖到三世祖陈家并没有自己的祠堂，也说明陈家真正发迹是从四世祖陈三锡开始。

西湾村的所有建筑均磨砖对缝砌筑，砖雕、木雕、石雕及精美匾额比比皆是，各种雕刻构思精巧，刻画细腻。屋顶结构有硬山式、悬山式、歇山式、卷棚式、门洞式、单面坡、双面坡、单檐、重檐等，祠堂、过厅、窑洞及楼台、亭、阁等应有尽有，各式门楼及壁画、楹联、题刻等制作精巧细腻。巷道设计体现了"向空间索取建筑面积"的奇巧构思，多在街巷两侧墙体间砌筑券拱门洞，并在门洞上建楼，方便行人往来，利于排泄洪水，同时具有加固墙体、增加建筑面积等多项功能，使建筑群的平面铺排和空间展示显得灵活多变，气韵生动，将艺术性与实用性融为一体，令人赏心悦目。

西湾村一角

西湾村

西湾始祖发家之地碛口古镇

陈家祠堂

陈家祠堂屋脊装饰

陈家祠堂大门对联

陈氏祠堂（思孝堂）

"思孝堂"石刻匾额

《创修陈氏祠堂序》碑文

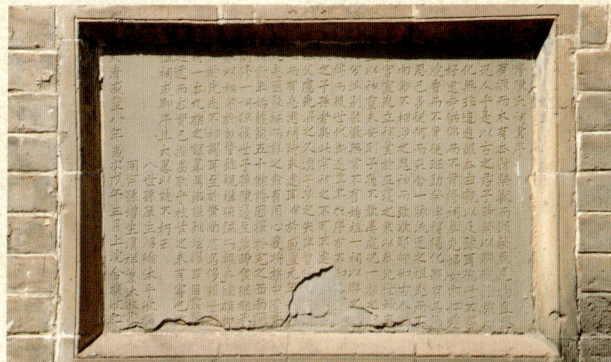

匾额"福备三多"

匾额"克昌后"

村中保存最完好的院落

民居门楼砖雕

村中民居

竖巷

街巷中的拱券门洞

村中的"立交桥"

俞源 村

Yuyuancun

浙江省武义县俞源乡俞源村

浙江省武义县俞源乡俞源村，位于武义县城西南25公里处，是一个俞姓聚居的村落。南宋时在松阳任儒学教谕的杭州人俞德过世后，其子俞义护送灵柩回杭路过这里，停放在溪边的灵柩被紫藤缠绕起来，俞义认定这里是神地，便在此置地葬父并定居于此。

据《俞氏宗谱》记载，俞源村俞氏第五代孙俞涞与刘伯温是同窗好友，两人交往甚密。元至正九年（1349），刘伯温辞官归里，路过俞源并探望了俞涞。当时俞源村旱涝不断，水灾频发。刘伯温仔细勘察后，认为俞源四周11道山岗环绕，有灵瑞之气，但村中的溪流太直太硬，把瑞气带走了，若将村口溪流改为曲溪，设计成太极图，与11道山岗构成黄道十二宫，就能留住瑞气。他还进一步设计了天罡二十八宿的村庄布局，在村中按北斗星状挖了7口池塘，要求俞氏后代按他的布局建造房屋。从俞源村后的梦山岗俯瞰，一条山溪自东南方流入村庄，后改为东西方向横穿村子，直至村西山脚，复折向北至村口，呈"S"形流向村外田野。"S"形的溪流与四周环山在村口勾勒出一个巨大的太极图，太极图直径为320米。"S"形溪流正好是一条阴阳鱼界限，把田野分割成"太极两仪"。溪南"阴鱼"古树参天，鱼眼处现有公路穿过；溪北"阳鱼"稻谷金黄，鱼眼处种着旱地作物。据说，将太极图置于村北口子上，一则挡住北方冷空气和"邪"气；二则似一座"气坝"，防止祥瑞之气外泄。村口处有"伯温草堂"，传说是刘伯温曾在此读书论卷。

俞源村有许多不解之谜，自刘伯温将溪流改为"S"形后，600多年来再未发生洪灾；商坐楼边有口井被称为"气象井"，天晴水清见底，而井水变浑浊则定要下雨；声远堂桁条上的九条木雕鲤鱼，会随气候变化而改变颜色；每年农历六月二十六是"圆梦节"，这天定降喜雨，即使大旱年头也不例外。

俞源村四面环山，仅在北面有一个小缺口，整个村落就像一只肚大口小的瓶子。每当大雨过后，山上的水纷纷涌入小溪，溪水流量陡然增加。由于出口狭小，溪道笔直，溪水下泄速度极快，在短时间内瓶颈处就会滞留大量溪水，进而漫溢成灾。刘伯温将溪流改成"S"形后，溪道变长、容积加大，溪水下泄速度减缓，瓶颈口处的溪水可以缓缓流出村庄。由于纳入了道教的太极文化，改造后的溪道得到敬畏神灵的村民精心维护。

黄道十二宫的理论把环绕俞源的山岗变成了"神山"，强化了村民保护山林的意识，世世代代禁止滥砍山林，改善着小溪源头的生态环境，从根本上消除溪流泛滥的诱因。7口池塘，旱时救旱，火灾时救火，按北斗七星状排列，附加了神秘色彩，用宗教形式将环保意识融入到村民生活之中。

俞源村古迹甚多，有始建于南宋的圆梦胜地洞主庙，有建于元代的利涉桥。现有明清古建筑395幢，占地3.4万平方米，包括民居、宗祠、店铺、庙宇、书馆等。古建筑体量大，墙上壁画保存完好，木雕、砖雕和石雕巧夺天工。如精深楼，又称"九间头"，建于清道光年间。此屋有九道门，层层设防，其中第七道门下有暗道机关，盗贼误入就会掉入陷阱、束手就擒，石雕、砖雕和木雕雕刻精细，木雕的内容相当独特，有白菜、扁豆、丝瓜等蔬菜，也有小兔、小狗、蟋蟀、蜜蜂等动物，体现出房屋主人效法自然、悠闲自得的人文情调。

俞氏宗祠建于明隆庆年间（约1567），为俞涞的四个儿子所建，原称"孝思庵"。后被兵毁，重建后改为宗祠。俞氏宗祠，三进二院，共51间，总面积2400平方米。大门上方悬"婺处第一祠"。俞氏宗祠，堂号"流水堂"，由俞伯牙与钟子期的"高山流水"演化而来。正厅、中厅、寝堂及两侧的庑厢、廊房等高低有序，错落有致，犹如天成。站在湿漉漉的天井里环视，只见厅堂轩敞，廊柱挺拔，屋梁稳重，三雕精美绝伦。青苔遮盖的鹅卵石图案，饱经沧桑的飞檐、牛腿、雀替及由名人名家所题写的众多匾额，述说着俞氏家族曾经的辉煌，特别是正厅中央那块由明宰相严讷赠送的"壬林堂"大匾，更把俞氏家族当年的声望和地位刻得淋漓尽致。俞氏家族人才辈出，明清两代出过尚书、抚台、知县、进士、举人等260余人。据说，这是因为俞氏宗祠恰好坐落于天枢、天璇、天玑和天权四星所组成的七星"斗魁"之内。"魁星"又称为文昌星，"天上星、地上祠、福佑人"，地显天象，天、地、人合一。

声远堂为清康熙二年（1663）所建，门楼上嵌石刻"丕振家声"，由前后两厅组成，前厅宽敞高大，后厅儒雅宁静，柱础为明代典型的覆盆式，雀替雕花古朴典雅，地梁全用砖雕，栋梁、桁条、牛腿等均为木雕精品。特别是沿口的三根桁条雕刻令人感叹叫绝，左边是百鸟朝凤，右边是蛟龙出海，中间是四只麒麟及鹿、牛、羊等动物，故有"百兽大梁"之誉。转过右侧的沿口，就是百鱼梁了，桁上有九条鲤鱼会随季节和气候变化而变换颜色，或黑或黄或红，为一大奇观。

裕后堂建于清乾隆五十年(1785)，原有158间，现有120间，占地2560平方米，是全村最大古屋，有"大大厅"之称，梁上无灰尘、无蜘蛛网、无苍蝇、无蚊子、无鸟雀栖息。另外，六基楼梁饰华丽精美，小太极图雕塑珑玲别致。

俞源村一角

"S"形溪流

俞源村

俞氏宗祠戏台

伯温草堂

俞氏宗祠

溪流弯曲从村中穿过

声远堂门楼

声远堂随气候变化改变颜色的鲤鱼木雕

声远堂窗棂木雕

声远堂天井图案

远眺洞主庙

俞源村最长的石板桥

洞主庙

梦仙桥

郭洞村

Guodongcun

浙江省武义县武阳镇郭洞村

浙江省武义县武阳镇郭洞村，位于武义县城南 10 公里处。郭洞村重峦叠嶂，竹木苍翠，静雅宜人，由相连的郭上村和郭下村两部分组成，"郭外风光凌北斗，洞中锦秀映南山"是古人对郭洞美景的贴切描绘。

郭洞人不姓郭而姓何，其先祖可溯至北宋宰相何执中。相传，何执中后裔何寿之于元至正十年（1350）进山看望居住在郭洞村的外婆，见此地翠嶂千重，古木参天，碧溪双注，奇峰叠现，认定郭洞"山不深而饶竹木之富，水不大而尽烟云之态，乃万古不败之地"，便离开繁华的县城和显赫的官家府第，迁居郭洞。深谙风水生态之道的何寿之，仿《内经图》"相阴阳，观清泉，正方位"营造村庄，因"山环如郭，幽邃如洞"取名"郭洞"，并砌城墙形成水口，建回龙桥聚气藏风，植树木善化环境。至第四代昌字辈时，又选太极龙溪右弯虎山之麓的漳村（今郭上村）居住，与龙溪左弯龙山脚下的下赵村（今郭下村），形成曲水萦绕、龙腾虎跃之势。水口城门上的太极图，形象地反映了此地的风水奇观。

自何寿之仿《内经图》营造郭洞风水村，原有杂姓渐灭，何氏家族兴盛并绵延不断，郭洞村及扩展至周边的何姓子孙现有 4000 余人。生活在郭洞村的人身健寿高，目前郭洞村 2000 多人口中，70 岁以上的古稀老人有 140 多人，人均寿命高达 85 岁。郭洞村的地形确实独特，三面山环如障，犹如福地，双溪汇注，天赋灵性。难得北面留一平地，又有左、右青山相拥，恰好应了"狮象把门"之说。双溪汇合后沿西山环村而流，一座回龙桥跨溪而建，把这块宝地的风水包裹得严严实实。回龙桥建于元代，是郭洞村历史最久远的建筑。回龙桥原称石虹，先人告诫石虹不能垮，"其桥既坏，村中事变频兴，四民失业，比年灾，生息不繁"。此后，回龙桥毁了修，修了毁，现桥重建于明隆庆年间（1567-1572），桥上有亭。十里外的石苍岭、北山上的塔和回龙桥几成一条直线，足见古人看风水造势的一番苦心。

大凡古村落均有"水口"，看似溪水汇聚之处，实为拒敌于外的关卡。郭洞水口集山川之秀，汇诡奇之景，是郭洞村的灵魂所在。回龙桥东为 400 米高的陡峭龙山，山上是云雾笼罩的百亩原始森林，桥西与荆棘丛生、危岩密布的西山相连。桥

下溪水湍急，桥外有一道 5 米高的坚厚城垣，一条大路由此穿过，旧时村民均由城门出入。城门有石刻楹联"郭外风光古，洞中日月长"，横批为"双泉古里"。80 多棵明万历年间栽种的古树，密布于水口古城墙内外，古韵森然。清顺治五年（1648），郭洞族人胸怀反清复明之志，杀知县刘家骐，朝廷震怒，调重兵欲围剿郭洞。时任道台的周雷泽为保郭洞百姓，谎称途中须经"千里石苍岭，百里洪驮，五里大石头"，"人要侧身，马要拆骨"方能进村，清军因此退兵。后朝廷终明真相，将周道台水银灌顶剥了皮。郭洞村民为纪念这位万世恩公，在村外的下赵庙彩塑周雷泽像，在回龙桥东头的文昌阁放上他的牌位，年年祭祀。

郭洞村街巷纵横有序，均以卵石铺地，晴雨皆宜，虽鲜见豪门深院，但村宅保存完好，可以说是一部从明代到清代直至民国的建筑编年史。古朴大度的明代廊柱，精雕细刻的清代牛腿，受西洋影响的民国门窗，比比皆是。6 口水井，郭上、郭下各半。公用设施有一祠四厅，分布在村子的上、中、下三个部分，村民的祭祀、红白喜事等活动均可就近举行。何氏宗祠，建于明万历三十七年（1609），由门厅、戏台、正厅、后厅和厢房组成，建筑恢宏，气魄不凡，气象肃穆，总面积达 1060 平方米，大梁高 4.64 米，是郭洞村 20 多幢明清古建筑的代表。祠内 36 平方米的古戏台典雅古朴，檐角飞翘，壁画辉煌，每逢重要节日，台上锣鼓喧天，台下人头攒动；神速堂满梁悬挂旧时官员赠送给郭洞村杰出人物的 40 余块匾额，层叠有序，起教化后人的作用；后院与祠同庚的罗汉松，冠大形美，根深叶茂。

村东的龙山奇峰插云，百亩原始森林云蒸雾游，蝉噪鸟鸣，煞是神奇。满山六七百年树龄的参天大树，蕴藏着原始奥秘。村南宝泉岩，为武义著名的"武阳十景"之一。从狮子头山顶眺望，千峰奇景，两腋风生，飘飘然有云游仙境之感。宝泉岩上的宝泉禅寺，初建于明代，是方圆数十里佛教徒进香诵经之宝刹，也是当年武义南营红军的营地。宝泉岩巅的宝泉、卧虎山麓的漳泉，旱不涸涝不溢，冬温夏凉，自古名人多有咏诵。郭洞村中公路边，立有一座节孝石牌坊，是清嘉庆九年（1804）奉旨建造的，为表彰何绪启之妻金氏而立。凡豫堂建于明末，梁架结构科学，木雕精湛。另外，郭洞村还有文昌阁、双泉桥、古井等文物古迹。

从宋徽宗的丞相何执中起，郭洞村何氏家族世代书香，英才辈出，仅明清两朝就出贡生 10 名、增广生 14 名、禀膳生 10 名、府县秀才 114 名。弹丸山村，如此人才荟萃，旧时的郭洞人将其归功于风水。郭洞村世世代代崇尚教育，400 多年前第 8 代祖荆山公创办了私塾"啸竹斋"，清康熙年间扩大规模改为"凤池书院"，可惜书院原址已毁。郭洞人不但学文，而且习武，村中建有武馆，114 名秀才中的 35 名为武秀才，还出过一名武举人。

森林茂密的郭洞村水口

溪流穿村而过

旱不涸涝不溢的宝泉

金氏节孝牌坊

宝泉禅寺

回龙桥

南方红豆杉

与何氏宗祠同庚的罗汉松

何氏宗祠戏台

何氏宗祠

何氏宗祠大门

民居门楼砖雕

民居窗棂木雕

关圣庙

明代小巷

关羽塑像

郭洞村南门

西递村

Xidicun

安徽省黟县西递镇西递村

安徽省黟县西递镇西递村，位于黄山的西南麓、黟县县城东9公里处，距屯溪54公里，有"桃花源里人家"之称。西递原名西川，又称西溪，因前边溪、后边溪、社屋溪三条溪水由东向西流过而得名。清道光年间，又因村西1.5公里处设有徽州府专门递送邮件的"铺递所"而改称西递。西递村历史悠久、古朴典雅、风光秀丽，2000年被列为世界历史文化遗产。

西递村是胡姓聚族而居的古村落。据西递《胡氏宗谱》记载，北宋皇祐年间，胡氏先祖胡士良看到这里山清水秀，便从家乡婺源带来风水先生勘测，将村址选定在枕山、环水、面屏的三阳之地。村落后面的山称来龙，山势起伏如同行龙；村落面对的案山、朝山林木郁郁葱葱，寓意人丁兴旺；溪水环绕村落，青龙白虎围绕左右。村落平面呈船形，东西长700米，南北宽300米，有"借水西行，得神助，取真经，大吉大发"之意。

西递村始建于北宋皇祐年间，已有近千年历史，村落兴衰与胡家命运紧密相连。据传，西递村始祖为唐昭宗李晔之子，因遭变乱逃匿民间并改为胡姓。胡家经商成功后，大兴土木，建房、修祠、铺路、架桥。17世纪中叶，胡家有人从经商转向官场，使村庄得到进一步发展。据史料记载，明末清初为西递村鼎盛时期，建有书院、祠堂、文昌阁、魁星楼、庙宇等四十多幢，住宅一千多幢，大街三条，巷子九十九条，水井九十多眼，人口一万零五百多，有"三千烟灶三千丁，桃花源里好人家"之说。

历史上西递村受战乱侵袭较少，村落形态保存完好，现在保护完好的明清建筑124幢。西递村以一条贯穿东西的主街和两条沿溪的街道为主干，构成东西向为主并向南北延伸的街巷系统。99条高墙深巷犹如迷宫，所有街巷均以黟县青石铺地。巷道、溪流、建筑布局相宜，几乎所有小巷两旁的人家都引水入院，浇灌果树花木。不少宅院庭院深深，树木花草繁茂，透出恬静的闲情逸致。更有一些大户人家的庭院，亭阁错落，长廊曲折，假山玲珑，池清鱼动。村落空间变化韵味有致，建筑色调朴素淡雅。

西递村的民居都为两层建筑，大多为长方形合院，有的两进，有的三进，堂前留有天井，旁侧为偏房跨院。雨水通过天井四周的水枧汇入天井明堂前，俗称"四水归堂"，有"肥水不流外人田"、"招财进宝"、"天降洪福"的文化寓意。一层的正厅是一间敞开式的客堂，客堂的两侧是卧室，在客堂和卧室之间有窄小的梯子通到楼上。客堂紧贴太师壁摆一狭长条桌，俗称"画条"，桌正中摆长鸣钟，"长鸣"谐"长命"。两边东置花瓶，西置雕花架玻璃镜，取"东平（瓶）西静（镜）"之意，寓平静安详，四季平安。厅堂四周有古朴典雅的楹联条屏，书写内容一般是为人处世、富有哲理的警句箴言，大量的砖、木、石雕等艺术佳作点缀其间。二楼视野开阔，俗称"跑马楼"，大多堆放杂物或作小辈们的卧室，天井周沿设有雕刻精美的栏杆和"美人靠"。

西递村房屋的门框、窗棂、花墙多为石雕，屋檐、门罩、墙壁多嵌砖雕，厅堂、板壁、梁柱则为木雕。雕刻形式之多、造型之美、手法之奇，实属罕见。所雕鸟兽形态逼真，花草情趣盎然，人物形神兼备，让人眼花缭乱。明代的雕刻追求雍容大方、疏朗淡雅，清代的雕刻讲究玲珑精巧、细腻别致。

目前，西递村整理开放有凌云阁、胡文光刺史牌坊、瑞玉庭、桃李园、东园、西园、大夫第、敬爱堂、履福堂、青云轩、膺福堂、笃敬堂、仰高堂、尚德堂、枕石小筑、仁堂、追慕堂、旷古斋等。胡文光刺史牌坊建于明万历六年（1578），为三间四柱五楼的青石牌坊，峥嵘巍峨，结构精巧，是胡氏家族显赫地位的象征。清康熙年间建造的履福堂，陈设典雅，充满书香气息，厅堂题有"孝弟传家根本，诗书经世文章"、"凡百年人家无非积善，第一等好事只是读书"等对联，显示了"儒商"的本色。

大夫第建于清康熙三十年（1691），四合二楼结构的豪华宅第，是朝列大夫、知府胡文照的故居。高大的砖雕门罩上刻"大夫第"楷书大字。进正门，楹柱上悬有"扬州八怪"之一郑板桥手书木刻对联。天井四周裙板隔扇均为木雕冰梅图案，取"十年寒窗"之意。楼上绕天井一周装饰有"美人靠栏"，撑拱为象征权贵的倒爬狮。大夫第宅居内的临街绣楼，又名"彩楼"，高悬"桃花源里人家"和"山市"匾，古朴典雅，悬空挑出，檐角飞翘，突兀别致，"山市"匾下面的门额上还刻有耐人寻味的"作退一步想"五字。

纵观千年村史，西递山川钟秀，人杰地灵，人才辈出。从明末到清道光年间的300多年里，西递村入仕的廪生、贡生、监生多达300人，还有郎中、员外郎30多人，县丞26人，知县9人，知府9人，翰林院编修4人，赐封四品官中宪大夫、三品官通议大夫、二品官通奉大夫7人，上书房行走1人。清光绪二十一年（1895），康有为、梁启超联合18省在京会试的举人"公车上书"反对丧权辱国的中日《马关条约》，在一千多位签名人中，安徽有8名举人，而其中黟县4人里3名就是西递人，分别是胡殿元、胡嘉楷和胡腾逵。

西递村

村口明经湖

旷古斋砖雕门罩

胡文光刺史牌坊

村中民居马头墙高低错落

大夫第梁枋装饰

大夫第木雕撑拱倒爬狮

大夫第临街绣楼

瑞玉庭窗栊木雕

桃李园"桃花源里人家"石刻牌匾

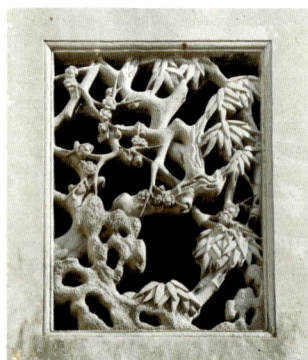

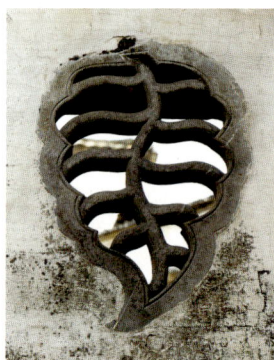

西园墙上的"松石竹梅"石雕漏窗

东园外墙寓意"叶落归根"的漏窗

敬爱堂

膺福堂

履福堂后堂的"吊扇"

存放于西园内的西递原始村碑

石板街巷

宏村

Hongcun

安徽省黟县宏村镇宏村

安徽省黟县宏村镇宏村，位于黟县县城北 11 公里处，始建于南宋绍兴年间（1131-1162），为汪姓聚居之地。至清代，宏村已"烟火千家，栋宇鳞次，森然一大都会矣"。宏村，古为"弘村"，取宏广发达之意。据《汪氏族谱》记载，当时因"扩而成太乙象，故而美曰弘村"，清乾隆年间更名为宏村。宏村背倚黄山余脉羊栈岭，地势较高，枕雷岗面南湖，山水明秀，常常云蒸霞蔚，时而如泼墨重彩，时而如淡抹写意，恰似山水长卷，既有山林野趣，又有水乡风貌，有"中国画里的乡村"之称，2000 年宏村被列为世界文化遗产。

南宋绍兴年间，宏村人为防火灌田，独运匠心开仿生学之先河，建造出堪称"中国一绝"、"举世无双"的古代人工水系，围绕牛形做活了一篇水文章。整个村子呈"牛"形结构，那巍峨苍翠的雷岗当为牛首；参天古木是牛角；利用村中一天然泉水，扩掘成半月形的月沼，也称月塘，作为"牛胃"；在村西吉阳河上横筑一座石坝，用石块砌成宽 0.6 米、长 400 余米的水圳，引西流之水入村庄，经九曲十弯，南转东出，绕着一幢幢古老的楼舍，并贯穿"牛胃"，这就是"牛肠"，沿途建有踏石，供浣衣、灌园之用；弯弯曲曲"牛肠"穿庭入院，长年流水不腐，"牛肠"两旁的民居群由东而西错落有致，宛如庞大的"牛身"，民居庭院里大都栽种有花木果树，建有曲折通幽的水榭长廊和小巧玲珑的盆景假山；在村西虞山溪上架四座木桥，作为"牛脚"。这样，宏村就成了"山为牛头，树为角，屋为牛身，桥为脚"的牛形村落。这种别出心裁的村落水系设计，解决了村民生产、生活和消防用水，调节了气温，创造了一种"浣汲未防溪路远，家家门前有清泉"的良好环境，湖光山色与层楼叠院和谐共处，自然景观与人文内涵交相辉映。

随着村落扩展、人口增加，光靠月塘蓄水已不够用。而从风水学角度来看，月塘作为"内阳水"，还需与一"外阳水"相合，村庄才能真正发达。明万历年间，将村南百亩良田开掘成南湖，作为"牛肚"，历时 130 余年的设计与建造，宏村"牛形村落"得以完成。南湖为大弓形，湖堤分上下层。湖堤古树参天，苍翠欲滴，躯干青藤盘绕，禽鸟鸣唱，垂柳婀娜。湖面绿荷摇曳，鸭群戏水，倒影浮光，水天一色，远峰近宅，跌落湖中。南湖有"黄山脚下小西湖"之称。

宏村保存有 140 余幢明清古民居，粉墙青瓦、鳞次栉比，马头墙层层跌落，额枋、雀替、斗拱上的木雕姿态各异，形象生动。被誉为"民间故宫"的承志堂和敬修堂，精雕细镂，飞金重彩。徽商故里乐贤堂、三立堂和宝贻堂，俗称汪氏三大堂屋，气度恢宏，古朴宽敞。月沼平滑似镜，南湖碧波荡漾，巷门幽深，青石街旁的店铺古朴典雅。雷岗古木参天，庭院墙头青藤缠绕。叙仁堂、上元厅等祠堂森严肃穆，南湖书院匾额"以文家塾"由 93 岁翰林侍讲梁同书亲题，还有培德堂、树人堂、桃园居。以正街为中心，层楼叠院，街巷婉蜒曲折，可谓步步入景、处处堪画。两旁民居大多为二进单元，庭院中辟有鱼池和花园，经"牛肠"水滋润，游鱼肥壮，花木香郁。

汪氏宗祠位于月沼北畔正中，建于明永乐年间，是村中现存唯一明代建筑，木雕十分精美，由门楼、大厅（乐叙堂）、祀堂组成，乐叙堂大门是一座恩荣牌坊，上有"世德发祥"四字。

承志堂建于清咸丰五年（1855），是大盐商汪定贵的住宅，也是村中最大的建筑群。承志堂占地约 2100 平方米，建筑面积 3000 余平方米，内部有围绕 9 个天井的房屋 60 余间。全屋分内院、外院、前堂、后堂、东厢、西厢、书房厅、鱼塘厅、厨房、马厩等。正厅和后厅均为三间回廊式建筑，两侧是家塾厅和鱼塘厅，后院是一座花园。正厅横梁、斗拱、花门、窗棂上的木刻工艺精细、层次繁复、人物众多，人不同面，面不同神。院落内还设有供吸食鸦片的"吞云轩"和供打麻将的"排山阁"等。承志堂有 136 根木柱，大小门窗 60 个。前厅是整幢房子中最精华的部分，大门后面耸立着威仪的中门，又称"仪门"。仪门的两个侧门上方别出心裁地雕了一个"商"字形图案，又似倒挂的元宝，意为财源滚滚。在中门的上方高挂一个"福"字，"福"字的上方镶有一幅"百子闹元宵"木雕，雕刻着 100 个小男孩过元宵闹花灯的情景，形态各异，惟妙惟肖，有划旱船的，也有舞龙灯的，一片喜气洋洋，寓意"多子多福"。在"百子闹元宵"图两边，分别雕有四出《三国演义》的戏景，"商"字图案上方雕有南、北财神。南、北财神的上方是阁楼护板，有"渔、樵、耕、读"四根木雕立柱。

南湖书院位于南湖的北畔，原是明末兴建的六座私塾，称"倚湖六院"。清嘉庆十九年（1814）合并重建为"以文家塾"，又名"南湖书院"。重建后的书院由志道堂、文昌阁、启蒙阁、会文阁、望湖楼和祗园等六部分组成，粉墙黛瓦，碧水蓝天，环境十分优雅。

宏村

南湖

汪氏宗祠

乐叙堂大门

乐叙堂大厅

月沼

承志堂前厅

承志堂前厅仪门

承志堂前厅"商"字木雕

承志堂前厅撑拱木雕"渔樵耕读"

承志堂前厅"百子闹元宵"木雕

承志堂后堂"郭子仪上寿"木雕

桃园居窗棂木雕

树人堂

南湖书院

雷岗十三楼

水圳"牛肠"随巷而行

敬修堂砖雕门罩

敬修堂

田螺坑村

Tianluokengcun

福建省南靖县书洋镇田螺坑村

福建省南靖县书洋镇田螺坑村，位于南靖县西部，距离南靖县城 60 公里、漳州市区 100 公里。田螺坑村坐落在海拔 788 米的狐崀山半坡上。因地形像田螺，又四周群山高耸、中间地形低洼似坑，故名"田螺坑"。村落由方形的步云楼，圆形的振昌楼、瑞云楼、和昌楼，椭圆形的文昌楼，以及其它土木结构的平房和楼房组成。五座土楼成"器"字形排列，形似梅花，方楼居中，其余四座环绕，呈众星捧月之势，又被戏称为"四菜一汤"，2001 年 5 月被列入国家重点文物保护单位，2008 年进入世界文化遗产名录。

村落东北西三面环山，南面为大片梯田。五座土楼建在五层高低不同的台地上，台地东西长 145 米、南北宽 95 米。田螺坑土楼群布局合理，依山势起伏，高低有序，疏密有致。五座土楼均坐东北朝西南，为三层内通廊式结构建筑。居高俯瞰，五座土楼像一朵盛开的梅花点缀在大地上，又像"从天而降的飞碟"、"地下冒出来的蘑菇"漂浮在青山翠竹之间。仰视田螺坑土楼群，好似西藏的布达拉宫，人与自然环境和谐共存，堪称福建土楼群的旷世杰作。

这里流传着一个田螺姑娘的神话故事。说的是黄家祖宗，一个叫黄百三郎的幸运儿，因为田螺姑娘的神助，才得以从一个养鸭少年成为一方富绅。田螺姑娘未必是真，黄百三郎可确有其人。田螺坑黄氏族谱证实，公元 14 世纪黄氏祖先黄希贵带着儿子百三郎，从福建永定县奥杳出发，翻山越岭来到田螺坑。当时的田螺坑已有陈、江、杨、何等姓人家居住，黄希贵看到他们和睦相处，辛勤耕耘，环境优美，便决定在此定居。随后，黄希贵及儿子百三郎搭盖草棚安居，靠养鸭逐步发展家业。土楼群山脚下的黄氏祠堂设有祖先牌位，黄百三郎名列第一，而他的墓穴在距田螺坑两公里的"五更寮"。黄氏家族的发展，促使其他姓氏人家搬迁外移，目前田螺坑只有黄氏一族。

步云楼位于土楼群的中部，也就是"那碗汤"。沿着高低地势将中厅修建成阶梯状，寓意"步步高升"，既突出了祖厅的重要地位，又寄托了"平步青云"的美好愿望。步云楼始建于清康熙年间（1662-1722），1936 年被匪烧毁，1953 年重建，占地 1050 平方米，建筑面积 1393 平方米，楼高 11.93 米，每层 26 间，第一层为厨房，第二层为谷仓，第三层为卧室。承重

墙以生土为主要原料，基墙厚 1.15 米，逐层收缩 0.1 米，隔墙用土坯砖。楼四角分别设有楼梯，楼顶层设有 4 个射击孔，楼内没有水井。

振昌楼位于步云楼西侧，建于 1930 年，占地 976 平方米，建筑面积 1232 平方米，直径 33 米，高 11.53 米，每层 26 间，设有 2 个楼梯，1 个大门，基墙厚 1.2 米，内院用鹅卵石铺地。该楼内堂和门是错开的，不在同一轴线上，反映了"富不露白"的风水文化理念。因地势较高楼内找不到泉眼，水井设在楼外。

瑞云楼位于步云楼东南侧，建于 1936 年，占地 1063 平方米，建筑面积 1176 平方米，直径 35 米，楼高 11.2 米，每层 26 间，设有 2 个楼梯，1 个大门，1 口水井，基墙厚 1.2 米，内院用鹅卵石铺地。

和昌楼位于步云楼东侧，原为方楼，始建于元末明初（约 1354），20 世纪 30 年代毁于战乱，1953 年在原址重建，改为土木结构的圆楼。和昌楼占地 1268 平方米，建筑面积 1658 平方米，直径 33 米，楼高 12.3 米，每层 22 间，设有 2 个楼梯，1 个大门，1 口水井。楼顶层设有 4 个射击孔，基墙厚 1.2 米，内院用鹅卵石铺地。

文昌楼位于步云楼西南侧，建于 1966 年，依地形建为椭圆形，长径为 41.5 米，短径 28.7 米，占地 1288 平方米，建筑面积 2210 平方米，楼高 11.8 米，每层 32 间，设 2 个楼梯，1 个大门，1 口水井，外墙顶层有 3 个瞭望台、4 个射击孔，基墙厚 1.2 米，内院用乱毛石铺地。

土楼只以泥土为材料，用古老的夯土工具造墙，就能造得十几米、二十几米高的土楼，其奥妙在于土的配方与夯筑技术。南靖土楼用的是无腐植质的极其粘韧的生红壤土，配以细河沙或田底层泥，经反复翻锄、上堆发酵成熟土，并在墙中放上竹片或小竹子以增加墙骨的拉力。土的选配、发酵及其干湿度的掌握，具有极强的经验性。最值得一提的是干夯三合土墙，这种三合土墙以石灰、细沙、黄土等量拌匀，掺入红糖水、糯米饭汤，搅和成干湿适中、制版不软塌的凝固状，以墙模版筑成三合土墙。这种墙异常坚固，永久不变，胜于低号水泥，在水中浸泡也不坏。

福建土楼建筑史长达数百年乃至上千年，在闽西、闽南客家地区均有分布，而以永定县、南靖县最为集中。隋唐以来，一批中原汉人为躲避战乱，从黄河流域南迁闽、粤、赣等地。为防野兽、盗匪及外人侵扰不得不聚族而居，并建造形同要塞的土楼。一座土楼往往需要三年五载或更长时间才能完工，一般二三十户人家聚族而居。在聚族而居的土楼里，一层为厨房，二层为仓库，三至五层为起居室，院落里有水井。

田螺坑村土楼群

田螺坑村土楼群

瑞云楼

步云楼

瑞云楼水井

瑞云楼内部

振昌楼

振昌楼内部

和昌楼

文昌楼内部

文昌楼

文昌楼入口

田螺坑村土楼群

流坑村

Liukengcun

江西省乐安县牛田镇流坑村

江西省乐安县牛田镇流坑村，位于牛田镇东南部的乌江之畔，北距乐安县城 38 公里，西距牛田镇 8 公里。

流坑村于五代南唐升元年间（937—942）开始建村，至今已有一千多年的历史。村民多为董姓，是董氏聚居的血缘村落。董氏尊西汉大儒董仲舒为始祖，并认唐代宰相董晋为先祖。据族谱记载，董晋的孙子董清然在唐末战乱时由安徽迁入江西抚州的宜黄县，董清然的曾孙董合再从宜黄县迁至流坑定居，董合成为流坑的开基祖。董氏族人崇文重教，因科第而勃兴，时有"一门五进士，两朝四尚书，文武两状元，秀才若繁星"和"欧（欧阳修）董（流坑董氏）名乡"之美称。

流坑村四周青山环抱，江水三面绕流，乌江自南向北再往西流，沃土桑田，犹如陶渊明笔下的"桃花源"。明代中叶，刑部郎中董燧对村落进行改建。村落依乌江而建，沿河设七个码头，供商船停泊。村中以卵石铺路，设南北一条主干宽街、东西七条窄巷，形成横七竖一的棋盘格局。七条支巷直通码头，下设排水渠，彻底解决了村中排涝清淤问题。在沿江码头上修建了七座二层阁楼，并以高墙连之，整个流坑村如同一座城堡。在村落的西面挖掘龙湖，将湖水与江水联为一体，使流坑村成为山环水抱的胜地。

流坑村的古建筑规模宏大，村落布局独特。村中现有明清古建筑及遗址 260 余处，面积近 7 万平方米，其中明代建筑和遗址 19 处，重要建筑群 18 处，书屋等文化建筑 14 处，牌坊 5 座，宗祠 48 处，庙宇 8 处，古水井、古戏台、风雨亭、码头、古桥、古墓葬、古塔遗址等 32 处。古建筑均为砖木结构，高一层半，多为二进一天井，简洁质朴，青砖灰瓦，高峻的马头墙仰天昂起。间或有几座高大的祠宇宅第，俨然似微型城堡。门楣、屋檐、墙壁、门柱、窗棂、柱础、枋头、雀替、档板、天花板多有雕刻和彩绘装饰，花鸟虫鱼、人物山水、传奇故事、神话仙迹等应有尽有、琳琅满目，技艺十分精湛。明代建筑怀德堂中的"雀（爵）鹿（禄）蜂（封）猴（侯）"砖雕壁画和永享堂照壁上镶嵌的"麒麟望日"堆塑，堪称精品。数以百计的屋宇，堂上有匾，门旁有联，门头、墙壁上刻有不少题榜和名额。这些匾联皆有来历，内涵丰富，意境深远，或表主人身世，或显家族荣耀，或体现儒家传统道德思想，或反映对"天人合一"境界的追求与向往。

状元楼，坐西朝东，南宋年间为纪念恩科状元董德元而建，历代均有修葺，现存为晚清建筑，但平面布局仍循旧制。楼为两层，上层为祭堂，门楣上有"状元楼"大匾，"状元楼"三字为宋代大理学家宋熹手迹。祭堂左右挂有"南宫策士文章贵，北阙传胪姓字先"的楹联。状元楼气势轩昂，建筑构思巧妙、技艺精湛，地处流坑古代聚居的高处，登楼可俯瞰流坑全貌。

大宾第建筑群，又称村中村、金沙钱，建于清道光年间，占地近 2000 平方米，是一处规模庞大的建筑群。由西面"挹庚门"入庭院，迎面为"大宾第"三个大字。进入宅内，则是巷连巷，门对门，一室连一室，似入迷宫，有"曲径通幽"、"山环水复"之感。整座建筑群文化艺术氛围十分浓郁，石额、木匾、书画、雕刻令人目不暇接，有较高的艺术品味。

理学名家宅，明代建筑，是流坑名臣董燧的故居。门前廊下两侧有圆雕红石狮一对，门楣上悬挂"理学名家"木匾。理学名家宅前的影壁为高明广大坊，属四柱三楼影壁式砖坊，上覆青灰瓦。"高明广大"四字，阳文砖雕，高书于坊之上端。两中柱上刻有"文章辉列宿，冠冕重南洲"，题字均为罗洪先手迹。罗洪先是明代著名的地理学家、哲学家，明嘉靖年间考中状元，撰有《广舆图》，与流坑董燧相好。

董氏大宗祠被称为流坑的"圆明园"，为流坑董氏一族所立。董氏大宗祠场面宽广，构架宏大，典雅壮观。族谱对大宗祠有这样的描述："标坊坦道，重门翼庑，幽室崇堂，叠库层楼，肃斋净庐，绕垣绳巷，诸无弗称。"可谓流坑古建之最，足以体现董氏家族往昔的辉煌。民国 16 年（1927），矗立了 360 余年的大宗祠被北洋军阀孙传芳残部邢玉堂兵焚毁，主体建筑成为一片残垣断壁，"敦睦堂"上残留的五根直径 0.7 米、高 8 米的花岗岩石柱巍然肃立，傲视苍穹。幸存的一对红石巨狮，仍然挺立于遗址之上，昂首相视，雄风犹存。在场院东西两侧所遗存的"理学名贤"坊和"三策流馨"坊，至今仍在向人们显示其昔日的风采。

文馆又称江都书院，建于明代晚期，清代前期大修，后也多次修葺。书院前带庭院，西连藏书楼，主体为三进式砖木结构建筑，集读书、讲学、祀祖、敬贤、藏书多种功能于一体。文馆重工装修在上堂，其顶部、檐宇、梁枋等处均有精美雕刻、彩绘与黑书装饰。顶棚天花以冷色海藻纹为底，以红、绿彩勾填出花卉、八宝，并相间作出石榴形、扇面形的开光，中为山水、花鸟及书写的名人诗句。藻井周边为透雕窗花图案，透雕成变形的荷叶宝瓶纹，暖色基调，鲜艳华丽。多少年来藻井从未打扫，但仍清爽无尘，色泽明朗，十分神奇。

古码头

流坑村

状元楼

大宾第

明斋绳武两先生祠窗棂描金木雕

董氏大宗祠遗址

"荡平正直"门楼彩画

旌表节孝坊

振卿公祠地面的鹿形图案

理学名家宅

高明广大坊

怀德堂雀鹿蜂猴砖雕

文馆敕书楼

民宅木雕门神

文馆藻井

文馆

张谷英村

Zhangguyingcun

湖南省岳阳县张谷英镇张谷英村

湖南省岳阳县张谷英镇张谷英村，位于岳阳市东南的渭洞笔架山下，距离岳阳市区70公里。张谷英村青山环绕，树木葱茏，溪水淙淙，风景秀丽。整个村落呈半月形分布在龙形山下，从高处眺望，四面青山围绕一片屋宇，渭溪河迂回曲折穿村而过。屋宇墙檐相接，参差排列在溪流之上，形成"溪自阶下淌，门朝水中开"的格局。畔溪长廊通达各门各户，连接每个巷口，路面由青石板铺就。62条巷道纵横交错、四通八达、幽深曲折，通达每个厅堂，最长的巷道有70多米。在巷道中行走，可以"天晴不曝晒，雨雪不湿鞋"。

龙形山昂首向东南，逶迤摆尾向西北，山的两侧各有一条小溪，在"龙头"前方汇合。大屋背依"龙身"，"龙头"前方百米开外的天然巨石被称为"龙珠"，当大门门前两座八字形石墩桥被称为"龙须"（现溪水改道，桥已不存）。"龙头"前的小溪如帝王将相的腰间玉带，被称为"玉带水"。"龙头"、"龙须"、"龙珠"齐全，构成张谷英村"巨龙戏珠"的风水格局。

张谷英于明洪武年间（约1371）首建祖屋于石桥冲，张谷英八世孙张思南于明万历元年（1573）在龙形山前建西头门、明万历二十一年（1593）建当大门，十世孙张拱凡、张良甫于明末清初增建东头岸、铺门口、石大门，十六世孙张云浦、张力心于清中叶续建王家塅、上新屋，至此张谷英村建筑群基本形成，总建筑面积51000多平方米，房屋1732间，天井206个。从外观上看，每幢建筑门庭严谨，高墙耸立；从空中鸟瞰，屋宇绵亘，檐廊衔接，由东南向西北，沿着龙形山绵延陈达千米，蔚为壮观。张谷英村几经沧桑，基本上保留了原状，主庭高壁厚檐，围屋层层相因，分则自成系统，合则浑然一体。每幢门庭规格不等但又相连，都由过厅、会面堂屋、祖宗堂屋、后厅等"四进"及其与厢房、耳房等形成的三个天井组成。顺着屋脊望去，张谷英村建筑群就变成了无数个"井"字，厅堂栉比，天井棋布，工整严谨，格局对称，形式、尺度、色调和谐统一，体现出高超的建筑技艺。

张谷英村建筑群平面布局为"丰"字形，东西走向，南北进深，巧妙地利用了横向地形。纵向上是高堂庭院，一般有2至3个天井，4至6个堂屋，两边并列伸出3、4道横向分支。每进堂屋的屋顶，由4根大圆木支撑。各进堂屋之间，由天井、屏门、

鼓壁隔开，也可以根据需要打开屏门，将各个宽大的堂屋、天井连成一片。

当大门位于龙形山前，有大小堂屋和天井各24个，房屋222间，建筑面积9200平方米，整体形状如一把打开的折扇。设两道大门，大门框均系花岗石凿制而成，第一道大门前有一个广场。房屋布局为五进五井，高堂深巷，好似迷宫。

上新屋位于龙形山尾，建筑面积7560平方米，有房屋172间，具有明清时期古庄园建筑特点。从外观上看，结构严谨，高墙耸立，从高处俯视，似飞机模型。封火山墙，采用形似岳阳楼盗顶式的双曲线弓字形，六进七井八横堂，进二大门有过厅，四条大鲶鱼含在柱头上独占鳌头。

王家塅位于龙形山侧，建筑面积9474平方米，布局比较规范，呈凤翼形。进大门后，有一石板路，路两旁为水塘，塘边沿砌有石栏。沿石板路向前入大门，房屋布局为四进三井，加东西横堂共有24个天井、468间大小房屋。宅群全部以花岗岩石条奠基，火砖到脊，梁架以松、杉、樟、楠木为主。左右两条巷道名曰"双龙出洞"，直抵屋后的龙形山。

张谷英村的建筑材料以木为主，青砖、花岗岩为辅，大多产自本地。青砖墙虽距今几百年，但仍纹路清晰、灰缝坚硬、铁钉难进。木料为梁为窗，很少有断裂变形。大门框、烟火堂、天井、屋柱、墙脚、挑梁、门框等处的花岗岩，都精心雕凿、平整光滑、质朴典雅、经久耐用。雕刻随处可见，墙壁和石柱上的各类石刻结实厚重、苍劲有力；浑圆的梁柱上刻有太极图，镂雕着精巧小鹿；窗棂、间壁、隔屏多以雕花板镶嵌，图案有喜鹊、梅花、猛兽之类，精致美丽、充满情趣、栩栩如生。所雕所刻无不细腻精美、典雅传神，经历几百年的风雨侵袭不翘不弯不裂，足见其选材之精、工艺之高。

全村共有天井206个，堂屋、厢房、厨房等处均有天井。大的达22平方米，小的只有2平方米。天井由花岗岩和青砖砌成，排水设计独具匠心，横竖有序的石条下有四通八达的隐形水道，水道通向村外的沟渠注入河流，百年未疏不堵。

溪水上下有58座石桥，错落有致，有拱形的，也有平板的，有整块石头凿成后架设在小溪两岸的，也有由6至8块长石板条铺砌的。这些石桥是按九座平板桥隔一座石拱桥的顺序排列，寓意九九归一大圆满。在一口龙涎水井边，百步之内竟有3座形态各异的石桥，俗称"百步三桥"，建于清嘉庆十年（1805），勾勒出"小桥流水人家"的诗情画意。

张谷英后裔尊书重教，明清时出了进士1人、举人7人、贡员1人、贡生6人、秀才45人、太学生33人。村民谨守先祖"识时务、顺天然、重教育、兴礼义"的遗训，繁衍生息几百年，世传不衰。

张谷英村

张谷英村

议事厅

当大门八骏图

当大门

上新屋

上新屋大门

上新屋大天井

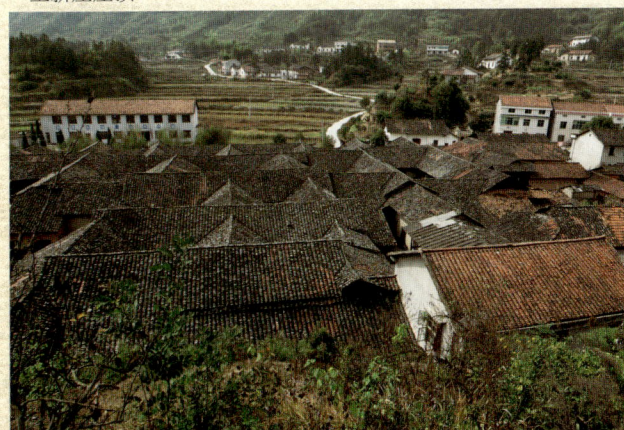

上新屋屋顶

上新屋小天井

王家埚厅堂

王家埚烟火塘

王家埚

绣楼

龙涎井与渭溪河"井水不犯河水"

溪畔石板路

溪畔长廊

大旗头 村

Daqitoucun

广东省佛山市三水区乐平镇大旗头村

广东省佛山市三水区乐平镇大旗头村，位于乐平镇北5公里处，距佛山市区约40公里。大旗头村始建于明嘉靖年间，原名"大桥头"，因村民多为郑姓也称为"郑村"。古村落由清光绪年间广东水师提督郑绍忠（1834-1896）所建，建筑群背靠雷岗主山，坐西向东，以纵横两个方向的巷道将民居布列在整齐统一的空间中，平面布局呈"棋盘式"，占地约52000平方米，建筑面积达14000平方米。民居、祠堂、家庙、府第、文塔、晒坪、广场、池塘齐备，聚族而居，布局协调，风格统一。清光绪十七年（1891），深得慈禧太后器重的郑绍忠回到原籍广东，任广东水师提督。郑绍忠六十大寿时，慈禧亲笔为他手书了一个"寿"字，并下旨拨重金让他在老家建房。

大旗头村选址讲究风水。风水说认为水为财，"塘之蓄水，足以荫地脉，养真气"，村民便巧妙地在村前挖掘池塘，谓"月塘"，作蓄水、养鱼、灌溉之用，并打了供饮用和洗涤的多口水井。南方多雨、潮湿、春夏易涝，挖水塘、打水井可降低地下水位，使村落地面干燥，空气得到调节。优良的排水系统，使大旗头村免遭水患。村落后高前低，每家院子的地面向前倾斜，利于排水。巷道内相隔十多米就设置一个钱眼形"渗井"，并与地下管网相连，最终排入水塘，俗称"四水归塘"。

积善里、安宁里、长兴里等多条纵向巷道，交会于水塘边的晒谷场，晒谷场平时作社交场所，节日开展文娱活动。大旗头村南面开放，北面封闭，门开通气，门闭聚气，加上池塘调节，冬暖夏凉。村中祠堂、书塾、家庙等公共建筑，排列在全村建筑群的最前部，建筑规格也最高。这些公共建筑建在一个被称为"月台"的高平台上，起到第一道防护屏障作用。前部的几座主体建筑气势雄伟，主导作用突出，使整个村落空间层次丰富。

大旗头村防盗措施非常严密。屋墙用厚厚的麻条石砌成，外面再贴青砖，中间还嵌有铜板。窗户为小巧的铁窗。瓦片下面为并排的圆木，圆木之间的距离连拳头都伸不进去。村落整体布局完美紧凑，房屋呈梳式布局。正前面临大月塘，以若干细长巷道纵深贯通至后部，并在中部设一条横向石板街作为各巷道之间的联系通道。纵向巷道的入口处和后部，有挡墙封堵，并设闸口护卫。横向石板街的一端是堵死的，另一端修有门楼。遇到匪患，门楼上的铁闸一落，整个村落就变成一个易守难攻

的大院。高高的屋墙石脚、屋宇间相通的天桥等，也有防盗防匪的功能，彰显前人的聪明智慧。

大旗头村古建筑群的民居布局和结构基本相同，只是规模有大有小。单体为独户使用，排列规整，随地势由前向后逐层抬升，外封闭，内开敞，属粤中典型的"三间两廊"民居式样，即平面三开间、前带两廊、中间为小天井的三合院形式，也有少量五间三廊式。厅堂与天井相连，天井有通风采光和户外活动的功能。天井的墙面饰有砖雕，是求"天官赐福"的场所。天井两侧是行廊及厨房。正房三间，由一木屏风分隔为厅堂和卧房。卧房上为阁楼，放置杂物，木屏风前有简易神龛，供祭祖先。入户门为框门，上有门罩，装有岭南地区特有的木制"趟栊"。房屋结构为山墙承重。山墙顶有形似铁锅的镬耳，故称为"镬耳式封火山墙"，下有草尾装饰。高高的山墙在空中划出流动的弧线，形如官帽的两耳，据说可保佑子孙官运亨通。这种山墙又称"鳌鱼墙"，寓意"独占鳌头"。由此看来，那时候的人对做官是很崇拜的。山墙立面开窗少而小，后背墙面则完全不开窗。建筑物上的木雕、隔扇、栏板、砖塑、灰塑、陶塑、琉璃花饰、石雕和脊饰等造型，题材多样，内容生动，手法纯朴，表现出当年聚落生活的悠然和富足。建筑材料上乘，各建筑物经百余年风吹雨淋依旧坚固。墙体的青砖和石勒脚外观质朴，坚固耐用。

郑氏先祖曾被封为"振威将军"，地位显赫。大旗头村的五座祠堂和家庙是该村的标志性建筑，形制基本相同，分别是裕礼郑公祠、裕仁郑公祠、郑氏宗祠、振威将军家庙、奉政大夫家庙。郑氏宗祠的北侧是"尚书第"。祠堂和家庙雕梁画栋，挑檐枋的人物造型惟妙惟肖，墙楣砖雕充满南国风韵。在岭南民间习俗中，祠堂是聚落空间的灵魂和精神核心，是不能被拆除的。为了保留对于家族和血脉的记忆，维系族群的凝聚力，村民通常定期对祠堂和家庙等进行整修。每遇传统年节，村民就会在此聚集，按照祖制举行祭拜活动和团聚仪式，并摆设族人围宴。

村东北角建有一文塔，势如笔峰。建筑形式为六角攒尖，石基砖墙，高三重。首层饰以石雕题额"层峦耸翠"，二层、三层分别镌刻"毓秀"、"奎光"。文塔为楼阁式砖塔，塔身每层都砌出柱、额、门、窗形式，自下而上面宽和高度逐层减少。每层辟有门窗，可以登临眺望。塔的左面植有榕树，右侧种有硕大木棉，人文和自然相互融合。塔下原有两方石，大者高三尺许如砚，小者方块状如印。塔的正面临大月塘，与"月台"、月塘等交相辉映，组成一个"文房四宝"齐全的人文景观，寄希望后代耕读为本、出人头地、光耀家族。

大旗头村一角

文塔

大旗头村

郑氏宗祠梁枋雕刻

郑氏宗祠

郑氏宗祠大门

郑氏宗祠墀头砖雕

郑氏宗祠屋脊灰塑

裕礼郑公祠

长兴里

尚书第

振威将军家庙

振威将军家庙墀头砖雕

慈禧为郑绍忠手书"寿"字

古民居影壁"天官赐福"砖雕

奉政大夫家庙

鹏城⑭

Pengchengcun

广东省深圳市龙岗区大鹏镇鹏城村

广东省深圳市龙岗区大鹏镇鹏城村，位于深圳市龙岗区的大鹏半岛，西距市区约60公里、大鹏镇中心4公里。鹏城村，南临大亚湾、背靠排牙山，离海不到1公里，因大鹏古城而闻名。大鹏所城，全称"大鹏守御千户所城"，于明洪武十四年（1381）设立，明洪武二十七年（1394）筑城。在明清两代抗击葡萄牙、倭寇和英国殖民主义者的斗争中，大鹏古城起过重要作用，是岭南重要的海防军事要塞。随着海域在贸易和国防领域的地位日显，陆域控制权向近海制海权延伸，明太祖朱元璋初年即在中国沿海地带布防军事卫所。由于军士和家眷的到来，沿海地带诞生了一些新的村镇，鹏城所城便是其中之一。清初为大鹏所防守营，康熙年间（1662-1722）又改为大鹏水师营，成为管辖珠江外洋东部海路的一个海防军事机构，后又在海上要塞设九汛，增建南头、大屿山等4座炮台。

明初建立"卫"、"所"的军事制度，"卫"、"所"是最基本的军事编制单位。每卫设前、后、左、中、右五个千户所，千户所一般是1120人的编制，一卫编制5600人。明洪武十年（1377），在东莞县城南设立了南海卫，后因盗匪和倭寇横行，朝廷增设了大鹏千户所，修筑了大鹏所城。据记载，"沿海所城大鹏为最，周围三百二十五丈六尺，高一丈八尺"。大鹏所城占地面积约10万平方米，平面呈不规则四边形，城外东南西三面环绕着深3米、宽5米的护城河，清代屡有修葺。城内有三条主要街道，分别为东门街、南门街和正街，主要建筑有左营署、参将府、守备署、军装局、火药局、关帝庙、赵公祠、天后庙等。现在原有格局基本保留，东、西、南三城门仍保存完好。城内现存主要建筑物有振威将军第、刘起龙将军第等，建筑规模宏伟。在这扼守海陆要冲的弹丸之地，明清两代鹏城村出了福建水师提督、广东水师提督等十几位将军，故有"将军村"的美誉。

大鹏所城战略地势险要，是外敌入侵岭南重镇广州的必经之地，与东莞守御千户所一起扼守珠江口，有省会门户之称。600多年来，大鹏所曾受倭寇之害，抵御过葡萄牙人的侵扰，并处在鸦片战争的最前哨。第二次鸦片战争失利后，清政府赔款割地，大鹏所城失去了大部分海防辖地，军事地位顿减，日益凋敝。抗日战争期间还曾被日军占领。

大鹏古城历经数百年的风风雨雨，至今仍巍然屹立。雄伟庄重、风格古朴的城门伟岸高耸。鳞次栉比、错落有致的明清民居保存完好。青石板铺就的小巷狭窄蜿蜒，幽长深远，宁静古朴。数座结构宏伟、独具特色的清代"将军第"有序分布，其中抗英名将赖恩爵的"振威将军第"和清福建水师提督刘起龙的"将军第"最为有名。刘起龙将军第靠近西门，采用清代典型的四合院布局。

振威将军第靠近东门，建于清道光二十四年（1844），为道光皇帝御赐"诰封第"，门首横额"振威将军第"为道光皇帝御笔亲题，历经160多年仍保存完好。府第坐北朝南，占地2500平方米，四周有一丈多高的围墙，气派不凡。门前置一对石狮子和一对象征武官府第的石鼓。檐板、梁枋等有饰金木雕，上绘人物故事、花鸟草木及墨书诗词等。其规模宏伟，结构复杂，拥有大小厅房40余间，为侧门内进，中间为三厅二天井结构，左右为厢房，青砖墙、木梁架、石柱础，厅、房、井、廊、院等俱全，牌匾众多，走廊、过道及天井铺青石板，室内地面铺红砖。庭院有月门相通，层层叠进，各有不同意境。

鹏城赖氏始祖赖吾彪，清乾隆年间由广东紫金迁居鹏城，以竹篾手工为生。此后，赖氏两代单传，生活清贫。至第三代名世超，于清道光十年任闽粤武举考官，诰封武义都尉，晋封武功将军，御赐蓝顶花翎，从二品。世超的长子英扬，授浙江定海镇总兵官，诰封武显将军，晋封振威将军，御赐红顶花翎，从一品；三子信扬，任福建厦门水师提督，封建威将军，御赐红顶花翎，正一品。英扬的长子恩爵，晋封振威将军。信扬的六子恩赐，封武功将军。赖家世代行武，三代出了五位将军，史称"三代五将"。

赖恩爵为赖氏"三代五将"之一，作为林则徐的副将，成功地指挥了著名的中英"九龙海战"，打响了鸦片战争的第一枪，后升任广东水师提督，御赐红顶花翎，从一品。与振威将军第相对的"怡文楼"，原为赖恩爵将军的书房，现辟为"鹏城春秋"历史展室，内陈列有"中英海域界碑"。

赖恩赐为赖氏"三代五将"之一，官至福建晋江镇镇台，封武功将军，御赐蓝顶花翎，从二品。赖恩赐将军第平面布局为三开二进二廊，面宽9米，进深10米，砖木结构，小青瓦屋面，平脊尖栋，蝴蝶瓦口，门廊、檐壁有壁画，建筑保存完整。

大鹏古城保存的独特民俗文化，是岭南文化的重要组成部分。古城的语言非常独特，由客家话和白话融合而成，俗称"黄母话"，是研究古代"军语"的"活化石"。深圳又名"鹏城"，鹏城村是深圳的根，也是深圳人的根。大鹏所城是我国东南沿海现存最完整的明代军事所城之一，也是全国重点文物保护单位、深圳爱国主义教育基地和"深圳八景"之首。

鹏城村南门

鹏城村东门

鹏城村西门

东门内古民居

南门街

赖府巷

怡文楼内鹏城春秋展室

左堂署遗址

振威将军第屋檐装饰

振威将军第

振威将军第门楼

赖英扬将军第

赖英扬将军第屋檐装饰

赖英扬将军第屋檐装饰

刘起龙将军第

刘起龙将军第墙头装饰

大鹏粮仓

党家村

Dangjiacun

陕西省韩城市西庄镇党家村

陕西省韩城市西庄镇党家村，位于韩城市区东北9公里处，东距黄河3.5公里。村中有20多条巷道纵横交错，现存120多幢明清时期四合院民居以及文星阁、祠堂、分银院、私塾、节孝碑、看家楼、暗道、哨门、城楼、庙宇、涝池、古井等公共建筑。

党家村主要有党、贾两族。元至顺二年（1331），党姓先人党怒轩定居于此，明永乐年间其孙党真中举。明成化年间党家姑娘嫁给来自山西洪洞县在韩城做生意的贾姓商人，生一子名贾璋。贾璋长大后也定居党家村。党贾两家是舅舅和外甥关系，世代和睦相处。两族后代合伙办了不少商号，"日进白银千两"，于是大兴土木。

党家村明清四合院分布紧凑，排列错落有致，外观大体相同，内部布置多样。四合院一般占地200多平方米，呈长方形，俗称"一颗印"，由厅房、左右厢房、门房围成。厅房为头，厢房为双臂，门房为足，似人形。厅房高大宽敞，为供祖和设宴之所；门房和厢房为起居之室，长辈兄弟居有序。走进党家村，高大气派的"走马门楼"列于巷道两侧，建筑装饰精美，三雕俱全。家门外有上马石、拴马桩、拴马环。石门枕为方形或鼓式，均有雕刻。有狮子门墩、鼓门墩、狮子鼓相结合的门墩，还有形体单纯的竖立双体线雕门墩。门楼两侧有美观的砖雕墀头，内容非常丰富，有琴棋书画、梅兰竹菊、鹿兔象马，虎牛麒麟以及几何图案、万字拐、八卦图等。门额题字或木雕或砖刻，名家书写，相当讲究。大门内照墙多为砖雕，主题画面题材多样。院中家训砖雕，多在厅房歇檐两侧山墙上，内容多为道德修养之类，文化气氛浓厚。

党贾两姓先后建了十一座祠堂，这些祠堂可分合族、分门、分支和个人四类。合族祖祠党贾各有一座，坐落在一条巷（上巷）内，东西距离不足百米。党姓的题名"党族祖祠"，俗称"老户"，位于村子上巷的中心位置，坐北朝南。贾姓的题名"贾祖祠"，俗称"贾家祠堂"或"贾户"，位于村子上巷西部要冲，坐西朝东。祠堂建筑格式大体类似四合院，但又有所区别。一般民居四合院的门房为三大间，门只占一间，多开偏门。祠堂门房则为五大间，中间是"三开间大门"，两端两间为"门房"。一般四合院厢房多为楼房，祠堂厢房多不是楼房。四合院上房只有一栋，有的设楼，有的不设楼，祠堂的上房都不设楼，有一

栋的如两个合族祖祠，也有两栋的如党二门的分支祠"西报本祠"，前为献殿，后为寝宫，中间为"卷棚"接连，晴遮太阳，阴承风雨，寝宫靠背墙建有"神龛"。各祠堂为歌颂祖宗功德，宣扬崇本追远思想，都有一些砖木雕刻的楹联，悬挂着一些牌匾，块块书法精美，制作考究。大多数祠堂都有兼作"学堂"的历史，先后办了13所私塾，明清时党家村出了1名进士、4名举人、44名秀才。

节孝碑不同一般，青石基座上立两丈多高的碑楼，楼顶为悬山两面坡式，檐上筒瓦包沟、五脊六兽。檐下结构为仿木砖雕，层层叠起的斗拱擎着檩条，檩上架着方椽。斗拱下面是横额"巾帼芳型"，额框由透雕游龙、麒麟、香炉等图案组成。额下雕刻尤为精美，总体栏杆形状，每两个立柱间为一画面，从东到西分别为"喜鹊梅花"、"鹤立溪水"、"奔鹿图"和"鸭戏莲蓬"。碑楼墙面十分平整，两边墙上的对联与横额为阳文砖雕。对联上方各砌有一个手捧"寿"字的人物深浮雕。碑青石质体，一丈多高，最高处透雕着三龙捧旨图案，中嵌"皇清"二字，碑文为"旌表敕赠徵仕郎党伟烈之妻牛孺人节孝碑"。碑主牛孺人早年丧夫，守节不二，孝顺长辈，睦邻友好。

泌阳堡于清咸丰元年（1851）始建，咸丰六年（1856）建成，堡墙高两丈，曾设有十几门火炮，耗银1.8万两。当时正值太平天国运动，时局动荡，民不安宁，清政府渝令民间筑寨自保。党家村在举人党遵圣、拔贡党之学的倡导下，选定村东北"半岛形"的高崖为寨基，构筑城堡，占地约36亩。堡内有一四方形水池，名"涝池"，全寨的雨水汇入其中，容纳不下时就由东南角的水眼溢出，有蓄水防洪、调节空气、洗衣畜饮等作用。村中的看家楼，砖砌方形三层阁式，高14.5米，登高可瞭望全村四周。看家楼、泌阳堡、夹层墙、哨门等，构成攻防兼备村落防御体系。

清雍正三年（1725），村里修建了高37.5米文星阁，据说内藏有神秘的避尘珠。相传文星阁由一个山西匠人设计和施工，开始比较顺利。阁越盖越高，匠人怕出事就不辞而别。工程搁置两年后，又从山西寻访来一位匠人。此人拿着线垂和尺子，将这半截活路仔细测量一番，说"干得不错，停两年正好让地基压实。"这匠人把绳匠分为两组，一组搓麻绳，一组搓牛皮绳，而后搭起了螺旋形脚手架，麻绳，皮绳合用捆绑。解释说："日头越毒，皮绳越紧，雨雪越多，麻绳越紧。不论什么天气，架子都不会松动。"工程历时八年，质量精良，耸立至今。

清末时党家村人政治地位显赫，党家分银院"垂花门楼"侧墙有慈禧赐的"福"字。"福"字匠心独具，由2只仙鹤串起来，左边一只抬头鹤作衣字，右边一只低头鹤，上部为多字，下部为田字，寓意多衣多田。

从泌阳堡俯视党家村

党家村

党族祖祠

翰林故里

节孝碑

古民居

文星阁

拴马石

贾祖祠

贾家分银院

孔庙

党家分银院"垂花门楼"

看家楼

垂花门楼侧面的砖雕

垂花门楼侧墙慈禧赐的"福"字

泌阳堡涝池

西崖畔小巷

梁山西照小巷

泌阳堡城楼

中国历史文化名村

第二批

灵水村

Lingshuicun

北京市门头沟区斋堂镇灵水村

北京市门头沟区斋堂镇灵水村，位于北京西部山区，距离京城 78 公里、109 国道 4 公里。灵水村始建于辽金时代，是一座有千年历史的古村，刘、谭是灵水村的两大姓氏。

灵水村先人以"风水"理论择地建村，村落处于群山环抱之中，略呈长方形，围合封闭，负阴抱阳，藏风聚气，前罩抓髻山，后靠莲花山，依山泉而建，水绕村而流，地势西北高、东南低，东进西收，构成了"天人合一"格局。从南岭俯瞰，整个村落似龟形，龟与蛇交曰"玄武"，是位在北方的灵物，象征长寿。玄武头朝南，尾朝北，三条东西走向街道与南北走向的胡同构成分明的龟纹，四合院组成龟纹的大小块。过去村里有 36 盘石碾、72 眼井，风水好，人杰地灵，故名"灵水"。

灵水村明清古建筑错落有致、布局合理、装饰华美。四合院为砖瓦结构，主要由正房、倒座房和左右厢房组成，门楼、影壁、石阶一应俱全。四合院有大、中、小三种规格。小型四合院（一进院）格局精巧别致，青砖灰瓦，古朴典雅，门窗木雕精美。南房（倒座房）三间，东南角为门楼，如意门、硬山顶、清水脊，门楣上装饰有门簪，门前两侧的石墙上分别刻有"读书便佳"和"为善最乐"等字样。站在宅院门口，可以看到门楼外有一字影壁，角柱石刻有各种花卉和吉祥图案。院内北房（正房）三间，建于台基之上，前檐为通高门扇，厢房各两小间。中四合院比小四合院宽敞，有垂花门、外院、中院、游廊、后院、罩房等。大四合院一般是复式四合院，由多个四合院纵深相连而成。在灵水村影壁很常见，是四合院大门内外的重要建筑，以跨山（墙）影壁和一字影壁为主。影壁皮条脊上雕刻有各种纹饰，脊下为小瓦筒檐子，风格各异。影壁的基座和边框饰以砖雕，壁心多为"鸿禧"、"戬毂"、"迎吉"等吉祥词语。

灵水村有灵泉禅寺、天仙圣母庙、龙王庙、文昌阁、魁星楼等大小庙宇 17 座，村外还有建于元代的天主教堂。在山野小山村中，佛教、道教、儒教、天主教各领风骚，和睦相融，构成独具特色的灵水宗教文化。其中，龙王庙、天仙圣母庙、观音堂和二郎庙紧紧相邻。

灵水村的灵泉禅寺始建于汉，距今已有一千多年的历史。灵泉禅寺原有三重大殿，坐北朝南，山门为青砖仿木结构，歇山式大脊，筒瓦顶，有吻兽、垂兽，四角悬风铃。山门后原为天王殿、三世佛殿、三大士殿。三世佛殿面阔三间，悬山脊、筒瓦顶，有斗拱，拱眼壁绘佛像，殿前有宽大的月台。三世佛殿两侧各有旁门，东侧有配房三间，西侧有四合式跨院。三大士殿面阔三间，两侧为僧房。灵泉禅寺现仅存石刻件拼砌发券门洞，门额有"灵泉禅寺"石刻，并有"大明嘉靖癸已七月吉日重开山门第一代住持圆恭立"题记。院内一棵古槐、两棵古银杏树，其中雌银杏树每年都结金色果实。

南海火龙王庙位于灵水村西，相传建于金代，重建于明嘉靖十五年（1536）。南海火龙王庙坐北朝南，规模宏大。庙前曾有一精美的大戏台，分前后场。每逢年节庙会或求雨活动，附近乡民纷纷前来拜神求香，香火极胜，戏台上连演大戏，热闹非凡。山门为青砖歇山式建筑，山门正脊有吻兽，券洞上部嵌有青砖刻匾，周围有莲瓣花纹，匾额题"南海火龙王庙"并款刻"大明嘉靖岁次丙申重阳吉日造，曾林乡重修"，匾下券门上砖雕狮子、鹿、龙等。如今，南海火龙王庙只剩下残垣断壁、破旧拔券山门和东侧旁门。俗话说"水火难容"，可灵水村却建有南海火龙王庙，让人迷惑不解。据说，灵水村过去水源充沛，常闹水灾，建火龙王庙以保持"阴阳平衡"，祈盼风调雨顺。

南海火龙王庙院中有两棵直径近两米的千年古柏。一棵叫"柏抱桑"，胸径 181 厘米、高 15 米，躯干树洞中间寄生了一棵直径 20 厘米的桑树。桑柏两树，枝繁叶茂，姿态奇绝，并有一条胸径约 6 厘米老荆与桑同生；另一棵叫"柏抱榆"，胸径 175 厘米、高 13 米，在侧柏的 2 米高处寄生出一棵直径 63 厘米、高 10 余米的榆树，榆柏两树苍黛交映、情趣盎然。"柏抱桑"和"柏抱榆"相距不超 10 米，树龄均在 800 年以上，是北京的"古柏奇观"之一。

天仙圣母庙建于清康熙十九年（1680），位于南海火龙王庙北侧，坐北朝南，规模较大。原有山门，面阔 2.4 米，进深 1.6 米。现存的二门建于山石砌筑的平台上，中为踏步，两则各有拔券洞一个。正殿三间，面宽 4.3 米，进深 2.2 米，硬山大脊，砖吻垂兽，三架梁，今已残破不堪。殿内梁枋有三种颜色的龙之彩绘，活龙活现，气宇非凡，并有凤凰、莲花及各种彩绘图案。南北两侧各有寮房三间，已十分破败。寮房内墙壁上原有"七十二司"壁画，今已无存。

灵水村自古崇尚文化，追求名禄，不断有人考取功名。灵水村曾出过二十四位举人，故又叫"举人村"。特别是"名举"刘增广、刘懋衡，官至四品，德行双馨，影响了这方土地，产生了独特的举人文化。村口影壁上的"灵水举人村"五字，由我国著名的书法家杨再春先生书写。

由书法家杨再春题字的村前影壁

灵水村

位于村子北口的古柏树

村中石板路及排洪沟

古民居

灵泉禅寺山门

古民居院墙

古民居屋脊

南海火龙王庙山门

南海火龙王庙柏抱桑古树

天仙圣母庙

天仙圣母庙院落

天仙圣母庙山门

鸡鸣驿 村

Jimingyicun

河北省怀来县鸡鸣驿乡鸡鸣驿村

河北省怀来县鸡鸣驿乡鸡鸣驿村，位于怀来县城西部的鸡鸣山下、110国道南侧，距怀来县城20公里。鸡鸣驿因背靠鸡鸣山而得名，山、城相互依存，相得益彰。自城内望去，见孤峰耸立、草木郁葱。城内明清时期建造的佛、道、儒等寺庙达17处，大多保存完好，精心雕琢的青砖瓦房，古老的土砌房屋，仍坚强地经受着风沙的侵袭，是目前国内保存最好、规模最大、最富有特色的邮驿建筑群之一，具有较高的历史、艺术和科学价值。

驿站在中国历史上曾起着重要作用，古时传递消息和发放官文都用快马，因马的体力和奔跑的距离有限，在数百公里传递中需要更换马匹，所以在沿途建立许多马站，后来马站又演变成接待过往官员、商人的临时驿站，同时起着军事城堡的功能。

据《水经注》记载："赵襄子杀代王于夏屋而并其土，襄子迎其姊于代。其姊代之夫人也，至此曰：代已亡矣，吾将何归呼？遂磨笄于山而自杀。代王伶之，为立祠焉，因名其山为磨笄山。每夜有野鸡鸣于祠屋上，故亦谓之鸣鸡山"。《明·一统志》里则说，唐太宗北伐至山闻鸡鸣，因名鸡鸣山。据清乾隆四十六年（1781）古碑记载："唐太宗驻跸其下，闻鸡啼而命鸡鸣。"

鸡鸣驿始建于元代，1219年成吉思汗率兵西征，在通入西域大道上开辟驿路，设置"站赤"，即驿站。明永乐十八年（1420）鸡鸣驿扩建为京师北路的第一大站，明成化八年（1472）建土垣，明嘉靖四十二年（1563）城堡毁于战争。明隆庆四年（1570），防守指挥王懋尝督役以砖修筑城墙，周长2000米，高12米，底宽8至11米，上宽3至5米，表层砖砌，里层夯土。驿城平面近方形，占地22万平方米，设东西两门，城门上方筑城楼，北墙正中建玉皇阁，南墙正中建寿星庙，城四角筑角楼，东西门外建有挡水墙。东西"马道"为进马出进通道，城南的"南官道"是当年驿卒传令干道。清康熙年间，设驿臣主管驿站事务。清乾隆三年（1738）重修四面城墙和东西两门，并筑护城石坝一道。

城内的五条道路纵横交错，"三横两纵"贯通东西、南北的大街，将驿城按"井"字不均地分为三区九块十二片。城内建筑分布有序，驿署区在城中心，西北区有马号，东北区为驿仓，

城南的傍城有驿道东西向通过。东西走向的头道街区域主要是军政管理和商业服务区，南北走向的西街区域是驿站的核心设施，宗教建筑则遍布全城。

鸡鸣驿城保存基本完好，有着极高的历史价值。除西城墙中部有段塌陷外，城墙其余部分均完整地矗立着，棱角分明，不歪不倾。城门拱洞高耸，宽敞的大门洞开，部分铁板、铁钉依然牢牢钉在门上。城内的佛、道教寺庙和驿站其他建筑，大部分保存完好。

专供过往官员、驿卒就餐住宿的"公馆院"（驿馆），是一座三进院落的明代建筑，北屋的隔扇木插销头做工考究，各个木插销头分别刻有琴、棋、书、画、荷、莲、蝙蝠、蝉等不同图案，栩栩如生，反映出我国古代匠人的高超工艺。指挥署，清康熙三十五年（1696）前驿城最高军事长官驻地，居驿城中心，负邮驿和驿城及周边军事指挥之责。驿城署，清康熙三十五年（1696）前驿城最高官员驿丞办公之所，负责驿城所有事宜。

古城里最有名的建筑当属"贺家大院"，据说这是八国联军打进北京时慈禧太后和光绪皇帝逃难留宿的地方。"贺家大院"位于城中间的一条狭窄胡同里，二进院的山墙上至今还留有"鸿禧接福"四个楷书大字的砖刻，作为慈禧太后在此居住的纪念。原来的五进连环院，现已成为各自独立的院落。

文昌宫建筑格局严谨，包括山门、正殿、斋堂、七贤祠等，用来供奉和祭拜文昌帝君，也是驿站子弟上学读书的地方，故又称驿学。泰山行宫，又名泰山庙，是供奉东岳大帝之女碧霞元君的庙宇，现存三间正殿，前出抱厦，左右带耳房，东西设配殿，正殿有48幅彩绘连环壁画并以民间流行的三句半形式说明，明艳、生动地描绘了碧霞元君修道经过，映衬了驿路的特殊文化。财神庙为两进院落，供奉文武财神，前设门楼，原挂"异姓同心"匾额，庙中的壁画采用沥粉贴金工艺，金碧辉煌，描绘各国使臣带着奇珍异宝朝拜中国财神的情景，是研究邮驿文化和中外经贸交流的重要资料。驿城保存有三个戏台，分别是老爷庙戏台、龙神庙戏台和泰山行宫戏台，另有龙神庙、城隍庙、普渡寺、永宁寺等寺庙。

地处当时交通要道的鸡鸣驿，在担负军、民驿站的同时，也成为商贾发财聚集之地。据驿城里现存的碑刻记载，最繁华时仅当铺就有6家之多，同时还有商号9家、油铺4家及茶馆、车马店等。现存当铺位于前街与西街交汇处，建筑风格独特，硬山顶建筑中有所变化（东山墙采用歇山顶），兽脊上雕有白菜图案，寓意"百财"。

鸡鸣驿城东门

鸡鸣驿头道街及远处的鸡鸣山

文昌宫

文昌宫壁画

文昌宫正殿

泰山行宫正殿

泰山行宫

古戏台

驿丞署

慈禧太后和光绪皇帝的画像

慈禧所赐"鸿禧接福"四个字

贺家大院影壁砖雕

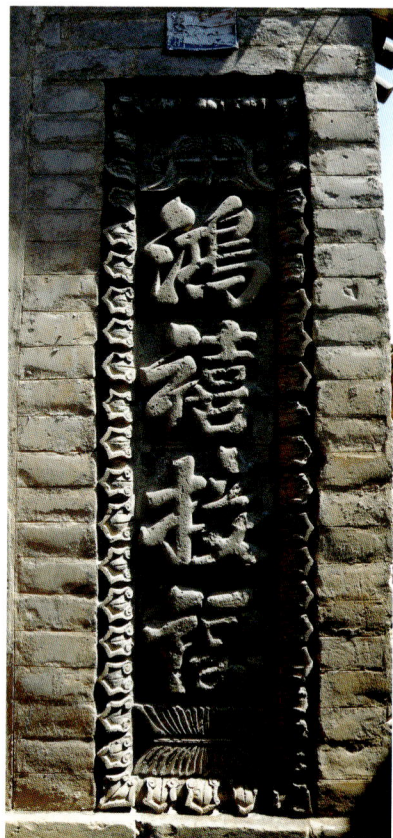

贺家大院内慈禧太后和光绪皇帝逃难时留宿的地方

财神庙

指挥署

指挥署墀头砖雕

皇城村

Huangchengcun

山西省阳城县北留镇皇城村

山西省阳城县北留镇皇城村，位于北留镇北4公里处樊山下，西距阳城县城约15公里，东距晋城市区约30公里。皇城相府是清朝康熙大帝的老师、《康熙字典》的总裁官、文渊阁大学士光禄大夫陈廷敬的故居。

陈廷敬（1639-1712），字子端，号说岩，晚号午亭，辅佐清王朝达半个世纪之久。陈廷敬天资聪颖，才华横溢，五岁诵诗词，9岁赋《牡丹》，20岁中进士、入翰林，仕途奇特，翰海风流；一生28次升迁，参知国家机要凡40余年，历任吏、户、刑、工四部尚书，两任都察院左都御史，任经筵讲官凡35年；总裁典籍，功勋巨大，先后担任过《康熙字典》、《佩文韵府》、《大清一流志》、《三朝圣训》、《三朝国史》、《大清律例》等典籍的编修及总裁；著述繁多，巨制鸿篇，流传于世的有《午亭文编》五十卷，《午亭山人》三卷，《午亭归去集》二卷等。

皇城相府建筑群依山就势，雄奇险峻，大型院落19座，房屋640间，总面积36580平方米，设9道城门，城墙高达12米、总长1700余米，主要建筑有御书楼、斗筑居、屯兵洞、河山楼、世德居、陈氏宗祠等，被誉为"东方古堡"、"中国北方第一文化巨族之宅"。皇城相府的建筑特征是：依山就势、随形生变、层楼叠院、错落有致、古朴庄严、浑厚坚固。皇城相府也称"双城古堡"，由内城、外城两部分组成。

内城为陈廷敬的伯父陈昌言于明崇祯五年（1632）始建，明代建筑风格，有大型院落八座，陈廷敬就出生在内城的世德居。内城建筑呈长方形，依山势而筑，东高西低，巍峨壮观，东西相距72米，南北相距162米，设五门，西墙二门常开，其余为建筑运料通道，完工后填实封固。墙头遍设垛口，重要部位筑堡楼，并在东北、东南角至高点建文昌阁和春秋阁，以求神灵经纬护佑。城墙内四周遍设藏兵洞，计有130余间，战时作家丁垛夫藏身休憩之用。内城北部建一高大堡楼，名曰"河山楼"，长三丈四尺，宽二丈四尺，高十丈，楼分七层，层间有墙内梯道或木梯相通，底层深入地下，备有水井和磨坊等生活设施，是战时族人避敌藏身之处，并有暗道直通城外，聚甲藏弩、护城保庄、抵御外侵。内城建筑分祠庙、民居和官宦宅邸三类，风格迥异，祠庙建筑有陈氏宗祠，民居有世德居、树德居和麒麟院，官宦宅邸有容山公府和御史府等。

外城为陈廷敬于清康熙四十二年（1703）所建，城门正中石匾刻"中道庄"三字。外城为陈廷敬的私邸，其建筑紧依内城城西而建，基本呈正方形，东西宽106米，南北长100米，城头有垛口和敌楼，有四门，西门常开，其余锁闭。城门外有高达8米的御书楼，保存有康熙帝御赐的"午亭山村"石刻匾额、"春归乔木浓荫茂，秋到黄花晚节香"楹联石刻以及陈廷敬病重期间和病故后康熙皇帝亲赐的御碑，这些御碑记载着康熙对陈庭敬的敬重，也记录着陈廷敬的生荣死贵。外城内有大小石牌坊两座，铭刻着"德积一门九进士、恩荣三世六翰林"之功德，建筑包括前堂后寝、左右内府、书院、花园、闺楼、管家院、望河亭等，布局讲究、雕刻精美。

皇城从始建到完成，几乎与皇城陈氏家族的兴衰共始终。在这期间，陈氏家族由工商之家逐步发展成为官宦巨族。皇城城内的建筑群有古代民居，又有官宦宅第。皇城城墙和河山楼、屯兵洞等防御工事，是明末时动乱特定条件下的历史产物。皇城集古代民居、官宦宅第、祭祀神祠和防御工事为一体，建筑工艺既有官方规制又有地方特色，这种建筑形式在我国并不多见。

在建筑形式和艺术手法上，皇城相府无不严格地遵循"上下有等，内外有别，男尊女卑"的封建礼制。民居建筑多为传统的四合院，装璜简朴。官宦宅第则为前堂后寝之制，高敞明亮，装饰华丽。配房为当地的双层出檐楼房，作为下人居住的管家院为单层平房，小姐院采用券棚顶形式。陈氏宗祠建于内城城门的轴线上，保存皇帝御书石刻的御书楼建于城门外的显要位置。

"止园"为旧时陈家子弟读书之处，位于城南，主要建筑有止园书堂、清立堂、悟因楼、快哉亭、魁星阁等。明清两代，皇城陈氏科甲鼎盛，冠盖如林，有"德积一门九进士，恩荣三世六翰林"的美誉。陈廷敬墓地位于皇城村北约500米处的静坪山坳，又名"紫云阡"，主要建筑有石牌坊、御书挽诗碑亭、十通高大的神道碑、四对石像生等。

御书楼

皇城相府

外城城门

河山楼

外城牌坊下的石雕狮

外城石牌坊

陈氏宗祠门楼

文昌阁

藏兵洞

中和居

麒麟院照壁砖雕麒麟

麒麟院

容山公府

容山公府石雕柱础

止园

张壁村

Zhangbicun

山西省介休市龙凤镇张壁村

山西省介休市龙凤镇张壁村，又称张壁古堡，位于介休市区东南 10 公里处。张壁村背靠绵山、面对绿野、三面沟壑、一面平川。古堡占地 12 万平方米，周筑 1300 米堡墙。张壁村难攻易守，在地上筑垒构城屯甲藏兵，在地下建有近万米、上下三层、攻防兼备的古地道。堡内一条用红色石块砌成的"龙脊街"贯穿南北，两侧是错落有致的古民居和五大神庙建筑群。

张壁村地处偏僻，地势险峻，是理想的军事据守之地。古堡顺势建造，南高北低，可谓"易守难攻，退避有路"。堡北门筑有瓮城，堡南门用石块砌成，堡门上建有门楼。从古堡北边向下俯视左、中、右各有一条深沟向下延伸，古堡南边有三条向外通道，古堡西边为峭壁陡坡、深达数十丈的窑湾沟，古堡东边居高临下、沟堑阻隔。堡墙用土夯筑而成，高约 10 米。堡有南北二门，中间是一条长 300 米的街道，东有 3 条小巷，西有 4 条小巷，由街向两边延伸，街道两侧是典雅的店铺和古朴的民居。几座庙宇琉璃覆顶，金碧辉煌，点缀在堡内。古槐抱柳和罕见琉璃碑古香古色，为古堡增色不少。张壁古堡是一座融军事、居住、生产、宗教活动为一体的袖珍"城堡"，集中了夏商古文化遗址、隋唐地道、金代墓葬、元代戏台、明清民居等许多文物古迹。

张壁古堡南高北低，有悖于古代城市选址北高南低的原则。为了弥补这一缺陷，张壁村不遗余力地对古堡北门和周边祠庙进行了多次改造，在堡北墙上修建了"二郎庙"和"真武庙"，庙顶高度超过了南堡门，顺应北高南低的原则。由于绵山地势高陡，"冲"气足，于是又在古堡南门外建造了关帝庙，以遮挡来自绵山的"煞气"。南北两座堡门不在一条直线上，相互看不见，连接两座堡门的主街道在两端被有意加了弧度，略呈"S"形，有"风水不外流"之意。古堡内的所有路口都是丁字形的，没有十字形的。街巷主次分明，南北主道由石块和石条铺就而成，谓"龙街"，与东边三巷、西面四巷构成"丁"字形的结构。东三巷民居多为农家小院，西四巷建筑错落有致、格局严整，过去多为富户居住。

张壁古堡状如龙形，南堡门为"龙首"，门头有龙首石雕，门下向南铺设九道竖向红条石路，象征"龙须"，向北的主干道为"龙身"。主干道中心偏北位置的水塘、槐抱柳，共同象征"龙"的两肾和太极图的阴阳鱼。张壁村有用于拒敌的小"瓮城"，还有一对小巧的钟楼和鼓楼，具有完整的城堡形态。

在民居形态上，张壁古堡有我国多数古城均已消失的隋唐城市遗存"里坊"。里坊制起源于汉，极盛于三国至唐，棋盘式街道将民居分为大小不同的方格。张壁的"里坊"，巷门、门楼配备得当，若关门落锁，可谓"堡中有堡"。张壁现有 30 余个保存完好的院落，住宅比邻有序，民居与堡墙保有一定距离，讲究宽敞向阳。西四巷民居为张、王、贾、靳姓富户，门楣考究，砖、木、石雕精美，多为狮子滚绣球、喜鹊登梅、鹤鹿同春、富贵牡丹、福禄寿禧等民间喜闻乐见的吉祥内容，充满了浓浓的生活气息。

在宗教建筑方面，在只有 0.1 平方公里的小城内，现存有十六座祠庙，如关帝庙、真武殿、二朗庙、空王佛行宫和兴隆寺，以及地藏王菩萨殿、吕祖阁遗址等，宗教建筑年代较为久远，多为明代以前的建筑，分布在南北两门附近，大都建于城墙之上。这众多的庙宇中，最著名的是明代空王佛行宫。空王佛行宫建造在北门丁字门顶上，坐北向南，大殿三间，殿内塑空王佛，山墙绘空王佛成佛的故事壁画，殿顶有明代三彩琉璃装饰，刀工细腻，烧制精致，形象逼真，栩栩如生。最珍贵的莫过于行宫前廊下两通罕见的琉璃碑，通体琉璃烧造，孔雀蓝底，黑字书写，碑额为青黄绿二龙戏珠，两边蓝黑龙纹花卉装饰图案。

隔着黄土地，张壁古堡的地底下是另外一座让人惊叹的城。从西场巷一座普通民居的地道入口进入，就是一个神秘的地下世界，这里隐藏着张壁村的地下防御体系，也隐藏着一个个未解之谜。地道为立体结构，上中下三层，上层距地面不足 2 米，中层距地面 8 至 10 米，底层距地面 17 至 20 米，高约 1.8 米。上层有喂养牲畜的土槽，中层洞壁下方每隔一段有一可容二、三人栖身的土洞，下层有宽 2 至 3 米、长 4 至 5 米的存粮的洞穴。地道弯曲迷离，留存有气孔通于沟堑外，并有隔井沟通三层。张壁村有 11 口水井，其中至少有 8 口与地道相通。地道洞壁上每隔一段有一小坑，距离不等，是放置油灯的地方。据传，张壁村地道始建于隋义宁元年（617），为隋末定阳可汗刘武周抗击李世民所建。

张壁古堡真武庙

真武庙顶的琉璃装饰

斑驳沧桑的铁皮木门

张壁古堡北门

北门瓮城

张壁古堡南门

夯土筑成的古堡围墙

龙首鹤头福字壁

里坊门楼"永春楼"

龙脊街

槐抱柳

涝池

兴隆寺

二郎庙

明清商铺遗址

民居木雕雀替

街边古民居

西文兴村

Xiwenxingcun

山西省沁水县土沃乡西文兴村

山西省沁水县土沃乡西文兴村，位于沁水县城西南25公里处，地处太行、太岳、中条三大山系的环抱之中，以"柳氏民居"出名。村落雄踞土岗之上，四周由起伏的山岭作屏障，坐北朝南，远远望去形若"凤凰展翅"。东有三台左抱，西有九岗右环，南有行屋拱翠，北有鹿台挺秀，环境优美，风光秀丽，有"环山居"之称。

柳氏民居始建于明永乐年间，依山而建，总占地面积30余亩。整个建筑大体分为外府区、中部、内府区三个部分。内府区为全封闭建筑，进入内府区只有两门可通，四角有小戏台、观河亭、赏景亭和府门楼。唐代思想家、文学家柳宗元同宗后人已在"柳氏民居"聚居数百年，村民多为柳姓，民居现仍存"河东世泽"及"司马第"等门匾，道出了西文兴村与河东大诗人柳宗元的渊源。

柳氏民居东靠西文兴河，南临山谷，其东部的南北两端因地势低筑有高大防护墙。柳氏民居建筑共分三部分，东端为外府区，包括柳氏宗祠、魁星阁、关帝庙、文庙、纸帛楼、天子殿、圣庙、柴房和左、右过亭等；村北端为内府区，现存司马第、中宪第、河东世泽、行遨天宠、堂构攸昭、磐石长安六个府第，以及闺秀楼、地道口、赏景亭、观河亭、后花园、府门楼等附属建筑；中间区为内外府相接处，主要是文昌阁、校场、府外门楼和两个高大壮观的石牌坊构成的内街。

柳氏民居的先祖，为唐代著名政治家、文学家，河东解州柳宗元的同宗。唐贞元年间，柳宗元因参与王叔文的政治变革遭到贬黜，他的同族为了免受牵连而四散逃避，其中的一支便"弃府始徙至沁"，隐居深山，恪守祖训，耕读为本，历经宋元两代，一直不宣门庭。600多年过去，柳氏后裔之佼佼者柳琛于明永乐四年(1407)殿试三甲，考取功名。为光宗耀祖，便大兴土木，选地建宅于西文兴村。自此，柳氏家族历经迁徙、定居、耕读之艰难，终于在西文兴村再开百世书香之门风。到明成化和明嘉靖年间，西文兴第三代族人和第五、六代族人柳禄、柳遇春等，又连连高中进士，步入仕途，为这偏僻的山野小村带来了极大荣耀。自柳遇春起，柳氏族人又不断在村中大兴土木，广置田产，历经28载，终于建成占地30余亩、有十三个院落的城堡式庄园。

在柳氏民居现存的几处院落中，其木雕装饰艺术极为精彩，

而且有着极其丰富的内容。每一道门楣、窗棂、栏杆，每一根梁枋、雀替、斗拱，均雕刻着精美的纹饰和图案，其内容既有宫廷式建筑中常用的龙、狮子、麒麟、蝙蝠和荷莲、牡丹等，又有民间建筑常有的果品、花瓶、笔筒等民俗用品，其中仅窗花图案就达四十余种。每一幅图案都运用了喻事和谐音的表现手法，如以莲花、桂子表示"连生贵子"，用一根绳子串三个铜钱表示"连中三元"，以五只蝙蝠展翅围绕"寿"字表示"五福朝寿"等，其文化蕴含之丰富、雕刻之精细，令人目不暇接、惊叹不已。

柳氏民居的石雕艺术也美妙绝伦，主要表现在大门和牌坊两侧的石狮子及石柱础上。在"司马第"、"行遨天宠"等几处院落的大门前，都雕有寓意太师少保、神狮镇宅等的青石狮子。狮子的耳朵为元宝形，其头、身、腿雕刻得极为均匀，形象生动，活泼可爱。而最珍贵的要数雕刻在"青云接武"、"丹桂传芳"两座成贤牌坊下的8头狮子，被建筑专家称为"教化狮子"。工匠们以石狮子"翘尾巴"、"绳勒口"、"戴胸花"等各种形态，寓意古代文人步入仕途的人生经历，告诫柳氏后人只有谦虚待人、谨慎处事、饱览经书才有光辉的前途。民居内的石柱础雕刻以狮头、蝶花、龙头、蝙蝠、葵花、祥云等内容为主，分为覆盆形和方形两大类。覆盆形石柱础多用"宝装莲瓣"装饰，花瓣下刻有卷起的漩涡纹，花瓣上雕着一个兽头，张着大嘴，围着石柱，有着强烈的装饰效果。方形石柱础有四条或六条形似香炉腿的基座，石础四角为兽头衔腿，在基座之上布满了蝙蝠、如意、莲瓣、花草等纹样雕刻，做工十分考究细腻。

柳氏民居墙壁中砌筑有格言、古训、箴言和字画，如宋代理学家朱熹的书法碑，明代文学家王阳明的书法碑，明代曲江书法家方元焕的草书碑，明户部侍郎、吏部尚书、可乐山人王国光诗作碑，明代内阁协办大学士田宜奄的诗作碑，大书法家文徵明的书法碑，郑观洛的书法碑，另有未署名的书法碑40余通以及散落在地头院落的家训、祭祖、记事、皇旨碑石、墓志碑石多通。柳氏民居的这些珍贵物件，是研究我国北方人文历史、古建筑史、文化、艺术、书法、考古等方面的重要史料。

魁星阁

西文兴村柳氏民居

"丹桂传芳"、"青云接武"石牌坊

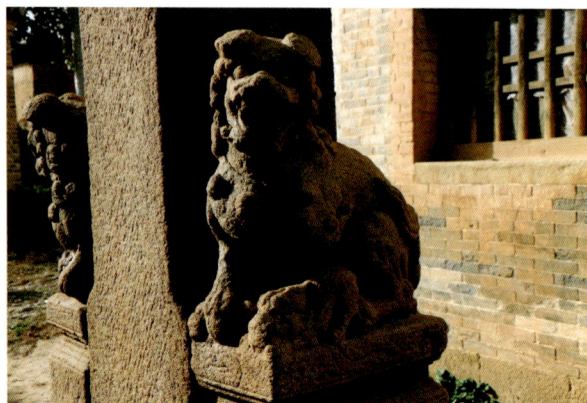

牌坊下的"教化狮"

柳氏宗祠

司马第

关帝庙

司马第抱鼓石及石狮

司马第大门九层斗拱

中宪第

中宪第大门

中宪第内明代书法家方元焕的草书碑

中宪第院落

民居木雕雀替

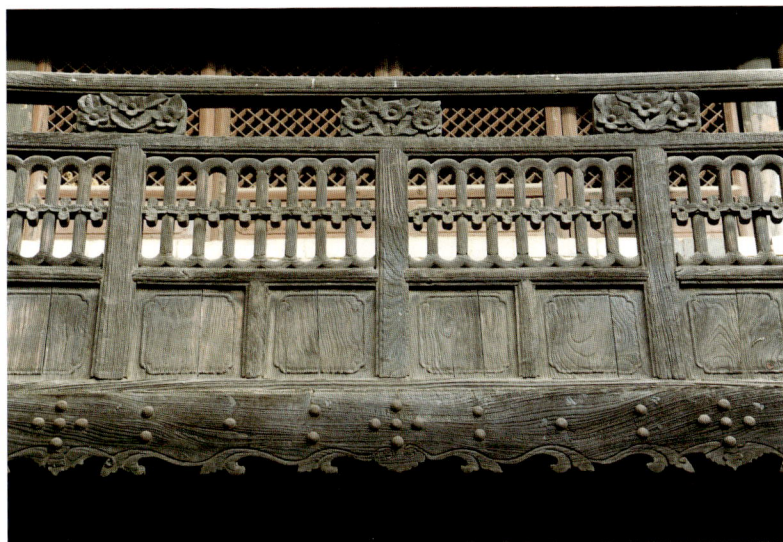

民居木雕栏板

民居石雕柱础

"行邀天宠"门楼

美岱召村

Meidaizhaocun

内蒙古自治区土默特右旗美岱召镇美岱召村

内蒙古自治区土默特右旗美岱召镇美岱召村，西距包头市区60公里，东距呼和浩特100公里。美岱召村口立着一座汉白玉牌坊，坊额上有赵朴初题写的"美岱召"三字。美岱召村，因有庙宇美岱召而闻名。美岱召背依阴山，气势雄伟，环境幽雅，风格独特，是典型的城寺结合庙宇，具有较高的历史、文化和艺术价值，现为全国重点文物保护单位。

美岱召建于明嘉靖四十四年（1565），是一代天骄成吉思汗第十七代孙阿勒坦汗在漠南丰州滩上所建"大明金国"的都城。明万历三年(1575)十月，朝廷赐予佛像，并赐名"福化城"，美岱召成了城寺结合、政教合一、人佛同居的皇城，也是阿勒坦汗统治漠南的政治、经济、文化、军事中心。明万历三十四年(1606)，福化城改建为灵觉寺。清康熙年间，又改称"敕建寿灵寺"。明万历三十年(1602)，阿勒坦汗曾孙云丹嘉措应西藏僧界之请，到西藏哲蚌寺坐床，蒙古地区便缺少了宗教领袖，西藏僧界特派麦达力活佛来蒙古掌教。因麦达力活佛曾在灵觉寺坐床，并为弥勒佛主持开光仪式，人们俗称灵觉寺为麦达力召，传至今改称美岱召。

美岱召兼具城堡、寺庙和邸宅功能，平面布局接近正方形，占地面积约4万平方米，四周筑有高厚的城墙，建筑风格集汉藏蒙于一体，是一座"城寺结合，人佛共居"的喇嘛庙，也是内蒙古自治区年代最久远、保存最完整的寺庙类古建筑群。城墙体底部采用大块河卵石、上面用青砖垒成，高5米、底宽4米、顶宽2米，南北长195米，东西宽185米，敦厚结实的城墙可以抵御骑兵和炮弹的袭击。美岱召高峻的城墙用卵石砌筑，在中国现存的古代城池建筑中是绝无仅有的。

美岱召南门是唯一的城门，位于南墙正中，是一座三层歇山顶式城楼。城门上嵌有明代扩建寺庙时刻的石匾额，上题"泰和门"三字。泰和门大门上镶嵌的一块石制匾额，上面刻有"皇图巩固、帝道咸宁、万民乐业、四海澄清"16字，下款"大明金国丙午年戊戌月已巳日庚午时建。"城墙四角有向外伸出约11米的墩台，上建重檐角楼，俗称凉亭。进入泰和门，迎面就是大雄宝殿。

大雄宝殿由"佛堂"和"经堂"组成，纵深43.7米，横宽23.2米，是美岱召最宏伟的建筑。佛堂内20多米高的金柱一贯到顶，柱上用沥粉贴金绘制的五爪盘龙栩栩如生。大雄宝殿内描绘释迦牟尼历史的壁画和蒙古贵族拜佛场面的壁画，宏大纷繁，工艺精美，色彩斑斓，生动逼真，具有很高的艺术价值。这些明代绘制的壁画，画面人物着蒙古服饰，传有阿勒坦汗及夫人三娘子的画像，在内蒙古召庙壁画中独此一处。

大雄宝殿的西面有乃琼殿、佛爷府，东面有太后庙、明代古井，北面有西万佛殿、八角庙、琉璃殿、十八罗汉庙、达赖庙、望佛柏以及乌兰夫革命活动旧址等。

太后庙，亦称"三娘子庙"，明代建筑，重檐歇山顶式，世传为供奉三娘子骨灰的灵堂，骨灰储藏在殿内的檀香木塔中，三娘子主持封贡、互市有功，维护蒙汉和好达四十年。乃琼殿，麦达力活佛在此坐床传教，使该召成为蒙古地区黄教弘法中心，清代改为护法神殿。佛爷府，清代建筑，是美岱召活佛来寺时的临时住所，也是美岱召最高权力所在。琉璃殿，三层楼房，始建于明嘉靖四十五年（1566），阿勒坦汗"大明金国"的议事厅，是阿勒坦汗和三娘子接受朝拜的地方，也是美岱召最精致的明代建筑，后改为三佛殿。达赖庙，三世达赖之"达赖"称号为阿勒坦汗所赠，明万历十年（1582）三世达赖来此传教并为阿勒坦汗举行葬礼，而四世达赖是阿勒坦汗的重孙。西万佛殿，原为麦达力活佛传法之所，清代塑众多佛像，今改作岩山洞府。八角庙，护法神之殿，内供奉大威德金刚尊神。望佛柏，明代原生，树龄500年以上，枝繁叶茂，为本地区仅见，黄教大师宗喀巴、三世达赖、四世达赖皆已是佛，此柏在近旁守望，谓之望佛柏。明代古井，阿勒坦汗时代之井，后为喇嘛继续使用，水深8米，涌出矿泉甘凉清洌，1985年在井上筑亭。

1927年大革命失败后，内蒙古处于白色恐怖之中。1929年8月乌兰夫自苏联回国，在绥包地区秘密开展群众工作。乌兰夫在美岱召村组织农民协会、建立党组织，并在这里会见了从第三国际回国的王若飞，制定了内蒙古各族人民开展革命斗争的方针和政策。乌兰夫曾经居住过的美岱召东耳房已被辟为"乌兰夫同志革命活动旧址"，成为内蒙古自治区爱国主义教育基地。在党的领导下萨拉齐县(今土默特右旗)人民组织了抗日游击队，一些美岱召村民也参加了游击队，他们配合大青山抗日根据地积极开展敌后斗争。美岱召曾掩护过游击队员，为革命事业做出了贡献。

每年农历五月十三，美岱召村都要举办盛大的传统庙会，同时也是当地最隆重的物资文化交流大会。

美岱召村牌坊

泰和门

八角庙

大雄宝殿

城墙与角楼

佛爷府

西万佛殿

乃琼殿

明代古井

琉璃殿与十八罗汉庙

望佛柏

达赖庙及乌兰夫革命活动旧址

太后庙

渔梁村

Yuliangcun

安徽歙县徽城镇渔梁村

安徽省歙县徽城镇渔梁村，位于歙县县城东南2公里处、新安江上游（也叫练江）北岸。渔梁村傍依练江，因巧夺天工的"渔梁坝"而得名。坝者，水之梁也。唐乾元二年（759），姚姓迁居渔梁，村落逐步发展。渔梁村整体格局保存完好，渔梁坝和水运码头是村落的标志性建筑，渔梁坝现为全国重点文物保护单位。

由于四水汇注练江，至此陡泻而下，唐代始垒石为梁，缓流蓄水，但位置屡迁不定。经过宋、明、清历次修缮，最后改用青白两石，砌叠20余层，用燕尾石销钉互为连锁，上下层间竖石穿插，中南段开三道泄水门。这是新安江上游最古老、规模最大的古代拦河坝，有"江南都江堰"之称。渔梁坝横截练江，使坝上水势平坦，坝下激流奔腾。坝南端依靠青山，北端接渔梁古村老街。渔梁坝蓄上游之水，缓坝下之流，并兼有灌溉、行舟、放筏、抗洪之多重功能，坝长138米，坝底宽27米，顶宽4米，全部用重达数吨的花岗岩砌成。垒砌的建筑方法科学巧妙，每垒十块青石，就立一根石柱，上下层之间用坚石墩如钉插入，这种石质的插钉称为"稳定"，也称元宝钉。这样，上下层如穿了石锁，互相衔接，极为牢固。每一层条石之间，又用石锁连锁，上下左右紧联一体，构筑成跨江而卧的坚实渔梁坝。由于长年累月流水冲刷，石块表面呈不同的流线型，起伏不一，优美流畅。渔梁坝，分左（南）、中、右（北）三个水门，左边长年流水，中、右水门调节旱涝。

渔梁坝建成后，坝下水面成为理想的航船停泊处，最多时能停靠300余艘船只，号称古徽州通往杭州的第一大码头。交通的繁荣刺激村落的发展，使之形成集商业、交通转运、货物集散和船工集居为一体的非农业性历史街区，茶叶、竹木及其他土特产从这里源源运出，食盐、煤油、布匹、百货等又经此处不断输入。这里曾是商人、水手、脚夫云集之处，也是各类货物的中转之地，宽阔的新安江上千帆竞渡，挑夫与商人穿梭在码头与商行之间，"这一繁华竟延续了数百年之久"。渔梁村蜿蜒的青石街巷、孤寂的粉墙黛瓦，两边鳞次栉比的老宅，印证着这座水运商埠昔日之繁华。明清时期，徽州与杭州、南京、上海等地联系，全靠新安江这条黄金水路。渔梁坝，是徽商抵钱塘、下扬州的起点，堪称徽州商人"梦开始的地方"。

站在石坝上举首四望，烟波浩淼、远山葱绿、气象万千，绿色的山、清澈的江、泛黄的竹筏、红色的灯笼尽收眼底。坝上碧波如镜，鱼翔深潭，小舟拨浪，激起涟漪，恬静安闲。坝下乱石嶙峋，浪峰咬石。巍然屹立的紫阳山林木葱郁，建于明代的紫阳桥宛若彩虹横卧清波。在水坝的呵护下，水坝的下游形成了一个浅浅的水湾，水湾里停泊着若干瘦长的渔船，船上静立着几只鱼鹰，不时的扑腾一下翅膀，彼此逗闹一番，和静默宽厚的这一半坝体以及江水涌泄而下的另一半坝体相映成趣，透着人与坝、水与鱼鹰之间和谐之美，也折射着当地人悠闲自得的生活情趣。

渔梁村村落呈鱼形，有"鱼头"、"鱼尾"，还有"鱼腹"（居住区）、"鱼骨"（街巷）和中间略拱起的弓形街道"鱼脊"。现存传统古建筑430处，其中保存较为完好的古建筑有320处，是典型的徽派建筑。村中一条沿江走向的主街，西始狮子桥，东至观景台，长约一公里。街面的鹅卵石极似鱼鳞故称作鱼鳞街，垂直该街则衍生出10余条小巷。一色的木排店面，使主街极富商业特色。繁荣的商业街和宁静的巷弄，构成了渔梁村落内部颇具特色的街巷空间。老街靠江边一侧有许多岔口，拾级而下，便可到达渔梁坝。

渔梁街区最有特色的是亦店亦宅的房屋。这类临街而建的二层建筑，底层多为整间的木板门，板门随时可以卸下，既便于货运和经商，又利于临时泻洪。居民逢大水时便把前后木板拆下，只剩框架受水冲击，大大提高房屋的抗洪能力。当洪水退去，把屋里沉积的泥沙清掉，再装上木板、门槛，又可正常生活。这类房屋大致可分为前店后宅式、前店中坊后宅式、下店上宅式和坊宅混合式等等。

渔梁村文物古迹众多，有唐代李白问津处，有宋代渔梁坝、龙船坞、百梯阶级，明代新安关、紫阳桥、望仙桥、张公堤、一带云根刻石、白云禅院，清代崇报祠、忠护庙、狮子桥、巴慰祖故居、元和堂药铺、巴道夫运输过塘行、泰源盐栈等。

巴慰祖故居位于中街，建于清初，坐北朝南，三进，是渔梁街现存规模最大的古民居，现辟为博物馆。前进为银杏木构梁架客厅，中、后进为住房，皆为带楼阁的三合院。另有东、西厅及后花园（西厅与后花园已不存），地下排水沟系统保存完好，堂上匾额"爱日居"保存至今。

元和堂药铺前临街，后濒江，清末金氏所建，属前店中坊后宅式。前进有"元和堂道地药材"横匾。二进为作坊，斗口形天窗提供了良好采光。后进为三合院，宅层高于前两进，另有大门。有石阶直达江边，便于卸货。沿江基座凸石凿有圆孔，便于系缆。

渔梁坝

渔梁坝上的燕尾石榫

渔梁坝下的打鱼船

练江畔的渔梁村

狮子桥

巴慰祖故居博物馆

鱼鳞街

姚江巷

李白问津处

忠护庙

巴道夫运输过塘行

崇报祠

江村

Jiangcun

安徽省旌德县白地镇江村

安徽省旌德县白地镇江村，位于旌德县城西南 30 公里、白地镇北 5 公里处，有近 1400 年的历史，是一个江姓聚居的村落。在距离村落数百米的路边山坡上，有四座石牌坊。坊上都刻"圣旨"二字，正面阑额上分别刻有"棣萼流芳"、"常华毓秀"、"孝义相承"和"冰玉双清"。建造"圣旨"级牌坊先要由地方官员上奏章，呈报某人功德，经皇上同意下旨后，再由地方出资建造。

据江氏宗谱记载，夏禹国相伯益子玄仲为江氏始祖，被禹的儿子启封于江国。江玄仲第八十六世孙、文学家江淹是南北朝梁时考城人，任宣城太守。江淹五世孙江韶是位著名的风水学家，性爱山水，遍游黄山、白岳，发现旌德金鳌山浑然淳厚，有蓬勃不可遏之势，是块不可多得的风水宝地，于是举家迁徙卜居旌西金鳌山建村族居，始称江村。

江村，别名金鳌村。这里群峰拱秀，枕山环水，阡陌纵横，山川灵秀，古祠巍峨，牌楼高耸，民居古朴，石道清幽，前有山峰耸然侍立，后有幽谷深藏，金鳌雄居其中，狮山、象山卧居村口左右，村中龙溪、凤溪环绕，汇锁村口聚秀湖。湖周旁古庙宝塔，诗碑堤栏，垂柳秀荷，相映成画。徽商及仕官的积年造化，使江村一度享有"小杭州"美名

聚秀湖是一方砚，能研磨出泼洒销魂的丹青；又似一把满弓，能折射出村人的勇气与智慧，收获财富和幸福。聚秀湖边的"恩荣"牌坊，两面的阑额上分别刻"世科"、"蟾步"。建"恩荣"级的牌坊是由皇上亲自提出，由地方筹资建造的牌坊。

江村狮山上有座古庙，叫妈祖庙，始建于宋崇宁五年(1106)。江氏第 35 世江文政官至秘书阁舍人，皇帝遣其出使海外贸易，江文政出海前祈求妈祖保佑，三月完成了三年任务，受皇帝重赏，故建庙以感念妈祖庇佑，是皖南村落中仅有的妈祖庙。

江氏宗谱历经千载，全套 22 本，20 世纪 20 年代与曲阜孔氏、清皇氏爱新觉罗氏族谱同被举荐参加巴拿马万国谱牒大会，被史学家称为中国三大宗谱之一。江村原有祠堂 9 座，现仅存 3 座，分别是江氏宗祠、溥公祠、孝子祠。

江氏宗祠始建于明永乐年间（约 1420），为纪念江氏第 44 世江充中而建，是江村江氏家族的总祠。建筑结构为三进两厢两明塘三天井，方梁圆柱，飞檐重阁，气势恢宏，精致无比。

第一进在民国时期被烧毁，仅存断墙残砖。二进门为现宗祠大门，门楼上有许多精雕细刻的砖雕、木雕、石雕，门前有两池清水，是原一进天井下的明塘，用于防火，两池中间有三步两拱桥，门两侧有抱鼓石，门上写"寝庙重新绵百世，良材求旧有双扉"。二进正堂高悬明万历六年（1578）旌德知县卢洪春题"旌阳第一家"匾，并挂有众多功名牌匾和历代贤祖遗像。后进屏风壁板上的民国木雕，雕刻有 24 节气花瓶，非常精美，现仅存 21 块，壁板里面陈列着祖宗牌位，楼上存放着钟、鼓、宗谱等，两侧上方是钟鼓楼。

溥公祠又称六分祠、纪源公祠，位于村东，是江村最有观赏价值的明代徽派建筑。祠主江溥，字纪源，江氏第 48 世，明朝进士，与著名才子唐伯虎有同科之谊。唐伯虎来江村时，为江溥夫妇三人画像留念，画像仍挂在叙伦堂中，历 500 余年依然光彩夺目，成为祠内最宝贵的藏品。江溥去世后，其子文中、文昌功成名就，奏请朝廷追封江溥为顺天府推官，相当于五品，于是族人建造了这座气势恢弘的溥公祠以志纪念。溥公祠建筑面积 733 平方米，三雕俱全，工艺精湛，飞檐翘角，雕梁画栋，呈明代建筑风格，门楼上有雕刻精美的"郭子仪上寿"、"醉打金枝"和"过五关斩六将"三幅砖雕。

明孝子江文昌公祠，亦叫"孝友堂"、"孝子祠"。为表彰江淹之子江文昌的孝行孝德，江文昌后人于清光绪辛丑年（1901）将他的故居扩建成祠，是一座以孝为内容的祠堂。曾在江溥家当书童的明代大学士许国，为报恩邀江文昌两兄弟出去做官，但江文昌父母身体欠佳，决定舍弃功名，在家侍侯父母，孝行深得世人敬佩，被载入县志、府志。该祠门楣上"明孝子江文昌公祠"题字赫然醒目。

父子进士坊位于江村中轴线上，为江氏第 48 代江汉和第 49 代江文敏父子进士而立，均为两柱三楼石质牌坊。"父坊"建于明弘治初年（1488），高 8 米，两柱净跨 3.3 米，阑额处石条已空，不知当初刻了何字，牌坊顶部能隐约看出"双凤"二字，表示父子同朝为官。"子坊"建于明弘治十八年（1505），高 8 米，两柱净跨 3.2 米，两面阑额分刻"青云直上"和"金榜传芳"，"恩荣"昭耀其上。

江村老街南起溥公祠，北止江氏宗祠，长 350 米左右，宽 2 至 3 米，沿街商铺大多为前店后坊。高高马头墙，青青蝴蝶瓦，清新典雅。瓦片有虎脸，有笑脸，表情各异，一般商家用笑脸瓦，官家用虎脸瓦。老街虽只三百多米，但弯弯曲曲，一眼望不到头。老街铺着青石，伴着潺潺小溪。

江村自古人杰地灵，文风淳厚。明清时期，江村出进士 18 人（其中授翰林院编修 4 人）、文举人 42 人、武举人 6 人，另有明经 40 人、辟举 4 人。

聚秀湖

石道旁溪水潺潺

村口路边的四座石牌坊

江村

文昌塔

恩荣牌坊

妈祖庙

江氏宗祠

江氏宗祠第三进

江氏宗祠第二进

江氏宗祠木雕撑拱

虎脸瓦

溥公祠垂柱

溥公祠叙伦堂

溥公祠

孝友堂

老街

父子进士坊之"父坊"

父子进士坊之"子坊"

培田村

Peitiancun

福建省连城县宣和乡培田村

福建省连城县宣和乡培田村，位于连城县城西南15公里处，东距龙岩市区120公里，南距连城县朋口镇20公里。因清一色为吴姓同宗，培田村又名"吴家坊"。

明清时期，培田村是汀州、连城官道上的驿站，同时又是汀州、龙岩等地竹、木、土纸及盐、油等日用百货的水陆中转站。著名的冠豸山、笔架山、武夷山余脉自北向南直落此地，呈三龙环抱。村外的五个山头，又像五虎雄踞。村落南边水口处，古梅、香枫茂密掩映，似巨人把口，可"保瑞避邪"。高高的灰褐色封火墙，飞檐翘角的威严门楼，或花鸟虫鱼或历史故事的木刻窗雕，或寄寓理想追求的石联壁画，深深庭院，幽幽小巷，连绵稻田，如黛远山，无处不是人与自然的和谐画面。

恩荣牌坊位于村口，坐北朝南，建于清光绪年间，是光绪皇帝为表彰御前侍卫、武将军吴拔祯而建的忠正牌坊。三间四柱五楼式，面阔五米，高五米，全部采用青石构件，正楼上为葫芦宝顶。中柱前有抱鼓狮，边柱前有凤尾石。正额即龙凤板上阴刻醒目的"恩荣"二字，副额阴刻"诰封吴拔祯三代人功名与职位"的文字。龙门枋为浅刻双凤朝阳图案，小额枋为狮子舞绣球浮雕。村口苍天古木随风摇曳，绿树掩映下一座文武庙肃然耸立，已有数百年历史。文武庙上下两层，上祀文圣孔子，下奉武圣关帝，文武合祀，实属罕见。

在鹅卵石铺就的乡间小道旁，一幢幢深宅大院气势不凡。古村落有保存完好的高堂华屋30幢、吴家祖祠20座、私家书院6处、跨街牌坊2道、庵庙道观4处和一条1000多米古街，面积达7万多平方米，规模宏大，布局合理，错落有致。同为古老的客家山村，培田的客家民居与永定客家土楼风格迥异。如果说土楼是古堡，封闭而坚固，那么培田民居就是庄园，豪放而优雅。这里没有围墙，没有炮眼，到处是赏心悦目的字坪、照墙、鱼池、花圃，田园广厦连为一体，充满庄园情趣。

古街贯穿全村，旁列古祠、民居、商铺。相传，盛时街上商铺数十间，客栈、轿行、赌庄、布店等无所不包。曲折的古街和巷道，互为连通，把错落的明清古建筑有机连为一体，"虽是人工，宛若天成"。街道边有水圳相伴，穿街过巷，直通各户。村中还有众多水塘和古井，见于房前屋后。每一座古建筑都布有暗沟，用于排泄天井雨水和生活污水。天井将民居屋面的雨水汇聚一处，顺沟而出，满足村民的聚财心理。排水路径讲究暗藏不露，弯曲不直泻。

漫步古街，衡公祠、久公祠、昌亭公祠等20座百年古祠紧紧相连。培田各祠门庐精巧华丽，富丽堂皇，匠心独运。其斗拱垒撑，立石柱雕梁，架飞檐翘角，悬金字牌匾，置红门画彩栋，镂雕窗脯墙屏，石柱刻植联，木壁绘漆画，石狮石鼓分踞两侧。衡公祠门庐斗拱上镶嵌彩漆画，历300余年经久不褪，图案线条清晰，人物栩栩如生。久公祠是村中保存最完好、雕刻最精美的祖祠之一，门庐五重斗拱，有大唐遗风。

村内的建筑多为"九厅十八井"，最为典型的是大夫第、衍庆堂、官厅、济美堂、都阃府等。大夫第美轮美奂，建于清道光九年（1829），又称继述堂，有18厅24井108房，占地6000多平方米，因主人吴昌同荣膺奉直大夫、昭武大夫之位而得名。走进大夫第，是一进又一进的院落，一个又一个的天井和厅堂，回廊曲径通幽、四通八达。天井中鱼池翔鱼，花圃飘香，诗情画意，如歌如梦。青砖封火墙高砌，各院落看似独立分隔，又相互连接成一座不可分割的整体。嵌于墙内的窗户，用砖砌成"福"、"寿"、"喜"等繁体字形，雅致美观，寓意美好。衍庆堂为明代建筑，门前一对"门当户对"，蕴含男女和合、家业兴旺、万代兴隆之理念，喻示着客居异地的客家先民在聚族而居中对宗族延绵的展望和追求，这与北方四合院门前设置相差无几，体现了对中原文化的传承，院内还有座重新修葺的古戏台。官厅前设月塘，与徽派建筑"四水归堂"有异曲同工之妙。济美堂建于清嘉庆年间，为三进结构，屋脊陶饰吉祥兽禽，百态千姿，二十多块双面透雕，构图精巧，工艺精湛。厅堂的屏风、窗扇、梁头、雀替等部位精雕细刻，尤其堂前八块精美的窗扇，每扇浮雕一个字，分别为"孝、悌、忠、信、礼、义、廉、耻"，显示以德治村、以德持家的信条。都阃府为四品蓝翎侍卫吴拔祯府第，因火毁于1994年，巍巍门楼，额饰龙凤，联书圣谕，门外桅杆，顶塑笔锋，斗树龙旗，柱纹五爪真龙，是主人文武竞秀的象征。

培田先祖们尊崇"唯耕唯读"的人生理念，有"水如环带山如笔，家有藏书陇有田"等楹联为证。南山书院建于明成化年间，仅清顺治九年（1652）至清乾隆三十年（1765），就培养出191位秀才，其中19人步入仕途，有的官至五品到三品。培田的武风之盛，从至今存放在进士第的练武石、村旁的练武场和习武学校"般若堂"中可见一斑。村中还有对妇女进行素质培训"可谈风月"的"容膝居"，传授泥、木、雕塑等技艺的"修竹楼"，展示能工巧匠独特建筑创意的"工房门楼"，学习农耕知识的"锄经别墅"等。培田村古建筑群是全国重点文物保护单位。

恩荣牌坊

培田村

久公祠

继述堂梁架木雕

继述堂

继述堂木门人物故事雕刻

继述堂龙凤"福"字漏窗

继述堂"雲"字漏窗

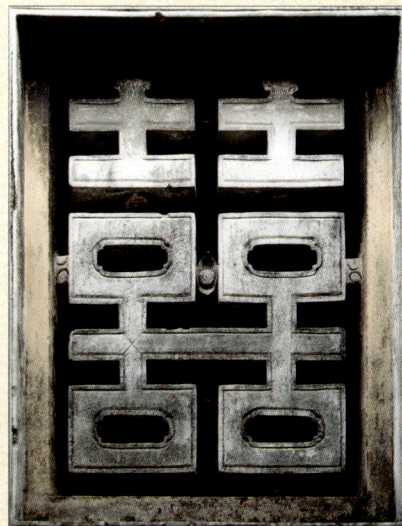

继述堂"囍"字漏窗

济美堂

济美堂"孝弟忠信"隔扇门木雕

济美堂"礼义廉耻"隔扇门木雕

衍庆堂古戏台

都阃府遗址门楼

衍庆堂院落铜钱花纹

都阃府广场鹿鹤花纹

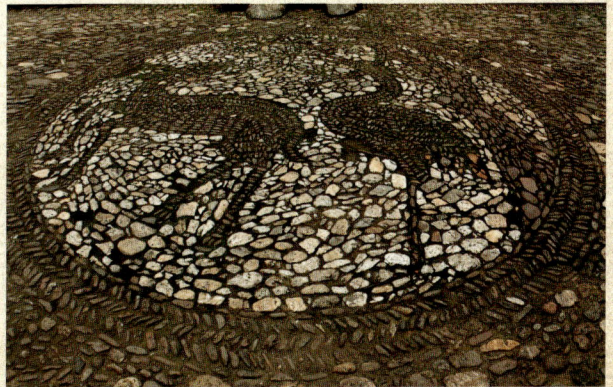

下梅村

Xiameicun

福建省武夷山市武夷乡下梅村

福建省武夷山市武夷乡下梅村，位于武夷山市区东南15公里处，西距武夷山风景区10公里。下梅村的姓氏有20多个，是一个多籍贯、多姓氏、多方言、多习俗的古村落。经过长时间的联姻磨合，村落语言、民风、习俗趋于一致。村民有多重信仰，以信仰佛教、道教为主，少数信仰基督教。

当溪全长2000多米，发源于芦峰南脉大元岗，从下梅村穿过，将村落一分为二，然后汇入梅溪。在当溪上游的坑头，建有提水工程，灌溉着八仙堂、鸡公垅等400多亩农田，并建有水碓，水碓遗址尚存。中游建有乌龙坝、坝滩头等蓄水工程，灌溉着晒谷岩、中坂、龙对仔、方坂等1500多亩农田。宋代时，下梅村江张两姓掌握着三分之二的农田，为减轻洪涝灾害，两姓开始疏浚当溪河床，合力投资垒砌岸陂。明代，洪水多次将当溪岸陂冲毁，周王李方四姓人家再次集资将当溪下游加宽、加深，疏浚支流瓦河溪，增大排洪量，并用石块垒砌岸陂。同时，在上游、中游建坑头提水工程和乌龙坝、坝滩头等蓄水工程，从此下梅村2000多亩农田基本不受洪涝灾害。清康熙年间，下梅村邹氏出巨资对当溪进行全面改造，除将当溪南北岸陂改造成街路外，还在当溪各段修筑九处埠头，形成武夷山重要的茶叶集散地，"日行竹筏300艘，转运不绝"，被称为"小运河"。数座拱桥、板桥将"小运河"南北两岸的民居店铺前的廊道贯通，沿溪廊道上用长木板架设"美人靠"，碗口粗的木柱沿廊道直立溪边。

下梅村现存清代民居30余幢，多兴建于清乾隆年间，以民居建筑为主，辅以教育、休闲和娱乐场所。建筑结构以砖木为主，利用挑梁减柱来扩大建筑空间。宅内一厅三进或三厅四进，东阁西厢，书房、楼台一应俱全，四方天井便于采光、集雨和通风，一重天井一重厅，并在天井里摆着条石花架。古建筑外部结构以高大封火墙为主，高低错落、疏密相间。许多封火墙绘有二方连续彩画，意蕴高雅。排水设施以地下涵道为主，户户相通。

每座民居的大门都有砖雕装饰，题材多为历史人物、民间风物和神话传说，雕刻精细，造型生动。砖雕书法气韵不凡，笔法苍劲古朴，具有富贵豪华之神韵，展示出丰厚的文化内涵。邹氏家祠、邹氏大夫第的"小樊川"、参军第、西水别业、隐士居、方氏参军等门楼砖雕当属精品。古民居的窗以透花窗格为主，

四扇、六扇、八扇不等。窗格图案多种多样，木雕技艺精湛，以斜棂、平行棂几何图案以及吉祥物、动植物、人物图案为主。在棂条处理上，有的直线与曲线结合，刚柔相间；有的几何纹与自然纹相结合，疏密相间。古宅柱础、石基和石花架上的石雕，也丰富多彩、雕刻精美。

邹氏家祠是下梅村标志性建筑，建于清嘉庆年间，占地约200平方米，为砖木结构，由邹氏四兄弟合资修建。祠门以幔亭造型，对称布列梯式砖雕图案，饰有"木本"、"水源"篆刻书法两幅，体现家族"敦本"传统，寓意家族血缘如木之本、水之源。门楼左右两侧圆形砖雕图，分别刻着"文丞"、"武尉"，希望子孙后代能文能武。家祠的门础上，立着一对抱鼓石，门楣上方原有四只长半尺左右的雕花石柱，起着镇宅求安的作用。主厅敞开式，两侧为厢房。正厅两根厅柱各由四块木料拼成，以"十"字形榫相接，寄寓着邹氏四兄弟齐心协力撑起家业的意蕴，把建筑文化与传统道德观念融为一体，起到教化后代、聚合人心的作用。大厅正堂高悬"礼仪惟恭"匾，下面有木雕鎏金门四扇，雕刻着二十四孝图。每至清明祭祖时，神坛上供着祖先灵位和邹氏艰苦创业时的扁担麻绳。

邹氏大夫第坐落在下梅村北街，建于清乾隆十九年(1754)，因邹茂章诰封中宪大夫、邹茵章诰封奉直大夫而得名。门口地面由青石铺设，一对旗杆石保存完好。宅第构造为二厅三进，设有厢房、书阁。大门面壁全部用砖雕装饰，浮雕和透雕刻法相结合，层次分明，题材丰富，形象逼真。两厢的隔窗饰以木雕，分别雕刻蝙蝠、花卉等图形，把屋宇装饰得富丽堂皇。后院称"小樊川"，院内的屏墙为双面镂花砖雕镶式窗，给人"隔墙花影动，疑是玉人来"感受。屏墙上两边分别有"境"、"月"二字，还有金鱼井、石水缸、长条石花架等。邹氏崇尚"地瘦栽松柏，家贫子读书"的古训，院内植罗汉松一株。整个建筑豪华宽敞，显示昔日主人的富有与显赫。

西水别业位于下梅村南面，是邹氏富豪邹茂章出资建造的别墅。整个建筑以水景为主题，建有水榭亭台、拱桥、水池。池中既可养金鱼，又能种植莲花。园中有一道"婆婆门"，据说邹家聘儿媳以此门检验，以丰乳肥臀为美。

闺秀楼位于下梅村北街，结构精巧，供家族中黄花闺秀及妻妾小女休闲娱乐。为双层楼面，底层木板饰以花纹，上铺方砖，图案整洁。吊顶装饰精美木刻，四壁雕窗，可环眺窗外山水景色。

祖师桥位于梅溪与当溪交汇处，桥高30多米，清康熙年间由20多个行帮业会的工匠捐资修建，成为演社戏和行帮业会敬奉祖师爷的舞台。1958年修建赤白公路时被拆毁，现已重建。

下梅村

当溪穿村而过

邹氏家祠门楼砖雕"水源"

邹氏家祠门楼砖雕"木本"

邹氏家祠门楼砖雕

邹氏家祠

邹氏家祠龙形撑拱

邹氏家祠木柱础

大夫第"贺喜同春"窗棂木雕

大夫第"五福捧禄"窗棂木雕

大夫第门枕石

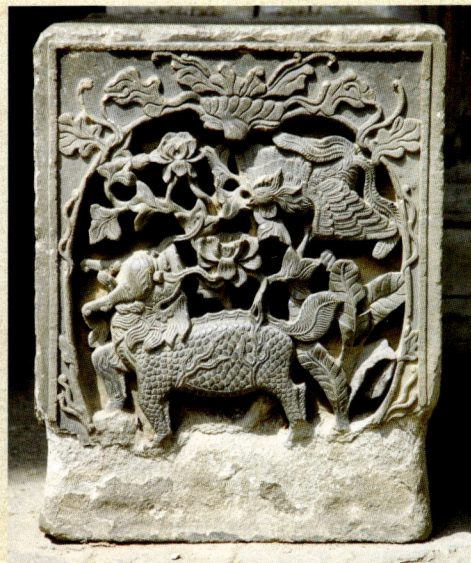

大夫第小樊川

大夫第小樊川砖雕

大夫第

西水别业"婆婆门"

五福临门

吉祥门第岁岁欢

和睦人家年年顺

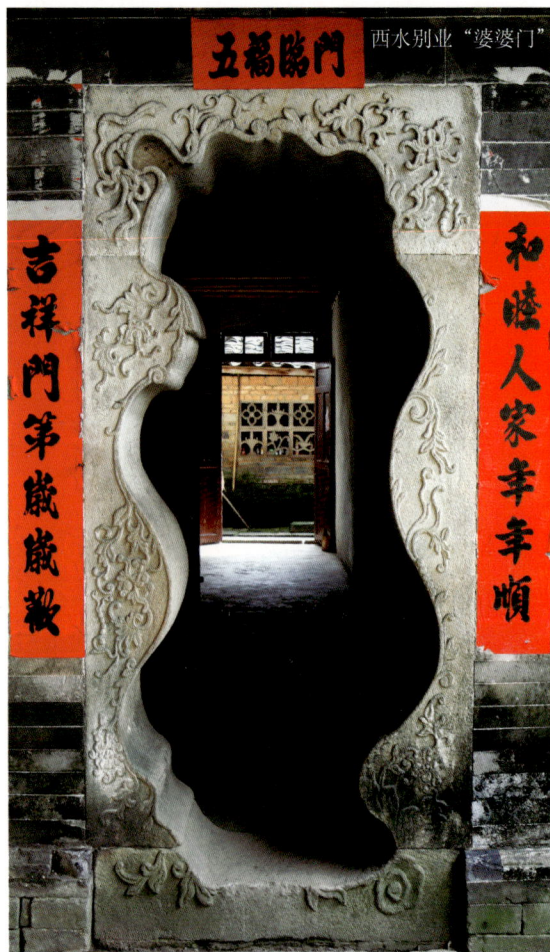

西水别业门楼砖雕

西水别业砖雕

渼陂村

Meibeicun

江西省吉安市青原区文陂乡渼陂村

江西省吉安市青原区文陂乡渼陂村，位于吉安市东南部富水河畔，北距吉安市区30公里。渼陂村芗峰东立，象岭西护，瑶山南耸，富水北流，山抱水环，天然形胜。村落布局错落有致，八卦巷道，卵石铺路，排水设施完备，以厚重的历史、古典的明清建筑群、璀璨的明清雕刻及可歌可颂的红色文化受世人瞩目，被誉为"庐陵文化第一村"。

渼陂村由梁氏祖先开基于南宋初年。明宣德年间街市日趋完善，店铺鳞次栉比。清光绪年间，街市处于鼎盛时期，形成梁显哲、梁显召、梁显豪、梁显吟四大商业巨头。

渼陂村有大小水塘28口，如珍珠项链般串连环绕，口口相通，错落有致地排出八卦图形，象征天上的二十八星宿护卫村子。渼陂村的古民居均为砖木结构，大多数分布于28口水塘的前后左右。村内到处都有樟树、柏树，其中一株古樟参天立地，被雷劈成两半后落地生根，从根又长出新枝，堪称一奇。

渼陂村现有明清建筑367幢，古祠堂18座（其中总祠1座、房祠5座、家祠12座），古书院5座，古庙宇1座，古楼阁1座，古牌坊4座，店铺108家，古码头18个，古街1条，以及楼阁、义仓、教堂等。清代古街呈S形，像流水般柔美地微弯过去再折过来，从街头望不到街尾，曲径通幽，冬缓寒风，夏减洪灾，长600多米、宽3米多，北临富水河，用麻石和鹅卵石铺就。据说鼎盛时期街上有200多个店铺，人流穿梭，四方商贾云集。踏着青石板穿梭于曲折的古巷间，俯仰各式古建筑，依次可见节寿堂、孝友堂、明新书院、敬德书院、司马第、启公祠、洪庆堂、求志堂、小教堂、八角楼（文昌阁）、义仓等。

梁氏祠堂，又名永慕堂，始建于宋初，占地1200平方米，雄伟壮观，工艺精深，二层三进砖木瓦结构。大门上有牌楼饰顶，如意斗拱，翘角飞檐。门额高悬红底金字横匾，上书"翰林第"三字。永慕堂的右边侧门上题"入则孝"，左边侧门上书"出则弟"，"入则孝"即"入室怀前烈，孝亲启后贤"，"出则弟"即"出则公卿事，弟须敬让先"，一入一出饱含丰富儒学思想。中堂两侧墙壁写有"忠、信、笃、敬"四个大字，每字有两人之高，气势撼人，这是梁氏先祖建业之初制定的族训。永慕堂第三进之孔寝安堂最具特点，正厅有匾"对越在天"，匾上方为红木飞檐斗拱，斗拱下是一大片倒挂木雕，为镂空的寿、喜、

福、禄等带双翅圆环，既像官帽，又象征家族发达。永慕堂内有37根褐红色石柱，每根石柱上均镌刻一副对联，上下联开头都是同样的两个嵌头字"永慕"。相传当地过年时，族长令每家推举一人来这里写对联，内容多是为人、读书、美德、光宗耀祖、克勤克俭等，优胜者的对联便先后刻在石柱上，风光百代，故当地文风鼎盛，代代延续。

万寿宫位于渼陂街中段，背村面河，占地240多平方米。据说，万寿宫过去是有钱人花天酒地的地方。前院两侧拱门上的"天不夜"和"月常明"字匾，这是当时渼陂街兴旺繁华的生动写照。残墙上一道道纵横交错的裂缝，犹如时间老人额头的皱纹，向人们诉说岁月的沧桑。

在求志堂（又名轩公祠）的天花板上，有两幅令人叫绝的大型图画"百少图"和"百老图"。100名少年和100名老人，或站或行或坐或卧，或张口呐喊或拈须沉思，栩栩如生，呼之欲出，有人说"百少图"是一幅可与"清明上河图"相媲美的绝世佳作。

渼陂村还保存有古书院多处，如文昌阁、敬德书院、明新书院、振翰学舍、名教乐地等，这些书院建筑风格各异，墙上装饰着大量的格言警句，内容、样式均不同，如"学乃身之宝"、"儒为席上珍"、"谦退是保身法"、"谨慎保家之本"等，处处透着儒家学说的气息。1930年毛泽东率红四军从井冈山下来筹划打攻吉安并向赣南发展时，曾在名教乐地的读书堂住了四个月。名教乐地有副对联"万里风云三尺剑，一庭花草半床书"，解放后毛泽东在中南海居室墙上一直挂着这副对联，对联概括了他一生的喜好和性格。

渼陂村有牌坊4处，其中古槐第牌楼式门、"多留余地"牌坊式照壁各一处，另有两处是为一对母女所建"贞节坊"。据说有一名母亲名唤菊，生下女儿不久丈夫死去，含辛茹苦把女儿抚养成人，并许配给邻村一小伙为妻。但女儿尚未过门，未婚夫就死了，从此母女都未再嫁，老死家中。时人为褒奖母女特设贞节坊两座，坊后均有节孝祠。现在女儿坊尚存，由于是未嫁而寡，故牌坊明次间均填以砖墙而不开门，仅在明间呈拱门形状，坊顶有字"冰清玉洁"。

1930年2月7日，离开井冈山后的红四军前委在渼陂村召开了红四、红五、红六军军委及赣西、赣南、湘赣边界特委联席会议（党史上称"二七会议"）。村中保存有红四军军部旧址、朱德旧居、曾山旧居、江西省苏维埃政府旧址、赣西南苏维埃政府旧址（万寿宫）、苏维埃总工会旧址（敬德书院），并在民居、书院、祠堂墙上留存红军时期标语80多条。共和国名将梁兴初、梁必业、梁仁芥将军以及革命烈士梁一清都是渼陂村人。

渼陂村一角

渼陂村古街

永慕堂

永慕堂石雕

永慕堂"对越在天"红木飞檐斗拱　　　　　　　　永慕堂院落

轩公祠天花百少图

多留余地坊

小教堂

古槐第坊

敬德书院

文昌阁

义仓

"二七会议"旧址

"二七会议"旧址藻井

毛泽东钟爱一生的"名教乐地"对联"万里风云三尺剑，一庭花草半床书"

毛泽东旧居"名教乐地"

理坑村

Likengcun

江西省婺源县沱川乡理坑村

江西省婺源县沱川乡理坑村，位于婺源县北部，南距婺源县城 56 公里，北与安徽省休宁县相接，是余姓聚族而居的古村落。理坑村古称"理源"，据传宋代理学大师朱熹曾到此讲学，是为"理"，"坑"指溪水，故名"理坑"。

理坑村崇尚"读朱子之书，服朱子之教，秉朱子之礼"，好读成风，被文人学者赞为"理学渊源"。自明万历十四年（1586）31 岁的余懋学考中进士后，村人更是秉承勤学苦读之风，几百年来偏僻山村人才辈出，先后出了尚书余懋衡、余懋学、大理寺正卿余启元、司马余维枢、知府余自怡等七品以上官宦 36 人、进士 16 人、文人学士 92 人。取仕不成的，则外出经商成巨贾。这些达官显贵，巨富豪商，或衣锦还乡，或告老隐退，兴建了大量官第、商宅、民居、祠堂、石桥等。清嘉庆年间，理坑村有建筑物 500 多座、巷道 60 多条，号称"千烟"。

全村呈圆盆状，理源溪呈"S"形蜿蜒而过，小巷纵横交错，小桥流水人家，一派田园风光。人居与河道、地势完美地融合一体，体现了"汇水聚财、树木添丁"的风水理念，村头溪口的理源桥是理坑村标志。理源溪两岸民居夹道矗立，歪歪斜斜显得出自天成。临水民居的墙面已显斑驳，青石路面和大石板桥风格拙朴，与柔顺的涓涓溪流交相呼应。沿着溪流走过一段青石板路，经过百子桥、天心桥，便来到书有"渊停岳峙"的门楼，穿过幽深门楼正式进入村中。

理坑村保留有明清官宅和民居 130 幢，其中明代建筑 24 幢、清代建筑 106 幢，另有建于明清时期的祠堂 3 幢、石（拱、廊、板）桥 9 座。村落以箬皮街为中轴线，以祠堂为核心，民居多朝东，官宅多向北，较有价值的房屋主要分布在箬皮街两侧。房屋多为砖木结构，外墙为空心斗砖砌筑。除塔、阁等文化建筑外，建筑高度不超过二层，这些古建筑粉墙黛瓦、飞檐戗角、布局合理、冬暖夏凉。堂屋、轩斋、天井、格扇、栏杆上的三雕工艺精湛，有的瑰丽隽美，有的细腻纤巧，与马头封火墙、水磨青砖壁融为一体，构成儒雅古朴之美。其中，明崇祯年间广州知府余自怡的"官厅"（即友松祠），明天启年间吏部尚书余懋衡的"天官上卿府"，明万历年间户部右侍郎、工部尚书余懋学的"尚书第"，清顺治年间司马余维枢的"司马第"，清道光年间茶商余显辉的"诒裕堂"，花园式的"云溪别墅"，

园林式建筑"花厅"，颇具传奇色彩的"金家井"等保存完好。另外，福寿堂、小姐楼、大夫第、谦福堂、敦复堂、崇德堂、效陈祠、观音岭古驿道、百子岭古驿道、古水碓、观音桥、理源桥等也保存较好。

理源桥位于村口小溪上，单孔石拱，桥上建亭，桥亭合一。桥亭四个门上分别题"山中邹鲁"、"理学渊源"、"文光耀日"和"笔峰兆汉"。桥下青片石筑垒的溪埠上，泉水跌宕，清澈见底。这种"水口"式的建筑是婺源村落的特色，是风水旺的象征。桥亭毁于十年浩劫，2000 年重建。百子桥离村口不远，由两根石柱撑起的双排石板组成，按当地的风俗，婚嫁时新人从此桥走过才能子孙兴旺。天心桥宽约两米，桥面外侧楷书"天心"，内侧篆书"杜水逾南"，"天心"意为理坑村得天时地利人和，"杜水逾南"乃"肥水勿流外田"之意，此桥的命名与书法都显示出村落非同寻常的文化气息。

天官上卿府位于一个三叉路口，府邸大门北开，砖磨门头，两侧有窄窄的八字墙，形成牌楼式石库门，门额上石刻楷书"天官上卿"四字。该府平面是一幅棱角分明的不规整的几何图案，但内部构造却十分规整。余懋衡将房子设计成这样，据说是体现他外圆内方、刚正不阿的人生信念，也代表了他坎坷不平的人生经历。厅堂为三进，正堂三间二厢。上堂金砖铺地，两厢不作装修而全部敞开，但有吸壁樘板，形成很整洁的多用途空间并与前堂连成一片。天官上卿府的大小木作不做复杂雕刻，既反映了明代建筑的简朴风格，又体现了主人的性格。余懋衡，明万历二十年（1592）中进士，历任河南道守、大理寺右侍丞、大理寺左少卿、吏部尚书等职，一生为官清正。

司马第，坐西朝东，水磨青砖门面，厅堂有砖柱，单檐、鸱尾、檐下有灵芝砖刻。前后堂均雕梁画栋，雕刻以花卉、戏剧人物为主。

官厅，也称为驾睦堂。青砖五凤门楼，中间雕有双龙戏珠，正厅五间，三面回廊。徽商"以商从文，以文入仕，以仕保商"的传统观念，在官厅宅第建筑风格中得到体现。

花厅建于明末，正名三省堂，具有苏州园林建筑风格，回廊式格局，有一跑马楼。

金家井之水从远处山壁渗透而来，水质无菌，其醇可口，流量不大却四季不涸，婺源特产荷包红鲤鱼由此井繁衍而出。

理坑村地处偏僻，通往外界的山路有溪流相伴。山路虽无悬崖峭壁，但道路狭窄。湍急流水拍击岩石，发出悦耳响声，好似在演奏一支支美妙乐曲。

理坑村

理源溪两岸民居

理源桥

友松祠专门颁布圣旨的石碑

理源溪古堰

友松祠

天官上卿府

司马第

天官上卿府窗槅"麒麟送子"木雕

司马第梁枋木雕

司马第龙形撑拱

天心桥

花厅门楼

花厅

小姐楼梁枋木雕

金家井

敦復堂

崇德堂门楼

朱家峪村

Zhujiayucun

山东省章丘市官庄乡朱家峪村

山东省章丘市官庄乡朱家峪村，位于章丘市区东南8公里处，距济南市区约45公里，东南西三面环山，北依平原。朱家峪村原名城角峪、富山峪，明洪武二年（1369）朱氏进村，因与皇帝朱元璋同姓，便将村名改为朱家峪。据说，电视剧《闯关东》中的朱开山就是朱家峪人。

朱家峪比较完整地保存了明清时期的祠堂庙宇、楼阁宅院、石桥故道、古井古泉等，现有古建筑近200处、古石桥30余座、古井泉20余处、古庙宇10余处、自然景观100余处，被誉为"齐鲁第一古村"。文物古迹有康熙立交桥、文昌阁、魁星楼、关帝石庙、朱氏家祠、义路、坛桥七折等，著名自然景观有东岭朝霞、古柏亭立、团山瀑布、碧塘倒影、狮子洞、云雾洞、朝阳洞、仙人桌、仙人桥等。

进村的第一道门叫圩门。十九世纪中叶，朱家峪时遭匪患之苦，全村决议修圩门、筑圩墙、建哨门、盖更屋，众匪望而却步，不再肆意冒犯，村民得以安宁。旧时官员每到圩门便下马下轿，步行入村，故又称圩门为"礼门"。过了礼门，沿"双轨故道"（即义路）进入村中。双轨故道建于明代，复修于清代，北起礼门，南至汇泉小桥，长约300米。

文昌阁主体工程全用大青方石筑成，上建文阁，下筑阁洞，浑然一体，造型古朴壮观，石刻额匾"学宫仰止"，屋脊由十三块大方砖透雕而成，历经数百年沧桑依然完好。文昌阁坐北朝南，与文峰山顶魁星楼南北相望，魁星点状元，文昌主仕途，这种互应式道教建筑实属罕见。文昌阁下立有两块双面无字碑，据说双面无字碑并非无字，东石碑乃文昌阁之原碑，西石碑乃登云桥之原碑，后被村人移去做桥面，人踏车磨，字迹全无。登云桥东邻文昌阁，每当有志学子和忠臣良将祭拜文昌之后，便登桥以示平步青云。

朱家峪村自古重视文教，先后建有文峰小学、女子学校和山阴小学等，私塾星罗棋布。山阴小学位于文昌阁东侧，1941年始建，1944年竣工。校门朝南，式样仿黄埔军校校门，校门内一条笔直的中央甬道直达后院。山阴小学平面布局呈长方形，四进院，和谐对称，青石根基，玻璃门窗，小瓦屋面，白灰墙。校门内有影壁，影壁南面是校训，北面是校歌。山阴小学的前身为朱家峪女子学校。朱家峪村率先提倡女子教育，女子学校

创办于1932年，是中国农村较早的女子学堂，一个班、二十余名学生，孙吉祥（女）为先生。文峰小学校址在村东北的原油坊场，是一座青石、灰砖砌成的小院，1914年由塾师马纯懋等六人倡导建立，马纯懋任校长。

朱氏家祠建于清光绪八年（1882），祠门正上方镶嵌源自朱熹脸上七颗黑点的"七星图"，以激励后人刻苦读书。清光绪年间，十六世朱凤皋考中举人，官至五品，遂在祠门外矗立旗杆。

黄石洞是朱氏始祖野居之处。据说明洪武二年（1369），始祖朱良盛携眷属由河北枣强迁来时在此洞暂居。朱家峪村民居多以青石筑墙基，历经数百年，依然坚固。朱氏北楼建于清嘉庆初年，上下两层，青砖筑墙，中间有条石加固，小瓦屋面，小瓦梢，除木檐腐朽外整座楼房依然十分坚固。朱逢寅故居，又名"进士故居"，集宅门院、主房院、私塾院和藏书楼于一体，建筑时间略晚于北楼。清光绪庚寅年（1890），朱逢寅被皇帝钦命为"明经进士"，随后山东布政司赠镏金大匾悬挂其宅门正上方，以光宗耀祖、感昭后人。

从"曲径通幽"之怪石至关帝石庙处，有四条主脉道呈扇状通往村中。主脉道之间，又有许多弯曲小径，纵横交错，路路相通。"康熙立交桥"分东西两座，相距约十米，东桥建于清康熙九年（1670），西桥建于清康熙二十七年（1688），距今已300多年，桥身用毛石砌成，上下都可通行，被誉为"现代立交桥的雏形"。

关帝石庙位于丁字路口，建于明代，复修于清嘉庆十三年（1808），庙小却很独特，三面尽用大青方石扣砌而成，有楹联"文官执笔安天下，武将挥刀定太平"，横批"亘古一人"。魁星楼位于文峰山顶，始建于清道光十九年（1839），2002年重建，一层供魁星，二至三层供"福、禄、寿、安"四神。村里还有观音庙与土地庙，庙中香火不断。

朱家峪村地下水资源十分丰富，泉井众多。坛桥七折，建桥时间不详。因井口小、内阔、状若坛，故名"坛井"。井水从文峰山潜流涌出，甘甜适口，从未干涸。在坛井北、东、南三面，建有七座小桥，纵横交错，曲折相连。东山长流泉有南北两池，南池建于清光绪二十四年（1898）仲春，北池建于1921年3月。在南池南北两面石墙上，各有一石雕龙头，相对而视。每当开泉季节，清凉的泉水从龙口喷涌注入方池，池水清澈见底、甘甜爽口。

双轨故道

朱家峪礼门

从魁星楼俯视朱家峪

登云桥

文昌阁

山阴小学校门

山阴小学院落

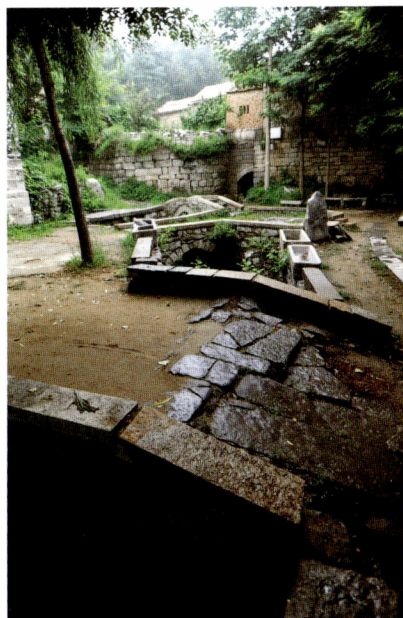

坛桥七折

曲径通幽

康熙立交桥

朱氏北楼

女子学校

双井

关帝庙

朱氏家祠

进士故居

魁星楼

进士故居垂花门罩

电视剧《闯关东》之朱开山旧宅

临沣寨村

Linfengzhaicun

河南省平顶山市郏县堂街镇临沣寨（村）

河南省平顶山市郏县堂街镇临沣寨（村），又叫朱家洼、红石寨，位于郏县县城东南12公里处。朱洼村原名"张家埂"，住着张姓大户。明朝末年河南暴发瘟疫，人口锐减，朱姓人家从山西洪洞县迁到河南，选择地势低洼的张家埂落户，靠租种张家土地为生。这里地势低洼，盛产芦苇，朱家人把芦苇编织成苇席、草鞋，通过汝河贩运出去。朱家人发达后，把张家埂改名为朱家洼，现有村民多为朱姓后代。

清道光至清同治年间，朱家三兄弟地位显赫，老大朱紫贵、老二朱振南是家财万贯的大盐商，老三朱紫峰是河南汝州直隶州盐运司知事，官居二品。为了抵御太平天国起义军的威胁，清同治元年（1862），朱氏兄弟历时三月、花费巨资修筑了工程浩大的寨墙，朱家洼便成了"临沣寨"。

临沣寨是一块宝地，村东200米有一条利溥渠，村北一公里是汝河，村西面是沣溪河，周围有芦苇千ого、竹园百亩，几条小路通向寨内，整个寨子就像一叶顺水而下的扁舟。寨内明清民居错落有致，寨外河水环抱、芦花飘扬。红色的寨墙，绿色的护寨河，青青的芦苇，雪白的芦花，各色的水鸟，构成天人合一的美丽图画，被誉为"中原第一红石古寨"。临沣寨平面呈椭圆形，占地7万平方米，寨墙周长1100米、高7米，墙顶面宽3至5米，清一色由大块红石砌成，古朴厚重，隔一段有一个垛口共有800多个垛口，有1座炮楼，寨墙外有一条13米宽的护寨河环绕。

临沣寨有三个寨门，根据八卦的样式设定。西北门因面临沣溪河而取名"临沣"，这也是"临沣寨"名称的由来。两扇大木门上包着铁皮，虽有破损，但铁皮上"同治元年"、"岁在壬戌"字样仍依稀可见。西南门叫"来嘛"，出自《诗经》"嘛风南来"，此门损坏严重，拱上的石匾不知去向，城垛也荡然无存，门旁只留有高低不等的四个射击孔。在传统风水理论中，西北门、西南门是不能轻易打开。东南门"溥滨"被称为迎官接贵门。"溥滨"有三层含义，一是因水得名，对面有一条利溥渠，溥渠之滨；二是取自"普天之下莫非王土，率土之滨莫非王臣"，"溥"同普；三是指普通来宾，"滨"同宾，官员、商人、三教九流都是宾客。寨门前还设两道防水闸，每遇洪灾，加防水木闸板，洪水被拦于寨外。

建于一百多年前的临沣寨，许多地方体现着科学理念。三个寨门旁边各有一个三、四米深的大水坑，水坑的作用是收集雨水，雨水经过沉淀再排到护寨河里，水坑积水还能用于城门消防。临沣寨防洪功能强，1957年郏县暴雨成灾，汝河暴涨，附近一片汪洋，因有高大寨墙抵挡汹涌洪水，地势低洼的朱家洼却免受水灾。

临沣寨东西两条主街与南北两条主街交错呈"井"字形布局，民居沿街而建。寨里保存比较完好古建筑有9处朱家宅院、2处张家大院和3间明代老屋。明清建筑清一色为砖木结构，脊坡式瓦房或楼房，有许多木雕装饰。明代木雕多安排在点睛之处，题材多为植物纹样或瑞兽图案，清代木雕则包括飞禽走兽、神话传说、戏曲故事、人物花鸟、文房四宝等题材。雕刻工艺多样，圆雕多施于家具、单体物件或斜撑等处，浮雕多施于隔扇的涤环板、雀替等处，透雕多施之于隔扇、漏窗、祖龛等处。

朱氏三兄弟的大宅院按规制建设，中轴对称，砖木结构，多进四合院。老大朱紫贵的宅院建于清道光十五年（1835），占地面积1322平方米。老二朱振南的宅子建于清道光十一年（1831），屋脊高耸，窗棂灵巧，东西厢房门楣上悬挂"迁善"、"补过"的家训。朱镇府是老三朱紫峰的官宅，建于清道光二十九年（1849），占地面积2516平方米，号称"汝河南岸第一府"，现已重新修葺，门楣石刻"百福并臻"。

朱镇府的楼房墙体半米多厚，外面贴砖，里面是土墙，并用红石条将二者紧紧连为一体。楼房的地基非常牢固，地面之上有5层条石，地面以下还有10层条石，最下面的2层用1米多宽的红石板，每个房角各放一个红石大碾盘。正房的屋门下部设有两个"枪眼"，门槛下设有供猫通过的"猫眼"，正方形青石铺地，室内架有木楼梯。沿着木楼梯上至二楼，就到了"绣楼"。高大的门楼，精美的砖雕、木雕和石雕，斑驳的彩画，每隔几步一个拴马桩，诉说着朱紫峰当年的显赫和富足。

村中匾额随处可见。寨门名称"临沣"、"溥滨"等，都用整块红石刻成并镶在寨门上方。木匾有"义举长存"、"乐育英才"、"乐善好施"、"戒欺求谦"、"竹苞松茂"、"御墨翰林"、"百福并臻"等。这些匾额，楷、草、行、篆、隶等各体兼备，随悬挂地方而定。

临沣寨人敬祖祭神相沿成习，成为族人行为和日常生活的重要组成部分。村里有棵皂角树，据说是当年朱姓先祖从山西带来的，村民经常在树前顶礼膜拜，祈望聪慧先祖保佑未来。朱家的祠堂已不复存在，其位置建成了村小学。

东南门"溥滨"

城墙与护城河

临沣寨一角

西北门"临沣"

西南门"来曛"

古民居

西南门射击孔

古民居

朱镇府窗户砖雕

古石桥

五虎大将庙

朱镇府

大余湾 村

Dayuwancun

湖北省武汉市黄陂区木兰乡大余湾村

湖北省武汉市黄陂区木兰乡大余湾村，位于武汉市黄陂区中心北 20 公里，距离武汉市区约 40 公里。大余湾村隶属于闻名遐迩的木兰风景区，北靠木兰山、东望木兰湖，滠水河似一条银色的飘带环绕山岗缓缓流淌。

大余湾村余姓先祖来自婺源。据余氏宗谱记载，明朝初年朱元璋诏令赣湖大移民，明洪武二年 (1369) 余姓先祖从江西婺源、德兴一带迁徙到如今的木兰川。木兰川是一条 10 公里长画廊般的山谷，余姓先祖认定这个湾子是一块难得的"风水宝地"，便在此定居。当地民谣"前面双龟朝北斗，后面金线钓葫芦，中间有个北极图"，说的是从村前的双龟山向北眺望，可以看见不远处有七块形色相若的花岗岩像北斗星一样排列；村后通向木兰山道观的路恰如一条金线串着葫芦状的山峰；村中一湾池塘与田垄相连，似一幅如意太极图。村里有五口池塘、三座花园、一湾流水，呈现一派"流水穿村过，过溪搭桥梁，出门到田间，观鱼清水塘，梅花映白雪，桂飘十里香，秋兰入幽室，凌霄攀高墙"的田园风光。

中国村落从选址到布局都强调与自然山水融为一体，我国的堪舆书《黄帝宅经》把大地看作有机的整体，认为选择良好居住地的前提是"以形势为身体，以泉水为血脉，以土地为皮肉，以草木为毛发"，这样才能获得有生机的理想居住之所，有山、有林、有田、有水的相对封闭的空间模式是古人心目中的理想生存环境，大余湾的选址和布局符合我国传统的风水理论。大余湾村坐北朝南，后有靠山，前带流水，侧有护山，远有秀峰，土层深厚，植被茂盛，住基宽坦，水口紧锁，有着显著的生态学价值和鲜明的生态意象。

大余湾村留存下来的明清民居有 40 多幢，由 20 余条巷子纵横分隔。石墙围村，城廓御敌，凸现出儒家厚德载物与安居乐业的文化氛围。一幢幢明清民居横卧山底，一条条青石板路蜿蜒其间。这里的民居石块砌墙，青瓦盖顶，雕梁画檐，飞檐翘角，属于徽派建筑风格。漫步青石板路，不时可见石墩、古井、油漆斑驳的木亭以及房檐下的壁画，石板路桥穿村跨水。看起来布局、规格、用料和工艺完全相同的一幢幢古宅，其实并非一蹴而就，而是依照一定标准历代传存所致。在村子东面的大碾坊里，兀自挺立着一人多高的大石磨，石磨上刻着"嘉庆廿

二年立"字样，那一道道风雨磨砺出的褶皱，似乎在唱着一首岁月的老歌。

大余湾民居采用三合院形制，由三间正房、两厢和天井组成。正房中间前为堂屋，后为灶房，左右两间为卧室，有的隔为四间。按左大右小、前大后小分长幼而居。厢房一至二间，加上五间正房共七间，当地叫"联五转七"，天井很浅。四面外墙一般不开窗，通过天井和屋面明瓦采光。主房屋较高，为双坡硬山式，厢房屋顶为不对称的双坡顶，分长短坡，短坡坡向外墙，长坡坡向内院，正房与厢房屋面相交，均采用小青瓦。"天井函"用石头铺砌，可调节室内空气、光线，并排水排污。大门内侧建走廊，一般称廊沿，与正房和厢房的廊沿相接，利于雨天通行。每户民居两侧山墙、前后房檐均用规整的长方形石块砌筑，石面上琢有细致入微的滴水线，墙高 6 米多，用糯米板和石灰浆粘合石块，缝隙严密、工艺讲究、坚固耐用、美观大方，而很多内墙却用夯土筑成。大余湾先民将建筑特色概括为："前面墙围水，后面山围墙，大院套小院，小院通各房，全村百来户，串通二十巷，家家皆相通，户户隔门房，青石板块路，滴水线石墙，顶有飞琉瓦，檐伸鸟兽状，室内多雕刻，门前画檐廊。"

民居中摆有一些古董，如年代久远的太师椅、雕刻精美的鼓皮屏风、"雍正朱批玉旨"箱、"四豆同荣"寿匾等，甚至还可以从书架上翻出一部部泛黄的线装古籍，还有经几代媳妇传承下来的纺车。在村里许多家庭里，都可以看到旧时的梳妆奁、厚重的石砚台、古秤、古斗以及青花和粉彩瓷器等。村民余传松家那张雕花大木床，据说打造于明代，距今已有 500 余年。这张床长 2.5 米，宽 1.5 米，分天顶和睡铺两部分。天顶的四周刻着龙凤、八仙，睡铺的床架上则刻着各种花鸟虫鱼，正面镂空雕刻的人物穿着明朝服饰，用料为极其珍贵的红木。有的民居檐下，绘有"朱元璋荷犁牵牛"、"高山流水觅知音"等故事壁画。

大余湾村有"晒书"的习俗。每到梅雨季节，家家户户都要将自藏的古籍、书画、信函等拿到太阳底下曝晒，以防霉变。当一本本、一幅幅、一页页在门前摆出时，巷道里黄黄的一片，场面非常壮观，整个村子都飘荡着书香。这些收藏中不乏岳飞的手迹，据说岳飞当年率部经过这里时留下了许多手令。

大余湾村遗存着一股儒雅之风，人们酷爱棋琴书画，崇尚耕读，许多人都能背诵古诗古词。每至农闲时节，村里的人总爱聚在一起唱社戏、玩龙灯。在此兴家立业的余氏家族，600多年来恪守"耕可致富，读可荣身"的信念，出了许多"大人物"，宋代有"一门三太守（循州、杭州、明州）、五代四尚书（兵部、吏部、刑部、礼部）"的荣耀。这里的民间雕匠、画匠、石匠、木匠、窑匠远近闻名，其中又以窑匠居多。

木亭

大余湾村清水塘

古民居

石砌的"天井函"

徽派建筑风格民居

石墙围村

大碾坊

刻着"嘉庆廿二年立"的大石磨

村中一角

南社村

Nanshecun

广东省东莞市茶山镇南社村

广东省东莞市茶山镇南社村，地处樟岗岭与马头岭之间，位于东莞市区东北约15公里、茶山镇东北2公里处。

南社村原称"南畲"，因畲与蛇同音，而蛇为民间所忌，清康熙年间改名"南社"。据史料记载，远在南宋时期南社即已立村，至今已有800多年的历史。南社村初有陈、黄等姓聚居，后为南宋会稽（今浙江绍兴）人、南雄州推官谢希良之子谢尚仁徙居至此，至明中期村落初具规模。村民为加强防卫，明朝末年修筑了村落的围墙，设东、西、南、北四座门楼和十七座谯楼，围墙周长三百零二丈五尺。清康熙以后，民居和庙宇向围墙外扩建。

南社村处于东江与寒溪河冲积的埔田地区，周围有茂盛的荔枝林。村落利用樟岗岭与马头岭之间的长形水域，顺着自然山势错落布列，由民居、宗祠、房祠、家祠、书院、庙宇、门楼、谯楼、围墙、古井、古榕、古墓等构成。自西向东由西门塘、百岁塘、祠堂塘、肚蔗塘等四口水塘组成，西高东低，其形似船。村落以水塘为中心，两岸祠堂林立，古榕婆娑。巷道基本与水塘走向垂直，形如梳状。村内保留大量精美石雕、砖雕、木雕、灰塑及陶塑等古建筑构件，具有较高的历史、艺术和科学价值。

南社村的建筑形制、结构、体量、用料、工艺、色调和装饰等，较好地反映了明清时期广府农耕聚落的风貌。村落北部的民居建筑年代较早，土坯房较多。南部的民居建筑年代较晚，多为清中后期所建，墙体为红砂岩条石与青砖砌筑，用料讲究，雕塑、彩绘精美，工艺精湛，质量精良。村落布局保存完整，现存的古建筑包括围墙内的祠堂、民居等96000平方米，围墙东门外的关帝庙和尼姑庵旧址等13000平方米，共有祠堂30座、庙宇3座、古民居250多间、古井40多眼、古墓36座，其中谢氏大宗祠、百岁坊祠、社田公祠（百岁翁祠）、谢遇奇家庙、关帝庙、建威第（谢遇奇故居）、资政第等为代表性建筑。

在四口水塘两岸共排列了十七座祠堂，构成了独特的宗法文化祠堂景观。其中，西门塘北岸有任天公祠、百岁祠、简斋公祠，百岁塘北岸有樵谷公祠、百岁坊祠、照南公祠，南岸有谢氏宗祠、孟侍公祠；祠堂塘北岸有念庵公祠、谢氏大宗祠、云野公祠，南岸有社田公祠；肚蔗塘北岸有东园公祠、应洛公祠、晚节公祠，南岸有少简公祠、晚翠公祠。

谢氏大宗祠始建于明嘉靖三十四年（1555），面阔三开间，从门厅、前厅、祀厅到两侧廊屋都采用抬梁式木构架。装饰十分讲究，门厅上的琉璃正脊中部排列了亭、阁、廊、屋。屋顶上装饰着各种花卉，屋里屋外装饰有端坐、侍立、交谈、迎送宾客等各种姿态的人物四十余位。宗祠大门两边立有十多块进士、举人题名石碑，记录着科举高中的风光。历史上进行过多次维修，最后的一次在20世纪90年代，但总体上保存着明代始建时的风貌。

百岁坊祠是一座坊与祠相联的建筑，前为坊，后为祠。明万历年间，村民谢彦庆、谢实斯、谢彦眷之妻叶氏、谢振侯之妻黄氏均超过百岁去世，当时的东莞县令李文奎受谢氏族人委托，上报朝廷准予修建。百岁坊祠建于明万历二十年至二十六年（1592-1598），四柱三开间，中间是庑殿顶，左右稍低的为歇山顶，两侧是具有典型岭南建筑特点的镬耳封火墙，梁柱梁枋有精致的雕花，飞檐斗拱，古朴典雅。百岁坊祠祀厅后墙正面安放着神龛，四位百岁老人及其配偶及后人的神主牌均供奉于此。

谢遇奇家庙建于清光绪二十一年（1895），建筑面积300平方米。谢遇奇（1832-1916），清咸丰、同治年间先后中武举人、进士，随左宗棠在甘肃、新疆一带作战有功，封建威将军，任两广提督，并恩准建家庙。

资政第是清光绪年进士、官至礼部主事的谢元俊的府邸，坐落在小丘之腰。前后两进，三开间，凹斗式大门。前后两进之间有穿廊，后进的明间近前檐有落地大花罩，由桃树、仙鹤、凤凰、雀鸟、花卉及枝叶等木雕组成，十分华丽。石级、栏杆保持着当年的高贵气派，两廊的花楣精美绝伦，厅中的垂花门镂刻着花卉群鸟，上面的孔雀尾、凤凰头都凸出木外，栩栩如生。

南社村有7座庙宇，其中关帝庙、苏王庙和土地庙保存较好，尼姑奄保存较差，大王庙和文庙破坏严重。关帝庙是南社村规模最大的庙宇，占地约350平方米，供奉关圣帝，也供奉文昌君、吕洞宾、华佗、金花夫人及土地神等。关帝庙能保存下来，与村民的尚武精神和祈求发财的意识不无关系。

南社村古树众多，有800多年的木棉树一棵，500多年的榕树一棵，300多年的榕树六棵，200多年的榕树三棵，100多年的榕树五棵，100多年的富贵子树三棵。

在非物质文化遗存中，南社村有广府地域流传的粤曲、世代相传的点灯、喊惊及红白事等特殊的风俗。

任天公祠

任天公祠耕种壁画

任天公祠收获壁画

南社村西门塘

简斋公祠

简斋公祠梁枋木雕

樵谷公祠

照南公祠

谢氏大宗祠屋脊装饰

谢氏大宗祠

谢氏大宗祠门前的功名石

百岁坊

谢遇奇家庙

应洛公祠

晚节公祠

肚蔗塘及两岸的祠堂

古民居挑檐枋木雕

关帝庙

晚翠公祠

自力村 _村

Zilicun

广东省开平市塘口镇自力村

广东省开平市塘口镇自力村，东距开平市区 15 公里。自力村是一个华侨之乡，有数百人旅居美国、加拿大、英国、马来西亚、香港、澳门等国家和地区。

自力村的村落布局呈零星状，村名取"自食其力"之意。由安和里（俗称犁头咀）、合安里（俗称新村）和永安里（俗称黄泥岭）三个方姓自然村组成。犁头咀于清道光十七年（1837）开村，因地形像犁头而得名；合安里于清光绪三十一年（1905）建村；永安里几户则是从黄村迁来的。清朝末年曾在村前的三叉海设渡口，称犁头咀渡，为当时开平县十大渡口之一。立村之初，只有两间民居，周围均是农田，后购田者渐多，又陆续兴建了一些民居。鸦片战争后，人民生活困苦，加上资本主义国家发展生产需要大批的劳力，很多人离乡别井到国外谋生，这个时期自力村人也开始旅居海外。随后，一个带一个，旅外者渐增。旅外者赚钱后，便纷纷回乡购田置业，再返回国外，循环往复。

20 世纪 20 年代，土匪猖獗，洪涝频繁，一些华侨、港澳同胞便拿出部分积蓄兴建碉楼。这些碉楼一般以始建人的名字或其意愿命名。碉楼的楼身高大，多为四五层。墙体的结构，有钢筋混凝土的，也有混凝土包青砖的，门、窗皆用厚铁板制造。建筑材料除青砖是开平楼冈产的外，铁枝、铁板、水泥等均是从外国进口。

自力村碉楼群与周围自然环境协调一致，建筑精美、布局合理、错落有致，四周稻香阵阵，为开平碉楼的代表。一座座碉楼宛如一颗颗珍珠散落在荷塘、稻田和村落当中，千姿百态，令人目不暇接。碉楼的上部结构有四面悬挑、四角悬挑、正面悬挑、后面悬挑等。

这些碉楼，有的是依据从外国带回的图纸建造，有的全凭楼主的个人意愿建造。碉楼中西合璧，造型千姿百态，式样多种，自成一体，既有古希腊、罗马的风格，又有哥特、伊斯兰的建筑特点，不同风格、不同流派的建筑元素在碉楼中和谐共处，表现出独有的艺术魅力。楼的基础用三星锤打入杉桩，为不因天气状况影响施工，一般搭一个又高又大的葵篷，将整个工地覆盖。在建筑结构上，碉楼充分体现防卫功能，钢窗、铁门窄小，墙身厚，四面设有枪眼，楼顶有瞭望台、探照灯等，对保护村民生命财产安全起重要作用。

自力村现存 15 座碉楼，依建筑年代先后为龙胜楼（1917）、养闲别墅（1919）、球安居庐（1920）、云幻楼（1921）、居安楼（1922）、耀光别墅（1923）、竹林楼（1924）、振安楼（1924）、铭石楼（1925）、安庐（1926）、逸农庐（1929）、叶生居庐（1930）、官生居庐（1934）、澜生居庐（1935）、湛庐（1948），其中铭石楼、叶生居庐、澜生居庐、官生居庐和云幻楼最为有名。自力村碉楼于 2001 年 6 月被列入国家重点文物保护单位。

铭石楼高六层，首层为厅房，二至四层为居室，第五层为祭祖场所和柱廊、四角悬挑塔楼，第六层平台正中有一中西合璧的六角形瞭望亭。楼内保存着完整的家具、生活设施、生产用具和日常生活用品。铭石楼楼主方广仁在美国谋生，致富后花巨资建了这座碉楼。铭石楼外形壮观，内部陈设豪华，是自力村最漂亮的一座碉楼。五层的四角各有一个突出的"燕子窝"，"燕子窝"墙上开有向外和向下的射击孔，体现了碉楼的防卫功能。

叶生居庐、澜生居庐和官生居庐，分别由方广宽、方广容、方广寅三兄弟建于 20 世纪 30 年代，其中澜生居庐是三座居庐中保存最好的。叶生居庐的主人方广宽，最早为方广仁（铭石楼楼主）打工，发财后回村建了仅次于铭石楼的叶生居庐。2006 年 8 月，在澜生居庐内发现了盖楼的"施工许可证"、枪支用于抗日的"征用通知书"等，实属珍贵。

云幻楼建于 1921 年。楼主方文娴，别号"云幻"，原是私塾教师，后去香港和马来西亚谋生，经商致富。云幻楼高五层，檐角、浮雕、回廊和石柱完全是西洋风格。一至四层是居住层。五层的一半用来供奉祖先牌位，另一半是一个带柱廊的平台。平台门口的两侧，有开平碉楼中最长的 50 字对联，上联"云龙凤虎际会常怀怎奈壮志莫酬只赢得湖海生涯空山岁月"，下联"幻影坛花身世如梦何妨豪情自放无负此阳春烟景大块文章"，横批"只谈风月"。这副对联由方文娴自题，表达了他的爱国情怀及报国无门的心境。

逸农庐建于 1929 年，由旅居加拿大的华侨方文钿回乡建造，钢筋混凝土结构，楼高四层，楼前有院落，自成一家。竹林楼建于 1924 年，由旅居美国华侨方文圈、方广濂、方奕勋建造，钢筋混凝土结构，楼高五层，碉楼以周边茂密竹林命名。

养闲别墅的始建人也是当地一名私塾教师，后赴南洋谋生，家里有一个小脚妻子。当时土匪横行，水患不断，为了保护家人安全而建造了这座楼。

自力村的碉楼在防匪贼、抗日寇方面，发挥了重要的作用。抗日战争期间，云幻楼是村民的避难所。2001 年 6 月，自力村碉楼群被列为国家重点文物保护单位。

自力村碉楼群

自力村村口牧童雕塑

振安楼

叶生居庐

湛庐

叶生居庐窗户装饰

铭石楼

铭石楼室内布置

铭石楼五层的燕子窝外观

铭石楼六层的瞭望亭

云幻楼室内字画

云幻楼五层的门联

云幻楼室内布置

云幻楼

逸农庐

竹林楼

俯视云幻楼、居安楼和安庐等

碧江 村

Bijiangcun

广东省佛山市顺德区北滘镇碧江村

广东省佛山市顺德区北滘镇碧江村，南距顺德区中心11公里，北距佛山市区15公里。据族谱记载，南宋末年战乱连年不断，赵姓和苏姓两户人家从北方迁移至此，至清末苏家已位及人臣、声名显赫。据《顺德县志》载，自明景泰三年（1452）至清代中叶，碧江村有进士17名，中举仕子更达106名。这些人为官告老还乡后，致力建造祠堂和宅第园林。碧江村现存古建筑有慕堂苏公祠、砖雕大照壁、职方第、金楼、泥楼等。

慕堂苏公祠于清光绪二十四年（1898）动工，1947年竣工，工期长、建造精细，三间三进，主体结构完整，档檐花板、雕花梁架等雕刻精美。国民党元老于右任手书的"慕堂苏公祠"牌匾，存放于金楼古建筑群的小隐别墅内，字已残缺不全。慕堂苏公名效宗，是碧江苏氏南房二十四世祖。苏效宗曾获赠奉直大夫、朝议大夫、中宪大夫衔头，其六个儿子也有相当的官衔或事业。其中，三子丕文是职方第的主人，四子述文和五子徽文无嗣，由六子文震一房兼继为中翰第，也叫"三兴堂"。慕堂苏公祠正对面是该祠的照壁，称"砖雕大照壁"。大照壁砖雕巧夺天工、朴素浑厚，堪称民间砖雕的精品。金楼木雕金光四射，但掩饰不了慕堂苏公祠前砖雕大照壁的华彩。照壁上"风来花自舞，春鸟入能言"、"五子登科"等杰作栩栩如生、庄重典雅，是广州陈家祠砖雕作者之一梁氏兄弟的作品，较陈家祠晚4年完成，刀法更趋成熟。

职方第是苏丕文的府第。苏丕文曾位居清兵部职方司员外郎，三品官衔。苏文丕的住所叫大座，是一座三层碉楼，为职方第建筑群中最高的部分。大座用大块红色麻石砌墙脚，墙身特别厚，墙体开着炮眼大小的长方形窗口，有两层门，其中外层门用生铁铸造，具有很强的防御性。职方第的第二进建筑是"四柱大厅"，宽敞高大的厅堂中间只有4根石基木柱支撑着，这是典型的岭南宅第大厅，梁架用南洋运回的铁力木建造。内墙饰以水磨砖，工艺精细。歇山式屋顶上两只红色鳌高昂着头，两边墙角有两组陶瓷浮雕，每组都有一大两小三只鳌。前庭左右分别种有龙眼树和桂花树，寓意"攀龙折桂"。

金楼是碧江村的"名片"，为苏丕文于清嘉庆、道光年间所建。金楼原名赋鹤楼，是"职方第"的藏书楼，二层木质建筑。当地一直有"碧江多商贾，金楼为至尊"的说法。金楼的

庭院中有一株100多年十叶龙眼，见证了金楼的百年沧桑。金楼一层中堂有一眼口径仅为28厘米的阴井，意为"克火"。金楼得名，是因楼内精美绝伦的木雕表面均施以黄金，金碧辉煌。这种极尽奢侈豪华的装饰，据说是为苏丕文之孙苏百诩迎娶慈禧太后的干女儿、当时法务大臣戴鸿慈长女戴佩琼准备的。木雕上的黄金有新旧两色，旧的是100多年前贴上去的金箔，因为氧化颜色有些暗淡，金光闪耀的是近几年修补上去的。

金楼首层左边为主人房，有一张精美的清式跤步床，是当年戴佩琼结婚用的床，用枣木雕成，取早生贵子之意。床的木雕贴金镶宝石，奢侈华丽。跤步床又称八宝床、千工床。二楼布局，取意古时珠江上的游船"紫洞艇"，四面的木雕通透明亮，身在屋中如在船中。二楼到处金光灿灿，雕刻手法精巧，有深、浅、浮雕以及线刻、镂雕、玻璃镶嵌等，内容遍及花卉与动物，有岁寒三友、松鹤延年、兰桂腾芳，还有斗笠渔翁、丫髻小童、浣衣少女等，形神兼备，惟妙惟肖，以柚木、花梨木、酸枝等为木料，题材多是我国传统的吉祥之物，艺术风格却明显吸收了域外文化。两边门拱做成柱状，外形是似叠罗汉的一个个宝瓶，为欧洲19世纪中末期流行的"维多利亚"风格，木雕中间夹着的磨砂蚀花玻璃也是舶来之物。

从基石特征、墙体风化程度及在建筑物附近发现的大量明清青花瓷片推算，泥楼应建于金楼之前，最迟为明末清初。泥楼外观很不起眼，是一幢两层的"镬耳"封火山墙建筑。泥楼与金楼在同一条巷内相向而立，一古朴一精巧，展现出两个历史时期的建筑风格与文化差异。名为"泥楼"，是因为这幢楼房的墙体用泥砂掺以糯米粉夯垒而成，坚韧如石。站在泥楼的小天井，可以看到四根与泥楼风格截然不同的欧式水泥柱和门拱，原来在20世纪初泥楼主人的子孙从日本留学归国，见楼前两廊颇危便将其改作柱廊。前廊用圆柱，后廊用方柱，隐含天圆地方之意。

泥楼后的一面墙完全用蚝壳垒砌而成，气派又巧妙。蚝壳一半嵌在水泥里，一半露在外面，整齐排列，煞是美观。蚝宅坚固耐用，冬暖夏凉，防火防盗防台风。蚝墙多半出现在众人景仰的祠堂，或是有钱人家的宅院里。选用蚝壳做建筑材料，多半还因为当地蚝壳材料丰富。

在泥楼、蚝壳墙旁边，有门楣上雕刻"三兴"二字的石门，进门便是重建的三兴堂（中翰第）后花园。花园的回廊尽头，有青铜壁画，二十四幅画面重现了昔日的繁荣景象，每幅画依清道光年间苏鹤的《碧江廿四咏》七绝所绘，被称做碧江"清明上河图"。

碧江村古建筑群

三兴堂后花园

金楼书房

金楼手工床花架贴金木雕

金楼

金楼书房贴金木雕

金楼天花

泥楼蚝墙

泥楼大门

泥楼墀头砖雕

三兴堂

清代官轿雕刻

职方第

职方第大堂

慕堂苏公祠

慕堂苏公祠大照壁

大照壁砖雕

莫洛 ⑩村

Moluocun

四川省丹巴县梭坡乡莫洛村

四川省丹巴县梭坡乡莫洛村，距丹巴县城8公里，是梭坡乡政府所在地。莫洛村三面环山，高山峡谷地貌，海拔高度1900至2200米之间，属于典型的干旱河谷地带。藏语"莫洛"，意思是"环形地带"。莫洛村是藏族聚居地，藏族占绝大多数，比较完整地保持着嘉绒藏民族传统的习俗和居住文化。"嘉绒"即"女王的河谷"，古时这里是东女国，国王是个丹巴美女。

莫洛村在大渡河东岸，过个小索桥再走上一段土路便到，索桥不能走汽车，只能徒步通过。桥两侧铁索上挂满了迎风飘扬着的五色经幡，就像长着彩色羽毛。如果不想翻越大山，这是进入莫洛村的唯一之路。莫洛村有典型石砌藏寨建筑和规模宏大、形态各异、建设集中的防御性碉楼群，藏寨依山而卧，白色主调与绿茸般的背景巧妙搭配，把神秘的古老风水学说与浓厚的宗教文化底蕴融为一体，达到"天人合一"的境界，人称"童话世界"。

莫洛村碉楼具有千百年的历史，历经战乱、风雨和地震的考验，至今仍巍然屹立，自成奇景。莫洛碉楼建筑工艺之精、结构之巧，是令人惊叹的，有的久已偏倚却不倒塌，有的弯曲如弓却依然昂首挺胸。这些古碉的建筑形式多种多样，从形状上可分为四角碉、五角碉、六角碉、八角碉、十三角碉，而以四角碉为主，一般高20余米，最高的达50米，内建楼层十余层至二十余层，每层可容纳10余人，每座碉容纳百余至二百余人。碉楼由天然石块砌筑而成，石头全部就地取材保持自然形状，墙体表面光滑、缝隙紧密、棱角线笔直、下宽上窄，在没有勘测工具和水泥的时代，全凭经验和目测建成，足见当年建筑师的高超设计能力和工艺水平。碉楼不仅外形美观，结构也很牢固，想摧毁是件不容易的事，只能一块石一块石地拆。但碉楼不敌水攻，如果把窗户关上，从碉楼顶端向下灌水，数月后碉楼会自行倾塌。

丹巴县境内现存古碉楼562座，丹巴民居碉楼顶的"煨桑"塔是女性生殖崇拜的象征。相传，五角以上的碉楼均为女人所设计。丹巴碉楼分家碉与寨碉两种。家碉是以一户人家为单位修建的碉楼，建于自家的房前屋后，或者与住房连为一体（称为"房中碉"）。限于人力物力，一般家碉都不会建得太高。房中碉和一处民房相连，地面没有直接入口，只有上到三四米

高的民房顶才可进入碉楼内，每座碉楼属于一户居民，民房顶与碉楼入口连通，通过一道小梯进入碉楼内部，每层之间以独木梯相连接，每层墙上开有小窗，里大外小，便于防御。寨碉依功能又可划分为界碉、风水碉、烽火碉、军事防御碉、通讯预警碉等。其中，风水碉较少，往往一个部落或一个村寨只建一座，由大家供奉朝拜，具有浓厚的宗教色彩。

莫洛村是丹巴碉楼最集中的地方，远远望去碉楼高低错落，非常壮观。数十座碉楼连绵起伏，矗立在藏寨里，暴露在荒野中，突起在丛林外，饱经沧桑仍然巍然凌空屹立，形成宏伟瑰丽的碉群奇观。莫洛的碉楼都有自己的名字和性别，性别是通过木梁的位置来区别，女性碉楼的木梁露在外面，时间长了会发黑，所以女性碉楼的楼身上有一道一道的黑色痕迹，而男性碉楼的木梁在内部，不外露，所以没有痕迹。莫洛村最著名的三座碉楼一字排开，最左面的是四角碉，名字叫"拥忠"，是男性，向前倾斜约20度角，好像比萨斜塔的模样。中间一座是八角碉，名字叫"曲登"，也是男性，最为粗壮敦实。右面的一座四角碉，叫做"弄比"，是牛头的意思，为女性，形状细长秀气。

女性掌权、女性崇拜、多夫制、无固定性伴侣的走婚、尚青、居碉楼等，是古时东女国文化元素。过去这里流行爬房子、钻帐篷、顶毡衫、抢手帕等多种走婚习俗。婚姻形式和家庭组成无不以女性为中心，女性不仅掌握着家庭的大权，而且也是家庭的主要劳动力。记载中，古时这一带是东女国，国王与官吏皆女子，"国"内的男人不能从政，仅作征战与种田之役。因女子少而贵，位高权重，故为多夫制，女王由众男侍服。当时东女国4万余户，散布在大渡河山谷间八十余座聚邑中，所居之处均筑"重屋"，即碉楼。民众住六层以下，唯女王高高在上居九层。这一带的女人喜欢盘发髻，着长裙，衣饰古典华美，气质优雅端庄，充满古韵意味。

莫洛村是以传统农业生产为主的藏族聚居村落，仍然较好地保留着传统的婚姻家庭观念。随着现代生活方式的影响，藏族的婚姻家庭观念也逐渐转变。现在莫洛村人在婚姻上呈现出多样性，既有自由恋爱结婚的，也有父母包办成婚的。莫洛村藏族由于婚姻半径狭小，整个村寨的人或多或少都是亲戚，有的甚至是多重亲戚关系。莫洛村的村民服饰在整个藏族服饰中颇具代表性，服饰多用氆氇、呢子、毛料等上品料制作，上衣外套分大领和小领，也有长装和短装。外套的衣领、袖口等处镶有水獭皮、豹皮，领口、袖口均用金丝缎镶边。

小索桥是通往外界的唯一通路

大渡河边莫洛村

山顶树丛中的碉楼

莫洛村

五角碉楼

男性八角碉楼"曲登"

碉楼群（左为女性碉楼"弄比"、中为男性碉楼"拥忠"、右为男性八角碉楼"曲登"）

民房顶上的碉楼入口及独木梯

碉楼顶上的"煨桑"塔

民房顶上的"煨桑"塔

大渡河边的藏民房

藏族民房

错落有致的藏民房

村中小道

迤沙拉村

Yishalacun

四川省攀枝花市仁和区平地镇迤沙拉村

四川省攀枝花市仁和区平地镇迤沙拉村，位于金沙江畔、川滇结合部，距平地镇8公里、攀枝花市区60公里。

迤沙拉村平均海拔1700米，年平均气温18度，冬暖夏凉，四季如春。迤沙拉为彝语的读音，"迤"是"水"的意思，"沙"是"洒"或"漏"的意思，"拉"则是"下去"的意思，连接起来大意为"水漏下去的地方"。迤沙拉村为彝族聚居村落，属彝族中的俚颇支系，俚颇的"俚"是指女人，"颇"指男性，俚颇是指女人勤劳智慧，男人健壮勇敢。迤沙拉村始建于明洪武年间，距今有600多年历史，是汉族和彝族民俗文化高度融合的"中国第一彝族自然村"。村民都是彝族，却有毛、张等汉族人的姓氏。

据史料记载，明朝初年盘踞云南的元朝残部梁王踞险峙守，并诛杀两名明朝派遣的和解特使。明洪武十四年（1381），朱元璋遂遣傅友德、蓝玉、沐英率30万大军，从南京应天府大坝柳树湾出发远征云南。远征胜利后，明朝廷决定留下大部分远征军在贵州、云南一带（包括四川南部）实施军屯，鼓励士兵与当地少数民族妇女通婚。规定上门给彝族人家当女婿的汉族士兵要改族属和姓氏，娶了彝族女人为妻的则只改族属不改姓氏。这一习俗一直延续下来，形成了大量彝汉混血后裔，出现了彝族人使用汉族姓氏的奇特现象。数百年来他们虽被夷化，但眷恋先祖故地，倾慕秦淮文化，固守和保留下来很多汉民族的文化特质和民风民俗。村里的男人绝对不穿"查尔瓦"，妇女不披羊皮褂，每家每户的堂屋里只设神龛不置锅庄，与西昌和楚雄等地的彝族风俗习性迥然有别。

迤沙拉民居依平缓的金沙江西岸台地而建，非常讲究布局和街巷设计，有别于传统彝族村寨。村子里街巷门肆、骡马客栈大多依照祖先留下的体例而筑，青瓦白墙、土木结构。村内小巷纵横，密如蛛网，高墙深院，院院紧邻，门前有巷，巷巷相通，如胡家巷、张家巷等，深院、高墙、深巷，犹如时空迷宫。迤沙拉村虽地处川南、滇北交界处，但房屋带有明显的江南水乡建筑特色，户型一般以小四合院为主，板筒瓦屋面，细部多有板壁装饰，木刻雕花做工精细。房屋的屋脊、四檐尖端有昂扬向天的装饰，其四厢的内檐水道均朝向天井内，以讨聚风聚财的吉利，表现出"五岳朝天、四水归井"的徽派建筑风格。

屋檐设计精美，瓦当图案考究，雕花窗户、板壁、檐梁、墩柱、桌椅等处处可见精巧雕刻。在2008年"攀枝花8.30"地震灾害中，迤沙拉村核心地带的近500余户俚颇古民居受到了较为严重的破坏。

迤沙拉人在堂屋设立祭祀神位"天地国亲师"、"先祖"、"灶君"等，当地彝族人虔诚地传承着汉族的传统文化。走进这里每户人家，无论是彝族还是汉族，正门堂屋都有神龛，供奉着"天地国亲师"。四川内地汉族家庭供奉的都是"天地君亲师"，而这里把"君"改成了"国"。原来朱元璋死后，皇位传其长孙建文皇帝，建文皇帝的叔叔朱棣打着"清君侧"旗号从北京挥兵南下，大军攻入南京，建文皇帝失踪。朱棣自立为皇帝，称永乐皇帝。这样一位历史上有名的"明君"，在入滇屯垦的迤沙拉彝汉两族人先祖眼中，是一个不忠不孝、夺权篡位的非法"君王"，对这样一位"君"他们不愿供奉，只承认"国"而不承认"君"，如此代代相传。

迤沙拉村以悠久移民历史和独特驿站地位，以及处于金沙江畔我国两个最大的彝族自治州（凉山州和楚雄州）结合部的特殊地理位置，成为我国移民史、西南驿道史、民族村镇史、彝汉交往史等一系列重大民族历史文化问题研究的理想对象。迤沙拉村民族历史文化资源丰富，品种齐全，内涵深蕴。迤沙拉村有不少三国文化遗迹，诸葛亮"五月渡泸，深入不毛"就在附近的金沙江拉乍渡口，诸葛亮率兵经迤沙拉曾在方山屯兵。这里是南丝路之路上的一个重要驿站，清代划为"苴却十马"的管辖区，马帮在茶马夷道上来来往往，迤沙拉成为方圆百里有名的马帮落脚之地。抗日战争时期，美国人帮助修建的滇缅公路（又称史迪威公路）从迤沙拉村前盘旋而过，朝大山深处蜿蜒而去。

独特的谈经古乐，600多年来一直在这个偏僻的彝族山村里延续，体现了迤沙拉村人对中原文化的向往和追寻。迤沙拉的谈经古乐、丽江的纳西古乐和大理的洞经音乐同属一脉，均由古时的宫廷音乐演变而来。质朴的迤沙拉人演奏金陵遗韵，表达了南京移民对秦淮故土的眷眷依恋。彝家山歌野曲的变奏，反映了彝汉通婚、彝汉民族融合在音乐中的演绎和变迁。

迤沙拉村彝族服饰与凉山彝族服饰迥然不同，强烈地表现了彝汉交融的风格。妇女头戴彝人的扣花帽，却着宝蓝布料、宽袍大袖，配以饰有漂亮纹饰的背心或围腰，具有明显的明代汉风痕迹。

迤沙拉村

迤沙拉村蓄水池

土房

紧跟主人的羊群

村中一角

迤沙拉村民居

鲜花盛开的迤沙拉

神位

石板路

石磨

云山屯村
Yunshantuncun
贵州省安顺市西秀区七眼桥镇云山屯村

贵州省安顺市西秀区七眼桥镇云山屯村，位于七眼桥镇东南8公里处，西距安顺市区21公里。云山屯集防御与生活于一体，是明代军事屯堡建筑的典型代表，2001年被列为第五批全国重点文物保护单位。

明朝初年驻守云南的元朝降臣梁王举兵叛乱，云贵边陲局势动荡不安。明洪武十四年（1381），朱元璋派傅友德、蓝玉、沐英率30万大军征讨云南，史称"调北征南"。明洪武十五年（1382），云贵高原叛乱平定后，为避免重蹈历史覆辙，朱元璋决定把足够强大的军队留下，屯兵驻守，威慑四方。来自江南、中原的精锐部队，沿着云贵高原的咽喉要道布防，建立卫所，并按照明军的编制驻扎下来。一支来自江淮的军队平定这方水土后，亦兵亦民把根深深地扎在这里，成为贵州最大的外来移民。随后，又把中原、湖广和两江地区的一些工匠、平民、商贾和犯官等强行迁至今贵州安顺一带居住，史称"调北填南"。据《安顺府志》载"有八十二屯、一百七十四堡"，还有众多的哨所，当年屯军规模之大由此可见一斑。

随着岁月流逝，这些人在这里繁衍生息，恪守世代相承的文化生活习俗，久而久之形成了独特的汉族文化现象，即"屯堡文化"。虽历经六百余年沧桑岁月，屯堡人始终以中原、江南文化为主导，不改征南入黔时的服饰、语言、风俗、宗教、信仰及生产生活方式，传播中原、江淮的先进农耕技术，使黔中生产方式发生了质的变化。

云山屯村始建于明朝初年，屯寨建成后，历经战乱和自然侵蚀，逐年均有修葺和增建。屯寨前古树浓荫，两山夹峙，山势险峻，仅有一条盘山石阶可通屯门。屯门用巨石垒砌而成，两旁的屯墙高7米多、厚近2米、全长1000米左右，上有炮眼和垛口，各制高点有众多哨棚（碉堡），一旦发生战争，即构成一套完善的指挥和作战体系。屯墙、街巷、宅院以及自然生态环境保存完整，犹如一部古代屯田文化的百科全书。云山屯地处峡谷，东、南两屯门为前后关口。云山屯古建筑群建于谷地两侧，或单体式或三合院式或四合院式或平行排列式，依山就势，布局严谨，结构坚固，紧凑舒适，石屋顶、石山墙、石街道，各宅院大门有雕凿精美的垂花门罩和隔扇门窗。

屯堡民居最大的特点是石头的广泛应用。一户民宅就是一座石头城堡，一个村庄就是一座石头城。屯堡是一个防御敌人的整体，屯堡居民就是组成这个整体的每个细胞，既可以各自为阵，又可以互相支援，既保证一宅一户的私密性和安全感，又维系各家之间的必要联系。屯堡村民生活在一个石头的世界里，屯堡建筑把石头工艺发挥到极至，从高处向下放眼望去，白白一片，错落有致。屯堡村寨里，石头的瓦盖，石头的房，石头的街道，石头的墙，石头的碾子，石头的磨，石头的碓窝，石头的缸。这些建筑就地取材，利用当地盛产的石礅奠基、石块砌墙、石板盖顶，在隐蔽处留有枪眼，有的还建造碉楼，具有鲜明的地方特点，又有浓郁的军事特色，并留存着徽派建筑的遗风。

来自"两江"地区的屯堡人，将徽派建筑文化带上云贵高原，营造四合院，巧建垂花门，精雕石柱础，细刻木窗花。只是受经济和地理条件的限制，规模小一些，有的也不那么规整，但建筑形制及工艺与徽派建筑别无二致。云山屯的民居大多采用穿斗木构架结构，构架承重，外墙只起围护功能。外墙用石块砌成，选择的材料由大到小，使墙体表现出明显的层次感。房屋的板壁、支柱、窗户、门楼等均雕有纹饰，或名人诗句，或松菊竹梅，或鸟雀凤鹤，绚丽多彩，寓意深刻。

进得高大厚实的石屯门，一排排石房子呈阶梯状分布于两侧山腰，沿着石板街从屯寨的一头延伸向另一头。石板古街从东向西纵贯全村，长约600米，宽3至5米，并有许多小巷与各户的三合院、四合院、碉楼等巧妙连接，形成了攻防相济的通道。街两侧有高台戏楼、财神爷庙、祠堂以及老字号"德生昌"中药铺。这条古街的主要建筑与人文景观被历史分成了三段，第一段为明代风格，中间的一段为清代风格，最后的一段为民国风格。

屯堡人旧时战时为兵，平时务农，闲时也开展文化娱乐活动，主要项目是面具戏。此种戏不用搭台，平地演唱，也称"地戏"、"军傩"。地戏原始粗犷，剧目尽是武戏，对战争的反映栩栩如生，强烈表现屯堡人的尚武性格，被誉为"戏剧活化石"。来自不同地方的屯兵，有的信佛，有的信道。云山屯上有古堡形"云鹫山寺"，据传建于明代，寺内既有"玉皇阁"，又有"观音殿"，还有"关帝庙"。屯堡人的妇女服饰，依然长袍宽袖，右衽大襟，一直沿袭明代中原汉族服饰的特征。六百多年来，屯堡人恪守世代传承的文化生活习俗，乡音不改，花灯曲调还带有江南曲子的韵味，时刻不忘自己的根在江南。贵州安顺的许多屯堡村寨，房屋的大门总是朝向南京。

云山屯屯门

石板古街

云山屯村

高台戏楼

高台戏楼上的"八仙聚会"木雕

高台戏楼上的"孝悌忠信"木雕

云鹫山寺

石头三合院

"德生昌"中药铺

熊兴志宅

财神庙

白雾村

Baiwucun

云南省会泽县娜姑镇白雾村

云南省会泽县娜姑镇白雾村，位于娜姑镇的东南端，东距会泽县城30公里。娜姑的地名源于彝语，意为"黑色的坝子"。白雾村以悠久历史、灿烂文化、秀美山川和淳朴民风，成为乌蒙腹地的一颗璀璨明珠，仍然保持着古老淳朴、古韵幽幽的风貌。白雾村的白雾街，曾是娜姑镇政治、经济和文化的中心。早在明朝中后期，白雾村就已成为会泽县西部的商贸重镇，会泽的铜从这里源源不断地运出，来往马帮络绎不绝，被称为"万里京运第一站"。

白雾村的白雾街是一条东西走向的一字街，长约300米、宽5米多，铜运古道穿街而过。白雾村原为长方形的城堡，面积近10万平方米。城墙和城门始建于清咸丰十年（1860），周长1200多米，东墙317米、南墙350米、西墙273米、北墙300米，墙高5.8米、厚3米。城墙内外沿用石块垒砌，中间填土夯实，东面据得胜桥设卡，南面依城墙置栅子，西、北两面筑有拱券形城门，四面设炮台8座，如此层层设防，足见当年白雾街的富有和繁荣。随着岁月流逝，白雾村的城墙已不见踪影。

明清时期，滇铜兴盛，云南的产铜量占到全国的80%，而会泽的产铜量又占全省的72%，会泽成为当时全国最大的铜业聚散中心、铸币中心和铜产品加工中心。会泽的铜先集中到白雾，再运到昭通，转往四川泸州，沿长江东下扬州，经运河水陆兼行北上京师。从那时起，白雾就有了"万里京运第一站"的美称。由于"万里京运第一站"的特殊地位，各省都在白雾村成立办事机构。小小的白雾村，商贾云集，人流如织。寿福寺、三元宫、张圣宫、万寿宫、文庙、财神庙、太阳宫、祠堂、常平仓、养济院、大戏台、天主教堂等庙宇、会馆拔地而起，这些建筑大多数依山傍水，融寺庙建筑和园林建筑为一体。马店、驿站、青楼、店铺和民居鳞次栉比，组成规范的集镇市容。络绎不绝的马帮频繁进出这里，给这个乌蒙山中的小坝子带来空前繁荣。1911年"万里京运"停止，白雾村逐渐变得清冷和沉寂。

"四合五天井"、"走马转角楼"是白雾村民房建筑的典型风格。大户人家在大院的照壁、门楼和后围墙上设有很多高低不一的射击孔，如此建筑可从保留下来的"陈氏住宅"中得到窥视。"陈氏住宅"是"一颗印式四合五天井"建筑，两进院，

占地1100多平方米，天井用条石铺成双喜图案。白雾村有众多会馆和庙宇，大多建于明清时期，用材粗大，古朴庄重。

在众多的古建筑中，建于清嘉庆年间的文庙首屈一指。文庙为三进院落，大小七个天井，布局严谨，典雅别致，结构独特，浓厚的清代中期建筑风格。一斗三升门楼，三门四柱木石结构的牌坊，两重檐歇山顶的奎楼飞檐翘角，雕刻玲珑剔透。东西阁楼互为依托，独具匠心。天子台衬托出大殿的庄严肃穆，构思奇妙，技艺精湛。大殿的天花板上，工匠巧夺天工，彩绘了三国演义、大禹耕地、孟母教子等故事。谓之文庙，却又聚孔子、关圣、文昌于一殿堂，故又称"三圣宫"。

寿福寺，又名禹王宫，俗称湖广会馆，建于明代晚期，清道光年间重修，占地1950平方米，为一幢四合大院。殿内原塑有释迦牟尼、禹王、鲁班和坐、行祖君等偶像。遇到干旱少雨年份及每年三月十五、九月十五均有庙会，人们将木雕的行祖君抬出，武乐开道，文乐随行，前呼后拥，热闹异常，这种游行习俗称为"打青醮"，是极具地方特色的祈雨民俗活动。天主教堂建于清代晚期，占地1225平方米，土木结构，中西合璧，独具特色。

太阳宫建于清道光十二年（1832），滇中通海籍人建造，故称"通海会馆"，又称通海庙，占地1563平方米，由山门、大殿、东西配殿及东西两厢组成四合大院，太阳宫后面即是白雾村的城墙。大殿原供奉太阳、太阴与禹王塑像，东西配殿供奉伏羲氏、神农氏。大殿前沿走廊顶部保留了部分工笔历史人物画像，内容有晋嵇绍血溅帝衣、唐安金藏剖腹鸣冤等。另外，还有财神庙（云南会馆），万寿宫（江西会馆）等会馆和庙宇。

戏台建于清光绪二十一年（1895），位于白雾街的中西部，云南会馆对面，是抬梁与穿斗相结合的木结构建筑，四翼角上翘，屋面盖青筒瓦片。台底层为店铺，上为戏台，左右设上下场门，门悬"出将""入相"小匾。戏台前的米市，可容纳2000多人。

白雾村分布有长聚桥、福来桥、得胜桥等建于清代的桥梁。这些桥梁造型精致，坚固实用，时至今日仍发挥着重要的作用。

白雾村四周山上有唐载阳墓、陈运泰墓、赵氏墓等古墓群及碑、石刻等。白雾村先后出土了青铜铸成的剑、戈、釜，"大泉五十"、"大布黄千"等钱币，以及东方剑齿象、野牛等生物化石。

三圣宫

白雾村一字街

白雾村

福寿寺

文庙

文庙石雕

古民居门楼

古民居院落

太阳宫

太阳宫前廊顶历史人物工笔画

杨家沟村

Yangjiagoucun

陕西省米脂县杨家沟镇杨家沟村

陕西省米脂县杨家沟镇杨家沟村，位于米脂县城东南25公里处，东距绥德吉镇20公里，南距绥德四十里铺20公里。杨家沟马氏庄园是陕北地区最大的地主庄园，经过世代经营马氏家族鼎盛时有55户地主，在绥德、米脂及延安等广大地域内拥有数十万亩土地。

明永乐至万历年间，为防"胡骑"南下，统治者设立"三边"镇总兵拱卫京师。三边戍卒饷粮丰厚，吸引边客向这里贩运马匹、牛羊、皮毛等，使延绥一带商业兴旺起来，临近的山西人也不断移居延绥。山西临县与陕北隔河相望，山西临县的马林槐于明万历末年迁来绥德县马家山入第八甲户籍，以租种土地和开垦荒地谋生。但马家山土地瘠薄，难以为生，马林槐第四世孙马云风携其本支于清康熙、乾隆年间离开马家山，先后辗转阎家沟、李家山，最后在杨家沟定居。

以农为本，耕读传家，是马氏地主集团的指导思想和鲜明特色。自设堂号，以堂为名，是他们的一大发明。马家期望用堂号把代代族人稳固在耕读传家的祖训上，稳固在陕北的黄土地上。好义可风，匀善开明，是马氏家族的又一鲜明特点。清光绪年间先后两次大旱，秦晋大饥，马祝舆（字子衡）等马氏族人捐资开设粥厂，使杨家沟附近的灾民渡过灾荒。为此，杨家沟周边各村的百姓为马子衡立"马公子衡功德惠碑"。"开明进步办学堂，英才辈出洋财主"，早在清康熙年间，马云风就创办学塾，参加科举求取功名，为马家兴旺发达奠定了厚实的文化基础。清道光年间，马嘉乐创办3所私塾，使马家子孙、亲朋子弟和邻村孩子都能上学。

杨家沟马氏庄园以窑洞为主，建筑风格历经三个阶段。四世祖马云风处在清康乾盛世，是马氏家族发家起始阶段，修建的主要是砌口土窑。从七世祖马嘉乐始直至清末，是马氏家族兴盛富有时期，其建筑形式主要是陕北地区最高等级的"明五暗四六厢窑倒座厅房"窑洞四合院。代表马氏庄园最高水平的是本村留日学生马醒民1929年亲自设计修建的私宅"新院"。新院坐落在"九龙口"山峁上，暗喻九条龙，穿廊挑三石明雕石龙八条（避讳少营造一条龙）。新院设计奇特，构思精巧，用料考究，工艺精致，11孔窑沿平面凹凸交错，飞檐雕梁，暗道取暖，三通纳凉，石结构拱券门楼垛口林立，将西方建筑风格和陕北窑洞巧妙融为一体。

清同治六年（1867），回民起军向陕甘进犯，占领了绥德。杨家沟以马国士等为首，修筑了保卫寨子的城墙，命名为"骥村（扶风寨）"。清同治九年（1870）回民军队攻至杨家沟附近，马国士一面派人前去送礼、谈判，一面在寨子上架设土炮，武装自卫，这些努力使杨家沟避免了一场洗劫，为此村民在清同治九年（1870）九月四日为纪念保卫家园有功的马国士立了"功德碑"。此碑和马子衡碑能幸存至今，说明了它在村民心目中的位置。扶风寨内建有大量私宅，均以窑洞为主，依山而建，有单排式院落，也有明五暗四六厢窑的窑洞式四合院，整个建筑群典雅雄浑，蔚为壮观，堪称中华民族窑洞建筑的瑰宝，也显示了陕北窑洞建筑文化的博大精深。

扶风寨在选址、规划和设计上，蕴含哲学理念，讲究风水。扶风寨在一座独立的龙头凤尾孤山上，状如凤凰翅，有龙眼（南北炮台）、龙角（观星台）、龙嘴（吃水井），"新院"为"九龙口"。扶风寨南北寨墙均建成双套城墙，各设两道城门。扶风寨统一规划，依山造势，功能齐全。对外寨墙高耸、城门威严、严于防范，内部则民居古道、供水排水、讲堂祠堂俱全。马氏庄园以扶风寨为主，占据数十个山峁沟渠，规模宏大，气势雄伟，"寨号扶风喜说一方清泰，邺城新媳扫开万里尘封"是扶风寨的传统用联。扶风寨外、杨家沟村南端原来的村口曾有过一个牌楼，是马氏家族马国士的孙子马师祖为彰显已故老母贞节和抚育儿孙成人而立。在牌楼旁边的小河沟上有一座桥，桥上嵌有清同治九年四月石匾，虽经风雨日晒的侵蚀，依然能分辨出"扶风保障"四字。

解放战争期间，毛泽东、周恩来、任弼时等，在杨家沟居住了4个多月，指挥了西北和全国的解放战争，召开了"十二月会议"。杨家沟是西北战场取得光辉胜利的标志点，是中央机关离开陕北走向全国胜利的出发点。

杨家沟革命旧址由毛泽东旧居、周恩来旧居（马氏"新院"），以及"十二月会议"旧址及高级军事会议旧址等部分组成，现为全国重点文物保护单位和陕西省爱国主义教育基地。"十二月会议"旧址离新院不远，是清晚期四合院窑洞建筑，由正面5孔窑洞及东西两侧的6孔厢窑组成，现在整个院落保存完好。高级军事会议旧址就是山顶上马氏宗祠大厅。杨家沟还保留有中央前委扩大会议、庆祝宜川大捷大会、东渡黄河动员大会以及保卫科、供销科、中央政治部、中央机关医院、新华社等旧址。杨家沟革命旧址于1978年辟为杨家沟革命纪念馆。

"十二月会议"旧址

杨家沟革命旧址

杨家沟村

新院一角

张闻天、任弼时等旧居

新院门楼

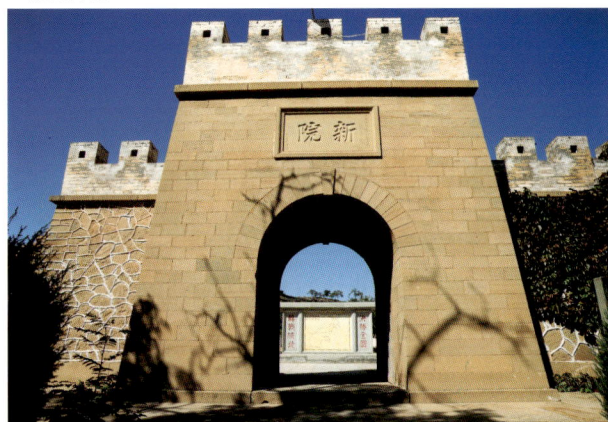

毛泽东旧居"新院"

骥村扶风寨

扶风保障桥

马氏宗祠

讲堂

毛主席转战陕北纪念馆

麻扎 村

Mazhacun

新疆维吾尔自治区鄯善县吐峪沟乡麻扎村

新疆维吾尔自治区鄯善县吐峪沟乡麻扎村，位于吐峪沟大峡谷南口，西距吐鲁番市区约50公里，东距鄯善县城45公里。麻扎村是新疆最古老的维吾尔族村落之一，比较完整地保留着维吾尔族民俗风情，是新疆东部伊斯兰文化背景下村落格局的典型代表。这里是佛教和伊斯兰的宗教圣地，是我国第一大伊斯兰教圣地，也是世界伊斯兰教七大圣地之一，对研究伊斯兰文化、干旱少雨的沙漠绿洲文化的形成与发展具有重要价值。

吐峪沟，本意是"绝路，走不通的路"。吐峪沟是火焰山最具神话色彩、最为雄伟壮观的峡谷，一条来自天山的小溪从北向南把火焰山纵向切开，长达8公里，沟顶平均宽度约1公里，沟底宽约20至50米不等，切割深度上百米，形成险峻的大峡谷地貌。山体褚红色，山貌多变，沟谷中的葡萄架上攀满了绿油油的葡萄藤枝蔓。吐峪沟不仅有怪石磷峋、沟谷纵横的峡谷风光，而且有开凿于两晋十六国时代的吐峪沟千佛洞、吐峪沟艾苏哈卜·凯赫夫麻扎和伊斯兰建筑风格的清真大寺，东西方文明沿着丝绸之路在这里发生过剧烈碰撞。

维语"麻扎"，意思是"陵园、坟地"。麻扎村位于吐峪沟大峡谷南口，村子掩映在白杨和桑树之中，一条经坎儿井引出的小溪从北向南穿行在村子中央，河边绿树成荫，宏大的清真寺与民居并立于沟谷。沿溪两边建有零散的维吾尔族民居，村子里住着几十户维吾尔族人家。沿着沟底小溪有一条只能通过一辆毛驴车的"大路"，从这条"大路"生出许多弯曲的小土路通向各家各户。每逢节日，村民会穿着具有民族特色的服饰，齐聚村头，跳着维吾尔族古老的"麦西来甫"舞蹈，相互表达节日的问候。

麻扎村的先民根据当地自然环境和生存需要，因地制宜，就地取材，巧妙利用黄黏土造房，并采用砌、垒、挖、掏、拱、糊、搭（棚）等多种形式，集生土建筑之大成，是一个保存完好的生土建筑群，堪称"中国第一土庄"。这是中国最炎热干旱地区的民居群落，依水而居是特点之一，能抗炎热的厚墙体是特点之二，每家都有凉棚是特点之三，因为无雨而做成夏天乘凉睡觉的平屋顶是特点之四，能进大车的宽院门是特点之五。村子里一切都是土黄色，土黄的山、土黄的屋，连成一片，远远望去，似乎空无一人。当地流传俗语："土房土房，土坯砌房，

不用木材不用砖墙，冬暖夏凉干净舒爽"。民居有的是窑洞，有的是二层楼房结构，底层为窑洞，上层为平房，屋顶留方形天窗。有的窑洞是依山依坡掏挖而成，有的窑洞是用黄黏土块建成。家家户户由弯曲和深浅不一的小土路相连，也可从屋顶走到别人家串门。民居的门窗都很古朴，但又蕴藏深厚的文化。门框上刻有各种纹样的木雕门铙，或花卉形状或几何形状或果实形状。窗框窗格上的纹样，反映了个人的喜好，甚至可以透过门窗纹样推测房屋主人的职业和爱好。

吐峪沟艾苏哈卜·凯赫夫麻扎位于麻扎村落的西侧，在伊斯兰教圣地中的地位显赫，是新疆最著名的两个麻扎之一，相传已有一千多年的历史。相传公元7世纪初，穆罕默德创立了伊斯兰教后，其弟子、古也门国传教士叶木乃哈等五人来中国传教。他们历尽艰辛，东行到吐峪沟后，终于有一位携犬的当地牧羊人成为第一个信仰伊斯兰教的中国人，因此叶木乃哈等五人便长住此地继续传教。叶木乃哈等五人和第一个信仰伊斯兰教的中国人去世后，被埋在今吐峪沟的一个山洞中。按照当地穆斯林的说法，到中东麦加朝圣前一定要先到吐峪沟麻扎朝拜。麻扎村内的大清真寺，是麻扎村人共同设计和施工的集体作品，既是宗教文化的产物，也是历史文化的积淀，逐渐成为西北地区穆斯林心目中的"东方小麦加"，每年都有不少穆斯林教徒前来朝觐。

吐峪沟千佛洞，古称"丁谷寺"，位于麻扎村落的北侧，建在吐峪沟大峡谷南口陡立的峭壁上。据说，吐峪沟千佛洞建造时间早于敦煌莫高窟，有许多早期壁画遗址，是佛教传入中国最重要的驿站。吐峪沟千佛洞，是吐鲁番地区现存的高昌时期最早、最大、最具有代表性的石窟群，曾发现西晋元康六年(296)的《诸佛要集经》写本以及前秦甘露二年(360)沙门静志写的《维摩经义记》等佛典。千佛洞窟密度大，种类多，有礼拜教、僧房、讲经堂、禅室等。

吐峪沟千佛洞现存有编号的洞窟46个，其中9个洞窟壁画保存较好。壁画题材主要是因缘佛传图、立佛、千佛、七佛、禅僧和本生、供养等，佛装及所绘人物用墨线勾轮廓，具有中原北方地区石窟的某些特点。吐峪沟千佛洞见证了一段极不平凡的宗教兴衰史，是新疆著名的三大佛教石窟之一。洞内的石窟、壁画是研究我国佛教文化、佛教美术史、建筑史的历史依据和实物资料，具有重要的历史价值和艺术价值。

麻扎村

麻扎村

麻扎村一角

沿小溪而建的"大路"

大清真寺

古老的桑树

阿不力米提·买买提宅

德国探险家冯·勒柯克住过的房子

两层土屋

民居

弧形土门

古村第一馕

火焰山下的绿洲

从艾苏哈卜·凯赫夫麻扎看麻扎村

千佛洞

吐峪沟

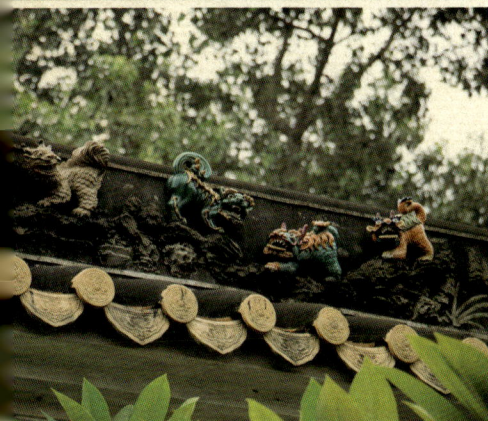

中国历史文化名村

第三批

琉璃渠村

Liuliqucun

北京市门头沟区龙泉镇琉璃渠村

北京市门头沟区龙泉镇琉璃渠村，位于北京城区西26公里处，西靠九龙山，东临永定河，依山傍水，景色宜人，是中外闻名的琉璃之乡。

元中统四年（1263），元世祖忽必烈建大都于北京。元朝廷在京西九龙山下的永定河畔兴建琉璃窑，大批窑工和官员进驻，原来的山野之地呈现热闹景象。明永乐四年（1406），明成祖兴建北京紫禁城，琉璃烧制业飞速发展。明朝廷在此设置琉璃局，监管琉璃烧制，这里便形成了被称为"琉璃局"的村庄。清乾隆年初，工部琉璃窑厂由京城内迁至此地，永定河畔的琉璃窑进一步扩大生产规模，生产过程也改为民办官督。琉璃窑场的窑主赵氏，祖籍山西，是烧造琉璃的世家。清同治、光绪年间，赵氏第十六代孙赵华农主持窑场事务，被清朝廷封为五品官衔，赵家成了专为宫廷烧造琉璃的"皇商"，从此显赫一方。随后琉璃局窑场越发兴盛，北京城内外皇家园苑、宫殿、陵寝和坛庙等建筑所用琉璃器件，均由此烧造备办。后来在治理永定河过程中修灌渠至此，"琉璃局村"便改名为"琉璃渠村"。

由东面走进这个古老的村落，首先看到的是两面分别题有"琉璃之乡"和"瑞满山河"的一座琉璃牌楼，牌楼旁边是琉璃文化广场。琉璃文化广场陈列了琉璃渠村烧制的琉璃制品，如九龙壁、北京天安门正吻、南京阅江楼正吻、吉星高照壁等。

在原明清皇宫御窑厂址之侧，于2006年7月建成"琉璃文化墙"。琉璃文化墙全长107米、高3.7米，由基座、壁芯、额枋、檐口、坡瓦、龙脊、正吻7部分组成，使用琉璃7000余件套，采用7彩颜色合成，用琉璃再现了中国神话中镇守四方的万兽之祖青龙、白虎、朱雀、玄武等神兽，绚丽斑斓。

昔日的琉璃渠不仅是享誉京城的琉璃之乡，还是店铺林立的商业重地。东西走向的琉璃渠大街是村中的主要街道，在琉璃渠大街的北侧有一条与之基本平行的琉璃渠后街，两街相隔100多米。漫步街道和小巷，古民居、三官阁过街楼、关帝庙、琉璃窑址、万缘同善茶棚、古道等基本保持原有风貌，古韵依旧，呈现出深厚的文化底蕴。众多的银杏、国槐古树，分布在街巷两边和房前屋后。途经该村的京西古道、妙峰山香道、九龙山香道、椒园寺古道，向人们诉说着琉璃渠村曾有的繁华。

三官阁过街楼始建于清乾隆二十一年（1756），是研究京西地区琉璃烧制业和古代建筑装饰艺术的实物例证，是北京唯一全部使用明黄琉璃瓦盖顶的过街楼。三官阁过街楼横跨琉璃渠大街，砖石砌筑，券洞深10米、宽3米、高3.5米，券洞东西两面有琉璃匾额"带河"、"砺山"。"带河砺山"原是封建时代分封诸侯时的誓词，意为"即使黄河如衣带那么细、泰山如砺石（磨刀石）那么小，封国也永存不废"。"带河"、"砺山"用在这里，意思也许是琉璃渠村做为专门烧制皇家琉璃制品的官窑地位永远不变吧。"带河"匾两边又各有一块琉璃镶边的石匾"诸恶莫作"和"众善奉行"。楼台上有殿堂三间，供奉文昌等三官，殿堂东西檐下各有一块琉璃匾额"三官阁"和"文星高照"。三官阁过街楼在清光绪年间和民国年间曾重修过，但经风雨侵蚀损坏严重。1995年由北京市文物局拨款，再次将此楼修复并立碑记此盛事。

琉璃渠村能成为皇家建筑专用琉璃的"官窑"所在地，除了交通便捷之外，一个十分重要的原因就是这里盛产确保琉璃质量的黑坩子土。坩子土的学名叫"页岩"，主要成份是二氧化硅、氧化铝和矽，介于地质层的土和煤之间，有较好的黏性与伸缩性，铝含量高，是烧制琉璃构件的最好材料。

琉璃渠村官式琉璃采用两次烧制工艺。第一次烧制叫"素烧"，将经历了春雨浸泡、夏日曝晒、冬雪凝冻、质地良好的坩子土经"粉碎、筛选、淘洗、配料、炼泥"后，通过制坯、修整成型，再精雕、晾干、烘烤，最后入窑进行"素烧"，"素烧"的温度在1000—1150摄氏度之间。第二次烧制叫"彩烧"，经"素烧"之后的初级产品，根据用户的不同需求，用铅作助熔剂，以铁、铜、锰和钴等做"着色剂"，并配以适量石英，在产品外表"施彩釉"。二次入窑"彩烧"的温度在600—910摄氏度之间。从原材料到成品，一件琉璃制品的生产过程需40多天。

琉璃渠村对新中国的第一个贡献，就是1949年8月进行的天安门小修。为让天安门城楼以全新的面貌迎接新中国的诞生，窑厂工人日夜辛劳，按天安门城楼琉璃构件的尺寸大小，加班加点制作。在1959年新中国成立十周年北京十大建筑中，人民大会堂、中国革命和历史博物馆、中国人民革命军事博物馆、全国农业展览馆、北京火车站、民族文化宫、钓鱼台国宾馆等均使用琉璃渠村的琉璃产品。此后，琉璃渠村还承接了中国美术馆和毛主席纪念堂等重大建设项目琉璃产品的烧制任务。

村口的琉璃牌楼

琉璃文化墙

三官阁过街楼

三官阁过街楼琉璃装饰

关帝庙及琉璃碑

古民居屋脊装饰

门枕石

古民居门楼

抱鼓石

琉璃渠古建瓦厂指路塔

烧制琉璃制品的原材料坩子土

制坯、修整成型

琉璃坯晾干定型

素烧后的初级产品

在初级产品上施彩釉

琉璃烧制窑

彩烧后的琉璃成品

于家村

Yujiacun

河北省井陉县于家乡于家村

河北省井陉县于家乡于家村，位于井陉县城西南20公里处。明景泰八年（1457），发生"夺门之变"，于谦被诬陷，惨遭杀害。相传其子隐居在井陉南峪村，并生有三子（长子于有道、次子于东道、三子于南道）。明成化年间（约1486）因生活所迫，于有道和于南道携妻带子迁往白庙山下（即现在的于家村）居住。2008年井陉县在维修一座石桥时发现了一块350年前的墓碑，碑文上有"按家谱于氏乃肃愍于谦之后也，天顺末有祖讳班乃徙至井陉"等字样，证明于家村于姓村民是于谦后裔。

于家村四面环山，坐落于不足一平方公里的小盆地中，东西长500多米，南北宽300多米，南低北高，东伏西翘，形状细长，像条头东尾西的游鱼。由于独特的地形地貌，于家村素有"不到村口不见村"之说。全村有六街七巷十八胡同，街巷名称也颇具城镇特色，东西称街，南北为巷，不通谓胡同，街宽四米，巷宽三米，胡同宽两米。所有街巷石块铺就，石块大小不一、形状各异。于家村共有石头房屋4000多间、石头街巷3700多米、石头井窖池1000多眼，石梯田2000多亩，石头用具2000多件，石头碑碣200多块（现存30多块），是个名副其实的石头村。

村中古房屋可分为三类，一类是明清时期建的瓦房，现仍保存有近千间，青石墙，灰瓦顶，古色古香。另一类是石券窑洞，这是当地的特有建筑。窑洞墙宽近一米，用加工的石头垒砌，顶厚一米许，用天然石拱券。石头窑洞就地取材、无梁无柱、左拱右券、坚固耐用、冬暖夏凉。除了瓦房和石券窑洞外，村里还有一类界于两者之间的建筑，俗称"无梁殿"。无梁殿主体为石券窑洞，房顶或前檐扣瓦，屋内石拱券，屋外瓦飞檐，里看是窑洞，外看是瓦房，独具风采。村里尚有两座保存完好的石楼四合院，建于明末清初，占地两亩，房屋百间，建筑面积近千平方米。该石楼宅分东西两院，北高南低。正房下层为三室九间无梁殿，居室高大宽敞。登上二十一级石阶，即到楼上簆位（当地对楼房二层的称谓），房间开阔明亮。东西厢房是居室小楼和小姐绣楼，南屋为迎客厅，整个楼院高大宏伟。

这个深山小村建有古庙、古阁、古戏楼12座，可谓"四道村门三道是庙，六条街道四条有阁，八座大庙四座庙院，四座戏楼其形各异"。于家村好像一座天然城池，四面环山四面有门，东门清凉阁、南门观音阁仍存，西门西头阁和北门龙天

阁已不见踪影。这是石头的天地，石楼石阁、石房石院、石街石巷、石桥石栏、石梁石柱、石门石窗、石鼎石案、石榻石龛、石磬石囷，目之所及、手脚所触都离不开石头，高低错落、光影相谐，奏出一曲凝固的乐章，折射着建筑文化之美。

清凉阁是于家村的标志性建筑。《井陉县志》曰："清凉阁在县南十五里于家村，亦名三节阁、神仙阁。明万历九年（1581），村民于喜春身大力强，家贫好义，独立兴修。明万历二十年（1592），第二层修竣，即行病故。第三层，系村民用木砖补葺。"东门悬挂有风动石囷，采用当地的一种风鸣石制成，密度极高，击打之声清脆悦耳，石块相撞声音清越。更为奇特的是，这座巨石建筑竟然没打根基，不填辅料，以天然石基为基础，块块巨石就地而起，有的巨石长过数米，有的巨石重达数吨，从上到下完全干搭垒成，构造粗犷奔放，设计独出心裁，蔚为壮观。

观音阁的下层是低矮的门洞。之所以建得较低，可能是为了表达对观音的崇拜，也可能是利于御敌自卫。观音阁对面是古戏台"蜃气楼"。戏台始建于清康熙年间，有精致的木雕。戏台两侧是演员的出入口，分别写有"引商"、"刻羽"。戏台下是一块百十平方米的方形空地，中央有一眼旱井。旱井口小肚大，据说每逢唱戏时注入半井水，即形成一个天然的音箱，奇思妙想让人扼腕兴叹。

村中的于氏宗祠是一座石头四合院，大门上方挂黑色金字匾额"于氏宗祠"，占地300平方米，供奉先祖于有道等。院内有棵古柏，称旋柏，也叫龙柏、茶柏。于家村民风淳朴，居民恪守传统村规民约、宗祠家训。于家治家严谨，宗祠匾额上有"僾见忾闻"四个字，违反村规民约的人，面对祖先的光明磊落，自会痛改前非。提倡节约是于家村代代相传的美德，宗祠内有一块明代要求村民节约井绳的石碑。

这里的房屋连成一片，毫无隔阂，即便是在过街处也有"同心桥"相连。只要上了一家的房顶，基本上能走遍全村人家。如果土匪来了，全村人可以关闭城门同仇敌忾。于家村颇有江南小镇的风格，村民都说他们的祖先是南方人，方言中包含有许多南方方言的元素，这一切都似乎在验证于家村人的祖先是祖籍浙江的于谦。

1998年，村里还建了"石头民俗博物馆"，展品均为本村村民提供。在博物馆里，有30多块刻有历代村规民约的石碑。清乾隆三十九年（1774）"柳池禁约"碑，对水池管理和池水分配都作了明确的规定。"整饬村规"碑中关于禁赌的规定很是详尽："有开设赌场群聚玩钱者，一经查出，罚写戏一台，歌舞三日"，如不听罚再送官处罚金。

村东口的石牌坊

古戏台

于家村古建筑群

清凉阁额枋彩画

清凉阁是于家村的标志性建筑

清凉阁

戏台蜃气楼

观音阁

于氏宗祠门楼

石头街巷

于家村南门

石头房屋之间的过街桥

于家村石头陈列馆

古井

石楼四合院通往二层的石阶

门枕石

冉庄 村

Ranzhuangcun

河北省清苑县冉庄镇冉庄村

河北省清苑县冉庄镇冉庄村，地处冀中大平原，位于保定市区西南30公里处，中外战争史上闻名的地道战就发生在这里。

1937年"七七事变"后，日军大举南侵，采取"铁壁合围"、"纵横梳篦"的清剿战术，进行灭绝人寰的"大扫荡"，实行"烧光、杀光、抢光"的三光政策，使冀中人民蒙受了巨大的战争苦难。在被逼无奈的情况下，冀中人民展开了地道斗争，继而成为在无险可守的平原地区保存自己，消灭敌人，坚持敌后抗战，扩大抗日根据地，扭转战局的一种独特战斗方式。冉庄人民以其聪明才智和创造精神，巧妙地设计了各种工事和地道口，部署不同的作战方法，在普通的村庄创出了不平凡的战绩。

冉庄地道始挖于1938年。为了保存自己，打击敌人，人们就在偏僻低洼的地方挖隐蔽地洞，俗称"蛤蟆蹲"。但是这种洞穴无论多么隐蔽，只要一被发现就很被动。后来冉庄人把单口洞改成双口洞，万一被敌人堵了一个洞口，可以从另一个洞口转移。但无论单口洞还是双口洞，毕竟只能隐蔽和防御，不能打击敌人。为了消灭敌人的有生力量，民兵和群众把原先的双口洞继续加宽加长，左邻右舍的地洞互相挖通，一家连一家，一户连一户，双口洞变成了多口洞。冉庄地道一般宽0.7至0.8米，高约1至1.5米，上距地面2米多。地道以十字街为中心，沿着东、西、南、北大街挖成4条干线地道，再由干线延伸出20多条支线，直通村外和周边几个村，最后挖成户户相连、村村相通、长16公里的地道网。

在斗争实践中，冉庄人民用智慧和艰苦的劳动，把地道网建设得十分完备。地道分为作战用的军用地道和供群众隐蔽用的民用地道。地道内有指挥部、休息室、储粮室，设有路牌和油灯，还有地下兵工厂、翻眼、陷井等多种设施。充分利用地形地貌特征，在夹壁墙、地面、井壁、牲口槽、炕面、锅台、衣柜等不易发现处巧妙的构筑地道口，并对地道口进行伪装。为了便于监视、打击敌人，在高房、地面等处构筑工事并与地道相通，同时在街道、路口埋设地雷，这样冉庄村形成了一个立体火力网，成为一座能打能藏、可攻可守、进退自如的"地下长城"。

当年，日伪军把冉庄民兵当作"天兵"，无比畏惧，"宁绕黑风口，不从冉庄走"成了日伪军的口头禅。在抗日战争异常艰苦的环境中，在无险可守的冀中大平原上，冉庄民兵依靠

地道优势，结合"地雷战"、"麻雀战"、"黄蜂战"等多种战法，对敌展开斗争，单独或配合部队对敌作战157次，歼敌2100余名，荣获"地道战模范村"的光荣称号。冉庄村有36名青壮年参加了对日伪军的战斗，9人为保卫家园献出了生命。

冉庄东北部，由李家、梁家和王家三条胡同构成的"穷道街"，是冉庄地道战遗址的主要部分，地道、战场遗址及各种设施保留着20世纪30年代的旧貌，面积约三万平方米。现存当年的地道约2000米，对游客开放1200米。遗址内的"天通"、"地通"、"院户通"及巷战工事、冀中农家院陈列，使观众犹如置身于抗日战争的烽火岁月。

古朴的街道，斑驳的磨房，风化的石碾，锈迹斑斑的古钟，凛然屹立的古槐，墙上依稀可辨的枪眼，在默默地诉说着冉庄的辉煌历史。十字街是冉庄地道的中心，矗立在街心的是棵千年古槐，古槐上悬挂着用来报警的北大寺铁钟。古槐北为地道战指挥部，南面是抗日村公所，西面是关帝庙，东面的碾子工事北侧是清苑县抗日武装委员会旧址。

为了进一步发扬地道战的精神，冉庄地道战纪念馆于1959年8月成立，并对游人开放。聂荣臻元帅题写了馆名，杨成武将军为展厅题写了"冀中冉庄地道战展厅"牌匾。冉庄地道战纪念馆展厅面积980平方米，珍藏革命文物431件，主要有挖地道使用过的镐、铁锹、辘轳和照明灯；民兵集合、作战使用过的铜锣、军号、牛角号；地下兵工厂制作的土枪、土炮、子弹及使用过的工具；烈士遗物、遗诗、资料、照片、奖旗及抗日支前用具等。1961年它与长城、故宫一起成为全国重点文物保护单位，以后又被评为全国百家爱国主义教育示范基地、全国青少年教育基地、河北省爱国教育基地、河北省国防教育基地等。1996年，有关部门再次对冉庄地道战遗址进行了较大规模的修复和建设，修复、复原了地下兵工厂、地下储粮室、抗日村公所、保定城市工作委员会、冉庄抗日武装委员会等旧址，进一步征集文物并更新了陈列展览。

冉庄的周边，早已是红砖绿瓦，一派社会主义新农村的景象。而冉庄，永远是冉庄，灰色的墙，古朴的院落，抹不去的战争痕迹。本色冉庄，要让人们在肃穆中铭记历史，在回味中思考未来。

千年古槐及北大寺铁钟

抗战标语

冉庄地道战遗址

抗战指挥部

冉庄抗日武装委员会旧址

冉庄地道战陈列

冉庄地道战纪念馆

人民战争雕塑

地道

高房工事

位于石碾旁的地道入口

英谈村

Yingtancun

河北省邢台县路罗镇英谈村

河北省邢台县路罗镇英谈村，位于邢台至左权公路的北侧，东距邢台市区 70 公里。英谈村村名由来没有确切的文献记载，传说与黄巢起义军在此扎过营盘有关。一说黄巢起义军在此召开过"英雄座谈会"；二说随着岁月流逝，原来的"营盘"在一辈辈乡民口中逐渐谐音成今天的"英谈"。村口石碑记载，英谈村始建于明永乐二年（1404）。当年，路姓人家从山西洪洞县迁至邢台东由留村，后有一分支到此建村。

英谈村三面环山，稳稳地安睡在太行崎峰雾子垴、和尚垴的怀中。在这里安营扎寨，可"一夫当关，万夫莫开"。在这里建立家园，便远离俗世喧嚣，似世外桃源。山势险要，易守难攻，使英谈村和军事紧密相连，这也是抗日战争期间八路军总部办公室，八路军 129 师被服厂、造纸厂、印刷厂、冀南银行以及国民党河北省政府选址在此的原因。

英谈村分三个自然村，当地称东庄、前庄（前英谈）和后庄（后英谈），东庄人口最少，后庄人口最多，英谈村古村落的主体建筑群在后英谈。

后英谈依山而建，由一条 1000 余米红色条石垒砌的寨墙环抱。整个石寨像一座红色城堡，安详伫立于青山绿水之间。寨墙厚 3 米，高低不等，最高处达 6 米，依山势而建，蜿蜒起伏，有些地段以墙为房。寨墙开有四门，东门保存最为完好。东门是道石拱门，约 6 米高，门上有阁楼，门扇为厚重的木质，门楣上一行大字"大清咸丰七年九月吉日立"依稀可辨。

从东门入村，一条石街，一条山溪，从村中蜿蜒穿过，上下有序。街边溪上，是层层叠叠、高低错落的石板房，古朴中透着典雅和神秘。当地常见的红色石头成了这里当仁不让的"主角"。石板街、石寨墙、石宅院、石拱桥，还有随处可见的石碾、石磨、石杵、石臼，伴着沿街而下的潺潺溪水，将山村装点得妙趣横生。石街边有一口老井，一年四季井水如泉，清冽甘甜，即使是大雪纷飞的三九隆冬也不结冰。

后英谈有古石院落 67 座，多为明清遗存，做工考究。别看院落岁月久远，但至今仍然十分结实，1966 年邢台大地震时这些老屋安然无恙。房屋为二三层楼房，均由红石（有少量青石）垒砌，屋顶则覆盖以巨形石板，雨雪不侵，冬暖夏凉。

"一楼四堂"是后英谈的精华所在。"一楼"是村西的小石楼，上下两层均由小石块砌成。小石楼看上去并无多少岁月风霜的痕迹，却是村里最古老的建筑，被尊为"祖居"，又称"社楼"。"四堂"是指德和堂、贵和堂、汝霖堂、中和堂。英谈村人大多为路姓，有"一姓三支四堂"之说。后英谈路姓宗族分为三股：前股、南股、后股。三股由清初分开，贫富差距较大，最富的是前股，是顺德府赫赫有名的富家大户。路姓前股清乾隆年间从法字辈分为三支，分别建有德和堂、贵和堂、汝霖堂，咸丰年间从德和堂又分出一个中和堂，统称四堂。"四堂"坐落在后英谈村落的中央，年节焚香祭祖，左邻右舍亲如一家。四堂血脉相连，但也各有特色。

德和堂建于清嘉庆年间，有 5 座院落、90 间房。顺山体建有一条通往德和堂的红石栅栏路，用红石岩作立柱并在两侧开槽将红石板固定在中间，每个立柱上面有一圆窝坑，在节日时倒上麻油点燃照明。

汝霖堂有 8 座院落、140 多间房。北屋的半个墙壁是一块巨大的山石，村里人称为"半壁石"，这是英谈村依山而建、就石而建、以石为墙建筑特点的一个缩影。据说，抗日战争期间彭德怀、邓小平、刘伯承等曾在汝霖堂住过。

贵和堂又称财主院，有 10 座院落、220 间房，位于村落的中央位置，以三层和两层建筑为主体，建筑规模是"四堂"中最大、等级最高的。门楼上有做工精细的雕花，院内精美的廊柱，镂空的木雕，裸露着木质的纹络，透露出往日的富有。贵和堂院里有两个泉眼，门前的泉眼因泉水如线，长年不断，所以称为"一线泉"。院中另一个泉眼，泉水春夏秋冬，无论旱涝一滴一滴落入池内，故得名"滴水泉"。

中和堂有 5 座院落，97 间房，正房建在后沟上面，用石料起券成桥，故称为桥院。在抗战时期，中和堂曾是国民党河北省政府的临时府邸，时任河北省主席的鹿钟麟仓皇躲到这里，这小小的桥院便做了几天省府衙门。据说，门口右侧房是鹿主席洗澡的地方，至今还保存有鹿钟麟当年洗澡用的石头澡盆。

这些建筑的主体是硬朗朗、红彤彤的石块，但也不失温柔。散落在各个宅院里的木质窗扇各具风情，不仅造型多样，而且窗棂图案也不一而足，有波浪形、菱形、梅花形等。石板街虽是村里的主路，却又曲径通幽。石街旁一条河穿村而过，河上有十八座石桥，或宽或窄，如月如虹。

村里一个农家小院的影壁墙是块高 2 米、宽 1.4 米的天然龟背石，两面都有波浪状的图案，世所罕见。

英谈村人善良而有血性。清咸丰年间，冀南大灾，几百饥民逃荒到此，路姓大户一律收容，出粮救济。灾民自发修建了围村的石墙和四门，以报大恩。抗日战争时，不足百户的小村，参军村民竟达三四十人之多，其中 6 人献身战场。

英谈村东门

横跨小溪的石桥

英谈村西门

中和堂门楼

民居错落有致

中和堂院落

鹿钟麟当年洗澡用的石头澡盆

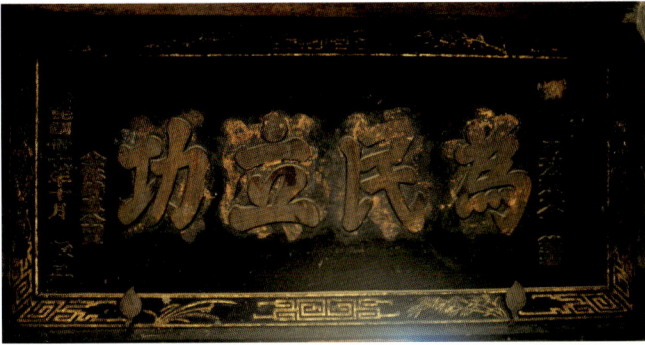

汝霖堂额匾

汝霖堂院落

汝霖堂门楼

红石板堆砌而成的民居

德和堂门楼

石板路通往各家各户

通往贵和堂的石板巷道

龟背石

官司楼

祖居小石楼

千年古井

梁村

Liangcun

山西省平遥县岳壁乡梁村

山西省平遥县岳壁乡梁村，位于平遥县城东南6公里处。梁村村北与平遥最大水库即尹回水库接壤，村的东西两侧是惠济河及其支流河道，南连孟山。梁村境内由两沟三梁组成，地势似两条出山的蛟龙，龙头相聚，龙饮河水，被誉为平遥八景之一的"神池泉涌"就在这里。

"平遥四百零八村，数一数二数梁村"，这是千百年来在平遥民间广泛流传的一句谚语。在明清时期，平遥的晋商声名远播，梁村人从事票号业和商业贸易的人相当多。梁村现存明清时期建筑占地面积13公顷，建筑面积5万平方米。梁村村舍建筑由一街五堡组成，五个古堡包容了梁村的大部分民居建筑，多数民居建筑由夯土围筑而成。五个古堡分别是东和堡、西宁堡、昌泰堡、南乾堡和天顺堡，其中东和堡年代最久，地势险要；西宁堡两面环水，景色秀美；昌泰堡以四合院为多，较为简陋；天顺堡和南乾堡保存最为完整。

梁村古时被称为凤凰村，整个村落像是一只凤凰。梁村村落呈"凤凰展翅"格局，古源街北端的真武庙"凤头高昂"，东和堡、西宁堡雄居东西似"凤展双翅"，中有南乾堡、昌泰堡"腹中藏祥"，村南天顺堡如"凤尾高扬"。梁村尚存的20多孔土窑洞（靠崖窑）是远古时代居民"洞居穴存"的历史遗存。不同历史时期、不同阶层的民居演绎着梁村的历史文化，展示了梁村社会经济发展的历史轨迹。

五个堡中，东和堡建于唐朝之前，四面环沟，孤岗独立，防御功能鲜明，建筑较为简陋，多为一进式四合小院。西宁堡也是千年古堡，堡墙雄伟，两面环水，景色秀丽，远远望去，水托城堡，堡浮水中，水堡相映。昌泰堡内的建筑基本为两进院落，是典型的小农经济时代殷实人家的院落。南乾堡的堡墙高厚壮观，在墙上有一种排水通道，大雨之时可将堡墙顶部雨水排到地面。梁村人最为骄傲的是建于清代的天顺堡，由近代中国票号史上第二大票号平遥"蔚泰厚"总经理、"蔚字五联号"总管毛鸿瀚，联合冀、邓、王、史等五姓人家共同投资兴建。走进天顺堡，迎面是设计考究的照壁，绕过照壁是长长的过道，经过二进、三进院门直通正房，两侧是厢房，可谓"轴线清晰、布局严谨"，内外装饰华丽，廊雕图案精美。正房是长辈居住的地方，子女只能住在厢房之中，建筑中隐含着尊卑有别、长幼有序。

梁村古堡建筑历史悠久，五堡各具体系。东和堡呈"北斗七星"之格局，南乾堡、昌泰堡、天顺堡则分别呈"玉"、"土"、"王"字形分布，合古代"土生玉"之文化。堡内街道狭深，高墙耸立，大院连连，属当今罕见、保存完整的晋商故居。梁村自古为风水宝地，人杰地灵，英贤众多，是平遥古城晋商文化的延伸，名人轶事不胜枚举。著名的"蔚泰厚"票号经理毛鸿翰，著名商人冀桂、邓万庆、清代举人、民国议员冀鼎选等皆出自梁村，明清时期该村经营店铺票号的掌柜、经理多达百人。梁村有丰富的民俗文化，像古典婚礼、社火、庙会、刺绣、剪纸等，是了解北方汉民族文化的活标本。

早在唐贞观二年（628），梁村便兴建了反映佛教文化的积福寺。之后相继兴建了渊公宝塔、奶奶庙、老爷庙、观音堂、真武庙等，形成集多个寺庙和不同宗教于一体的宗教文化区。积福寺、广胜寺等五所大庙集中建于村北，相距仅100米左右。广胜寺远近闻名，僧人众多，佛事齐全，香火旺盛，是佛教定点活动场所，经常举行各种佛事活动。村北有一座五层塔，名"文慧塔"，也叫"文笔塔"、"渊公宝塔"。观音堂门前有一对联"来也去也同得安康，见者闻者善增福寿"，横批"大慈大悲"，反映了人们企盼幸福安康的良好愿望。

梁村东西有惠济之水绕村，北有尹回水库，境内有2000多亩湖泽湿地和3000多米湖岸线。水库内碧波粼粼、鱼跃鸟飞。水库边绿树成荫，与周边采摘农业和观赏农业相映相衬。梁村古有"北方小江南"之称，藕根、大米和长山药等名优特产久负盛名。梁村历史悠久，文化底蕴深厚，有"先有神池梁村，后有平遥古城"之说。

概括地说，梁村有一泉，源池神泉；一塔，渊公宝塔；一湖，尹回水库；一古戏台；一古道，平沁古道；两街，古源街、西街；三墓；四碑，四通古碑；五堡，东和堡、西宁堡、昌泰堡、南乾堡、天顺堡；五寺，积福寺、广胜寺、真武庙、观音堂、老爷庙；十槐，十株古槐。

南乾堡堡门

昌泰堡堡门

昌泰堡堡墙

梁村

天顺堡民居门楼

天顺堡堡门

天顺堡高墙

天顺堡民居院落

古老的钟楼

古戏台

文慧塔

古戏台壁画

广胜寺

良户村

Lianghucun

山西省高平市原村乡良户村

山西省高平市原村乡良户村，位于高平市西部17公里处，东距原村4公里。良户村北枕凤翅山，南耸双龙岭，是块风水宝地。良户村历史悠久，文化底蕴深厚。战国长平之战期间，这里是秦军东进的必经之地，周边空仓岭、安贞堡、秦城、马游、康营、皇王寨、皇王头、古寨等与长平之战有关的地名可为佐证。

相传唐朝中叶有郭、田两大家族在此定居，故称"两户"。从宋朝初年开始，陆续又有王、李、秦、赵、张、高、邵、宋、宁、苏、窦等姓人家迁居此处，人口增加，村落扩大，元明时期这里已具相当规模，村名也由"两户"改称"良户"。

"良户"多大户，在良户村众多的历史名人中，最让村人引以为傲的是清代"三阁老"之一的浙江巡抚田逢吉。田逢吉，清顺治十二年(1655)进士，先后任翰林编修、户部右侍郎、清康熙帝经筵讲官、内阁史学士和浙江巡抚。在任翰林主考时，田逢吉独具慧眼，选拔了大批有识之士。调任浙江巡抚后，适逢"三藩之乱"耿精忠反叛，在督师金衢时日夜勤勉，积劳成疾，告归乡里，卒于家中。村中留存一副颂赞其功绩的门联："名流翰院光留良户，德惠浙江史汇长平"，横额为"来骥天南"。

良户村的建筑依自然形势布局，东西较长，北高南低，并在东边一小山岗上建有蟠龙寨。良户村街道主要有后街、西街、东街、太平街，多由沙石铺砌，排水通畅。古民居沿街而建，高低错落，鳞次栉比，街巷幽深，门楼显赫，额匾斑驳，有精美的木雕、石雕和砖雕。随处可见的窗台石、门槛石，无不雕有动物或花卉图案。大量的门匾题字，处处透露出这一古老村落的泱泱气度。

良户村有著名的蟠龙寨，寨子建在一个地势突起的平台上，视野开阔，易于防守。蟠龙寨是一组规模宏大的城堡式明清建筑群，其空间布局和建筑风格融宫廷规制与地方特色于一体，把封建礼制与建筑工艺巧妙地结合在一起，既有北方的大气，又有江南的秀美。

蟠龙寨的南侧中央是田逢吉私邸，也就是侍郎府。侍郎府坐北朝南，高门大户，正门上的斗拱层层叠叠。打开被岁月侵蚀已颜色斑驳的大门，迎面是一个巨大的砖雕照壁。在海水和花卉纹中，照壁上的一只浮雕麒麟奋蹄回首，呼之欲出，活灵活现。麒麟头部正对着的一只凤凰，凤凰翎毛精美、眉目传神，

周围有寿山、灵芝、火球以及各种杂宝环绕，好一幅生动的"寿山福海"图。侍郎府一进四院，前院为一狭长院落，与侍郎府正院的空阔高大形成鲜明对比。正院大门装饰稍微朴素，有砖雕素面照壁，院落呈宽敞的方形，迎面三间大厅高大豪华，用材硕大，其间穿插凤凰、耕牛等木雕，两侧厢房门窗装饰亦颇精巧。正院院落虽然沧桑尽显，但丝毫不掩昔日的雍容华贵和富丽堂皇。侍郎府大院南北中轴线上次第排列着门屋、厅房、内室，布局上体现了坎宅巽门的风水意识，特别突出了前厅的豪华庄严与森严等级，遵循了天地君亲师的严格秩序。同时，侍郎府并不因此显得过于严肃，后部花园里有"居贞吉"院落，是田氏家族女儿及女眷游玩之地。门楼、影壁、厅房、后院和后花园，将等级秩序、防卫层次和休闲娱乐融为一体，既体现了乡村建筑的多样性，又体现出官宦家庭尊卑的和谐统一。

良户村保留着许多古老庙宇，这些庙宇集中分布在村落的东南角。玉虚观、大王庙、文庙、祖师庙、东三庙、观音堂等寺庙建筑，在青砖灰瓦、高低错落的古村建筑中争相辉映。玉虚观是这众多庙宇中最古老、最有特色、最宏大的一个。玉虚观建于金大定十八年(1178)，观内尚存金代状元李俊民的撰文和泽州长官段直刻写的石碑，前殿、中殿和后殿石柱雕刻精美，斗拱硕大粗壮，彩绘、壁画在陈迹斑斑中凸显幽古沧桑的美感。祭祀商汤的皇王宫，祭祀关羽的关帝庙，祭祀地方神灵的白爷宫，一个村落拥有如此之多的庙宇实为罕见。

良户村历史上文化发达，人才辈出。多数家庭耕读传家，注重文教，民风淳厚，至少出过4名进士，举人和秀才更多。村中手工业门类齐备，铁匠铺、铜匠铺、银匠铺样样俱全，磨坊、染坊、油坊一样不少，不出村子就能得到日常生活用品。时至今日，当地人仍传承着金银首饰加工、打铁、倒铝锅等传统工艺，俗称"小炉匠"。良户村有丰富的煤、铁、林木、石料资源，建筑用的砖、木、石灰就地取材。每年的正月十七，是良户村祭祀祖先神灵兼闹社火的节日，晚上还有散路灯、打铁花、八音会等娱乐活动。

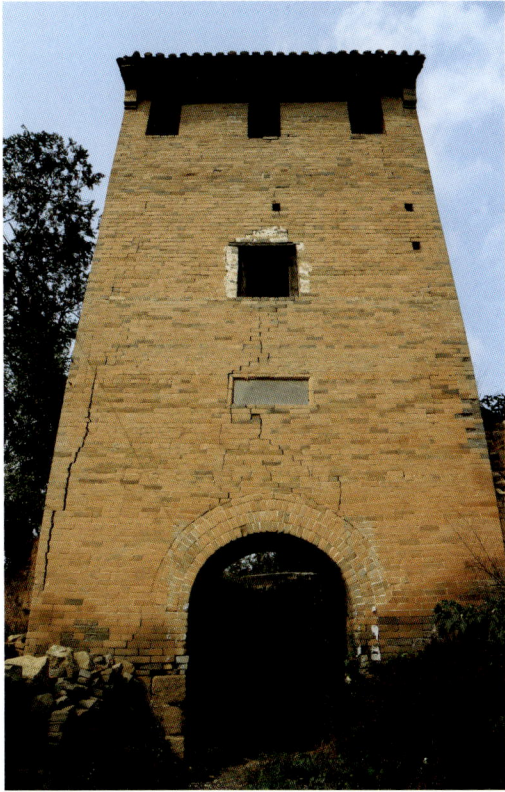

蟠龙寨寨门

良户街景

良户村

侍郎府照壁砖雕

侍郎府木雕雀替

古民居门楼

玉虚观

窗台石雕

门钹及门神　　　　　　　　　　　　　　　　"福禄祯祥"门钹

抱鼓石

郭峪 村

Guoyucun

山西省阳城县北留镇郭峪村

山西省阳城县北留镇郭峪村，东距晋城市区30公里，西距阳城县城15公里，南距北留镇8公里。郭峪，为郭氏家族所建，以姓氏命村名。村落处于一个谷地，"峪"、"谷"二字通用。郭峪村与皇城村的"皇城相府"相隔仅数百米，两村原为一村。郭峪村落规模宏大、保存完好，极具沁河流域地方特色，既有民居建筑、官宦府邸、商贾豪宅，又有礼制、祭祀、文教、公益建筑以及商业和防御性建筑等，是一个功能完备的城堡式建筑群。

郭峪城堡依山傍水，城墙雄伟壮观，城头雉堞林立。城内豫楼高耸、古庙森严、官宅豪华、民居典雅。明末清初多流民劫富，明崇祯十一年（1638）村民兴建坚固城堡以求自保。城墙高20米、宽5米，周长1400米，有东、北、西3座城门，城堞450个、敌楼10座、窝铺18个，转角处有木亭。城墙上有城防铁炮数十门。为便于居住和防守，后又增建窑洞。窑凡三层，共628眼，故郭峪城又名"蜂窝城"。

豫楼位于村中央，建于明崇祯十三年（1640），为防御性军事建筑。豫楼为七层建筑，高33米、长15米、宽7.5米。底层墙厚2米，随楼层递高逐级递缩，直至第七层，墙厚0.8米。第一层为暗层，由单孔砖拱窑构成，内置石碾、石磨、水井等等生活设施，并有石门与暗道相连。暗道两条，由砖拱而成，均可通向城外。第二层为五孔砖窑构成，朝东正中门额上镶有泽州庠生王珩所题"豫楼"二字，有炮眼4个。三层以上，均为梁檩木板盖顶。七层之上四周为砖堞。砖堞之上，又起檐封顶。楼顶四角，挂有四个铎铃，于风中叮呼作响。楼四角垂直，四墙平展，历经数百年风采依旧。豫楼之"豫"为《周易》豫卦之"豫"，知变应变、防御、居安思危之意。豫楼雄居城中，登顶可暸望方圆数十里。

郭峪城至今仍保留着"老狮院"、"小狮院"、"陈氏十二宅"、"王家十三院"等明清宅院40幢，其中明代宅院10多幢，清代宅院20多幢。陈氏、王氏、张氏、范氏、卫氏等是郭峪城内的名门望族，其院落是明清建筑的杰出代表，其中又以陈家的"老狮院"为最。"老狮院"之名，取自大门外的两只石狮。"老狮院"是清代名相陈廷敬的祖居，在另辟新居之前，陈氏先辈就居住在这里。门楣上多达三层的木制匾额，书写着陈氏家族

昔日的辉煌与荣耀，青青的石条台阶、被岁月冲刷成黑灰色的门柱与七层斗拱记载着陈氏家族的沧桑。

郭峪城明清宅院的门楼斗拱层叠，样式华丽，历经几百年风霜战乱，有的已破损，有的已倒塌。院落大多坐北朝南，为北方典型的"四大八小"四合院。一般的住宅由三部分构成，一是主宅院，二是附属院，三是花园或菜园。郭峪村曾有7幢两进式四合院，现在只有"老狮院"等3幢比较完好。还有一些大型的群组式住宅，因布局像棋盘被称为"棋盘院"，巷道如楚河汉界被称为"河"。"棋盘院"四周方正，外墙高大封闭，一旦遇有紧急情况，关闭巷道大门就是城中之城。

汤帝庙俗称大庙，位于郭峪城西门内，元至正年间始建，明正德年间扩建，明嘉靖年间曾毁于火灾，明万历年间修复，清顺治九年（1652）拆旧整修。汤帝庙为村之社庙，曾是郭峪村的政治中心，村里重大事情都在这里商定办理。全庙分上下两院，上院前沿有石栏，中有石梯通上下。北面为正殿，面宽九间，进深六椽。东西殿各三间，角殿各三间。下院东西两面为两层楼房，上为看楼，下为住房及客房，南面为戏台，下为山门，两旁又各有角楼作储藏室，门外西侧有钟鼓楼。在一个偏僻山村有如此规模的汤帝庙，在全国也属罕见。

郭峪村文风兴盛，人才辈出。据不完全统计，明清时期郭峪村出了18名举人、15名进士。郭峪村历史文化积淀丰厚，儒、道、佛、官、士、商等各阶层的不同理念在这里并存、交叉和融合，形成独有民风民俗。

侍郎寨，与郭峪城隔河相望，是一个花园式城堡建筑群。明末时这里住着一个范姓的招讨官，称"招讨寨"。清初顺治年间，"招讨寨"被郭峪村人刑部左侍郎张尔素买下，并修缮加固，改称"侍郎寨"。侍郎寨不大但城墙高大，有东、南、西三个门。城墙南北长约130米，东西宽约70米，总面积约9000平方米。寨内建侍郎府，有主宅院、书房院、厨房院等六个院落。寨门是个高大的木牌楼门，左右一对石狮，门额上题"山环水绕"四个大字。

村南山坡上寺庙，初名郭峪院。唐乾宁元年（894），唐昭宗李晔御封此寺为"龙泉禅院"。北宋初年，宋太宗赵光义又赐名"海会寺"，意为"德深如海、众贤聚会"。海会寺中建有宋代砖塔和明代琉璃塔各一座，擎天矗立。宋代砖塔丰腴古朴，六角十级，高20余米，塔中宽阔，可登至顶，塔外砖壁密布佛龛，嵌满坐佛，因此又称"千佛塔"。琉璃塔瘦削玲珑，塔高50余米，八角十三级，塔顶高耸碧霄，琉璃流光溢彩，气势非凡，被誉为"玲珑宝塔"、"三晋明塔之冠"。

城墙上的亭阁

郭峪古城墙

郭峪民居群

郭峪古村

汤帝庙正殿

郭峪古巷

汤帝庙戏台

汤帝庙

老狮院门楼

老狮院

小狮院

豫楼

村中民居

小河村

Xiaohecun

山西省阳泉市郊区义井镇小河村

山西省阳泉市郊区义井镇小河村，位于阳泉市区以东4公里处，南距太旧高速公路平定出口8公里。据说，小河村最早只有石窦两姓，都是从洪洞大槐树迁过来的。由此推断，小河村应该建于明洪武初年至明永乐十五年（1417）。据石家家谱记载，石家于明初定居小河村，因村前有小河流过而得村名。小河村地理位置优越，商业繁荣，村落发展很快，规模不断壮大，逐渐名声在外。清代石家在京城以及沿线有不少商号，石家人到京城一路住的都是自家的店铺商号。这里自古产醋，品质优良，京城人赞不绝口。

小河村流传着"先有桃树岭，后有小河村"一句话，这来源于一个古老的石勒射蟾的传说。石勒（274–333），两晋时十六国后赵的开基者，上党武乡人，羯族，东晋大兴二年（319）称王，建都襄国（今邢台），后称帝。西晋建兴四年（316）前后，石勒在平定一带作战时曾屯兵于寨垴堰。村前清澈的河水由南向北在沟底潺潺流过，村民们过着宁静祥和的日子。但不知何时起，寨子北口的水潭中出现一只巨蛙，村民称其为蟾。因其经常攻击人畜，村民不得不迁到村西的桃树岭。桃树岭一带没有水源，人们必须下山挑水。每逢挑水时，人们成群结队，敲锣打鼓，大声吆喝。石勒知道后，决心击毙巨蛙，为民除害。每有空闲，石勒就到潭边寻找。一天石勒骑马路过潭边，巨蛙忽然从潭水中跳出，张着血盆大口扑来。石勒稍一定神，一箭射死巨蛙，村民纷纷杀猪宰羊答谢石勒。不久石勒带兵离开这里，村民便把石勒驻兵的地方更名为寨垴堰，并在此修庙纪念，现今村中的关帝庙即在石勒庙的遗址上建成的，庙内钟亭之下尚有石勒庙石碑一通。

小河村群山环抱，小河从村前穿过，山青水秀。村落依坡而建，错落有致，层次分明。现存明清时期及民国时期建筑178处，建筑面积34630平方米，占地面积18.5公顷，代表性的大型宅院有石家大院、李家大院、石家老院等，其中石家大院最具特色。寺庙建筑有关帝庙、观音庵等，祠堂建筑有石家祠堂、李家祠堂、窦家祠堂等，商业建筑有当铺、商铺、醋坊等，街巷有福地巷、李家祠堂巷、宜远兴巷、石家老择巷等。巷道都是自然形成，一般较窄，用石材铺就，历经雨雪风霜，表面十分光滑，古韵十足。这些历史遗存承载了大量的历史文化信息，

反映了明清时期这一地区的生活方式和文化特色。

石家大院是小河村古建筑的代表。石家从发迹到兴盛，走过了一条经商起家，以商养农，以农促商，农商兼顾的道路。石家大院始建于清雍正年间，初为石显玉所建，后因石显玉家遭不测，便把正在施工的大院卖给了石思虎。大院坐落于村南口西山坡上，坐西向东，背山面水，既可防北方常见的西北风的侵蚀，又可纳朝阳之瑞气，既可疏宅第之污积，又可受泊水之润泽。大院主宅面积1万余平方米，有窑洞65眼，起脊房112间。院中建一玲珑剔透的小花园，颇有江南园林之风，因此石家大院又称"石家花园"。站在石家大院大门口，抬眼望去，青砖灰瓦，古色古香，层层叠叠，错落有致。石家大院院多、门多、台阶多，由21个小院组成，大院有前后大门9座，小院间由72道过门相连，院中有院，院旁有院，院上有院。从进院的第一个台阶起，要登76级台阶才能到达大院最上边的正屋，从下而上分别为含清堂院落，三元堂院落，明远堂院落。

关帝庙位于小河村北的西山坡上，始建于明崇祯八年（1635），占地面积约2000平方米，是典型的中轴对称，一正两厢式建筑群，左挹桃河右绕泊水，层院叠殿，错落有致，巍峨壮观，将建筑文化和道教文化融为一体。关帝庙主要建筑从下往上有戏台，端门，钟鼓二楼，南、北精舍，过门无梁殿及左右配殿，文昌殿，虫王殿，最高处为正殿即武圣殿。这些殿宇的屋面，有的是歇山式，有的是卷棚式，有的是硬山式，但都飞檐挑角、舒翼若飞，雕梁画栋。庙中供奉关圣大帝及关平周仓，还供奉文昌、虫王、文财神、利市仙官、药王及总管中瘟，一年四季香火缭绕，钟磬齐鸣。观音庵坐落于村北口虎岩山半山腰，依山就势，随形生变，登31级台阶走30多米栈道才能到达观音庵山门前的平台。

小河村民风淳厚，恬淡宁静，文物古迹和文化遗存十分丰富。这里是20世纪20年代我国新文化运动先驱、著名作家和诗人石评梅女士的故里。石评梅女士短暂的生命光彩照人，与革命先驱高君宇的爱情故事凄美动人。

小河村

小河村一角

石家花园院落

石家花园门楼

民居照壁

民居院落

大夫第

"文魁"门楼

民居门楼砖雕

石评梅生平陈列室

石评梅雕像

民居屋脊

关帝庙戏台

关帝庙大门

关帝庙钟楼

关帝庙端门

五当召 村

Wudangzhaocun

内蒙古自治区包头市石拐区五当召镇五当召村

内蒙古自治区包头市石拐区五当召镇五当召村，位于包头市区东北70公里、石拐区中心以北约20公里处。五当召村，因五当召闻名。五当召是内蒙古地区现存最大、最完整的藏式喇嘛寺庙，也是全国重点文物保护单位。五当召有蒙、汉、藏三种名称。五当，蒙语意为"柳村"，因召前峡谷柳树繁茂得名；藏名"巴达格尔"，意为"白莲花"；汉名"广觉寺"，系清乾隆二十一年（1756）由乾隆皇帝亲赐。

五当召始建于清康熙年间，以西藏扎什伦布寺为蓝本，经清乾隆、嘉庆、光绪年间多次维修和扩建，遂成今日规模。五当召主要建筑位于山谷内一处突出的山坡上，主体建筑由六殿三府一陵和喇嘛住宿楼组成，全部房舍2500余间，占地面积20多公顷。庙内塑像俱全，壁画绚丽，唐卡（卷轴佛画）夺目，各殿各有特色，或立高达十米的释迦牟尼铜像，或供高达九米的黄教始祖宗喀巴铜像，或塑面目狰狞的护法金刚像，或供奉白度母和绿度母塑像。整个建筑群采用藏式建筑风格，平顶方形楼式结构，布局合理，错落有致，白色的外墙在蓝天青山映照下显得十分辉煌耀眼。

五当召的最大建筑为苏古沁独宫，也叫"大经堂"，建于清乾隆二十年（1755），供奉着铜铸佛像释迦牟尼、黄教创造人宗喀巴及历代佛师。苏古沁独宫的西边为喇弥仁独宫，苏古沁独宫东侧上方为洞阔尔独宫。喇弥仁独宫建于清光绪十八年（1892），是五当召最晚的建筑物，设有学习教义戒律和研究宗喀巴教义学部，殿内正中坐着高九米的宗喀巴铜像，两侧为弟子嘉曹杰、克主杰，佛龛内有千尊一模而成的宗喀巴小泥塑像。洞阔尔独宫，建于清乾隆十四年（1749），也称时轮大殿，是五当召的中心建筑，也是五当召有据可考的最早大型建筑，正门方悬挂隆皇帝亲赐包含满、蒙、汉、藏四体文字的"广觉寺"匾额。洞阔尔独宫是五当召四大学部之一，由于第一代活佛学问深，通达五明，对时轮学尤为擅长，清廷封他为"洞阔尔·班智达"，即"时轮学大学者"的意思。时轮学部以研究天文、历法、数学和占卜为主。洞阔尔独宫后面为当圪希德独宫、阿会独宫和努尼殿等。当圪希德独宫，也叫"金刚护法神殿"，建于清乾隆十五年（1750），内有大威德金刚、吉祥天母、财神等彩塑，每个金刚身骑各种兽，颈挂头颅项链，脚踩种种妖魔。

阿会独宫是学习密宗医学的学部，一楼正中斑斓山洞中供奉释迦佛和他的两个弟子，两侧是十八罗汉和四大金刚，二楼供奉本学部主供佛胜乐金刚、药王佛。努尼殿是供僧人静坐休持的殿堂，毁于"文革"时期，2003年在原址重建，上下两层，一楼为佛堂，供有千手观音像、六世班禅大师像、宗喀巴大师像，正中供奉的三世佛为铜铸镀金佛像，墙上所绘画是藏传佛教九大佛寺壁画。

三府为甘珠尔瓦活佛府、章嘉府、洞阔尔佛爷府，均在阿会独宫的南面。其中洞阔尔佛爷府规模宏大，为第二世活佛热西尼玛于清乾隆四十九年（1784）所建。甘珠尔瓦活佛是五当召第一世洞阔尔活佛的经师。山坡最上层有苏卜盖陵，是五当召头世活佛建庙之前的住宅，后僧将他的舍利塔存放此处以示纪念，七代活佛灵塔也在此珍藏。

为了弘扬佛法，五当召专门设有供喇嘛们学习经典，研究佛学的学塾（札仓）。学塾分四个部分：时轮学部，设于清乾隆十五年（1750）；显教学部，设于清乾隆十七年（1752）；密宗学部，设于清嘉庆五年（1800）；菩提道学部，设于五世少佛时期，是五当召设置最晚的学部。蒙古著名史学家达摩陀罗在《白莲念珠》中记载，"五当召的经学最为有名，到19世纪末时本召僧侣仍有八百余名。"

五当召是我国喇嘛教中的三大名寺之一。五当召的活佛共转世七代。第一代活佛阿旺曲日莫于乾隆二十八年（1763）在五当召圆寂，最后一代活佛于1955年病故。过去五当召是享有特权的政教合一寺院，设有监狱、法庭和武装。建筑本身以及各殿堂的壁画和雕塑，体现了很高的艺术价值。五当召是祖先留给我们的珍贵遗产，蕴含着当时社会政治、经济、文化和习俗等多方面信息。据统计，五当召有金、银、铜、木、泥等各种材质铸成的佛像1500余尊，其中最大的有三层楼高，最小的不过盈寸。寺内现存的大量壁画，精细逼真地描绘了历史人物、风俗、神话及山水花鸟，是研究少数民族历史文化的宝贵资料。

寺庙被群山环抱，山上苍松翠柳，郁郁葱葱，寺前小溪清澈，流水涓涓。整个寺院依山势建造，规模宏大，鼎盛时喇嘛1200多人。白壁朱门的庙宇建筑，与五当沟内的蟠曲老松、清流溪水交相辉映，景色十分优美。

现在，五当召依然是喇嘛进行佛事活动和信徒们朝拜的场所。每年农历七月二十三至八月初一，五当召都要举行嘛呢会。喇嘛们手持经轮，吹着法号，敲着羊皮鼓绕召庙而行，颇为壮观。

五当召村

五当召

苏古沁独宫

苏古沁独宫大经堂

却依林独宫

努尼殿

甘珠尔瓦活佛府

洞阔尔独宫"广觉寺"匾额

洞阔尔独宫

阿会独宫

喇弥仁独宫

苏卜盖陵

陆巷 村

Luxiangcun
江苏省苏州市吴中区东山镇陆巷村

江苏省苏州市吴中区东山镇陆巷村，位于苏州市区西南、太湖东山岛西岸，距苏州市区约 40 公里，东距东山镇中心 10 公里。陆巷村背山面湖，东边是莫厘峰，南边是碧螺峰，西边是太湖水，依山傍水，风景秀丽，被誉为"太湖第一古村落"。

据传宋朝南迁时途经太湖，见东山雄峙湖中，风光秀丽，战火又不易涉及，大批官兵家眷在东山太湖边定居下来，并在村中筑有六条直通湖畔的巷弄，得名"陆巷"。另一种说法是，明代重臣王鏊的母亲姓陆，得名"陆王村"，后讹传为"陆巷村"。明清时期陆巷村名人辈出，明正德初年大学士王鏊的故里就在这里。陆巷村明清高堂巨宅鳞次栉比，是香山帮建筑的经典之作，也是环太湖古建筑文化的代表。现今保存较完整的明清建筑有惠和堂、粹和堂、怀德堂、怀古堂、宝俭堂、遂高堂等近 10 幢，残存的古宅有明清时期所建的晚山堂、见三堂等 20 多幢。一条 500 多米由花岗岩条石铺成的明代古街贯穿村落。始建于明代，代表王鏊连中解元、会元、探花的三座牌楼，成丁字形矗立在街中心的东南北三面。高耸的牌楼、斑驳的古墙、陈旧的店铺、溜光的台阶、绳印深凹的井栏和星罗棋布的古民居融为一体，古色古香，古韵悠悠。

陆巷村落顺应地形，随高就低，交错穿插，极具历史价值和艺术价值。民宅外观简洁，造型精巧。厅堂色调雅素明净，门楼砖雕精美，窗户和梁架等彩画秀美、雕刻细腻，明清建筑风格鲜明。陆巷民宅的平面布局一般以纵轴线为准绳，自外而内次第安排照墙、门厅、轿厅、大厅、楼厅、界墙。轴线上的房屋，陆巷人谓之"正落"。正落左右各有一条纵轴线，右为书房杂屋，左为女厅厨房。左右两边的房屋，陆巷人谓之"边落"。正落与边落间，用备弄连接。这类大型民宅，一般前后四进，每进房屋都用天井分隔。大厅后面的库门，是内宅和外宅的分界线。大厅是民宅的主要建筑，楼厅是民宅的最高建筑，大厅和楼厅是内宅的中心。

惠和堂是王鏊的故居，一座明基清建的大型厅堂建筑，为古时官宦宅第的代表，三路五进，建筑面积 3000 多平方米。中轴线上有门楼、大厅、主楼、女眷楼和后花园，左轴线上有花厅、书楼、小花园和住楼，右轴线上有茶厅、灶间、耳房等。惠和堂有各种砖雕、木雕、石雕、彩绘和堂匾，文化内涵极为丰富。

王鏊（1450–1524），字济之，陆巷人。明成化年间乡试、会试皆第一，明成化十一年（1475）一甲三名进士及第。明弘治初年，任侍讲学士。明正德元年（1506），升任户部尚书兼文渊阁大学士。因秉性耿介，遭权臣嫉忌和谗言诽谤，渐被冷落。王鏊博学有识鉴，文章尔雅，议论明畅，使明弘治、正德年间文体为之一变。著有《姑苏志》、《震泽集》、《震泽长语纪闻》、《震泽编》、《守溪文集》等。卒于家乡，追封太子太傅，谥号"文恪"，墓在今东山梁家山。王鏊的门人中有唐寅、沈周、文徵明等，据说民间杜撰的"唐伯虎点秋香"就发生在这里。

怀德堂是明代大学士王鏊后裔旧宅，因王氏受先祖厚德庇佑，感恩怀德，故名。清道光二年（1822）重修，又名"觉庐"。现主人购下后，精心恢复怀德堂、家麟堂、桔园，使之融为一体，并在堂内陈设自己收藏的各式古董，民俗气息浓郁。

怀古堂位于古街正中心，占地面积近 1000 平方米，原为王鏊家族祭祖之地，近代又作为粮行屯仓之所。几经维修，恢复了楠木大厅，移建了清代花楼，已有正门、前院、上院、粒园、聚仙厅、桂林轩等景点。

粹和堂，明基清建的大型厅堂建筑群，以前为叶家所有，是主人闲暇之余焚香抚琴之场所，砖雕门楼保存完整。建筑构造奇特，据说有"琴音绕梁，三日不绝"之功效。

宝俭堂又名梦园，始建于宋代，为南宋左丞相、户部尚书、观文殿大学士、南宋文学家兼词人叶梦得（1077—1148）故居，原占地 6000 多平方米，建筑面积 2000 多平方米。明清时期多次修缮，是陆巷村官宦府第保存较完整的私家古典园林，保持明清官宦人家第宅相连的典型格局。2001 年苏州许青冠夫妇出资购下，精心整修而成。

陆巷村还保存有陆氏宗祠、衡南陆公祠、惠轩书室、陆苏九宅第、石板道、白沙码头、水井、寒谷仙境等文物古迹。

如今的陆巷村民以陆姓和王姓为主，家家都种有橘树和茶树。橘子是江南有名的陆巷橘，这里出产的茶就是天下著名的江南碧螺春。由于紧临太湖，村里许多人家都有鱼船，打鱼捉虾，享受着大自然的恩赐。陆巷村古建筑大多依山临湖，四周有成片的果林。从村北的寒山谷远眺，青山如黛，炊烟袅袅，粉墙黛瓦的古民居掩映在层层叠叠的翠绿中，与太湖自然山水融为一体，构成了一幅别具特色的江南山水画。古村就山近水，物产丰富，红橘、杨梅、枇杷等名闻遐迩，碧螺春茶叶享誉海内外，太湖三宝（白虾、梅鲚鱼、银鱼）早已蜚声国际。

陆巷村牌楼

寒谷渡

从寒山谷眺望陆巷村

探花牌楼

会元牌楼

解元牌楼

怀德堂揖峰园

怀德堂

清懿堂

清懿堂大门侧面的砖雕

鲍氏始祖墓

鲍氏花园

鲍氏支祠屋角飞檐

敦本堂由朱熹题写的"忠孝廉节"四个大字

鲍氏支祠敦本堂

王鏊故居惠和堂

惠和堂院落

怀古堂聚仙厅

怀古堂粒园

梦园

梦园古井

梦园宝俭堂

梦园庭院

梦园防火门

玉带泉

粹和堂门楼砖雕＂鲤鱼跳龙门＂

寒山谷

明月湾 村

Mingyuewancun

江苏省苏州市吴中区东山镇明月湾村

江苏省苏州市吴中区西山镇明月湾村，位于苏州市区西南、太湖西山岛南端，距苏州市区约50公里。明月湾村以金、邓、秦、黄、吴姓为多，为南宋隐退贵族的后裔。

明月湾村滨临太湖、碧波万顷，背倚群山、满目苍翠，地形宛如一钩明月，故称明月湾。据传，春秋时吴王夫差与美女西施在此赏月。唐宋时期，明月湾基本形成了状若棋盘的山村格局，诗人白居易、皮日休、陆龟蒙、刘长卿等，曾到此留下了赞美明月湾的诗句。南宋时金兵南侵，大批高官贵族到明月湾隐居。明清时期，大批明月湾人加入了号称"钻天洞庭"的洞庭商帮，外出经商发家致富。清乾隆、嘉庆年间，明月湾达到鼎盛，修建了大批精美的宅第以及祠堂、石板街、河埠、码头等公用建筑，村落格局一直延续至今。千百年来，古村历史相续、文化绵延，既得天地之造化，又经历朝历代规划建设，成天人合一的世外桃源。

明月湾村有两条东西走向的石板街，共1140多米，用4560余块金山花岗岩条石铺成。两街之间有多条横巷，纵横交叉，井然有序，俗称"棋盘街"。街下为沟渠，有"明湾石板街，雨后穿绣鞋"的民谚。街道两旁多明清建筑，高低错落，斑驳苍古。这些明清建筑，或祠堂或宅第，分布集中，砖雕、木雕、石雕精致典雅，苏式彩绘华丽，极富地方特色。明月湾村较好地体现了江南古村的原始风貌，是环太湖古建筑文化的杰出代表，也是香山帮建筑的经典之作。

明月湾村有多处宗祠建筑，是古村多姓氏和睦相处、世代传承的文化载体。黄氏宗祠，始建于清乾隆四十九年（1784），坐北朝南，占地930平方米，门厅、享堂等主要建筑均为原构。明月湾黄氏祖籍福建邵武，于明初迁居明月湾，今为明月湾大族之一。邓氏宗祠，始建于清乾隆十年（1745），坐南朝北，占地950平方米，依次为门厅、享堂和寝堂，建筑宏敞高大，门前沿河石栏雕刻精美。明月湾邓氏祖籍河南南阳，邓迁于南宋末年迁居明月湾，今为明月湾大族之一。清两广总督邓廷桢为邓迁之后，曾于清嘉庆八年（1803）返乡寻根，拜谒祠墓。

明月湾保存敦伦堂、礼和堂、瞻瑞堂、裕耕堂、汉三房等多处明清宅第，是村民居住、生活的真实记录。敦伦堂，即姚家老屋，明代普通农户住宅，坐北朝南，占地190平方米，前后两进，第二进为楼房，楼上作卧室用，布局紧凑。礼和堂，即吴家老宅，建于清乾隆四十八年（1783），坐北朝南，占地450平方米，建筑高两层，分成东西两路，西路为主轴，依次设大厅和内厅，东路为门厅和书斋，大厅额署"礼和堂"，书斋为花篮厅结构，制作精良，额署"南寿轩"。裕耕堂，今为邓家住宅，建于清嘉庆四年（1799），原为吴家瞻瑞堂一部分，民国年间由邓家买下，并改今名，坐北朝南，占地744平方米，由东西并列的两个院落组成，各自有门厅、楼厅、庭园、书房及附房，两个院落通过备弄一侧的墙门连通，是明月湾保存最完好的古民居之一。

明月湾向有"无处不栽花，有地皆种桔"的习俗。房前屋后，甚至在塌废的宅基地上，也大多栽种柑桔、石榴、桃杏等花卉果木，花开季节香飘四溢。清代诗人沈德潜称之谓"人烟鸡犬在花林中"，清代诗人凌如焕称之谓"水抱青山山抱花，花光深处有人家"。

村口有一条通往太湖的小河。河边有一株古香樟，高25米，胸径2米，树龄1200多年，枝繁叶茂，是明月湾村的标志。经火焚、雷劈，一侧主干已成枯木，后发支干倚背而生，戏称"爷爷背孙子"。抗日战争期间，日寇土匪相勾结，以砍古樟树相要挟，进行敲诈勒索，树干根部至今留有历史伤痕。明月桥横跨小河，花岗石桥身，平直轻巧，是进村的主要通道，相传在2500多年前吴王夫差和美女西施就在此桥上共赏明月。

古码头位于小河与太湖连接处，是明月湾村与外界沟通的主要水上通道，相传白居易等历代名人在此泊舟登岸。明月湾人商贸湘楚，也在此挥手告别。码头的始建年代已无从考证。清乾隆二十一年（1756），因"湾中旧堤及两岸塘埠且就倾圮"，村民集资重建。码头全长58米、宽4.6米，由256块花岗岩条石铺成，颇具气势，依稀可见当年舟楫往来盛况。码头上面的石缝钻出两棵小树，已有合抱粗。过去明月湾对外主要的交通工具是船，为保证夜晚航行的船安全回村，自南宋开始就在村口竖起了高高的旗杆，上面挂上大红灯笼，夜间灯笼里点亮油灯，为过往船只指引方向。

明月禅院，俗称明月寺，位于村落东侧，坐北朝南，占地面积1100平方米，相传明正德年间从明月湾西侧的庙山嘴搬迁而来。清初称明月庵，民国时曾维修并增建楼房，改今名。内设弥勒、观音、城隍、关帝、猛将、蚕花等神殿，以供奉当地村民崇敬偶像为主，佛教、道教等宗教观念被淡化，为原始乡土信仰文化的例证。

古香樟与清风亭

传说吴王夫差和美女西施在桥上共赏明月

明月湾村

礼和堂

门枕石

裕耕堂

黄氏宗祠

黄氏宗祠额枋雕刻

黄氏宗祠抱鼓石

黄氏宗祠照壁

黄氏宗祠照壁砖雕

明月禅院

石板街

财神庙

古码头

邓氏宗祠拴马望柱头

邓氏宗祠

深澳村

Shen'aocun

浙江省桐庐县江南镇深澳村

浙江省桐庐县江南镇深澳村，位于富春江南岸天子岗北麓，西南距桐庐县城 20 公里。

深澳村地处丘陵，南高北低，村落前迎璇山，后拥狮岩，桐溪（应家溪）、后溪东西分流。人口稠密，为桐庐最大的村落。深澳村凭借古老的文化、源远的历史、独特的环境、大量的古迹，成为桐庐著名的江南古村落。绝大多数村民复姓申屠，余有周、应、朱等姓。申屠氏祖先于南宋初年由富阳申屠山迁入，子孙繁衍遂成望族。清代中后期出现了一批以贩运草纸致富的商人，现存古建筑多为那时所建。

当地人把村中的暗渠叫做"澳"，又因为是走在地下深处，所以就叫"深澳"。看到"深澳"，就会想到新疆吐鲁番著名的"坎儿井"。深澳村水系分两个层次：一是村外天然的桐溪（应家溪）和后溪；二是村落内部的水系，由明渠、暗渠（澳）、澳口、塘、井组成。明渠（两条明沟）把溪水引进村落，流经全村各家各户，用于洗涤、防火、灌溉、防涝、排水。800 余米的暗渠（澳）将溪水由地下引入村内，每隔一定的距离开口建澳口、塘，并实行分质供水。深澳村民在明代时就有了这种先进的用水理念，让人叹服。

深澳村落平面呈长方形，中有一条始建于元末明初的老街，南北走向，长 200 余米、宽约 3 米，卵石铺成。深澳村在明代时，已有完备的地下引排水系统，溪流、暗渠、明沟、坎井、水塘组成立体水系，充分调控地面和地下水资源，将饮用水、生活用水和污水分开处理，并使水始终处于流动状态，部分明沟暗渠和坎井至今仍在使用。街之两侧各有 3 条弄堂，形如"非"字。其中，后朱弄始建于宋代，长 200 余米，原为村外卵石大路，后因村落扩建成为贯村而过的通路。20 世纪 80 年代，村北端公路两旁建成新街与老街相衔成"韭"字形。

深澳村现存明清建筑 40 多幢，结构完整，重要的建筑有攸叙堂、申屠宗祠、怀素堂、恭思堂、九世堂、儒林堂、神农堂、怀荆堂、州牧第、景瓶草堂、蕴轩堂、荆善堂、凤林堂、敬思堂、继述堂、听彝堂、恒德堂、恭思堂等，志承、诒燕两座门楼也别具风格。这些建筑与村内水系构成深澳村独特的风貌和特色。怀素堂建于清嘉庆年间，占地面积 1100 多平方米，堂内悬有"兄弟明经"匾，木雕"二十四孝图"保存基本完好，堂号取《中庸》

"君子素奇位而行大行"之意。听彝堂建于清道光九年（1829），占地面积 257 平方米，建筑面积 462 平方米，房屋主人申屠志良年近八旬，自称为"深澳古镇外公家"，据说是深澳村的形象大使，每有外人到访便主动介绍情况并要求合影留念。这里的古建筑外拙内秀，雕刻精美。牛腿、花格门窗、排门等均有精美木雕，雕刻内容丰富、工艺精湛，可谓"古屋群雕、无木不雕"，堪称明清古建筑雕刻博物馆。

村中保存一些古井。如吃水塘建于明代，坎式井，水质较好，卵石壁、青石板围栏。六房井建于明代，地下水，水质良好。

村东有青云桥，地处桐庐至富阳通衢要津，桥名出于明代姚夔《杂咏》"青云桥记"。现存石梁平桥建于清光绪年间。村东南有抗日纪念馆，以缅怀 1940 年抗击日寇阵亡的 156 名国民政府军第七十九师二三五团将士和深澳村支前村民。村西南鸡足峰下有天香寺，为著名古刹，建于元至治年间，今遗迹尚存，其地风景优美。村东北黄山腰有静云仙境，上有神农殿，供奉之神原为天生顽石，民国时期更为樟木雕像，近年复改为泥塑，并于偏殿供奉观音菩萨。村西北隅有黄程庙，原为邻近八村土地神社，元宵和十月二十一日各村轮年值社，演戏酬神。秋社演化为节气，做生祝寿非常热闹。

昔时老街有众多大小店铺，市面颇盛，经商者多为徽州、绍兴等地人。抗日战争期间，水陆交通破坏，杭州、绍兴沦陷区的盐、布、煤油等日用百货，浙西、赣东地区的白蜡、桐油、瓷器等土特产品，由成群结队的脚夫运到深澳市场交易。其时村民纷纷经商，开设布行、盐行、米行、油行 10 余处，各类商店 40 余家，一时商旅云集，热闹非凡。

历史上深澳村以耕读樵商为传统，农时耕田种桑，闲时烧炭、洗草做纸，明清时期深澳村出有举人以上 42 人。民间有歌谣"柴草砍来不值钱，老山朝去夜方还。二头换得米三升，只卖肩头不卖山"，反映了深澳人乐居乡间的朴实情怀。深澳的传统风俗有时节（丰收节）、水龙会、舞狮、龙等。传统手工艺有造坑边纸、绣花、贴画等。

深澳村不仅人文景观丰富，自然景观也非常优美，周边至今还保留着 18 平方公里的原始山林。村周铁良山最高，海拔近千米，登山远眺，景色如画，这里不仅四季泉水潺潺，松涛如歌，而且有石笋、石台和近百米高的"老龙喷水"瀑布。

走进深澳古村落，就像是穿越了时光的隧道，幽深的小巷、古老的祠堂、斑驳的灰墙、错落的马头墙，还有湿漉漉悠长的青石板路，就像是一幅水墨画。

吃水塘

建于明代的一个澳口

古街中间的澳口

由卵石堆砌而成的墙体

怀素堂窗棂木雕 "渔樵耕读"

怀素堂窗棂木雕"二十四孝图"

尝粪忧心、弃官寻母、卖身葬父   涤亲溺器、行佣供母、刻木事亲

哭竹生笋、拾葚异器、百里负米   鹿乳奉亲、戏彩娱亲、恣蚊饱血

埋儿奉母、涌泉跃鲤、扼虎救父   亲尝汤药、扇枕温衾、芦衣顺母

闻雷泣墓、啮指痛心、孝感动天   卧冰求鲤、怀橘遗亲、乳姑不怠

怀素堂   申屠宗祠

古街店铺撑拱

凤林堂的撑拱

敬思堂窗棂木雕"十二寿字"

厚吴村

Houwucun

浙江省永康市前仓镇厚吴村

浙江省永康市前仓镇厚吴村，位于永康市最南端并与缙云县接壤，西北距永康市区20公里。厚吴村是永康大村之首，大多数村民为吴姓，保留有永康农村规模最大的古建筑群。

据《屏山庆堂吴氏宗谱》所记，厚吴村吴姓始祖名昭卿，字明之，号屏山，生于南宋绍兴十五年(1145)，卒淳祐癸。原系仙居银青光禄大夫全智公十世孙，秉性高亢超然，有出尘之想。其时伯叔，兄弟侄辈先后登仕路要津，济济相踵，人皆为荣。公独视之澹泊如常。偕伯父公之永康任承事，见永康南乡武平山明水秀，遂啸泳其间，聚庐而托处焉，是永康吴氏之始祖。自南宋嘉定十年(1217)始祖吴昭卿从仙居三桥(厚仁)徙居于此，已有近800年的历史。厚吴村自古人才辈出，文化昌盛，经济繁荣，虽历沧海桑田，但深厚的历史文化积淀却经久不衰。

厚吴村保存了一批较为完好的古建筑。现存较为完整的有祠堂6座，古民居近60幢、约1000间，其中明代15幢、清代至民国40多幢。祠宇厅堂、庐墅精舍和古屋老宅，像蒙士的珍珠散落在街道巷弄间。厚吴村文物古迹众多，衍庆堂、聚庆堂、存诚堂、兰花居、屏山精舍(树玉堂)、司马第(为继堂)、吴氏宗祠、澄一公祠、吴仪庭公祠、丽山公祀、向阳公祀、德杰祠堂、古苏铁、青藤柴门、醴泉井、桂花居、镇南殿、古樟树、千工床等，另有镇南庙、土地庙等多座庙宇，令人目不暇接。厚吴村不同历史时期的建筑各具特色，独领风骚。明代建筑古朴、简练、凝重，清代建筑繁杂、精致、典雅，民国建筑大气、完善、实用。厚吴村建筑布局有序，基本上是坐北朝南、背负锦溪、面临屏山。房屋幢与幢相连，门廊相通，走廊呈井字形向东西南北四面对称伸展，几百间房屋连为一片，即使是雪雨天气，邻里街坊相互走动也可不用雨伞。幢幢房屋之间有高高的山墙，起到防火防盗作用。建筑古朴、大气、精致、实用，凝集着厚吴村先人的勤勉、务实和智慧。厚吴村的街头巷尾处处透着书香，"山居客至开佳酿，茅舍花香伴雅风"之类的对联在百姓家寻常可见。

吴氏宗祠始建于明嘉靖二十六年(1547)，占地面积1140多平方米，前、中、后三进两厢，前厅三开间，中厅五开间，后厅七开间，东西两侧厢房有20多间。吴氏宗祠的抬梁、斗拱、牛腿、雀替、蝴蝶木等均刻有花鸟、鱼虫、人物、走兽、飞禽

等精美的浮雕，栩栩如生，柱头、穿枋、檩条金珠彩绘。中堂正中悬挂着宗祠的堂号"叙伦堂"，厢房外侧回廊四周挂满本族祖先历任的官衔和科举进士等100多块匾额，昭示吴氏家族曾有的辉煌。吴氏家族先后出了四位进士，位高者官至"左丞相"。

澄一公祠是官宦人家的祠堂，吴氏十四祖吴樟的六个儿子为祭祀先父所建。按厚吴村吴氏宗谱排序，第十四世为澄字辈，在澄字辈中吴樟排在第一，公祠由此得名。吴樟是个读书人，为家勤勉，恪守宗规，尚礼守孝，教子有方，其次子为进士，孙子为举人。吴樟六个儿子以六艺为名，分别是礼房、乐房、射房、御房、书房和数房，所以澄一公祠也被称为"六房祠堂"。

吴仪庭公祠是商贾人家的祠堂，建于民国四年(1915)，前后三进，左右厢房，前有四柱五楼式门楼，内部装饰美轮美奂，可惜不少木雕和彩绘珍品毁于文革时期，吴仪庭公祠现为村卫生室和老人之家。

司马第为州司马吴文武的私宅，堂号"为继堂"，建于清嘉庆二十一年(1816)，按其建筑规模俗称"廿九间"。吴文武于清嘉庆十四年(1809)由太学生登贡生，并于第二年(时年33岁)考授州同知，官阶五品，天资聪明，重视家学。吴文武生七个儿子个个成才，其中州同2个、贡生3个、太学生1个、庠生1个，为乡邑景仰、闻名遐迩。

存诚堂始建清乾隆后期，清道光初年续建告竣，饮宾吴致已与子从九品吴双飞所建，历代子孙人才辈出，前两进较朴实，最后一进精雕细刻，共二十六间。天井里有棵古苏铁，树龄300多年，巍巍屹立，碧绿耸翠，外形像一只"骆驼"。

屏山精舍又叫树玉堂，是吴永颂的私宅，建于清乾隆八年(1743)，两进两天井，牌坊式门楼，砖雕一斗三升，前厅用材粗大，牛腿、雀替处高浮雕飞禽走兽，后堂楼和厢房有明代遗风的木雕护窗。

桂花居建于清嘉庆年间。桂花居之所以有名，是因为曾经的主人为书香门第，也因为院子里的桂花树开花的时候，半个村子都能闻到花香。

兰花居建于清末，从院子建成之日起，院子的主人就种植了许多不同品种的兰花，所以将小院取名兰花居。每到兰花花开的春天，兰花居就会飘出淡淡幽香。

醴泉井，深达数丈，水质清洌，冬暖夏凉，亢旱不涸。

池塘边的古樟树

吴仪庭公祠

厚吴村

澄一公祠撑拱

澄一公祠壁画

澄一公祠

屏山精舍窗棂木雕

存诚堂古苏铁

存诚堂雀替

司马第

醴泉井

唐模村

Tangmocun

安徽省黄山市徽州区潜口镇唐模村

安徽省黄山市徽州区潜口镇唐模村，位于黄山南麓，南距徽州区中心 12 公里。据唐模《许氏宗谱》记载，最早在唐模定居的为程姓，时名程村。后唐同光元年(923)，唐朝越国公汪华的后裔汪思立娶此地程氏为妻，遂迁居该村，并利用风水原理栽植银杏树选址建宅。为报答唐朝皇上对其祖先汪华及其后代的隆恩，取忠君、忠主之意，决定仿效唐朝的模样营建一个标准而模范的村落，便改村名为"唐模"。南宋时，许姓由歙北许村迁入，与原居的程、汪、吴三姓混居。经过几代繁衍，许姓后来居上，成为该村大姓望族，但"唐模"的村名一直沿用下来。由此可见，唐模村落的形成和命名，是古徽州人重视风水与忠君思想相结合的产物，深深地烙上了历史文化的印迹。

唐模村充满江南水乡风韵，自然环境优美，徽文化底蕴深厚，至今还保存着较为完整的古村落空间格局和历史风貌，恬静的田园风光和古朴的人文景观相得益彰。檀干溪穿村而过，农家夹岸而居，形成诗韵悠悠的水街特色，远山近水，风物怡人。

水街是村子的主要街道，河岸用红岩石砌成，岸边分布着近百幢徽派民居，粉墙黛瓦，倒映水中。沿街建有 40 余米的避雨长廊，廊下临河设有"美人靠"，既供往来行人遮风避雨、小停休憩，更让村人邻里晨昏相聚、谈古论今。在长不过一公里的溪水上，两岸之间以十座石桥勾连，十桥风格形制不尽相同，十桥九貌。其中高阳桥为唐模十桥之主桥，建于清雍正年间，清嘉庆年间重修，是目前徽州地区仅存的几座廊桥之一。

尚义堂位于水街上游的显要地段，为唐模许氏祠堂的支祠，始建于明正统年间，至今已有 500 多年的历史，是明英宗为表彰唐模许氏家族的许怀显捐资戍边抗敌有功而恩准建造的。

许氏宗祠位于水街的下游，始建于清嘉庆二年(1797)，占地面积 5 亩余，三进七开间，由门厅、廊屋、享堂、寝殿四部分组成，规模宏大，气势雄伟，装饰精美，汇徽派四雕艺术于一体。原祠毁于太平天国兵乱，其后进及围墙于 2005 年重建。

唐模村以水口、徽派园林和水乡景致为主要特色。水口建于村东，既为水口，又是园林，名为檀干园，形成了古徽州独特的水口园林。檀干园建于清乾隆年间，里面的亭台、水榭均仿照杭州西湖构造而建，所以又称"小西湖"。如果说忠君铸造了唐模，尽孝则成就了檀干园。相传清初，唐模村有个叫许

以诚的人，在全国拥有 36 家典当铺，非常富裕，其 70 多岁的老母亲一心向往有"人间天堂"之称的杭州西湖，但苦于路途遥远、年老体衰，不能前往。许以诚便不惜巨资，在这里挖塘筑坝、修亭造桥，模拟杭州西湖景致造出了"小西湖"，供母亲养老，真是孝心可鉴。因园内遍植檀花，又有小溪缓缓绕流，便取《诗经》中"坎坎伐檀兮，置之河之干兮"之意，名曰"檀干园"。檀干园外面的檀干溪对应杭州的钱塘江，湖堤对应杭州西湖的苏堤，镜亭对应杭州西湖的湖心亭，连接镜亭的小桥和堤对应杭州西湖的玉带桥和白堤，真可谓是杭州西湖的缩印版。镜亭是檀干园的中心，四面环水，结构精巧。亭内四壁用大理石砌筑，上嵌"苏"、"黄"、"米"、"蔡"等历代书法名家石刻 18 块。方寸小亭之内珍藏如此众多的历代书法大家之精品，徽商经济的繁荣和由此带来的文化昌盛可见一斑。

出檀干园东行，路中立有"同胞翰林"石坊。清康熙十五年(1676)和二十四年(1685)，唐模许氏兄弟许承宣和许承家分别考中进士并被皇帝钦点为翰林，这座同胞翰林坊就是为表彰兄弟俩而建的。牌坊为三间三楼四柱式，高 16 米，宽 9.6 米，上面布满了梅花、仙鹤祥云、麒麟送子、鲤鱼跳龙门、喜鹊报喜等图案雕刻，因其工丽典雅，雕刻精美，被誉为唐模的门户和象征。

"同胞翰林"石坊东边不远，有一座"沙堤亭"，建于清康熙年间。此亭形式独特，分上下两层，上层中空，四边有虚阁，八个角的飞檐上各悬铁马飞铃，微风吹动，叮当作响。从不同角度看，每个平面均为八角，故又名"八角亭"。

村中水口有一棵树龄 400 多年的老樟树。树干下部中空，犹如一位历经沧桑的老人在张口凝目，电视剧《天仙配》中为七仙女和董永开口做媒的槐荫树就是在此拍摄的。有情人纷纷在树上挂上许愿的红丝带，寄托着爱情圆满的美好愿望。另外，村中还有一棵相传为汪氏祖先亲手种下的银杏树，树龄 1400 余年，十几个人才能合抱，至今郁郁葱葱，果实累累。

村中还有翰林府，即许承尧故居。许承尧是清末最后一代翰林，近代著名诗人、书法家和文物鉴赏家，官至翰林院编修，倡导徽州现代文学，是传播敦煌文化第一人。许承尧故居建于清代，室名为"眠琴别圃"、"晋魏隋唐四十卷写经楼"。里面有住宅、大厅、书房，整体结构宏伟庄严，并有一个较大的花园，花园现改建为徽州老作坊。

唐模水街

避雨长廊

檀干溪

尚义堂门楼

高阳桥

尚义堂

许氏宗祠遗址

许承尧故居

许承尧故居大厅陈设

水乡景致

檀干园内"小西湖"

檀干园

古驿道

沙堤亭

古银杏

同胞翰林石坊

《天仙配》中开口为媒的"槐荫树"

棠樾 村

Tangyuecun

安徽省歙县郑村镇棠樾村

安徽省歙县郑村镇棠樾村，位于歙县县城西7公里处，为鲍氏聚居村落。村名"棠樾"二字，源自《诗经·甘棠》篇周贤吕台伯的故事。后来也有人将村名写作"唐越"，唐是指唐朝，越是指"越国公"。

棠樾村，以牌坊群而闻名于世，牌坊群由7座牌坊组成，以忠、孝、节、义、节、孝、忠的顺序排列于村头大道上，其中3座建于明代，4座建于清代。最早的慈孝里坊，建于明永乐十八年（1420），最迟的乐善好施坊，建于清嘉庆二十五年（1820），其间相隔四百余年。3座明坊是慈孝里坊，鲍灿孝行坊和鲍象贤尚书坊，3坊都是4柱3间3楼，前二坊为卷草形纹头脊式，后一坊为冲天柱式。4座清坊是鲍文龄妻节孝坊，乐善好施坊，鲍文渊妻节孝坊，鲍逢昌孝子坊，4坊都是冲天柱式，结构相似，但雕刻比明坊精致，内容有婀娜多姿的花卉虫鱼，栩栩如生的狮子、仙鹤，以及牡丹瑞云等吉祥喜庆之类。在封建社会，建坊必须有皇命，于是建坊成为当时一种至高无上的荣耀。据有关资料记载，历史上棠樾一共有十座牌坊，其中三座在民国前后倒塌，剩下的七座，挺拔宏伟，各有各的故事。

鲍灿孝行坊建于明嘉靖十三年（1534）。牌坊额题"旌表孝行赠兵部右侍郎鲍灿"。据《歙县志》记载，鲍灿读书通达，不求仕进，其母两脚病疽，延医多年无效。鲍灿事母，持续吮吸老母双脚血脓，终至痊愈。其孝行感动乡里，经请旨建造此坊。因鲍灿曾孙鲍象贤是工部尚书，故赠兵部右侍郎衔。

慈孝里坊建于明永乐十八年（1420），为旌表宋末处士鲍宗岩、鲍寿孙父子而建。据史书记载，元代歙县守将李达率部叛乱，烧杀掳掠。棠樾鲍氏父子被乱军所获，并要二人杀一，由他们决定谁死谁生。孰料父子争死，以求他生，感天动地，连乱军也不忍下刀。后朝廷为旌表他们，赐建此坊。

鲍文龄妻节孝坊建于清乾隆三十四年（1769），额刻"矢贞全孝"、"立节完孤"。据县志记载，鲍文龄妻汪氏为棠樾人，25岁守寡，45岁去世，守节20个春秋。

乐善好施坊又名鲍漱芳父子义行坊，建于清嘉庆二十五年（1820）。据传，棠樾鲍氏家族当时已有"忠"、"孝"、"节"牌坊，独缺"义"字坊。鲍氏家族至鲍漱芳时，官至两淮盐运使司，掌握江南盐业命脉。他欲求皇帝恩准赐建"义"字坊，以光宗耀祖，

便捐粮十万担，捐银三万两，修筑河堤八百里，发放三省军饷，此举获得朝廷恩准。

鲍文渊妻节孝坊建于清乾隆五十二年（1787），为旌表鲍文渊继妻吴氏而建。据县志记载，吴氏，嘉定人，22岁嫁入棠樾，时小姑生病，她昼夜护理；29岁时丈夫去世，她立志守节，尽心抚养前室之子，直至其成家立业。吴氏守寡31年，60岁辞世，获得牌坊额匾上"节劲三冬"、"脉存一线"的赞誉。

鲍逢昌孝子坊建于清嘉庆二年（1797），为旌表孝子鲍逢昌而建，额刻"天鉴精诚"、"人钦真孝"。据记载，明末离乱时，鲍逢昌之父外出多年，杳无音信。清顺治三年（1646），逢昌才14岁，便沿路乞讨，千里寻父，终在雁门古寺与父相见，并将父请回家中。后其母重病，他又攀崖越洞，采药医治，更能割股疗母，孝行闻名遐迩。

鲍象贤尚书坊建于明天启二年（1622），为旌表鲍象贤镇守云南、山东有功而建。据县志记载，鲍象贤嘉靖八年进士，初授御史，后任兵部右侍郎，死后封赠工部尚书。牌坊上刻有"赠工部尚书鲍象贤"，两侧石额分别刻"命涣丝纶"、"官联台斗"。

在鲍文龄妻节孝坊和善好施坊之间的甬道上，有一座尖顶、官帽似的四方小亭，名曰聪步亭。聪步亭建于明隆庆年间，建亭人为棠樾鲍氏第十八世孙、官至贵州都匀知府的鲍献书和其侄子鲍元臣，据说是为纪念西汉御史鲍宣而建。亭内有甬道贯通东西，其南北两边设有"飞来椅"，供来往者小憩。亭内四柱。门额之上，有清代大书法家邓石如手书的"聪步亭"三字。

鲍氏支祠，又称敦本堂，俗称"男祠"，位于牌坊群西头，始建于明嘉靖末年，重修于清嘉庆年间。鲍氏支祠坐北朝南，三进五开间，占地面积753平方米，祠门两壁八字墙满饰砖雕。整座祠宇结构简洁，工艺精湛，布局合理。

清懿堂，俗称"女祠"，建于清嘉庆十年（1805），占地面积818平方米，三进五开间，陈列有全国各地牌坊的文字介绍、图片资料和实物模型，是鲍氏家族为了颂扬鲍氏历代贞妇烈女而建，打破了"女人不进祠堂"的旧例，为国内罕见。

徽商中多儒商，经商之暇，喜舞文弄墨、调养花草，善琴棋书画和园艺之道。棠樾村中的鲍家花园原为清乾隆、嘉庆年间著名徽商、盐法道员鲍启运的私家花园。它是典型的古徽派园林与徽派盆景相结合的中国私家园林精品，与苏州拙政园、留园、狮子林和无锡蠡园、梅园齐名。鲍家花园曾毁于清末太平天国战争，现已基本修复。

棠樾牌坊群

棠樾牌坊群

骢步亭

鲍氏支祠

中国历史文化名村大观

（下册）

刘玉国　林诚斌　主编

中国时代经济出版社

屏山⊙村

Pingshancun

安徽省黟县宏村镇屏山村

安徽省黟县宏村镇屏山村，位于黟县县城东北 5 公里处，东临吉阳山，北靠屏风山，因山得名。唐朝时称长宁里，舒姓自唐朝在此聚居，已有 1100 多年的历史，所以又称舒村。据说，舒姓是颛顼时代伏羲九世孙叔子的后代。唐朝末年，舒氏德与、德兴、德舆三兄弟为避黄巢兵乱自庐江南逃，"逢长而居"，分别定居歙县长龄桥、长演岭和长宁里（即屏山村）。舒德舆在屏山村安居下来，成为屏山舒氏的一世祖。

吉阳溪九曲十弯穿村而过，民居沿溪岸而建，逐渐向南北两端扩展，中间屋多两头屋少，又因随吉阳溪水流及后山山势，村形有如新月状，早年村中几个祠堂竖有名宦旗杆好像船桅，所以堪舆家观此而言"村形若船，破浪长航"。

为便于吉阳溪两岸村民往来，明代屏山人在吉阳溪上修建了八座石拱桥，人称"长宁八桥"。村口有"沉湖殉情，化为鸳鸯"的长宁湖，流传着追求美好生活和忠贞爱情的民间故事。吉阳溪水两岸，自然景观与粉墙黛瓦交相辉映，宛如美妙无比的画廊，构成"小桥流水、田园人家"的独特风韵。

屏山村古有"三千烟灶，五里长街"之说。鼎盛时期，全村有 12 条街、60 条巷、24 眼井、400 多幢民居，并建有宗族祠堂、水口园林、神坛寺庙、桥亭水榭、私塾书院等。现在保存着光裕堂、舒庆馀堂等祠堂 7 座，明清民居 200 余幢，还有三姑庙、红庙、长宁湖、舒绣文故居、玉兰庭、葫芦井、小绣楼等古迹。

屏山村民信神、忠君、尊祖，建有总祠、支祠，祖祠分外屋祖祠和里屋祖祠。外屋祖祠为序伦堂，建筑高大宽敞，又称敞厅，内有嵌字楹联"合群联雁序，尊祖重人伦"。里屋祖祠为光裕堂，俗称菩萨厅，光裕堂大门为三层门楼，左右两侧砌八字门墙。门楼上布满砖石彩雕八仙、罗汉、福禄寿喜，八字门墙左为青松白鹤，右为翠柏雪鹿，构成两幅对称的中国画浮雕，生动逼真，极富艺术价值。总祠下各房均有支祠。

舒庆馀堂建于明万历年间，占地面积 480 平方米，体形高大，梁柱雄伟，雕刻精美。大门为水磨砖砌成的双柱三楼大型贴墙牌坊，高约 10 米，十分宏伟。整个牌坊造型主从疏密，互为衬托。祠堂分上、中、下三厅，布局得体。梁柱用银杏木构造，大柱直径 0.4 米，呈棱形，柱础为覆盆形，衬有梓木櫍。月梁硕大，梁头柱间挑木，全以斗拱承托，丁头拱都镂有卷心花饰，梁下

替木、细镂精雕。脊瓜柱下的平盘斗为仰张莲瓣，梁架甚为突出，形似彩带，颇似宋代结构式样。檐下斗拱层层叠承，十分富丽。

明代舒荣都因反奸宦魏忠贤被迫害致死，后昭雪，明崇祯帝为表其忠贞，敕建九檐门楼于其祖祠尊德堂前。门楼有九檐，中间正对祠堂大门为长檐，左右分列四短檐，由高而低，层层相依，形如展翅雄鹰，亦似"人"字飞行雁群，非常雄伟庄重。整个门楼长约二十米，中间高约十米。门楼下有三层石阶，前为石板大街。街两头分砌拱形礼门，古时官员至此均须在礼门外下轿下马。门楼前有圆鼓形旗杆墩，以便节日上升礼旗。门楼内祠堂大门秦琼、尉迟恭两幅彩绘门神实为独特，一般门神为武将装束且双脚不能落地，而此门神为文官装束且双脚落地，可见此祠规格之高。

舒氏宅，建于明万历年间，占地面积约 130 平方米，为五间三楼的木结构住宅。一楼高 3.5 米，二楼高 4.3 米，棱柱、月梁、柱础、斗拱都具明代特色，二楼的"楼上厅"更为宽敞、光线充足。大门朝南，用砖砌成双柱阁三楼的贴墙牌坊，飞檐翘起，翼角飞出，飞檐下为偷心砖砌斗拱，以铁条为骨。贴墙牌楼的中轴线上饰以砖雕漏窗，使牌楼布局虚实相间，两侧扁方形抹角砖柱，中部略带弧形。

舒绣文因成功主演《一江春水向东流》等电影作品，被誉为人民表演艺术家。舒绣文故居名为"黍谷堂"，为其祖父清末进士舒斯笏所建的别墅，左临吉阳溪。进大门为小庭院，花木相间，典雅别致。临院为一幢徽派小楼房，前为一列雕花排门，内有客厅、书房，小巧玲珑，极具书香气。舒绣文早年曾在黍谷堂居住。

吉阳溪上有石桥，也有板桥，小桥流水，别具风味。众桥中以下村口古桥最为有名，此桥建于明代，为一券拱桥，长约十米。上建有木柱桥亭，临水两侧为木制美人靠椅，可供人休憩、观景及垂钓，北侧上方有观音神龛，供人进香礼拜。古桥亭上书有"古桥物色"四字。屏山有一习俗，新婚后三朝内，要进行"行茶"礼。新娘盛装由好命老孺、坐房囡等陪同，于村中街上慢慢行走，先后到上下首的三姑庙、古桥亭进香许愿，以祈祷幸福，所以古桥亭也是乡人看新娘的好场所。

屏山村是黟县中共地下党组织最早活动地区之一，1932 年春汪希直、舒政海等在屏山建立中共黟县支部，开展革命活动。

溪畔人家

吉阳溪穿村而过

屏山村民居

屏山村

九檐门楼

三姑庙

古井

光裕堂

下桥亭

古巷

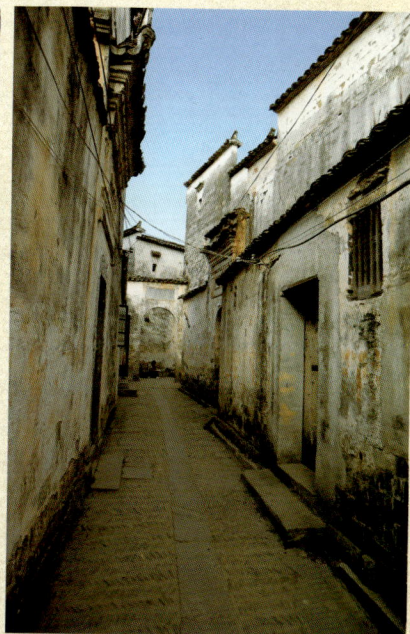

屏山拱峙

福全村

Fuquancun

福建省晋江市金井镇福全村

福建省晋江市金井镇福全村，位于围头半岛东侧，背山面海，东临台湾海峡，北距泉州市区45公里、石狮市区20公里、金井镇3公里。

唐光启年间，福全村一带已有军队戍守开发。宋代福全村是一个货物集散的重要港口，至今福全古港轮廓尚存。福全村名由来已久，相传宋代有艘"福船"停泊在溜澳（今溜江）港口，船员上岸，眼见这里地势险要，北有圳上、南有溜江可作船坞避风，便居住于此。由于"福船"与"福全"方言谐音，福全村名由此而来。

明代福全村是抗击倭寇前哨阵地，由于古城状如葫芦，有抗倭"葫芦城"之称。14世纪倭寇屡犯我国东南沿海，骚扰百姓，明太祖朱元璋为巩固海防，稳固江山，下令设置沿海卫所，"入福建，抽三丁之一为沿海戍兵防倭，移置卫所当要害处"。明洪武二十年（1387），在江夏侯周德兴的率领下，一批士兵聚集于此，福全所被筑成城，城始建时"周六百五十丈，基广一丈三尺，高二丈一尺"，"为门四，建楼其上"。西门又名"迎恩门"，北门属虎门，婚丧喜庆大事从西门出入，不得从北门出入，如今村人依然严守此俗。东门遗址面朝大海，门外建一座石塔以镇风口水口，据说此塔原本有一剑形塔尖，后塔尖因故被移，遂被称为"无尾塔"，又有一方形巨石称"印石"，这"一剑一印"遥遥相对，被认为是福全村的风水所在。南门遗址为十余米的陡峭石坡，门外有两巨石构成一洞，内有摩崖造像一尊。

据《晋江县志·武功志》记载，自明嘉靖三十四年（1555）至四十三年（1564），倭寇大规模侵犯泉州沿海城镇，几乎年年都有发生。按明初编制，福全千户所驻军为1120名。福全所巡视范围包括晋江至南安一带，号称"北到大岞，南到料罗"。明嘉靖初年，福全正千户蒋继实，精于骑射，长于海战，曾轻舟袭取倭寇，擒酋首李文信。明万历十六年（1588）和四十四年（1616）倭寇两次攻击福全，海上"喧喊可闻"，但被勇武有谋的福全正千户蒋学深击退。军民同心，福全所雄镇一方，使得福全古城一度人文荟萃、经济繁兴。清朝初年，清政府下令"禁海迁界"，令沿海三十里居民内迁。清康熙二十二年（1683），清廷招沿海迁民复归故里。时过境迁，回归福全城的居民人数

已远不及前，人丁减少"十无二存"；尽管城池犹在，但已面目全非，百业凋敝。1937年，民国政府恐古城被日寇当作据点，征召民工拆毁福全古城墙。

福全古城是许多港澳台同胞以及海外侨胞的祖籍地，几乎每个家族都与台湾或者南洋有关系。在清代，福全人主要是迁往台湾。有的族人迁到台湾后，对老家依然念念不忘，如福全林氏族谱里面就提到，外迁族人与本地族人签订合同契约，外迁族人"如果回来的话，本族人应分房子给他住"。福全古城姓氏众多，号称"百家姓，万人烟"。当年倭寇侵扰，古城周边百姓生命财产安全受到威胁，城外十三小乡村民迁入城内，过着耕织生活，最多时全城人口上万。戍守士兵来自五湖四海，各种姓氏混杂相处，现在依然保留有40多个姓氏。

明代设隅、铺、境作为较大城镇的行政管理划分，以管理户籍，征调赋役，传递政令，敦促农商。福全村街道纵横交连，许多街道以"丁字形"相连而被称为"丁字街"，并将全城划分为"十三境"。古城内保存了十分丰富的文物古迹，如摩崖石刻、摩崖造像、碑刻、蒋德璟故宅、林氏宗祠等。蒋德璟故宅（又称相国宅、相国府）位于北门街，三进三开间，双月井，双护厝，单檐硬山式屋顶，清初火毁，现存遗址。林氏宗祠建于清道光十六年（1836），三开间两院落。陈氏宗祠为清嘉庆道光年间建，三开间两落。城内的长街短巷保存旧时格局，新房故宅相间而坐，但所见却皆是新旧难辨的红砖厝、青石房。即使是年岁久远的古宅，也由于受到主人们悉心打理而少见岁月风霜，反而在阳光和海风的抚触下变得别有风韵。

福全古城群山环城外，名山在城中。民谚有城内"三山沉、三山现、三山看不见"之说。所谓"三山沉"是指龟池中有状如石龟的小山丘，下街池中有形似石燕的小山丘，官厅池内则有形如水獭的小山丘，这三个小山丘分别沉入水中；"三山现"是指屹立城内的三台山、元龙山和嵋山；"三山看不见"则是因为人们在三个小石坡上建造了三座庙宇，如今只见庙不见山。元龙山是福全城中制高点、可眺望东海，是明代抗倭指挥台。平时多文人墨客登临题咏，周围有"山海大观"、"吉龙飞渡"等九处崖刻，是城中摩崖石刻最多的地方。

福全村人重视文化教育。早在筑城之初，先辈即设朱子祠，设私塾，文化教育独树一帜。在明清时期福全村通过科举出了不少人才，有"无姓不开科"之说，有举人、进士20人。明万历年间，福全人蒋光彦和后山王三阳，曾在福全许家巷圆通庵读书，两人先后中进士。福全村有"父子进士蒋光彦、蒋德璟"，"兄弟进士"蒋德璟、蒋德瑗。明天启二年（1622），福全人蒋德璟高中进士，后官至户部尚书、文渊阁大学士。

西门（迎恩门）

北门

福全村

元龙山

元龙山抗倭指挥台

无尾塔与印石

摩崖石刻

林氏宗祠门廊梁架木雕

陈氏宗祠

古民居砖雕

红砖厝

青石房

东山胜境

蒋君用故居

临水夫人庙

城村

Chengcun

福建省武夷山市兴田镇城村

福建省武夷山市兴田镇城村，位于武夷山市区南 30 公里处、城村汉城遗址的北侧。城村已有两千多年的历史，当时长期生活在武夷山区的闽越族建立了"闽越国"。根据考证，目前的村民都不是越族人或越人的后裔。汉元封元年（前 110），汉武帝平定闽越时，闽越王城毁于战火，居民被强令迁徙往江淮之间。隋唐时期又有赵、李、林三姓迁到这里，当开基始祖来到这里落籍卜居时，显然对城址的时代和族属有所了解，于是以古城居民的族名作为村名"古粤城村"，简称"城村"。

从保存完整的清代宗谱《长林世谱》、《李氏重修家谱》、《赵氏宗谱》得知，林、李、赵三姓都是中原望族。林氏号称"九牧林"，为商代名臣比干之后。李氏系唐高祖李渊的后裔，赵氏则是宋太宗长子赵元佐的子孙。在漫长岁月中，历代村民和各地能工巧匠，共同创造出城村这座融自然美、人工美和社会美于一体的村落。崇溪从东南流来，至北部忽然弯折，流向西南，形成一个锐角。村落坐北朝南，三方面水，四面围山，形成山水严密缠护、藏风聚气的风水格局，总面积约 40 公顷。当地俗谚："前有锦屏高照，后有青狮托背，左有宝盖桑麻，右有铜闸铁闸"，形象地概括了当地山围四面、水绕三方的天然形胜，村北的古渡码头是闽北崇安、建阳的重要码头。古渡虽已冷落，溪水流淌如旧。城村是历史上中原进入福建的水路交通要冲，昔日商客云集，仕子常临，货物集散，商业繁荣，为闽北通商大埠，夙有"潭北名区"、"北方重镇"盛名。

村落周围寨墙四合，村民从四座大门出入。"井"字形布局的主街，蜿蜒交错的 36 条小巷，99 眼古井，以及风雨亭、渡口、宗祠、神庙等构成完善的设施体系。现存古建筑主要有古粤门、赵氏家祠、李氏家祠、华光庙、百岁坊、慈云阁、药王庙等。朴实厚拙、色彩斑斓的明清建筑，亲和淳朴的砖雕石刻、牌匾楹联，积淀着先人的智慧，记载着武夷山地区村落发展的历史。民居多是一进式的三合院，古朴砖雕门楼堂匾、楹联高悬，屋内木料不施油漆，保持原木的本色。院中以方砖铺地，朴实又不失庄重。

古粤门楼位于城村西南，原本是村寨南大门，坐北朝南，墙砖砌法、路面均为明代风格。门楼上镌刻"古粤"两字题额，牌楼式砖木结构，硬山顶。

赵氏家祠建于清雍正十年 (1732)，清咸丰十年（1860）合族重修，是城村赵氏总祠堂。赵氏家祠以北部的大殿为主，殿内侧设配房，殿前为庭（天井）。门楼砖雕精美，硬山式屋顶，穿斗式梁架，砖木结构，面阔 10.7 米，进深 27.5 米。门楼右上角有幅砖雕，画面图像是一个童子正在悬挂一盏灯，有"添丁"之意，表达了赵氏族人多出男孩的祈求。

兴福庙（华光庙）始建于明末，坐北朝南，清乾隆年间重建。庙内供奉道教护法天神之一华光大帝。相传华光大帝姓马，名灵耀，因生有三只眼，俗称"马王爷三只眼"。玉皇大帝看他是位将才，封他为真武大帝部将，护法天界，又称华光天王。民间将华光视作火神，在此立庙，是祈求免除火灾。每逢华光大帝诞辰农历九月二十八日，村中都要举行庙会。

城村是个长寿村。明万历四十五年（1617），城村村民赵西源寿逾百岁，明神宗下旨钦赐建立百岁坊。百岁坊东南朝向，楼坊三开间，十二柱支撑，上中下三层抬梁，双层各为六叠船形、蝶形绘朱斗绘，十分壮观。下置四方寿桃石，坊上西边悬挂"圣世人瑞"匾额，东边悬挂"四朝逸老"匾额。现存构架为清乾隆年间重修，全木结构，歇山式门楼屋顶，一楼三门式梁架，檐下施"人"字如意斗拱。面阔 3 间 7.9 米，进深 5 米，楼高约 8 米。

城村西南 1 公里处有汉城，又名"古粤城"、"闽王城"，是全国重点文物保护单位。古粤城坐落在起伏的丘陵山地上，呈长方形，南北长 860 米、东西宽 550 米，总面积 48 万平方米。城墙沿山势夯土建筑，残高 4 至 8 米，东西城垣保留有 3 处豁口通道，为当年的城门，城外有护城壕，城内分布着殿宇、楼阙、营房住宅、冶铁、制陶和墓葬等遗址。中央高台上的宫殿遗址，包括大门、庭院、主殿、侧殿、厢房、回廊、天井、水井和排水管道等，坐北朝南，左右对称，布局严谨。宫殿是江南独树一帜的"干栏式建筑"，与当时平原地区的城市布局截然不同。

在遗址附近建有福建省闽越王城博物馆，占地面积 15 亩。博物馆主体分成一个门厅、两个主展厅、两个回廊，是一个典型的仿汉建筑。博物馆展出了大量古汉城出土文物，是透视古汉历史兴衰的一扇亮丽窗口。1980 年以来，福建省博物馆组成了汉城考古队，进行一系列考古发掘，已出土 4000 多件可复原的重要文物。城址出土的丰富多彩日用陶器和陶制建筑材料，烧制精良，造型别具一格。城址中还出土了许多文字瓦当和陶文具，有很高的书法艺术价值。宫殿中的室内浴池，为我国所发现古代最早的宫内浴池，供排水管道设施非常严整和完备，是古代宫殿建筑的典范。

兴福庙

古粤门楼

城村

百岁坊

古粤城遗址门楼

赵氏家祠门楼"添丁"砖雕

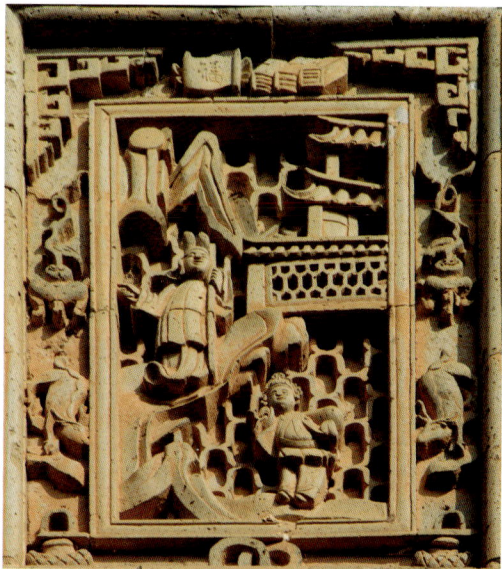

赵氏家祠门楼砖雕

赵氏家祠门楼"圣旨"砖雕

赵氏家祠

赵氏家祠大殿

李氏家祠门楼砖雕

李氏家祠

林氏家祠

林氏家祠砖雕

林氏家祠门枕石

降仙菴门楼砖雕

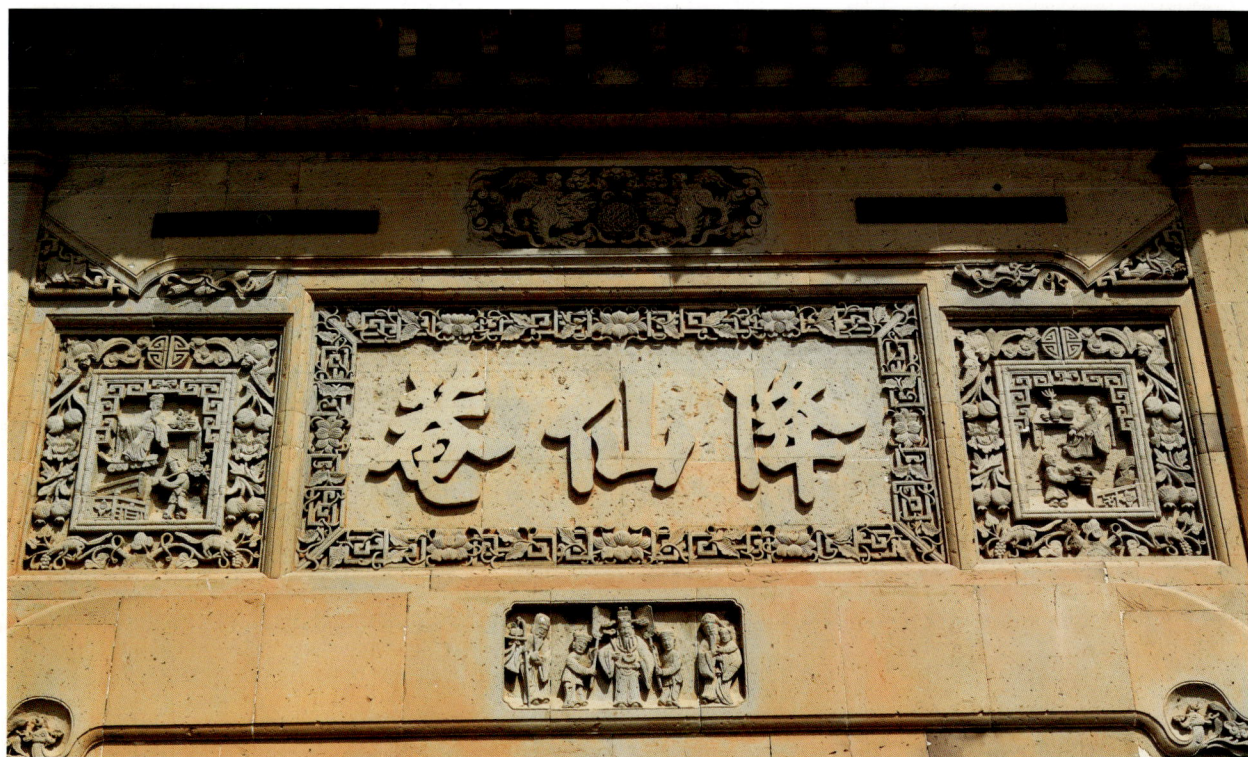

桂峰村

Guifengcun

福建省尤溪县洋中镇桂峰村

福建省尤溪县洋中镇桂峰村，位于尤溪县洋中镇东北10公里处，西距尤溪县城50公里，北宋名臣蔡襄之九世孙蔡长于南宋淳祐七年（1247）在此肇基。桂峰是尤溪至福州的官道必经之地和食宿中转站，时有"小福州"之称。蔡氏子孙在这里辛勤耕耘几个世纪，成为方圆百里的名门望族。

桂峰村山清水秀，云雾萦绕。一幢幢小巧玲珑的古建筑紧密相连，层层叠叠，错落有致，构建独特，各具风韵，可谓旋踵即景，移步换天，厝厝均有文化，满街皆是历史。现存39幢古建筑中，少量建于明代后期，虽经反复修葺，明代古风犹存，多数是清初建筑，如石狮厝、楼坪厅、后门山厝、后门岭大厝、下坪街等。

村中一小溪穿村而过，酒肆、作坊、客栈、商店等蜿蜒布局于小溪两旁，雕梁飞檐，古色古香。位于村中心的"桂峰八景"之一"印桥皓月"，充满诗情画意。所谓印桥，即"石印桥"，始建于明万历三十二年（1604），因桥下有一方巨石如印得名。石桥周边种有四株金桂、两株紫荆，桂花树头的石墩砌成圆形、半圆形、长方形、方形状，称为日、月、书、印，象征美景如日月一样永恒，寓意财富和权力源自于知识。

蔡氏祖庙位于村中心，坐南朝北，背倚青山，面朝绿水，龙脉雄伟，案堂俊秀，被称为"飞凤衔书"，是蔡氏最早的肇基之地。祖庙始建于宋元时期，清乾隆五十五年(1790)民房失火，殃及祖庙，次年重建，占地面积1390平方米，建筑面积731平方米，为二进单檐歇山顶木构建筑。中轴线上依次为正堂、天井、下堂。正堂为三层建筑，迭梁式与穿斗式混合结构。粗壮大柱，翘角飞檐，雕梁画栋，古朴典雅。面阔五间，明间高大宽敞，厅头设有神龛，置历代祖宗之神位，供后裔春秋祭祀。堂上高悬"九峰毓秀"、"进士"、"举人"、"文魁"、"武魁"、"五代同堂"等匾额。三楼大厅两侧分置两个圆窗，寓丹凤之双眼。沿11级垂带踏跺而下，便是天井，地面全部用青石板铺砌而成，两旁设花架、置盆景。左右为厢房，两边走廊各置9级如意踏跺。下堂建筑简单大方，屋面正脊彩绘各种花卉图案，色彩艳丽，栩栩如生。门厅两侧分置两个圆形花窗，次间各置两扇大门。顺堂前11级垂带踏跺而下，是三个前埕，埕前立有照墙。整座建筑四周环有石砌走廊，屋后有五层花台，花台沟边左右各有

一眼小水井，清泉汩汩，誉为风水的"龙眼"。

蔡氏宗祠位于石印桥上游，由蔡茂相于清康熙八年（1669）中进士后主持兴建。全祠用80根巨大杉木柱子构建，宽枋大梁全部用卯榫镶嵌而成，不用一钉一铁，结构严密，富有特色。当时正值盛世，也是蔡氏家族鼎盛时期，"一时拨币兴工，备极辉煌冠冕"，成为蔡氏族姓最重要的纪念性建筑之一。蔡氏宗祠为二进制单檐歇山顶抬梁式木构建筑，占地面积948平方米，建筑面积616平方米。中轴线上依次为正堂、中堂、山门华表。面阔五间，左右次间与明间相通，构成一个宽敞的大厅。地面用石板和石灰三合土铺就，异常坚固。正堂为祀典活动的主要场所，因采用减柱法构建，即抬梁式与穿斗式相结合，故有五爪龙构件。厅中植四柱，宽10米有余。正楣中设一神龛，龛内供奉祖先灵牌。祠内悬挂有"进士"、"兄弟举人"、"文魁"、"兄妹硕士"、"硕士"、"父子举人"等匾，以及"最喜渊源崇元定，尚期家世继君谟"、"宗功垂福泽，祖德衍家声"等筒联。中堂之前是一个小庭院，院内树一根石旗杆，植奇花异草，芳香扑鼻。门楼华表小巧华丽，额书"蔡氏宗祠"，并有"鹤寿松龄"、"凤朝牡丹"、"梅鹊争春"等组画，以及"兰水家声远，西山世泽长"等柱联。大门以石材为框，厚重的大门板上绘制尉迟恭、秦叔宝两位门神像，显得十分威武。

石狮厝因厝藏一精美的石狮而得名，系蔡氏天房25世加朝公于清嘉庆年间所建，面阔五间，进深三间，为二进穿斗式歇山顶木构建筑，占地面积590平方米，建筑面积486平方米。后门山厝始建于明末清初，三进重檐歇山顶穿斗式木构建筑，占地面积3000多平方米，建筑面积1400平方米。后门岭大厝始建于清乾隆十二年（1747），为二进单檐穿斗式木构建筑，中轴线上依次为后堂、厢房、二堂、门亭，左右为横厝，左侧建有华表山门，占地面积1026平方米，建筑面积893平方米。后门田大厝始建于清咸丰年间，为三进重檐歇山顶木构建筑，面阔五间，进深三间，四周筑以围墙，木刻数量繁多、工艺精湛，占地面积1000多平方米，建筑面积600多平方米。楼坪厅大厝是台胞蔡龙豪儿时旧居，为二进穿斗式木构建筑，占地面积595平方米，建筑面积520平方米，因地势陡峭，于右侧另搭一楼板为厅，故曰"楼坪厅"。

桂峰村地势崎岖，各幢建筑之间的距离相对窄小，故用大量的石材构筑护坡，如后门山厝的护坡多达14层、高达30余米，构成一条条曲径通幽的小巷。

桂峰村地灵人杰，蔡氏家族耕读传家，崇文尚学，儒风不衰。现存明清书斋"玉泉斋"、"泮月斋"和"后门山书斋"等，墙上张贴许多科举捷报。据记载，明清时期桂峰村出进士3名、举人12名、秀才412名。

从蔡氏祖庙俯视桂峰村

桂峰村

丹桂印桥

印桥皓月

蔡氏祖庙

蔡氏祖庙正堂

蔡氏祖庙厢房屋脊

蔡氏宗祠

蔡氏宗祠正堂

蔡氏宗祠屋脊彩绘

蔡氏宗祠屋脊彩绘

被称为桂峰"布达拉宫"的后门山大厝

后门山大厝梁架

后门田大厝

后门田大厝垂花柱

梁架木雕"年年有鱼"

民居梁架木雕

清代茶楼

贾家 村

Jiajiacun

江西省高安市新街镇贾家村

江西省高安市新街镇贾家村，位于高安市区南25公里处，行政村名叫景贤村。元朝末年，宋开宝年间筠州刺史贾氏的第18代孙贾季良定居高安，成为贾家村的始祖，后贾姓人口迅速增加，村落规模逐步扩大。

贾家村是一个集儒、佛、道三教于一村的奇妙村落，周围庙寺宫塔林立。村南有雄奇的七级浮塔、翠竹禅林、先农庙，村西有古朴的苍农庙、土地庙，村北有气派的普贤禅寺、大王庙，村东有静谧的景贤寺、万寿宫等。

贾家村落占地面积500亩，由八个关门把村落分为"关内"和"关外"。在八关门楼的环卫下，石板青砖铺设的大街小巷纵横交错，犹如迷宫，建筑物上雕刻、绘画和书法随处可见，房屋建筑主要有宗祠、大堂、官厅、客厅、民居、雨亭六大类。现存古民居370多幢，其中元末明初建筑140余幢，另有书院、庵堂、寺庙、道观等18处。

翰第阁是古村的门楼，也是进入古村的第一关，始建于明洪武十年（1377），现建筑为近年重修，三层建筑，高14.2米、宽48米，三孔门，青砖黛瓦，檐角飞翘，雄伟壮观。大门正上方"畲山贾村"四个墨宝字，透视着浓浓的古色芳香。翰第阁右边的山堆叫"畲堆"，据说是村落龙脉的龙头所在地。按照当地习俗，无论谁家添丁，都要挑一担废砖瓦土堆放"龙脉"，年复一年，就成这一座高高的土堆。在"龙脉"的托举下，这里人才辈出，明清时期村中出了10名进士、8名举人、4名内阁翰林。

贾氏宗祠地处村中心，建筑外观气势宏大，堂内装饰富丽堂皇。贾氏宗祠运用几何原理构建，柱少梁多，空间开阔。其正上方有"中宪大夫第"五个字，这是皇帝赐给贾信的父亲、贾氏始祖贾季良的牌匾。贾氏宗祠是一个七进七出的建筑群，主要建筑有四幢：主宗祠昼锦堂、拜亭、寝宫、观音堂，由一根中轴线串连，廊道、庭院和厢房沿中轴线对称布局。一进院设两亭，两亭置方形天井中，东西两侧有廊道垂檐，方形天井在江南不多见，四水归堂在此体现得淋漓尽致，两亭藻井呈八卦造型。为达到采光需要，两亭规模较大，占一进空间的三分之二，内设表演平台，用于喜庆节日期间舞狮、表演地方戏，两亭周边设有观看廊楼；二进院为拜亭，拜亭为斧刃砖地面，

镶成八卦形图案；三进院为寝宫，供奉祖先牌位，置有两层格形采光天窗，木构架为抬梁结构，悬山顶；四进院为观音堂，前置太平缸一口，内置观音像数尊。

贾家官厅为迎接府、县来往官员的驿站，号"厚德堂"。厚德堂建造于清代早期，面积728.8平方米，共52个房间，8个天井，抗战期间国民党74军军长王耀武将军曾在此居住。外观上很平常，却十分实用，体现了"重内不重外、内秀外中"的儒家理念。其中，天井处由青砖砌成"福、禄、寿、喜"圆形字样，两侧为翘角封火墙。厚德堂有木雕、石雕装饰，采用圆雕、镂雕和高浮雕技法。厚德堂山墙脚用条形麻石砌成，高1.5米，非常坚固，防盗性能好，山墙和后墙上有石刻多处，纹饰为鹿、凤、八卦、蝙蝠等。另有一座建于明代晚期的官厅，号"泰顺堂"，占地面积260多平方米。

在贾家村的古民居中，"怡爱堂"历史最悠久。贾季良是贾家村的始祖，也是怡爱堂的主人。怡爱堂为明代建筑，坐北朝南，砖木结构，占地面积349.7平方米，堂面宽6间，进深4间。怡爱堂立柱硕大不通天，无柱挑梁，九层叠上。穿枋为月梁式，上刻"福"、"寿"、"康"、"宁"，门楣刻有"元"、"亨"、"利"、"贞"，典出《周易》，文化底蕴深厚，吉利平安凸显。甫门旁边放置神龛，神龛简洁古朴，既体现出明式风格，又有元代建筑的遗风。根据族谱记载，畲山始祖贾季良长子贾信，曾在广东廉州任知府，后至京城任刑部尚书、吏部尚书，清正廉洁，极受地方百姓爱戴，传颂至今。贾信官邸的厅堂依然香火缭绕，墙上挂着贾信的大幅画像及生平介绍。地上铺满光洁平整的瓷砖，引人注目。当年铺就的瓷砖，数百年后依然完好，见证着"陶瓷之乡"高安陶瓷的"分量"。

贾家村书院众多，其中明月轩书院、皖月轩书院、鹤鹿书院、文昌书院等四座书院保存较完好，摆设虽已不是原先模样，但仍能感受书院氛围。明月轩书院为清中期建筑，虽毁损严重，但有两个标记清晰可见。其一"双喜"木雕图案独具匠心，双喜字图案带有蝴蝶坠子，似行云流水，十分飘逸，极像今天的博士帽。其二天井的出水口竟然倒刻有"石桃"图案，寓意桃李满天下。贾家村人崇尚习武，建有"畲山精武"馆用于习武健身。畲山武术很有名气，传遍江南各地。

村里原来有南北两个当铺，建筑风格独特，外墙有石浮雕，门框、房顶镶金绣纹。为便于借光观察当品，窗户都开在房顶上。当铺主人希望财富像流水一样遍地流溢，所以堂前的天井没有排水孔。

贾石旧居"养怡堂"

畲山精武馆

贾家村翰第阁

贾氏宗祠

怡爱堂外墙蛇形砖纹

东典当

怡爱堂窗棂木雕

贾氏宗祠拜亭

厚德堂山墙石雕

贾氏宗祠藻井

小石窗雕刻

文景塔

畲堆

燕坊村

Yanfangcun

江西省吉水县金滩镇燕坊村

江西省吉水县金滩镇燕坊村，位于赣江西岸 3 公里、吉安市区东北 20 公里处，南距吉水县城 5 公里，与吉水县城隔江相望。村落呈带形，南北约 2 公里，东西约 1 公里，地形西高东低，西靠南北走向的后龙山。后龙山的近千棵古樟树郁郁葱葱，南北向从村头延伸至村尾，形成壮观秀丽的自然景色。村中百余亩果园分布在村落的房前屋后，水塘密布，一派恬静的田园风光。

据燕坊收藏的清光绪二十六年（1900）《重修中本堂族谱序》记载，燕坊村先祖为一世祖荣泰公。"荣泰公来自湖南循州龙潭九典巷，行至吉水之折桂东乡大北溪，见江山秀丽，水绕山环，是以居之。"荣泰为吉水鄢姓基祖，传至九世孙兴达，便迁至本县中鹄乡水西五十四都渡头村居住。"有名苍然公者，为荣泰祖下十一世，见同都鄢坊江水澄清，远山耸翠，知后必有昌大，吾门者爱卜居而迁于此，为鄢坊之基社。"于是，十一世孙苍然成为了燕坊的开基祖。

燕坊村自鄢姓开基，并非聚族而居。据清乾隆二十四年（1759）《水西鄢坊支谱序》载，自苍然公一世祖至三世祖鄢凯，生鄢大富，"大富乏嗣，一女适本村饶门之基祖"。从这里可以看出，燕坊开基传至第四代，即有外姓进驻，并与外姓饶氏通婚，鄢饶二姓自宋代始至今长期共存。其间，王姓也随之迁入。值得注意的是，在赣江流域，甚至中原一带，我国古代先民一般是一姓一村，聚族而居，偶有外姓来住，因势力小，而受排斥，最终背井离乡而去。而燕坊村则不然，该村鄢饶王三姓共居，世代友好，互通婚姻，村民敦善行仁，和平共处，和谐发展，用勤劳和智慧建设共同的家园。

燕坊村现有明清民居、宗祠、学堂等古建筑 160 余幢，另有古牌坊、古井、古塘、古墓等。其中，"三槐第"王氏宗祠、"大夫第"王氏房祠、鄢氏宗祠、鄢氏中房祠、饶氏宗祠、州司马第、13 座牌坊以及王氏宗祠前的大照壁等较为有名。

燕坊村建筑规划有序，或一家一围，或一个大家族成一院落，只有一门进出。巷道或铺青石板，或铺红石板，或铺鹅卵石。建造结构具有典型的徽派建筑特色，呈倒凹字形、日字形和口字形。室外有气势雄伟的坊牌、镂刻秀美的门楣和盈联。室内装饰精美，描金绘彩，雕龙画凤，精雕细刻，字画满堂。明清时期的扶椅、桌凳、床、家具等生活用品自成一体，工艺考究。

先辈留下"力则勤而用则俭，居以敬而出以和"、"一生不与人争论，万事何方我吃亏"等至理名言，家训、楹联、鳌鱼等描金饰彩，可谓金碧辉煌、清秀典雅。

民居或宗祠的门楣是一家或一族人的脸面。燕坊门楣装饰奢华，红石门楣上雕刻有人物故事、花卉兽禽，依主人的情趣镂刻书法对联和横批。横批有"字水潆洄"、"青阳绚彩"、"秀毓山川"、"水绕山环"、"水木清华"等，书法遒劲有力、风格独特。据载，古代燕坊人借赣水之便，常乘舟下长江至四川湖广一带经商，明末清初极盛时有闻名长江两岸的鄢姓"力诚经"商号、饶姓"宝兴裕"商号、王姓"王世太"商号。燕坊人在外团结，甘苦与共，返乡则大兴土木、竭尽奢华、捐官捐爵、彰显门庭，村里许多"大夫第"之类牌匾便由此而来。

"水木清华"门坊建于清朝晚期，砖石结构，高 5.43 米、宽 5.52 米。"水木清华"四字典出于晋代谢叔源《游西池》诗句："景昃鸣禽集，水木湛清华。"该门坊与主体建筑、水塘、古井交相辉映，营造良好的家居环境。"水木清华"四字，其书写风格与清华大学清华园"水木清华"坊四字如出一辙。

"字水潆洄"门坊建于清朝中期，砖石结构，高 6.23 米、宽 10.07 米，为主体建筑麟凤院的门坊。此门坊气势恢弘，雕刻精细，人物故事栩栩如生，反映了工匠的高超雕刻技艺。它伴宅而立，依水而建，为古典艺术中的经典之作。

"三槐第"王氏宗祠，始建于宋末，砖木结构，占地面积 173 平方米，是燕坊村规模最大的祠堂，为三进三开间。正门上书"三槐第"，两侧门上书"鸾翔"、"凤翥"，寓意吉祥如意，飞黄腾达。宗祠前有池塘，存蓄风水，池塘前有一座大照壁，长 22 米、高 5 米，气势威严，被称为"江南第一照壁"。相传三槐第源自汉代王姓始祖受封于山西太原，有二子，其中一子不愿为官，载三棵槐树立誓，后来王姓祠堂以冠"三槐第"为荣。

州司马在古代为一州最高军事指挥官。州司马第左右设书房、前设厢房、中间设天井，布局巧妙新颖。厅堂壁板、藻井上鎏金的兰花、荷花、菊花、梅花、蝙蝠、鹿、兽、喜鹊，寓意春夏秋冬、福禄寿喜。厅堂两侧的"八眠图"为庐陵民居中的一绝。

燕坊村民居大门的门神富有变化，有文官，也有武将，现存的 4 对鎏金门神实为罕见。位于大夫第的一张清代透雕架子鎏金床，分上中下三层，布满了葵花、牡丹、喜鹊和果子，寓意宫中摘魁、大富大贵、多子多福。

燕坊村

后龙山的樟树林

"字水潆洄" 门坊

"水木清华" 门坊

门楣石刻 "字水潆洄"

门楣石刻 "水木清华"

王氏宗祠"三槐第"

饶氏宗祠

永敬堂

鄢氏中房祠

州司马第

州司马第的鎏金门神

燕坊古街

资政第

大夫第的鎏金门神

大夫第"荣桂腾芳"鎏金画

汪口村

Wangkoucun

江西省婺源县江湾镇汪口村

江西省婺源县江湾镇汪口村，位于江湾镇的西部5公里处，西距婺源县城23公里。历史上，汪口随婺源县隶属于徽州。古代汪口，既是古徽州通饶州府的陆路必经之地，又是婺源水路货运至乐平、鄱阳湖、九江等地的端点码头，婺源水路交通"通舟止此"。古代商业"沿水而兴"，在15世纪末至19世纪，汪口是徽州有名的商埠和货物集散地。由于陆路交通发展，汪口18个小型货运码头已失去作用，但溪埠和店家用于上下货物的临河建筑仍存。

汪口村由宋朝议大夫（正三品）俞杲于宋大观四年（1110）始建，是俞姓聚族而居的徽州古村落。村落前低后高，枕高山，面流水，沿溪流由东向西延伸，青山环抱、绿水长流，山水融合。因村前碧水汪汪，得村名"汪口"。汪口村背靠后龙山，江湾水与段莘水在此汇合。河水呈"U"形弯曲，成村前一条"腰带水"。隔河的"向山"如一扇绿屏，气势壮观。村落平面布局近似网状，一条官路正街做"纲"，十八条直通溪埠码头的巷道将民居织成一个个"目"。

汪口村现存古街1条，为官路正街；古巷18条，鱼塘巷、水碓巷、祠堂巷、酒坊巷、李家巷、双桂巷、小众屋巷、大众屋巷、柴薪巷、四公巷、桐木岭巷、汪家巷、上白沙湾巷、俞家巷、下白沙湾巷、赌坊巷、夜光巷、油榨巷；弄堂60余条；聚星桥、曹公桥两座石桥；俞氏宗祠、一经堂、懋德堂、大夫第、述德堂、慎知堂、生训堂、守训堂、积善堂、养源书院、存舆斋书院等明清建筑265幢，其中明代建筑11幢，清代建筑254幢，建筑占地面积27000多平方米。

官路正街始建于宋大观四年（1110），繁华于清初。古街道东西向，呈弯月形，青石板路面，全长约670米。街面有古民居150余幢，砖木结构，粉墙黛瓦，二至三层、三进规模，一般不设庭院，只有店面、客座和厨房设施。明末清初时期，沿街家家设店，老字号店铺鳞次栉比。

俞氏宗祠位于村东头，建于清乾隆五十一年（1786）。祠堂包括花园、书院，占地面积665平方米，为"中轴歇山式"建筑形式，三进（门楼、享堂、寝堂）院落，前后进各五间，中进三间，木板卷棚做顶，青石板铺地。祠堂以细腻的木雕工艺见长，凡梁枋、斗拱、脊吻、檐椽、雀替、驼峰等处均巧饰雕琢，采用深雕、透雕、镂空雕的技艺，人物鸟兽呼之欲出，山水花果形态逼真。

养源书屋坐落于桐木岭巷石级顶部，由赐封奉直大夫（从五品）、翰林院待诏俞光銮于清光绪五年（1879）建造。在书屋院门围墙上，有县衙于光绪十年（1884）三月二十三日刻石明示碑文，落款为"钦加同知衔特授婺源县正堂吴鹗"。书屋由前院、课堂、塾师室、厨房等组成，占地面积120平方米。存舆斋书院坐落在酒坊巷，朝东八字大门，门首有翘角门楼，小青瓦盖的四水归堂披檐，形成大方套着小方的天井。

一经堂坐落在李家巷中段，其主人俞念曾是清乾隆二年（1737）州同知（五品），厅堂取名"一经堂"，源自古训"人遗子，金满籯，吾教子，惟一经"。一经堂占地面积150平方米，三间两厢。石库门枋的门面砖雕、石雕简朴，室内的梁、门、槛、护净等则精雕细刻。

懋德堂建于清乾隆六十年（1795），占地面积250平方米，三进五间，院子北面有一间专供闺秀生活起居用的"绣楼"，绣楼花槛雕工别致。正堂檐角、门面上下，砖、石雕构图讲究，物体逼真，呼之欲出，栩栩如生。

现存大夫第有两处，一处在李家巷，为清咸丰年间建造的一座官宅，占地面积200平方米，是一幢回廊式建筑，石雕精美绝伦；另一大夫第在四通巷，也是回廊式建筑，比李家巷的大夫第更有气势。

生训堂是汪口村的一幢明末建筑，屋内极少雕刻，梁枋上只雕几组简洁的线条，窗户上是很朴素的方格窗棂。守训堂建于乾隆年间，在柴薪巷内，超脊马头墙，有临巷更楼，院子是一个小巧的花园，花园边上是一个私熟馆。正屋一进三间，两厢二层结构，楼上正间存有供奉三代祖先牌位的神龛。

俞运行宅建于清代，石库门枋上有飞檐戗角、重瓦斗拱的门罩，门枋上下左右有精致的人物、场景、花草等砖石雕刻，大院门楼内侧上方有麒麟送子砖雕。大门朝东，大门内是被徽商赋予聚财降福、四水归堂观念的高深天井。

平渡堰因形似曲尺，俗称"曲尺"，位于汪口村水口河中，清雍正年间由经学家、音韵学家江永（字慎修，婺源江湾人）设计建造。平渡堰南北长120米、宽15米，其南端靠岸，北端堰坝头向上折成曲尺形，有6米宽的舟船通道。平渡堰在不设闸门的情况下，同时解决了蓄水、通舟、缓水势的矛盾，是中国水利建设史上的创举。平渡堰的建成，进一步促进了汪口商业码头的发展。堰体经200多年洪水冲击依然片石无损。

汪口村地灵人杰，历史上文风鼎盛，经科举中进士者14人、出任七品以上官员73人，斐然文采名于世者9人。

江湾水与段莘水在汪口汇合

汪口村

一经堂门楼

桐木岭巷南段通往码头

赌坊巷

桐木岭巷北段

懋德堂门楼

懋德堂门楼精美砖雕

汪口古街

俞氏宗祠

俞氏宗祠撑拱

俞氏宗祠飞檐

俞氏宗祠梁枋木雕

俞氏宗祠天井

东楮岛村

Dongchudaocun

山东省荣成市宁津街道办事处东楮岛村

山东省荣成市宁津街道办事处东楮岛村，位于宁津街道办事处最东端的一个狭长半岛尖上，隔海北望是荣成市区，与荣成市区直线距离约 25 公里。东楮岛风力资源丰富，建有不少风力发电站。村中耕地不多，村民主要从事近海养殖。东楮岛村有 7.5 公里的海岸线、5 公里天然优质沙滩、300 亩天然滩涂盛产海参、螃蟹、扇贝、牡蛎等海产品。

据荣成县志记载，这个小渔村始建于明万历年间。东楮岛村北东南三面环海，西面一路通陆，村落呈荷花状，环境优美，气候宜人。东楮岛村有一个与日本侵略朝鲜有关的民间故事，说的是明万历十九年（1592），日本当时的实际统治者丰臣秀吉派遣 9 万大军入侵朝鲜半岛，"壬辰倭乱"由此爆发，并延续七年之久。朝鲜半岛居民纷纷乘船浮海外逃，其中有一船遭遇风暴，被刮至今天东楮岛村东南海滩，安顿下来的难民为感谢上苍庇佑，在登陆处建了一座祭祀海神的庙宇，并在四围遍植楮树。生命力顽强的楮树逐渐衍生开来，楮树成为这座小渔村的标志，东楮岛村名也由此而来。故事真假无从考证，但东楮岛上确有楮树。

海草房是东楮岛村的传统民居，海草房以石为墙、海草为顶。海草房用海水里生长的植物海苔草，作为材料铺缮屋顶，具有"冬暖夏凉、居住舒适、百年不腐"等特点，是颇具特色的民居建筑，具有重要历史文化价值。在蔚蓝的天空下，灰草、黑烟囱和黄的墙石，古老的海草房记载了东楮岛人适应自然、驾驭自然的生存历程。

东楮岛村现存海草房 144 套、650 间，建筑面积 9065 平方米，其中百年以上海草房 83 套、442 间，最古老的海草房始建于清顺治年间，距今有 300 多年历史。海草房的"海草"特指海苔草，生鲜时颜色翠绿，晒干后变为紫褐色，柔软而有韧性，不易腐烂。海草苫到屋顶后，日晒风吹雨淋上百年不坏。东楮岛村的海草房成排连片，较好地保留了历史的"原汁原味"，是全国乃至世界难得的生态民居标本之一。目前，许多海草房已无人居住，年久失修，有的房顶出现塌陷。

海草房是东楮岛村村民祖辈居住的特色民居。用大块石头砌成粗犷的墙，石头随方就圆，墙面纹样规则中显灵活，寓朴于美。三角形大山墙，方形院落。房顶外覆一层厚厚的海草。

苫海草是盖海草房的关键步骤，海草要一层压一层，一层海草加一层麦秸。屋顶大都用一排瓦或水泥压脊，以抵御大风。苫房是一门手艺，房子的好坏，取决于苫房技艺。建房苫海草是个功夫活，四间房需要三、四个人花费八、九天时间。

海草房顶的海草厚度达一米以上，脊部两端高于中央，并向山面做切角处理，房脊形成明显的曲线，显得浑厚圆润。海草房所用的海苔草，为野生藻类，生长在 5 至 10 米深的海域，春荣秋枯。海草中含有大量的卤和胶质。海草房不仅冬暖夏凉，而且经久耐用。成熟的海草被海浪卷上海滩后，人们将其拉上岸晒干苫盖房屋。过去，东楮岛村周围海域生长着大量的海苔草，质优量大，闻名远近。近些年，随着近海养殖的开展，海草已经越来越少见了。

东楮岛村的楮树是一种落叶的乔木，在我国南方、北方都能生长。楮树在古籍中也叫做谷树。朱熹注云："谷，一名楮。"李时珍说："楮谷乃一种也，不必分别，惟辨雌雄耳。雄者皮斑，而叶无桠杈，三月开花成长，穗如柳花状，不结实。歉年人采花食之。雌者皮白而叶有桠杈，亦开碎花，结实如杨梅。"可见楮树是雌雄异株，雄株与雌株具有不同的特征，所以有的人就给它们起了两种名称。楮树皮是造纸的好原料，树叶、枝、茎、果实、皮下粘液等均可入药。

东楮岛南海湾有处海礁，名老马山。据传祖籍今斥山火塘寨的杨家，发现老马山是块风水宝地，就派武艺高强的赵得鱼把祖先骨灰葬于此地。赵受命后，回家禀告母亲，母亲就把赵得鱼父亲的骨灰夹在糠饼子里交与赵，准备偷梁换柱，占有风水宝地。据传赵得鱼能用腮呼吸，有两栖本领。下水后，赵先把父亲骨灰投之龙口，石龙即刻闭口。慌乱之中，赵得鱼用木棍撬龙口，但木棍断入龙口中。赵无奈，只好把杨家祖先骨灰盒挂龙角上。据说，为此杨家出了"挂角将军"杨基业，而赵家则出了大宋皇帝赵匡胤。

老马山海礁离岸 1.5 公里，高 13.3 米，从正面看似笔架摆于海上，从西南方向观察像一艘军舰停泊海上，从东北方向看似一顶花轿在海面走动。每逢初春大雾刚消时刻，海面上常出现海市蜃楼，有时是动物，有时是植物，有时是亭台楼阁等，奇形异景，变化无常。

东楮岛村

石板街与海草房

海草房门楼

海草房

楮树

岛上种植的农作物

修补渔网

村民主要从事近海养殖

东楮岛村一角

滚龙坝村

Gunlongbacun

湖北省恩施市崔家坝镇滚龙坝村

湖北省恩施市崔家坝镇滚龙坝村，位于恩施市区东北40公里处，北距318国道2公里，东距崔家坝镇10公里，是以土家族向氏家族为主的村落。滚龙坝村坐落在山间小平地，四面环山，林木葱茏，古树参天，南北两条河水流经其间，左有"黄龙"尖龙河，右有"青龙"洋鱼沟，旱时卵石突兀，雨时山水暴涨，一清一浑，交汇注入天坑，如双龙翻滚，故得村名。

滚龙坝东有青龙山，西有马鞍山，北有黄家岩，南有五峰山，中有宝塔山，或直耸壁立，或斜伸缓延，拱卫着九百余亩的一坝良田，构成了一幅美丽的自然画卷。村落建筑庭廊烟树，院落棋布，古朴雅致，雾霭迷蒙，聚合式农舍以石板小道相连，间有古树幽竹。

滚龙坝向氏家族祖籍河南，世代军籍。向大旺，原名向大发，字八斗，随父投衙，明皇赐军饷膳食职，明崇祯七年（1635）携眷征战，始于豫，复经楚，败于蜀，为免祸患，更名向大旺，字云锋，明崇祯九年（1637）经施州落籍滚龙坝奠基立业。

滚龙坝村现存古建筑群3处、13幢、200多间，主要分布在茅坎山、中村、老虎山脚，总建筑面积3万多平方米，其中70%保存较完整。大多数房屋都由封火砖墙、石砌天井、抱厅冲楼、书房绣阁、正房偏屋、猪栏牛舍、火坑杂间组成，木砖石混合结构，墙体四周围合成"回"字形，墙帽有浮雕和彩色纹饰，悬山或硬山屋顶。

茅坎山古建筑主要有长街檐屋和向氏新屋。长街檐屋由三石门、三进、前九房、后九房、八侧房、一抱厅（亭子屋）、四天井、后花园和两边围屋组成，砖木结构建筑，为滚龙坝古建筑群中规模最大屋场之一，因呈长条形故称长街檐。除右侧围屋、抱厅拆毁和前屋中门改建新房，其余保存较好。封火墙残留壁画依然鲜艳夺目，石门、石鼓、天井石栏板、石水缸和门窗雕刻生动，门墙出檐砖砌花牙别具特色。向氏新屋为四合天井式双层十四间木结构建筑，虽建于民国晚期，但高十一米的楼房全由整根杉木为柱支撑构建，实属罕见。

中村古建筑位于长街檐屋左侧山下坪坝边沿，建于清代，主体为向甲三屋，由石门、前六房、后六房、八侧房、两天井和两边围屋组成，砖木结构建筑，除围屋与左边侧房拆毁，其余保存较好。石门、石柱础、门窗等雕刻精美。左房堂屋大门

为拱形门楣，镂雕花饰，很有特色。

老虎山脚古建筑主要有石狮子屋和向存道屋。石狮子屋为三门九排间多厅进砖木结构建筑，分左中右三屋，中门为石门，门前立清道光十八年（1838）打造的石狮子一对，故有石狮子屋称谓。左中右三屋间有封火墙隔离，但在一、二进间设有石门形成横向通道，居住之人不出屋便可相互走动，石雕、木雕、封火墙壁画古朴精美。中左屋为清进士、候选学正堂向致道私宅，右屋为清武进士、蓝翎都司向发道修建。石狮子屋除左屋前二进及中屋亭子屋毁塌，其余保存较好。向存道屋位于石狮子屋左上50米的台地上，原有房屋相连，因失火烧毁，向存道屋自成一体，向存道任施南府千总时建造，规模宏大、气势雄伟、结构复杂，显示封建家族分家不分屋的居舍结构，第一道门楼、围屋前半截已废塌，前后堂屋与抱厅于1942年烧毁，其余保存较好。

长街檐屋、石狮子屋、向存道屋是滚龙坝村最大的三个屋场，陌生人进入这些房屋犹如置身迷宫。屋内的石雕和木雕千奇百怪，龙戏火珠、狮滚绣球、太极双鱼、仙猴捧桃、喜鹊闹梅、富贵牡丹、文房四宝、西游故事、封神传说等应有尽有，令人目不暇接。尽管这些房屋年久失修，垮掉了不少，剩下的也很破败，但仍然遮掩不住往日的精美与堂皇。

滚龙坝村古墓葬主要分布在茅坎山、马鞍山、尖银山等地。茅坎山墓地，又称祖坟岭，向氏高祖向大旺下葬于此，是滚龙坝向氏墓葬主要分布地。在巨大的古银杏掩映下，茅坎山向氏族人墓葬分布在公路上下，几十处坟堆，或圆或长，大小相近，墓碑则有长方形、圆头形、尖头令牌形、房屋形、虎头形，精简有别，各具千秋。细读碑文，可知最早的墓葬为南明永历丁亥年（1647），距今已有360多年。墓主人身份各异，有的是滚龙坝向氏的开山鼻祖，有的是功成名就的进士、举人、把总、千总、游击、都司、总兵，有的是夫贵妻荣的诰命贵妇，有的只是草民百姓，大多为清道光、咸丰、同治、光绪年间墓葬，其中4座墓葬为罕见的虎头碑。

滚龙坝现存百年古树10余棵，其中树龄500年以上的7棵，分别为青檀（俗称糖果树）、银杏、侧柏，楠木等。向义极屋坎下一棵青檀树龄550多年，高36米，胸径141厘米，冠幅22米；河边的一棵青檀树龄540多年，高20米，胸径127米，冠幅16米；石狮子屋坎下一棵银杏树树龄600余年，高34米，胸径159厘米，冠幅12米。

滚龙坝村古建筑群

滚龙坝村的自然环境

长街檐屋

长街檐屋封火墙彩画

石狮子屋

向氏新屋走马楼

向氏新屋

村中一角

向存道屋

房屋上的封火墙

老屋

古墓

上甘棠村

Shanggantangcun

湖南省江永县夏层铺镇上甘棠村

湖南省江永县夏层铺镇上甘棠村，位于江永县城西南30公里处，周氏聚族而居。上甘棠村依山傍水，坐东朝西，村后一线低矮的小山丘名曰"屏峰山脉"，村前流淌不息的谢沐河水如同玉带，左右各以栖凤山、昂山为"青龙"与"白虎"，视野开阔，形成风水宝地。

上甘棠村现存古民居200多幢，大部分为清代晚期建筑，少数为明代建筑。上甘棠村建筑用地有限，民居建筑密集，具有封火外墙高大、纵深布局严整、中轴对称考究的特点。房屋墙体以三六九寸大眠砖砌筑，大面积清水墙面冠以起伏变化的白色腰带，并极尽所能地点缀门庐、漏窗，形成对比强烈、清新明快的格调。房屋四周突起的马头墙，变化多样，争奇斗异，有一字形、担子形（二担子、三担子）、金字形等。檐饰彩绘或砖雕，点缀小型青石格窗，构成各巷道不同的景观。建筑大都为楼房，内部以天井为中心布置各类生活用房。楼上有外挑走廊，配以各式各样窗花和栏杆，较好地解决了户内交通、采光和通风问题。主街一般为商业店铺，街巷由青石铺就。明清时期，上甘棠匪患频发，民居建筑都注重安全防护，几乎全部宅门设有屏风门，并有一道牢固的进户门。

上甘棠村自北端昂山开始，南至月陂亭，沿谢沐河布置1.8米宽的主要交通干道，民国时在干道沿河一侧建有防洪石墙，与其垂直布置9条次干道，将村落划分成十个部分。上甘棠周氏共有十族，每族沿次干道向后延伸布置住房，在与主干道交叉处建各族的门楼和小型广场，称为"九家门楼十家厅"。上甘棠村周氏族人按"坊"聚族而居，门坊作为族人的主要公共建筑及交通口，一般比较讲究，布置青石雕花抱鼓石，梁枋雕花，门坊内架设条石凳供族人歇息或小型聚会。现存较为完整的有四座，其中四单门楼（坊）为明代建筑，门楼抱鼓石及脊梁均明确记载"大明弘治六年修"款；五单门楼（坊）梁架的莲花瓣座驼峰及弧形月梁呈明显的明代早期建筑特征；一单和九单门楼（坊）均为清代建筑物。

步瀛桥在谢沐河下游、村落南端，为上甘棠村主要过河通道。步瀛桥为一座三孔石拱桥，始建于宋宣和年间（1119-1125），重建于清乾隆年间（1736-1795）。建桥不久，即被大水冲垮半边，东北边桥身已有不少砖石脱落，其状保存到现在，故又称半边桥。

残桥长30米、宽4.5米、跨度9.5米、拱高5米。步瀛桥造型小巧别致，半圆形薄拱，与南侧高耸的文昌阁互为衬映。当地有关于步瀛桥的种种传说。据说，从前村里一旦有周家子弟考取状元，桥头就会有砖石自动脱落，因村里"金榜题名"的人多了，久而久之就形成一线残边。又说，"步瀛桥上每掉下一块石头，上甘棠就要出一个官。"从自唐代高州刺史周如锡始，上甘棠共出了大大小小的文武官员100多人。步瀛桥虽有"掉砖出官"一说，但周家出的大官并不多。近代出了一个周翰宗，历任国民党湖南讨伐军游击司令、副师长、军参谋和少将高参等职，抗战胜利后获准退役，定居上甘棠直至病故。

文昌阁位于村口的谢沐河下游西岸、步瀛桥南侧，曾是村民祭拜文曲星君的场所。文昌阁始建于明万历四十八年（1620），庄重稳定，屹立旷野，蔚为壮观，高四层、16米，四墙四角，下大上小，成方锥形，青瓦歇山顶，三重斗拱飞檐。一二层用青砖砌筑，三四层为全木结构，抬梁做工考究，童柱所骑驼峰均采用莲花瓣座，具有明显的明代建筑特征。文昌阁西侧为龙凤庵（现为村小学），东侧为九母庙。

月陂亭摩崖石刻位于村南断崖壁上，上甘棠村周氏六世始祖、唐代道州刺史"征南大将军"周如锡曾在断崖处筑亭观书并摩崖题诗，此后渐有吟题刻于崖上，现有唐至清代石刻20余方，如"月陂亭"、"忠孝廉节"等。有的石刻形同女书，有的如蝌蚪文，让人捉摸不透。明代"甘棠八景"诗刻将甘棠景色概括为昂山毓秀、清涧渔翁、甘棠晓读、独石时耕、山亭隐士、龟山夕照、西岭晴云、芳寺钟声。月陂亭摩崖石刻地形奇特，依山傍水，与隔河的寺、楼、阁、台相映成景，通往两广的古驿要道就从摩崖下通过。月陂亭摩崖石刻，对于研究上甘棠村史、民俗、文化和宗教具有重要价值。

周氏祠堂，也叫忠厚祠，位于村南山门内主干道边，童柱驼峰采用莲花瓣座，柱础刻莲花瓣图案，具有明代晚期建筑风格。祠内存有一方康熙五十七年（1718）经永明县正堂批示颁布的村规民约石刻，昭示甘棠周氏族人不仅倡导道德教化，也强调奉公守法。

寿萱亭为古驿道凉亭，位于文昌阁西南500米处，石木结构，立于旷野田间。清光绪三十三年（1907），村人周际隆为庶母陈氏诰封、胞嫂何氏赐封"宣人"七十大寿而建。萱即萱堂，是对高堂慈母的尊称。周际隆的父亲周振邦是奉政大夫，周际隆是例授奉政大夫，均官五品，其母素怀慈悲，体恤乡邻，吃斋信佛，被尊为"慈悲佛母"，朝廷为彰显其德而封之为"五品宣人"。

文昌阁

上甘棠村水口

步瀛桥

月陂亭摩崖石刻

月陂亭甘棠八景石刻

周氏祠堂与村南门

古街

门坊抱鼓石

门坊之一

门坊之二

门坊门枕石

建于 1913 年的谢沐河防洪墙

谢沐河

古老的石板桥

昂山

位于村北的石墩木板桥

Gaoyicun

高椅^村

湖南省会同县高椅乡高椅村

湖南省会同县高椅乡高椅村，位于沅水上游、雪峰山脉南麓，西距会同县城48公里。高椅村三面环山，一面临水，巫水河绕村而过，村落如坐落在高围椅之中，故名高椅。高椅村地处内陆深山，却享有"多水之村"的美名，是天然与人工优化的生态环境的典范。巫水河奔腾而来，在村前辗转几湾之后，流水渐缓，似不想离去，实为聚水之宝地。高椅三面山脉自然形成五龙之势，五条龙的龙头均指向村落中心，构成"五龙聚首"。

多数村民为杨姓，系南宋诰封"威远侯"杨再思的后裔，侗族。元至大四年（1311），威远侯杨再思的五世孙杨盛隆、杨盛榜定居高椅村。杨姓尊东汉时期为官清廉的"关西夫子"杨震为始祖，许多人家门额题写"关西门第"、"关西世家"、"清白家声"等作为庭训，告诫子孙要"堂堂正正做人，清清白白为官"。

高椅村曾有"48口水井，48池水塘，48丘水田"一说。从风水角度看，通过水井、池塘和水田，造就一片水世界，形成"五龙"栖息之地。水井、水塘、水田将高椅村划分呈梅花形状，使山、水、人达到和谐统一。高椅水域的主要功能是满足人们生活、生产和消防的需要，村落的所有水都是连通的，并顺着龙势集中到五龙相聚的村中心大塘，形成"五龙戏珠"。全村污水统一排向大塘，在大塘植荷养鱼净化水质。经过大塘初次沉淀净化后，水又排入另一水塘，再次沉淀过滤，最后才排入巫水河。可见，高椅村的前辈们有很强的环境保护意识。

高椅村较完整地保存有明清民居104幢，建筑面积19416平方米。这些民居以五通庙为中心，按梅花状向外辐射，分五个自然群落。西为明早期建筑称老屋街，北为明晚期建筑称坎脚，东为清前期建筑称大屋巷，南为清中晚期建筑称田段、下寨等。公共建筑有祠堂、学馆、凉亭、土地庙、池塘和水井。一条条青石板铺就的小巷，网状分布，纵横交错，曲折幽深，陌生人进入如入迷宫，身陷其中找不着出路，几百年来这里少有匪盗侵扰。

高椅村民居总体风格是"简朴、大气、古朴、写意"，外观简洁，不斗奢华，也不张扬。封火砖墙构成封闭庭院，木质穿斗式结构，两层楼房，一层住人，二层堆放杂物。封火墙墙头多有彩绘，两端成梯状的翘角马头高耸。在平面布局上，横向从一开间到五开间不等，纵向为一进式或二进式。家家屋檐

挨屋檐，瓦连瓦。每个院落各自"天人合一"，又与邻家相通，是典型的明代江南营造法式，又具有浓郁的沅湘特色兼侗家风格。走进大门，照壁上方有色彩斑斓的绘画，或大禽猛兽，或松菊梅兰，或瓜果牛羊，从中可以看出当时的主人爱好特点。飞檐脊饰更是各有不同，极尽精美。装饰手法形式多样，浅浮雕、深浮雕、透雕、圆雕均有。门窗多有吉祥雕刻，蝙蝠代表"福气"，仙鹤意为"显赫"，四只蝙蝠象征"四季有福"。石榴代表"福禄"，与寿桃、喜鹊连为"福禄寿喜"。老鼠在十二月生肖里面排行第一，雕刻两只老鼠意为"数一数二"。

五通庙位于村落中心，始建于南宋末年，系道教神庙，明正统年间和清乾隆年间又进行了两次大的扩建，成为高椅村百姓祭拜神灵的最大寺庙。20世纪70年代末，为建影剧院五通庙被拆毁，现仅遗存一只石狮和一棵古松。

古村第一宅建于明洪武十三年（1380），为高椅现存最早的一幢古民居。墙基铭文砖记："靖州绥宁县，提调官薄郝煜，司吏杨华，总甲吴再贵，人夫刘中仁，匠人李原富，明洪武十三年造"。两开间单进式木质穿斗结构，外围封火墙，有一天井。

古村钱庄始建于清嘉庆年间，房主人杨宏诩中武秀才，县令特赐"盛世鸿儒"的匾额。有钱人视之为保管钱财的安全之所，纷纷将钱财交由其保管而形成村落钱庄。

红黑鱼池开凿于清嘉庆末年，左边塘名"红池"，用来养观赏鱼的；右边塘名"黑池"，用来养食用鱼的。红黑鱼池与村内的排水系统相通，有净化去污、雨水吞吐、消防蓄水的作用。

下寨家祠，杨盛隆的后裔于清嘉庆初年（1796）建造，过厅毁于1969年，正厅改作生产队仓库后保存至今。在一所建于清道光年间的房屋里，右窗两边嵌有对联"堂前珠履三千客，房内金钗十二行"，墨汁浸入木板，字迹清晰，被誉为"入木三分"。建于明洪武年间的一所房屋，原主人是当地有名的富有人家，为防匪防盗在其厨柜下埋有一口直径60厘米、深55厘米的陶缸，俯身侧耳贴近缸口即可听到100米内的脚步声。月光楼始建于清同治年间，民国初年原房主在外求学，返乡后将房屋改建为中西合璧模样。

高椅村先人重视科举，古时出进士2名、举人3名、贡生9名，廪膳生、秀才、千总等293名。清嘉庆年间（1796–1820），老屋街贡生创办学馆，题名"清白堂"。清同治年间（1862–1874），大屋街富户方绅集资兴建"醉月楼"，作为文人学士聚会及娱乐消遣场所，清宣统初年（1909）改为女子学馆。

高椅村一角

高椅村

红鱼池

黑鱼池

古村钱庄

月光楼

五通庙遗址

关西世家"施舍（狮蛇）"门枕石

关西世家门楼

高椅村街道

一甲凉亭

古民居

民居隔扇门"数（鼠）一数（鼠）二"木雕

民居隔扇门"四季有福"木雕

巫水河从村前流过

干岩头村

Ganyantoucun

湖南省永州市零陵区富家桥镇干岩头村

湖南省永州市零陵区富家桥镇干岩头村，位于永州市区西南 55 公里处，三面青山环抱，整个村子就像坐落在一把太师椅上，以周家古建筑群闻名。

明户部尚书周希圣和晚清重臣周崇傅是干岩头村周家的骄傲。周家古建筑群体现了传统的风水思想，周崇傅用了四句话来形容干岩头的地形和地势："左边青石挂板，右边双凤朝阳，门前二龙相汇，屋后锯子朝天。"村落总体坐西朝东，村北口有大山青石裸露铺下。东边有打鸟岭和牛郎岭，每当太阳从东方升起，两座山峰就像两只凤凰。村后叠绿铺翠，一座座山峦连绵起伏形似锯齿。进水河和贤水河在村前汇合，山水清澈甘甜。山里有许多的岩洞，洞有深有浅，有大有小，洞内奇石处处可见，所以干岩头村又名"涧岩头村"。

干岩头村口立有"永州市市级文物保护单位"碑，碑醒目刻着"干岩翰林多顶子，明末清初留古绩"。周家古建筑群由六个大型院落组成，分别是老院子、尚书府（周希圣故居）、黑门楼（因门漆黑漆而得名）、新院子、子岩府（周崇傅故居）、四大家院。六个院落平面总体呈北斗形状分布，井然有序，错落有致，层楼叠院，规模庞大，占地百余亩，建筑面积 4.5 万平方米。六个院落有分有合，院落之间相隔百米，既自成一体，又浑然一体，其间有鹅卵石小道相连。各院落建筑风格相似，皆背倚青山，面临稻田和小河，门前或周边有大面积的水稻田。

周家古建筑群建造时间跨度大，包括明、清、民国三个历史时期。院落都是"一颗印"结构形式，按一正两排侧（横）或一正三排侧（横）屋的结构布局，防火、防盗、防洪、防潮功能齐备，生活功能齐全。建筑装饰独具匠心，令人惊叹。雕绘技艺精湛，表现手法多样，浅浮雕、镂空雕、圆雕不一，内容题材丰富，有动物、植物和人物，神形兼备，民族气息浓烈。六个院落中最有名的当属"尚书府"，规模最大、保存得最好的当属"周崇傅故居"。

尚书府为周希圣所建。周希圣（1551-1635）生于干岩头，中举后任四川成都华阳县令。周希圣为官清廉，秉公执法，政绩突出，官至明户部尚书。后因得罪权宦魏忠贤，被削职为民。罢官回乡后，潜心著作，主要有《退思堂集》、《怀柳赋》、《寻芝赋》、《湘南志》、《森阁诗稿》等。明崇祯元年（1628）

魏忠贤罪行败露被处死，周希圣以名德旧臣原官起用。周已无意仕途，坚辞不赴，明崇祯八年（1635）十月，病卒于家，享年 85 岁。传说，尚书府是周希圣在任尚书期间修建的，房屋建筑制式为重檐屋顶，显示主人不一般的身份和地位。如今的尚书府，只保存门楼和一进旧堂屋，门楼上有"尚书府"扁额，显耀着房屋主人昔日的辉煌。

周崇傅故居，据说是周崇傅（1830-1892）灵柩运回家乡后由其子侄修建的。周崇傅故居从清光绪二十一年（1895）开始建造，于清光绪二十八年（1902）周崇傅去逝后十年才完工。周崇傅故居坐西朝东，正屋四进，北边是三排侧（横）三栋屋，南边是二排侧（横）三栋屋和花园。三排屋之间用廊亭连接，每栋横屋前有两天井、一走廊、一堂屋、两厢房。房屋的窗子大多是支摘窗，分上下两部分。院落里的石雕木刻雕琢精细。周崇傅故居外墙南北宽 120 米、东西纵深 100 米。正大门上方挂"周崇傅故居"匾，两边有一对联"翰林门第，濂溪字风"。正堂内挂有周崇傅的曾孙周克强书刻的一副对联"石蕴玉而山辉，水含珠而渊媚"，对联道出了该院落的文化底蕴。整个故居布局井然有序，平稳中和，不偏不倚，表现出典型的儒家文化思想，其"向心性"的布局体现"中庸"的"择中"观念。

周崇傅是周希圣的第十五代孙，系清末湘军负责后勤给养的主要将领之一。清光绪八年（1882）之后，随左宗棠出镇两江整饬盐纲，"处盐场腥膻之区，丝毫无所沾染"，为政清廉。周崇傅一生管的银钱以亿万计，身在黄金白银中，但一尘不染，死后清贫。周崇傅任喀什噶尔兵备道要职时，组织民工开凿运河，此举被奸臣诬告，清廷不辨真伪，诏令自省，罢职受刑。周崇傅身在边疆，一时难以辨明，又秉性刚直，终于在清光绪十八年（1892）十二月十六日蒙冤自尽。清廷查明真相后，下诏平反昭雪，重金抚恤。其子扶柩回原籍，奉旨穿城。沿途各州县都派遣人员迎送，逢水路行舟，遇旱路扛抬。清廷下令各州县都要奉送银钱，以示安抚。清光绪二十一年（1895），才从新疆运至零陵。据说，到零陵时所送给的银子已是用船装运了。这意外之财，使周家大富。周崇傅弟兄五人，除本家外，这弟兄四人也分得一定的银钱，各置产业。周崇傅的四弟崇备、五弟崇俨当时健在，分别在溪西、岩门口建造屋宇，另立门户。前三弟兄的子侄则共同在干岩头合建一个大院子，这就是"周崇傅故居"。

老院子

干岩头村

老院子墀头装饰

老院子墙头画

黑院子门枕石

尚书府

周府新院抱鼓石

周府新院

周府新院扇形漏窗

周府新院柱础

周府新院马头墙

周崇傅故居大门

周崇傅故居天井

周崇傅故居天井过亭

周崇傅故居天井过亭藻井

周崇傅故居

周崇傅故居扇形漏窗

周崇傅故居柱础

周崇傅故居门枕石

悬崖下的公路是进村必经之路

大岭村

Dalingcun

广东省广州市番禺区石楼镇大岭村

广东省广州市番禺区石楼镇大岭村，位于广州市区东南约15公里、番禺区中心东约10公里处。大岭村原名菩山村，已有800多年历史。大岭村有陈氏开村和许氏开村两种说法。陈氏开村说认为，陈氏原籍江西，第三代孙遗庆公于南宋绍兴元年（1131）自南雄珠玑巷迁徙至大岭开村。许氏开村说认为，大岭村为广东始兴郡皇后之父许氏于北宋宣和元年（1119）从南雄珠玑巷迁徙至大岭开村。

大岭村背倚菩山，玉带河三面环绕，各式古石桥跨于河上，是一个具有典型岭南风格的古村落。古建筑群保存比较完好，建筑面积约9000平方米。古塔立于村西南角，众多的祠堂、门楼、牌坊、麻石巷、古树、蚝壳墙等散落村中。大岭村有上街和下街两条主要街道，上街建于清光绪二十三年（1897），由五板白石砌成，全长400余米，下街建于清光绪二十四年（1898），筑玉带河岸堤而成，长630余米。

显宗祠建于明嘉靖年间，重修于清乾隆六年（1741），又名"凝德堂"，又因位于龙津桥头被称为"桥头祠"，是大岭陈氏九世祖祠。显宗祠坐东朝西，前临玉带河，占地面积1632平方米。门前有两个石鼓墩，镌刻着垂卷发、紧身衣、束马裤、高皮靴、佩长剑的"送财洋童子"，这在当地古建筑中并不多见。大门上方有匾"显宗祠"，两边有木联"冀开玉叶，兰发珠华"。匾额"显宗祠"由明万历三十二年（1604）进士、巡按御史王命璿题书。大门六层如意斗拱，硬山脊，饰有灰雕，山墙有砖雕，梁柱有木雕装饰，人物故事和飞禽走兽等栩栩如生。三进两天井结构，宽16.3米，第一进深11.6米，石柱上有对联"荣回水抱中和气，平远山如蕴籍人"，天井用白麻石铺砌；第二进深16.7米，梁枋斗拱木雕、壁画装饰，硬山脊，灰雕装饰，石柱有对联"举目不忘宗祖德，回头还望子孙贤"；第三进深22.3米，供奉有祖先灵位。

陈氏大宗祠始建于宋代，又名"柳源堂"，现建筑是1999年重建的。门额石刻"陈氏大宗祠"，门联"柳明花媚，源远流长"，占地面积300平方米，门口广场东侧竖立5对花岗岩旗杆夹，前三对刻有文字，有清光绪年间的"钦点"、"分部主政"、"恩科二甲四十五名进士"等字样，后两对无字。

两塘公祠始建于明永乐年间，三进两天井结构。正面有三

门，中间为大门，两边各有小门。中间门额石刻"两塘公祠"，门联"颖川世泽，大岭家风"。两边门额石刻"凤占"、"麟定"。祠前照壁上有九只狮子彩塑，惟妙惟肖。更为独特的是，祠外墙由蚝壳垒就，蚝壳排列整整齐齐、密密麻麻，显得十分美观。蚝壳墙高九米，有蚝壳至少10吨以上。门前左侧长着一棵枝繁叶茂的菩提榕，已有几百年的树龄。

永思堂始建于清道光二十七年（1847），东西宽84.7米、南北深36.1米，占地面积3000多平方米。东侧为大花园，园中有池塘，池中有拱桥，据说过去种有许多名贵花木，现仅存池塘。

龙津桥建于清康熙年间，由红色砂砾岩砌成，一墩两孔，横跨在玉带河上。桥面两侧各有16根望柱，15方栏板，刻着卷草和暗八仙法器图案。在北侧西端一方栏板上镌有一捧盘跪献的西洋人，独具特色。接龙桥，又称白石新桥，清同治年间始建，近年重建，单孔石拱桥，全部用白石建造。

大魁阁塔，又称"文昌阁"，始建于清光绪十年（1884），坐落在龙津桥南侧，为三层楼阁式砖塔，高20余米，花岗岩白石基座，双隅水磨青砖塔壁，平面呈六角形，塔顶成六角攒尖，塔刹竖绿色琉璃宝葫芦。底层门上镶花岗岩白石，额刻"作镇菩山"四个大字，第二层开竖长方形石框窗，镶石额刻"司令司忠"四字。第三层开六角形石框窗，镶石额刻"日月齐光"四字。

贞寿之门石牌坊建于清光绪十九年（1893），位于村北口，四柱三门三楼石牌坊，由花岗岩白石构成，中间门额刻阳文正楷"贞寿之门"，之上横额刻"圣旨"，左门横额刻"同享"，右门横额刻"百龄"。石牌坊为表彰陈华达之妻蔡氏、妾冼氏两人守节教子成人，同时寿享百龄而立。

在贞寿之门石牌坊东面山脚下有三还庙，供奉洪圣公、天后、文武二帝、观音、锦帛星君等。20世纪50年代拆除，1992年由乡亲捐资重建。

菩山第一泉位于大岭村后冈东北方山脚下，自然山泉，水质清洌。过去的富人或文人多拿来烹茶，茶味甘香。清光绪十七年（1891）进士陈维湘在山泉旁岩石斜坡上题字刻石"菩山第一泉"。

大岭村自古人才辈出，南宋至清代出了探花1个、进士34个、举人53个，九品以上的官员100多个。

村中一角

龙津桥

大魁阁塔

五板白石街

显宗祠

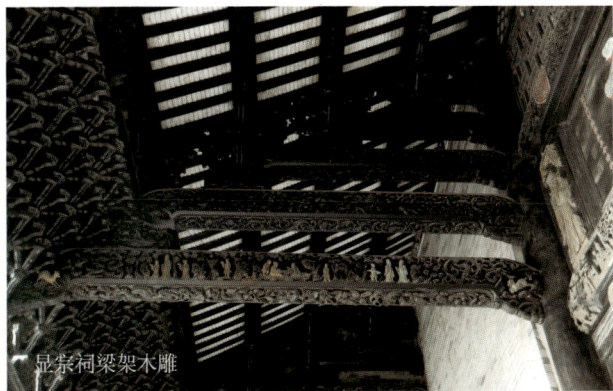

显宗祠梁架木雕

显宗祠大门

陈氏大宗祠门前广场上的五对旗杆夹

陈氏大宗祠

显宗祠门前刻有送财洋童子的石鼓墩

两塘公祠蚝壳墙

两塘公祠照壁上的狮子彩塑

两塘公祠

两塘公祠屋顶的鳌鱼

菩山第一泉

接龙桥

三还庙

"贞寿之门"石牌坊

塘尾村

Tangweicun

广东省东莞市石排镇塘尾村

广东省东莞市石排镇塘尾村，东距东莞市区约 20 公里。村落以围墙为界，占地面积 39565 平方米，现存古民居 268 幢，祠堂 21 座，书室 19 间，古井 10 眼，4 个围门，19 座炮楼。塘尾村依自然缓坡而建，前有一大二小三口鱼塘代表蟹壳和两只蟹钳，两眼古井代表两只蟹眼，仿生喻意一只巨蟹守护后面的村落和村前的千亩良田。几十棵百年古榕环绕村落，生态环境优美。

据族谱《陇西李氏家乘》记载，宋末李栎囚遭权贵排挤，只身由东莞白马逃来塘尾，娶黎氏之女为妻，安家乐业，繁衍生息，李家香火从此昌盛。经元明清近 600 年发展，李氏逐渐兴旺，至清光绪年间达到鼎盛，人口增至 1000 多人，外出经商致富的李氏子孙纷纷回乡筑墙建屋。

塘尾村现存建筑多为明清时期所建，民居布局多以三间两廊、三间一边廊为主，因与巷道的相对关系而有所变化。民居与书室结合、民居与祠堂结合是塘尾村建筑布局的一大特点。祠堂建筑除宗祠为三进布局外，各家祠则是二进四合院形式。建筑一般用红石做门、窗框和墙基，水磨青砖清水墙，饰有精美木雕、石雕和灰塑。

塘尾村围墙、围门和炮楼始建于明代，围墙周长 860.8 米、高 5 米、厚 0.35 米，红石墙基，青砖墙体，每隔 4 米有一附墙。在围墙东南、西南、西北、东北角开有四个围门，村民称之为东门、南门、西门和北门。围门实际上是一间房屋，通过里外两道房门出入围门，房屋内在"福德宫"题字下方供奉寿星和福星塑像，左右有对联"白发知公老，黄金赐福人"。东门规模最大，宽 4.24 米、长 5.38 米、高 9.30 米，为两层青砖镬耳山墙建筑，门上镶匾额"秀挹东南"。围墙附有 28 个谯楼，也称"楼斗"或"炮楼"，以 28 个天文星宿命名，规模有大有小，一般长宽各 4.5 米、高 7 米。围墙、围门和炮楼组成完整的防御设施，保障村落安全。现围门保存完好，围墙基本完整，炮楼尚存 19 个。

塘尾村坐北朝南，巷道成井字形网状布局，主要巷道有南北走向的直巷 7 条，东西走向的横巷 4 条。巷道由红石条石铺就而成，宽 2 米左右，下面有排水渠。正中直巷将村落一分为二，1、4、6、7 房在东面居住，多出商贾富人；2、3、5 房分布西面，多出秀才文人。清末光绪年间，富绅李植忠将部分红石巷改为

花岗岩麻石巷，从东门出围经牛过村可达当时的南社火车站，由北门出围直达当时的木排村石龙渡口，总长度近 10 公里。塘尾村有古井 10 眼，一般位于巷道旁，井壁用青砖砌筑，井沿则用整块红石挖空而成。

据说发达后的李氏回乡建家祠和书房，望后人在仕途上有所出息。然而李氏一贯低调，即使家境殷实，也不显富张扬，甚少有镬耳墙以及在屋脊雕刻夔纹等。一来由于李氏虽富却不贵，较少在朝廷当高官之人；二来这些建筑外表虽不奢华，真正精致之处却藏而不露。附近燕岭盛产红砂岩，故墙基多用红石。富裕的人家，将青砖侧放砌墙，墙体整整厚实一倍，有人还在墙内夹层设机关防贼，贼人凿墙至半，动及机关，则有地砖如铡刀放下。门框、屋檐、梁柱的装饰虽不奇巧，但也一刀一斧，精雕细刻。

李氏宗祠始建于明初，五开间三进院落，抬梁与穿斗混合梁架结构，硬山顶，宽 17.8 米、长 43.7 米，占地面积 770 多平方米。门外的旗杆夹是清光绪二十三年（1897）乡试第三名举人李衍广所立。二进堂号"追远"，前檐下还挂"文魁"、"经元"二匾，皆由后人仿造，原匾由明成化年间举人李质立。

景通公祠始建于清中期，为十世祖景通家祠，三开间二进院落，抬梁与穿斗混合式梁架结构，硬山顶，宽 9.5 米、长 17.1 米，占地面积 162.45 平方米，封檐板和梁架的木雕，犁头和横梁的石雕，工艺都很精美。

梅菴公祠始建于明万历年间，重修于清道光元年（1821），为十二世祖家祠，三开间二进院落，抬梁与穿斗混合式梁架结构，宽 8.8 米、长 14.3 米，占地面积 125.84 平方米，前檐壁画精美，保留从明代十世祖至清代二十二世祖的祖先牌位原物，还摆放有塘尾民间信仰神康王的神像。

守善堂建于清光绪年间，为家祠与民居结合的典型代表，有侧门相通。家祠为三开间二进院落，宽 9.14 米、长 11.9 米，屏风和梁架装饰精美。民居为三间一边廊建筑，宽 5.8 米、长 11.23 米。

宝卿家塾是民国年间李冀南扩建祖居而成，宽 8.85 米、长 9.5 米，早期为家祠与民居结合的建筑，后改家祠为书院，现存清末东莞探花陈伯陶 1919 年题书的"宝卿家塾"红石门匾。

村前池塘

塘尾村

塘尾村东门

东门内的福星和寿星

塘尾村西门

东门外的大榕树

塘尾村南门

塘尾村北门

景通公祠

景通公祠挑檐枋木雕及墀头红石雕

李氏宗祠

梅菴公祠

宝卿家塾

梅菴公祠内景

红石巷

古井

民居门罩

民居墙角红石雕刻

翠亨村

Cuihengcun

广东省中山市南朗镇翠亨村

广东省中山市南朗镇翠亨村，位于中山市区东南约 20 公里处，西为五桂山脉，东临珠江口伶仃洋，与珠海市淇澳岛隔海相望。相传清康熙年间蔡姓人在此建村，因地处山坑边故名蔡坑。后人见该村山林苍翠，坑水潺潺，风景优美，方言"蔡"与"翠"、"坑"与"亨"又谐音，寓意万事亨通，于是在清道光初年改称"翠亨"，一直沿用至今。翠亨村是中国民主革命的伟大先行者孙中山的故乡，1866 年 11 月 12 日孙中山诞生于此。

在这个树木葱郁、环境优美的小村里，有全国重点文物保护单位孙中山故居，省级文物保护单位杨殷故居、陆皓东故居、陆皓东墓及中山纪念中学建筑群，并保存有许多古民居，这些古建筑的结构和装饰都展示了中国建筑文化的较高水平。在绿树的掩映下，村里石板巷曲径通幽，建于清末民初的民居错落有致分布于巷子两侧，充满"绿树村边合，青山郭外斜"的诗情画意。

孙中山故居由孙中山亲自设计并主持修建。它是一幢砖木结构、中西结合的两层楼房，红墙白纹，既有广东砖瓦房的建筑风格，又融合了西方民居的建筑风格。楼上楼下各有七个赭红色装饰性拱门，屋檐正中饰有飞鹰灰雕。正门上有一副对联"一椽得所，五桂安居"，是楼宇落成后孙中山亲笔撰写的。楼房外有一小院和围墙，围墙正门外右侧有宋庆龄手书的"孙中山故居"石刻牌匾。

孙中山故居正厅摆设是孙中山亲自布置的，1883 年他从檀香山带回的两盏煤油灯就放置在条台上。北边耳房是孙中山的卧室，当年所用的大木床、梳妆台和凳子等照原样摆放着，1892 年至 1895 年和 1912 年孙中山曾在此居住。二楼南边，是孙中山的书房，墙上挂着孙中山十七岁时的照片，室内有孙中山日常使用过的书桌、台椅和铁床。1893 年冬，孙中山曾在此书房研读古今书籍，探索救国救民真理，并曾在这里草拟"上李鸿章书"，提出"人能尽其才、地能尽其利、物能尽其用、货能畅其流"的主张。1895 年孙中山与陆皓东在此书房商讨救国方略，还曾在这里为乡亲治病。

孙中山故居庭院左边，栽植一棵酸子树，是孙中山 1883 年从檀香山带回种子亲手栽种的，长势苗壮茂盛，右边是砖砌的花台。故居庭院前的大榕树，是他童年时代常常听参加过太平

军的冯观爽老人讲述太平天国将领反清故事的地方。1956 年孙中山故居周围开辟为公园。为纪念孙中山诞辰 100 周年，1966 年在孙中山故居旁兴建了孙中山纪念馆，馆名由宋庆龄亲笔题写。

杨殷烈士故居是一幢石脚青砖房，建于清咸丰年间，为三开间砖木结构平房，由正厅及两边的耳房组成，厅的正中央安放着杨殷的大幅照片及全家合照。左边耳房是杨殷寝室，有结婚时用过的大铁床、书桌、日字形木凳和木面盆架。杨殷于 1892 年 8 月诞生在翠亨村，1910 年离开故乡到广州，就读于天主教创办的学校"圣心书院"。由于受到叔父杨鹤龄的反清爱国思想的影响，他于 1911 年秋在广州加入中国同盟会，跟随孙中山参加革命。1923 年杨殷加入中国共产党，历任中共两广区委委员、苏维埃政府代理主席、中共中央委员、政治局候补委员、中央常委兼党中央军事部长等。1929 年 8 月，杨殷被叛徒出卖被捕，并在上海英勇就义，时年 37 岁。

陆皓东故居由一道不高的庭院小墙围绕着，建于清代晚期，是一幢二进三开间砖木结构的平房，陆皓东于 1868 年 9 月出生于此。陆皓东为人聪明沉勇、真挚诚恳、能书善画，常与孙中山谈论倾覆朝廷情事，义甚洽，风雨同床，起居相共。1895 年他协助孙中山在香港成立兴中会总部，并决定武装起义袭取广州为革命根据地。他亲手绘制青天白日旗作为起义旗帜，为掩护革命党人不幸被捕。在狱中遭受严刑逼供，宁死不屈，当庭愤笔疾书，痛斥清政府腐败、投降卖国，"今事虽不成，此心甚慰，但我可杀，而继我而起者，不可尽杀"。1895 年 11 月陆皓东英勇就义，时年 27 岁，被孙中山誉为"中国有史以来，为共和革命而牺牲第一人"。陆皓东墓建于 1937 年，又称陆皓东烈士坟场，位于翠亨村犁头尖山腰。

中山纪念中学位于翠亨村犁头尖山下，该学校原名"总理故乡纪念中学"，现学校的校名为宋庆龄所题写。中山纪念中学建于 1931 年，由孙中山之子孙科筹建。该校为仿宫殿式建筑，庑殿顶、红墙、蓝色琉璃瓦，由鹤龄堂、皓东堂、寿屏堂、庆龄堂等四间课堂以及慕贞堂校务处、礼堂、生活区等组成。

孙中山一生从事革命活动，足迹遍及世界各地。人们在翠亨村建了一座"中山城"，展现了中山的地域文化，也反映了不同国家的建筑风格和风土人情，是最具特色的影视拍摄基地之一。

孙中山故居纪念馆大门

翠亨村村口

翠亨村街景

宋庆龄题写的"中山故居公园"牌匾

孙中山故居

反映孙中山童年听老人讲太平天国故事的塑像

孙中山故居门口楹联

孙中山纪念馆

杨殷故居

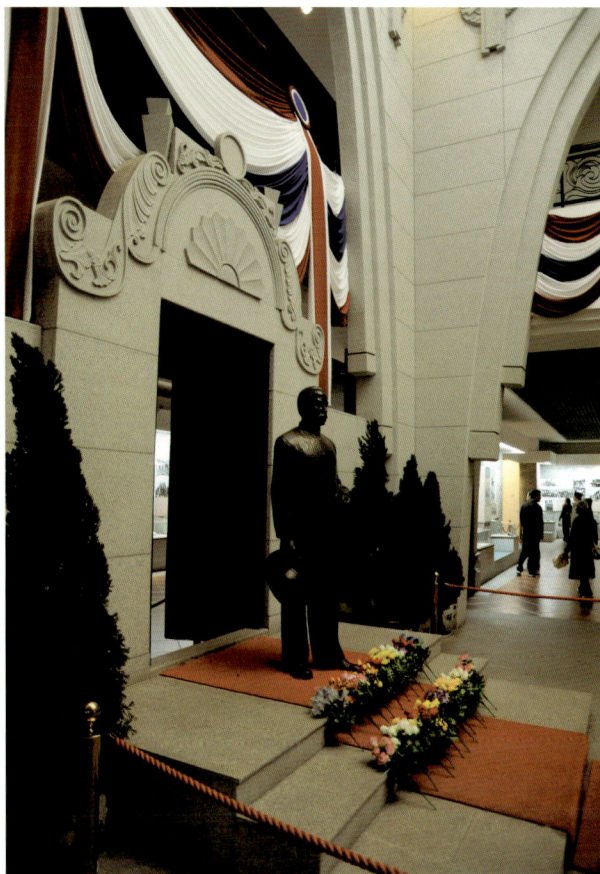

纪念馆内的孙中山塑像

中山影视城

大芦村

Dalucun

广西壮族自治区灵山县佛子镇大芦村

广西壮族自治区灵山县佛子镇大芦村，位于灵山县城东部11公里处。大芦村具有民居建筑古老、文化内容丰富、古树参天、生态环境良好四个特点，有"荔枝村"之称。这里原来是芦荻丛生的荒芜之地，15世纪中期始有人烟，经过先民们辛勤开发，几度兴衰，到17世纪初建成有15个姓氏和睦相处的富庶乡村。大芦村的村里村外，从坡地、池塘边、田垌到农家庭院，满目树木葱茏，四季花果飘香。

大芦村明清古建筑群，是大芦劳氏祖先自明嘉靖年间迁至大芦村后，创业守承，逐年建立的，具有典型的明清时期岭南建筑风格。大芦村明清古建筑群布局合理，依山傍水，绿树环绕，由多个人造湖分隔开的镬耳楼、三达堂、东园别墅、双庆堂、东明堂、蟠龙塘、陈卓园、富春园和劳克中公祠堂等组成，占地面积22万平方米，建筑总面积45万平方米。其中，三达堂、劳氏祖居镬耳楼、双庆堂三个院落为东南朝向，平衡紧靠，组成一个民居区，三个院落之间有内门相通。东园为一个院落，坐东向西，自成一个民居区。两个民居区几近相望，中间有数个池塘相隔。宅旁湖畔有寓意"文章显世，红顶当头"的古楂树、樟树和荔枝树，犹如巨型盆景，往来曲径通幽，恬淡祥和。

镬耳楼是大芦村劳氏家族的发祥地，也就是劳氏祖屋，又名"四美堂"。其建筑布局为"国"字形，由前门楼、主屋、辅屋、斗底屋、廊屋和围墙构成，占地面积4460平方米。明嘉靖二十五年（1546）始建，明崇祯十四年（1641）于前门楼和主屋第二进营造镬耳状封火墙，至清康熙五十八年（1719）完成这一建筑群落的整体建设。镬耳楼房屋结构齐全，明末清初岭南豪宅的建筑风格特征明显，具有浓烈的宗法制度气息，这与房屋主人的身份地位不无关系。镬耳楼的始建者劳经，在明嘉靖年间为县儒学庠生，大芦劳氏第四代世祖劳弦于明崇祯九年（1636）考选拔贡，由国子监毕业后，授内阁中书舍人，不久升任兵部职方司主政（官拜三品），并准请朝廷封赠三代祖先，将祖屋第四进"官厅"和前门楼的封火墙建成镬耳把手形，镬耳楼由此得名。

镬耳楼是一个以廊分隔并列的主屋和辅屋组成的一个整体，左尊右卑，纵横交错，布局井然有序，只需看房子的居住格局就知道长幼、男女、主仆，足见当时严格宗法等级观念。镬耳

楼共有五进，每进三间，地势由五进向头进依次递低。五进正中为一间神厅，其余各进中间为过厅，两侧为厢房。由神厅至前厅为整体建筑物的中轴线，两侧的建筑物皆成对称结构。前厅门口下有五个台阶，代表该建筑共有五进房子。建筑材料有土砖、火砖、木材、陶瓦、石块等，装饰讲究，梁柱、斗拱、檐沿、墙头、柱础、屏风、门窗等有许多精美的装饰。厅门、堂内及楼房等处，悬挂牌匾多块，有诰封匾、贺赠匾、科名匾、家训匾等。

三达堂于清康熙三十年至五十八年（1691-1719）建造，是劳氏老二房发祥地，原名"灰沙地院"，占地面积4400平方米。清乾隆十一年（1746）大芦村开基200年之际，老二房孙子辈首发三支，起堂号为"三达堂"，取达德、达材、达智之意，寓意"三俊"，与由老长房居住的祖屋"四美堂"相对应。宅内那些熠熠生辉的匾额，反映了劳氏家族曾有的辉煌。

东园别墅为大芦村劳氏第八代孙劳自荣所建，建于清乾隆十二年（1747），占地面积7750平方米。简朴光华的前门楼，宽广的院落，三位一体的老四座、新四座、桂香堂及其附属建筑，匠心独运。整体布局尤如迷宫，局部布置典雅别致，装饰工艺精湛，文物丰富珍贵，气氛静谧祥和，是古代因地制宜营造法式和书香世家的综合体现。东园别墅的建筑风格与屋主劳自荣宽宏脱俗的性格相呼应。

双庆堂建于清道光六年（1826），为劳氏第十代劳常福、劳常佑兄弟亲建，寓意"兄发弟泰，才行并关"，门户自成体系，有过道相通，房屋高大、宽敞、明亮，实用舒适，雕绘精美，气派排场。

大芦村古建筑群规模宏大，气势恢宏，功能齐全，保护完好，生态环境优良，民俗文化积淀丰厚，而楹联文化在其中占了很大的份量。如果将大芦村的古建筑看做一幅风景画，那么那些挂于门楹和楹柱上的楹联是其中的点睛之笔。大芦村保留了明清两代沿用下来的楹联305幅，内容具有修身、持家、创业、报国之特点，如"勤与俭治家上策，和而忍处世良规"、"涵养功深心似镜，揣摩历久笔生花"、"东天天才可济世，园地地富能兴家"等，被誉为"广西楹联第一村"。楹联融书法、雕刻技巧为一体，是文学艺术的组成部分，也是建筑艺术的组成部分。楹联既美化了建筑形象，又增添了文化氛围，给人予美的享受。

古人认为民宅应该依山而建，这样才有好风水。但是大芦村没有山，所以劳氏祖先就在房子后面种了七棵大叶榕树，呈北斗七星状排列。巨大的树干需十多人才围合。大芦村的祖先把建筑前的池塘称为"墨池"，把这七棵大叶榕树称为"楂（笔）树"，认为笔墨齐全才能写出好文章。

大芦村古建筑群

镬耳楼

镬耳楼男巷

镬耳楼女巷

镬耳楼厅堂

三达堂

镬耳楼栋梁雕刻

三达堂牌匾

古樟树

三达堂柱础

双庆堂灰塑

蟠龙塘

东园别墅

东园别墅小巧玲珑的古代官轿

东园别墅撑拱与雀替

东园别墅厅堂

东园别墅回廊

高山村

Gaoshancun

广西壮族自治区玉林市玉州区城北街道办事处高山村

广西壮族自治区玉林市玉州区城北街道办事处高山村，位于玉林城北5公里处，坐落在大容山西南余脉的山坡上。高山村周围有七个小山峰拱托着高山村，俗称"七星伴月"。高山村北靠大容山，东有金马山、文笔岭围绕，西面有寒山圣境遮拦，南有清湾江蜿蜒而过。地势虽不高，但因周边经常发生洪灾，而该村从未被水淹过，故得名"高山"。有诗云："自古高山景不凡，游人到此醉留连。七星伴月村边照，九巷镶砖路上延。祠宇明清冠世代，民居今古誉乡间。金龙五爪榕荫广，古井双泉乳汁甜。文笔凌云多壮志，荷池映碧尽骚潭。一江秀水庄前绕，松柏参天鹤往还。"

高山村古村落始建于明天顺七年（1463），是以宗祠文化为主要载体的建筑群，历史文化内涵深邃，建筑风格独特，布局合理，排列整齐，立面美观。保存着牟绍德祠、牟氏思成宗祠等明清祠堂10座，进士李拔谋、牟廷典、牟树棠、牟懋圻等名人故居，牟承绪楼等民居60幢，古闸门6个，青云巷等9条巷道总长1000米，总建筑面积5万平方米。两广特有的"推笼"，以及融风水、美学、礼教三位一体的屏风应用于每幢古建筑。主体建筑一般三进、四进或五进，外墙青砖包皮，内墙石灰批白，抬梁式木结构，柱础风格多样，脊饰、木构件、壁画、木雕、泥塑、石刻等手法多变，花鸟虫鱼栩栩如生，诗文壁画内容丰富。此外，高山村还留存有状元陈继昌、陈宏谋等名人书画，以及古牌匾、古坟墓、古井、古碑刻、古树、古围墙等一大批文物古迹。

高山村房屋构造采用岭南常见的梳式布局，绝少独门独户，大多坐北朝南或坐西朝东，连片而建，辅以巷道相连。大多民居以一条轴线代表一个家庭，一个院落代表一个大家庭，同宗聚居，彰显"亲"、"孝"道德本位。村里有牟、李、陈、钟、冯、朱、易等七个姓氏，长期和睦相处，体现高山村兼容并蓄的心态。

高山村村民明礼、诚信、好学，历代人才辈出。明万历二年（1574），村里便办起了"独堆坡书房"。随后各个家族相继办各式启蒙学馆、大馆、私塾等，到清末全村共有15间。加上各族宗祠助学，因而学风浓、仕道亨通。自清乾隆二十二年（1757）牟廷典中进士至清末的150年间，只有1000余人的高山村出进士4名、举人21名、秀才193名。青云巷原来叫企岭巷，因巷内出了一批读书人步入青云，因此改名为"青云巷"。牟廷典未入仕途前，在青云巷里读书，夜夜孤灯伴身影，书海苦读终有成，使青云巷一举名传乡里，高山村也曾叫"进士村"。

牟承绪楼，清同治年间牟绪亭所建，主屋三进、两旁厢房、前后小屋围绕的四合院，占地面积3250平方米，建筑面积2650平方米。有厅10个，房屋58间，天井11个，门121个，既有岭南特色又兼有北方四合院风格。厅房相互连通又保留独立的天井，曲径回廊迷而不茫，是高山村现存最大的古民居。牟承绪楼里有许多壁画壁诗，几乎每面墙上都可找到踪影，据说共有壁诗200多首、壁画30多幅。壁画大多以"忠孝道德"、"如意吉祥"等历史故事人物或花草禽鸟为主题，画功飘逸，寓义隽永。壁诗不拘一格，或狂草或正楷，与壁画相得益彰。在二厅中堂屏壁上，挂着一幅牟承绪楼先辈牟绪亭的画像。画像上方有一幅巨匾，密密麻麻写着"朱子治家格言"。值得一提的是房梁上的驮梁兽，房子的房柱与房顶是不直接接触的，而是在柱顶守卫着一只驮梁兽，似狮似麒，稳定的趴在房柱上，坚挺的背着沉重的房顶，居高临下关注着房子主人的兴衰变迁和悲欢离合。

李拔谋故居位于青云巷北端，建于清道光七年（1827），占地面积1520平方米，建筑面积1490平方米，三进两廊的四合院。门额挂着"清道光丙戌进士李拔谋故居"，门左右有"承先桃李茂，启后栋梁丰"对联。正屋正中高挂着清道光六年（1826）的御赐"进士"牌匾，正屋左侧挂着"文魁"牌匾，两块牌匾显示着主人的荣耀地位，说明李拔谋是进士，其弟李拔说是举人。左廊下方筑有一座高10米的炮楼，古廊下方建有一个花园、一个书房。屋顶犄角翘峨，四周有浮雕，屋内有壁画、泥塑、木雕，显得很有气派。

牟绍德祠建于清乾隆十五年（1750），占地面积910平方米，建筑面积850米，是牟春芳后裔所建。牟春芳是玉林牟氏七代孙，内有牟廷典中进士后乾隆皇帝诰封敕碑等石碑十块，壁画、灰雕、木雕数十幅。岭南古建筑结构，四进厅堂，一至三厅屋天面有犄角翘峨，屋顶有一列翘峨头，禽鱼鸟兽，活灵活现。花篮石礅、圆木柱、圆梁、鼓架层叠，显现了很高的建筑技艺。

高山村西北村口有古榕树6棵，枝叶茂盛，树龄300多年，其中一棵的树根崛起在地面上，似祥龙爪，苍劲有力。在大榕树下有几间旧瓦房，据说徐霞客在此住过。

防御设施上，古时高山村实行封闭式管理，同一家族聚居一处，各家各户自成体系，互为邻居，互相照应。为防止盗贼入村抢劫偷盗，自清咸丰二年（1852）开始修筑绕村围墙，兴建闸门，墙体设置射击孔。

高山村古建筑群

牟氏思成宗祠梁架

牟氏思成宗祠柱头

青云巷

牟氏思成宗祠

安贞门

牟绍德祠梁架雕刻

牟绍德祠

牟绍德祠柱础

牟绍德祠大堂

牟承绪楼

牟承绪楼彩画狮子滚绣球

朱子治家格言

牟承绪楼后进壁画

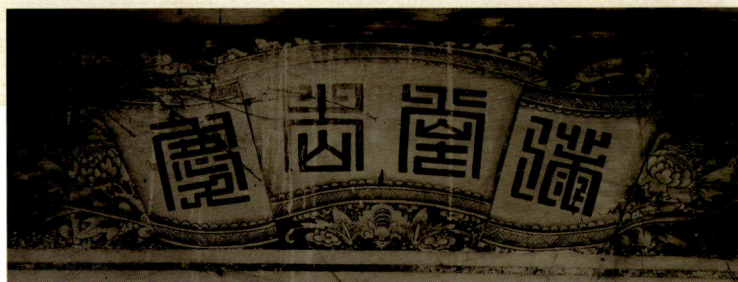

村中池塘

树根似祥龙爪的古榕树

高山村炮楼

隆里⑪

Longlicun

贵州省锦屏县隆里乡隆里村

贵州省锦屏县隆里乡隆里村，又被称为"隆里所城"、云贵高原上的"古城堡"，北距锦屏县城 45 公里，南距黎平飞机场 20 公里。

隆里村原是古代军事城堡，现在城墙虽已不甚完整，但村中居民多是明朝初年屯军的后裔，古风犹存。明洪武十八年（1385），楚王朱桢（朱元璋第六子）调集江南九省官军，在隆里设千户所，并兴建古城。据《龙标志略》载，明洪武十八年（1385），明太祖朱元璋第六子楚王桢带兵驱走当地"土著"（当地少数民族），实行军屯，置"龙里千户所"，"十八年建所，十九年封城，留兵丁 3000 人驻所"。清顺治十五年（1658），龙里千户所更名为"隆里所城"。古之隆里，"城内三千七，城外七千三，七十二姓氏，七十二眼井"，这座由本地土著居民和外来屯军人员及其后裔共建的戍边重镇，规模之大，人烟之旺，由此可见一斑。

隆里所城近似长方形，南北宽 217 米，东西长 222 米，占地面积近 5 万平方米。城垣始建为泥土夯筑，明天顺元年（1457）改以卵石框边，高 4 米、宽 3 米。全城设东南西北四道城门，北门闭而不开，在东北角设一隐蔽便门供出入，另有地道通往城外。东门（清阳门）是财门，南门（正阳门）是喜门，西门（迎恩门）是水门，北门（安定门）是鬼门。四座城门上均建有戍楼，出口的"勒马回头"别具特色，城门设置虚虚实实，让人感到"明通暗塞，暗通明阻"。清阳门是隆里标志性建筑，戍楼为三层四檐悬山攒尖顶式建筑，翘角凌空，悬挂风信铃，清代改建为鼓楼祀神，内外两道城门，外门已不存在。城内有路环绕全城。城内的布局以千户所旧址为中心，往东、西、南开三条街，形成了"丁"字形街道。城中开"丁"字街，喻示"丁发财旺"，不开"十"字街，缘于"十"与"失"谐音。城内格局依然如初，三条大街分出六条巷道，全用鹅卵石铺成。城外挖有城壕，架有吊桥，最外层是护城河，河上架石桥名"护城桥"。

每条大街街头建有城门楼，小街街尾建有庙宇，所城中心则建有观音庙，东侧建有文庙，西侧建有武庙，可惜都已被毁。幸存的是位于城东南角与西南角的祠堂，虽然只留下了一个空架子，经后人重修后，仍可窥见当年的旧貌。三条大街分出六条巷道，俗称"三街六巷"，每巷又岔小巷，巷巷相通。

所王宗祠建于清光绪十六年（1890），三间二进一天井，木构为抬梁穿斗混合式，墙门为牌楼式，顶部排列五棵大白菜，寄寓家风清白，楹联记述家族迁徙的历史。王姓是隆里的第一大姓，分"四个王"。来自江西的称为"龙王"，居住东门一带；来自江苏的称为"西王"，居住西门一带；来自山西的称为"魏王"，居住千户所衙门一带；来自安徽的称为"所王"。

陈氏宗祠建于清光绪年间，三间二进二天井，外围封火墙，陈氏祖籍福建，族人陈素养曾任成都按察使副使、陈敏中武举人。

书香第建于清光绪年间，三间二进二天井，双重檐出水，堂屋窗格为花窗，门前置练功石锁一对，后天井置防火缸，房屋建造精良，是隆里的典型民居。

科甲第建于民国 2 年（1913），意取科举隆盛，三间两进两天井，后屋配有花园，外筑封火墙，灰墙黛瓦，墙上绘有山水人物彩画，也是隆里的典型民居。

董家井为董姓先祖挖凿，因形如泰极又名"泰极井"，泉汩涌，从不涸绝，是隆里古城"七十二姓氏，七十二眼井"中的古吊井之一。

古城居民长期生活在城墙内，很少与城外的当地少数民族交往，直至 20 世纪 50 年代才逐渐结束不与外人通婚的历史。这种自成体系的封闭性文化，经过 600 多年的传承，形成了独具特色的"文化孤岛"。在以苗侗文化为主流的黔东南地区，隆里古城作为南北侗分界线上的一个村落，一直坚守汉文化而不被同化。隆里村的民间文化多姿多彩，迄今保存着玩龙灯、演汉戏等充满汉文化色彩的习俗。

隆里文明早孕，源远流长。唐天宝七年（748），一代才子、唐朝诗人王昌龄因得罪朝廷，被贬为龙标尉。古往今来，隆里人对仕途多舛的王昌龄充满了同情，对他的学识才华充满了崇敬，后人追慕其精神，修建状元桥以示纪念。建在龙标山麓、龙溪河畔的"状元桥"、"状元墓"、"状元祠"、"状元亭"、"龙标书院"等，都是隆里人对王昌龄寄以怀念的文化古迹。龙标书院，由王昌龄创办，旧时为黎平府的著名书院，明清两代出进士 3 人，举人 18 人，贡生 60 人，出仕为官知县以上的 15 人。一座龙标书院，使隆里人文蔚起，风开百代。状元桥始建于明万历二十二年（1594），旧时为黎平府八景之一。

如今隆里仍有龙潭虹影、凌云飞瀑、龙溪夜月、洪钟松涛、文笔流云等八景，还有张应诏墓、土司墓、龙里司花桥、平水石桥以及数以百计的碑刻等古迹。

清阳门

隆里村

正阳门外门外侧

迎恩门

呈直角状的两出口构成正阳门"勒马回头"瓮城

安定门

来龙街

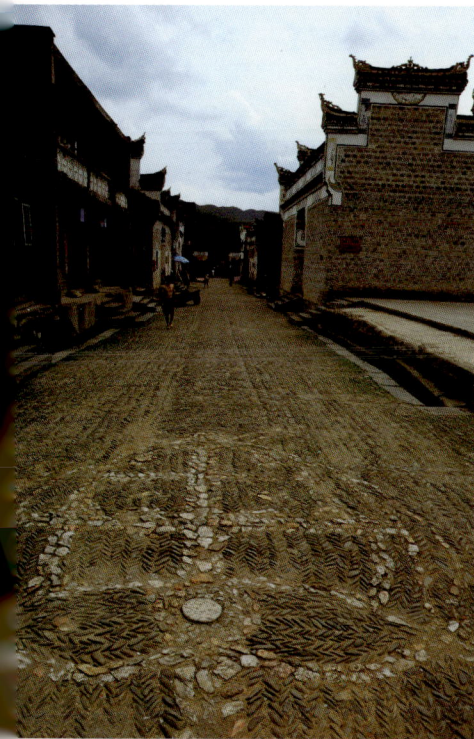

正阳门街

陈氏宗祠

所王宗祠

龙标书院

五柳堂

董家井

城墙

书香第

状元桥

肇兴寨 村

Zhaoxingzhaicun

贵州省黎平县肇兴乡肇兴寨村

贵州省黎平县肇兴乡肇兴寨村，位于黎平县城南72公里处，是陆姓侗族聚居的村寨。肇兴寨村，坐落于群山环抱的狭长坝子中，侗族建筑密集，为黎平县最大、最古老的侗寨之一。肇兴河清澈透明，蜿蜒曲折，穿寨而过。当地耕种的梯田多沿山势分布，常为云雾缭绕。

肇兴侗寨历史悠久，据民间相传的族谱记载，在南宋绍兴三十年（1160），肇兴的先民就在这里建寨定居，距今已有800多年的历史。全寨被参天古树和茂林修竹所围绕，寨内流水潆回，吊脚楼、晒禾架、鱼塘和风雨桥四陈，井然有条，戏楼、歌坪点缀其间。寨内有五座气势雄伟的鼓楼和五座独特的花桥，蜚声中外。寨中有一条东西走向的街道，两旁建筑全是青瓦木楼。五座鼓楼恰如五朵荷花，分布在"仁、义、礼、智、信"五个自然寨。鼓楼始建年代不详，1966年毁，1981年至1983年重建。

肇兴有十二个大房族，对外一律姓陆，每个房族有内姓，即"嬴、郭、孟、白、曹、鲍、邓、马、夏、满、龙、袁"十二个内姓。十二个大房族分居五个片区，当地把这种自然片区叫作"团"，分别称仁团、义团、礼团、智团和信团，片区之间没有明显分界线。各个房族居住在不同地段，各自建造本房族鼓楼。整个寨子的形状像一艘大船，五座气势雄伟的鼓楼犹如船头、船舱、船篷和船尾。

信团鼓楼为重檐攒尖顶宝塔式八角鼓楼，建在船尾，高十一层、24.37米，占地面积136平方米，侗语称为"楼斗迫"，为白、马家族所建，掌墨师傅为堂安人陆继贤。下两层为四角形，上九层为八角形，楼的尖顶处由七个宝葫芦穿衬直插云天。第一层正面中央，塑有"二龙抢宝"。顶层瓦瓴上，塑有"三龙飞天"。各层檐角塑有虎、豹、熊、狮、飞禽和鱼，顶层正面下端塑有两员武将持矛拿刀，各层檐板绘有各种栩栩如生的人物、禽兽。鼓楼有一副楹联："鼓乐声声京城震动雄证当今盛世，楼阁巍巍侗寨欢呼讴歌天下太平。"

智团鼓楼为重檐歇山顶宝塔式八角鼓楼，平顶，如同船篷一样，高九层、16.27米，占地面积127平方米。顶层呈四方形，侗语称智团鼓楼为"楼斗闷"，为孟、夏家族所建，掌墨师傅为外地迁入肇兴居住的张根银。宫殿式楼顶，顶层中央塑一轮光芒闪射的红日，瓦瓴两端檐角各塑一只天鹅朝向红日。第一

层正面中央塑有二龙抢宝，各层的檐板都有雕塑和绘画。

义团鼓楼和礼团鼓楼，南北相距200米，建在船舱位置，形似桅杆上扬起的风帆，旁有花桥，下有清流，沿河便是一排排侗家吊脚楼，甚为壮观。寨、楼、桥、河浑然一体，掩映在绿树浓荫中。这两座鼓楼造型和信团鼓楼一样，但檐角和檐板塑、绘的图像别具一格。义团鼓楼为重檐攒尖顶宝塔式八角鼓楼，高十一层、23.36米，占地面积144平方米，侗语称为"楼店格"，为满、嬴、袁和龙家族所建，掌墨师傅为堂安人陆继贤，塑有一儿童骑着一条大红鲤鱼，居于"二龙抢宝"之上，欲奔东海。礼团鼓楼为重檐攒尖顶宝塔式八角鼓楼，高十三层、21.37米，占地面积133平方米，侗语称为"楼顿"，为嬴、满、龙、邓家族所建，掌墨师傅为纪堂人陆文礼，底部两层为四方形，上十一层为八方形，尖顶是个宝葫芦穿衬。第二层正面檐角上，塑有珠郎和娘美弹琴对歌。

仁团鼓楼为重檐攒尖顶宝塔式八角鼓楼，建在船头，高七层、18.47米，占地面积104平方米。侗语称为"楼告宰"，为从侗寨内其他团迁来的袁、满、龙、嬴等家族所建，与花桥、戏台构成三位一体的格局，掌墨师傅为堂安人陆继贤。层数虽只有七层，但各层相距较高，整体高度与其他四座相差无几。楼下有土坪，土坪边建有一座吊脚楼式戏台，与鼓楼相对。塑像和绘画，都是本寨侗族农民艺术家所绘制。整个楼身结构不用一钉一铆，全是杉木凿榫衔接，没有一个木楔。大小柱枋，横穿直套，十分严密结实。前后檐口，采用人字斗拱形式。

花桥、戏台是与鼓楼配套的娱乐设施。通常一座鼓楼均会配置一座花桥和戏台。花桥上有廊，既为侗家人过河提供交通便利，也是村民劳作之余休息纳凉和社交娱乐的重要场所。戏台系一吊脚楼式建筑，为表演侗戏所用。

肇兴寨子里杆栏式样吊脚楼鳞次栉比，疏密有致，全用杉木造造，房子一般"三柱五爪，五柱七爪"不等。楼下安置柴草和杂物，饲养牲畜。楼上住人，前半部为廊，宽敞明亮，光线充足，为一家休息或手工劳作之所；后半部为内室，设有火塘，这是祖宗之位，也是取暖、烧饭的地方，两侧或第三楼上设卧房。一般一家一幢，也有的聚族而居，将同一族的房子连在一起，廊檐相连，可以互通。

肇兴侗寨侗族文化底蕴深厚，侗族风情原始古朴。肇兴既是鼓楼艺术之乡，又是侗族歌海之乡。寨上有侗歌队、侗戏班，每逢节日肇兴及毗邻侗寨欢聚于鼓楼歌坪，举行热情洋溢的"踩歌堂"、"抬官人"活动。侗族大歌尤其出名，侗歌声调委婉，旋律优美动听，尤以多声部混声合唱扣人心弦。大歌是一种无指挥、无伴奏，以合唱为主的歌唱形式，曲式复杂，声部组合多变。两年一届的芦笙盛会人山人海，热闹非凡，甚为壮观。

肇兴寨寨门

肇兴寨村

信团鼓楼装饰"二龙抢宝"

信团花桥

信团鼓楼

礼团花桥

礼团鼓楼

智团花桥绘画

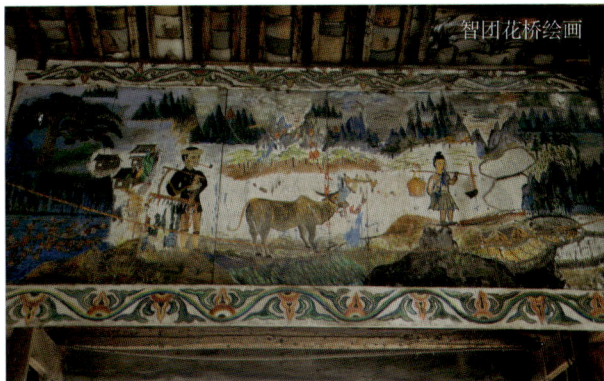

智团花桥

智团鼓楼

义团鼓楼

义团花桥绘画

义团花桥

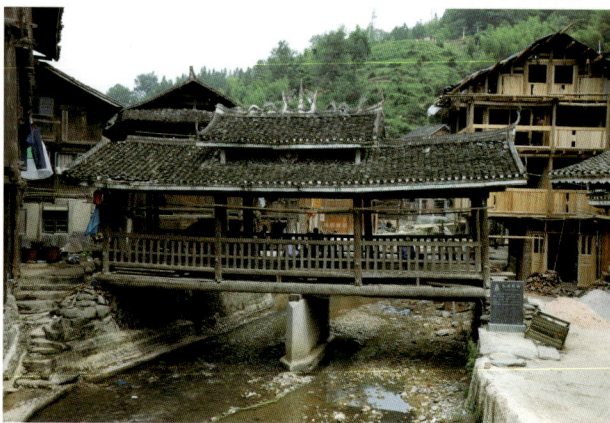

义团戏台

仁团花桥绘画

仁团花桥

仁团鼓楼与花桥

肇兴河边吊脚楼

诺邓村

Nuodengcun

云南省云龙县诺邓镇诺邓村

云南省云龙县诺邓镇诺邓村，位于云龙县城以北7公里处。从县城通往诺邓村，要经过一座横跨沘江的铁索吊桥。桥面木板吊于铁索下方，可通一小车。驾车过桥，桥不停摇晃，但有惊无险。诺邓村坐落在山坡上，山川秀美，最低处海拔1900米、最高处海拔2100米，高差较大，立体气候明显。"诺邓"最早见于唐咸通四年（863）樊绰撰写的《蛮书》。"诺邓"是白族语，意为"有老虎的山坡"。自唐代南诏时期以来的1000多年里，"诺邓"村名保持不变，居住民族保持不变，被称为"千年白族村"。

诺邓村四面环山，所有民居建筑几乎都在山坡上。诺邓村现存100多幢古民居，其中明清建筑60多幢，民国建筑40多幢，纵横交错的5000多米红石巷道贯穿其中，连通各家各户，村中还有古树名木200余棵。这些民居院落依山构建，形式多变，风格典雅，构思奇巧，布局形式有"四合院"、"一颗印"、"三坊一照壁"、"四合五天井"等。民居平面布局都巧妙地结合山形地势，充分体现人与自然的和谐。建筑装饰十分精美，门、窗、梁、柱、檐等都精雕细刻，山墙、院墙上有精美绘画。每户人家正房、厢房、面房或照壁的布置，不尽相同，各有特色。大门式样丰富，气派豪华又不失文雅。各家正房"堂屋"古朴典雅，很多人家摆设有明清时期的家具和物品。照壁高大，又顺应各家的自然特征。清乾隆年间进士黄绍魁旧居有精致的木雕图案，中堂正上方的"黄榜题名荣归故里"图及"麒麟探花，双凤朝阳"书案实为珍品。

云南井矿盐业在秦汉时期就已产生。西汉至南北朝时期，云龙县被称"比苏县"，古白语"比苏"意思是"产盐人"。《新纂云南通志》考证汉代的云龙盐井即今之诺邓井。由于盐业发达，诺邓村历史上一度成为滇西地区商业中心之一。唐代开始，诺邓村的发展变化与盐业兴衰密切相关。诺邓盐路自南诏、大理国时期即北通吐蕃，南通金齿腾越等地。明清时期形成以诺邓为中心，东向大理、昆明，南至保山、沧宁，西接腾冲、缅甸，北连丽江、西藏的四条盐马古道，四方商旅络绎不绝。鸦片战争后，滇西地区与英占缅甸之间的经济交流密切，以诺邓为中心的西向盐道更是货畅其流，诺邓盐名震中外。在诺邓村入口处，现今仍保存有盐井房和煮盐大灶等。诺邓村是研究中国古代盐井文化的活教材。

明洪武十六年（1383），明朝在全国置七个"盐课提举司"，云南占四个，其中之一"五井盐课提举司"衙门就设在诺邓村。后来提举司衙门外迁，衙门旧址演变成诺邓黄氏家族的私宅，族人将原提举司衙门的大门改造成登载本家科举功名的"题名坊"。清代黄氏门中共出了两进士、五举人及百名秀才，清康乾年间举人黄桂是名噪一时的饱学之士，曾被誉为"滇中一儒杰"。

诺邓村玉皇阁建筑群位于村落山坡顶端，古木参天、阴翳蔽日，殿阁如聚。建筑群始建于明嘉靖年间，明崇祯十年（1637）维修扩建，清道光七年（1827）、十一年（1831）陆续修复，清咸丰七年（1857）部分建筑毁于兵焚，清光绪年间陆续修复，民国年间重修了关公庙（武庙）。现存建筑以玉皇阁为主体，由玉皇阁、文庙、武庙、静室和木牌坊（棂星门）组成，是以道教为主融儒、佛教于一体的古建筑群。

宏伟壮观的玉皇阁为三重檐阁式建筑，建在高2.15米的方形台基上，歇山顶，通面阔13.8米、进深13.3米、高16.4米，两侧有两层楼的厢房。殿前院内植修竹奇花，还有数百年树龄的紫薇、扁柏、金桂、古梅等。大殿前有"弥勒寺"，后有"静室"，殿右有"武庙"（关公庙）及"文庙"（孔庙），尤以文庙建筑别具风采。

文庙建在玉皇阁的东侧约30米处，单檐歇山顶，通面阔8.6米、通进深6.7米、高7.31米。诺邓村虽然不是州、县驻地却建有孔庙，这在古代礼制中是个特许。诺邓文庙建筑形式精致庄严、古朴典雅，里面大殿"至圣宫"塑的是"布衣孔子"，师长风范，和蔼可亲，不同于其他地方文庙塑的着帝王衣冠的孔子像。文庙的红墙外"礼门"上书"江汉秋阳"匾，足见古代诺邓文人致远清高。每年祭孔活动十分隆重，缛礼繁节。武庙在文庙与玉皇阁之间，建筑式样与文庙相同，供奉"武圣人"关公，可谓是"文武并列"。

木牌坊建在玉皇阁前约150米处，须弥式台座，由4根木桩擎起斗拱架叠的双层构件，牌坊高9.65米。这是滇西地区现存最大也是最古老的的木牌坊，始建于清初，四柱三楹、飞檐斗拱，又叫"腾龙、起凤"坊。

诺邓村地处偏远，交通不便，不仅保存了众多古建筑，同时还较完整的保留了山地白族文化。诺邓村"三教一体"特征很明显，信奉道教，也信奉佛教和儒教，其中道教的特点更为突出。

进入诺邓村的公路铁索吊桥

远眺诺邓村

诺邓村

马驮是村里的主要运输方式

石头路依山势而行

古盐井

民居门楼装饰

进士故居

四合院

一颗印民居

春意盎然的民居院落

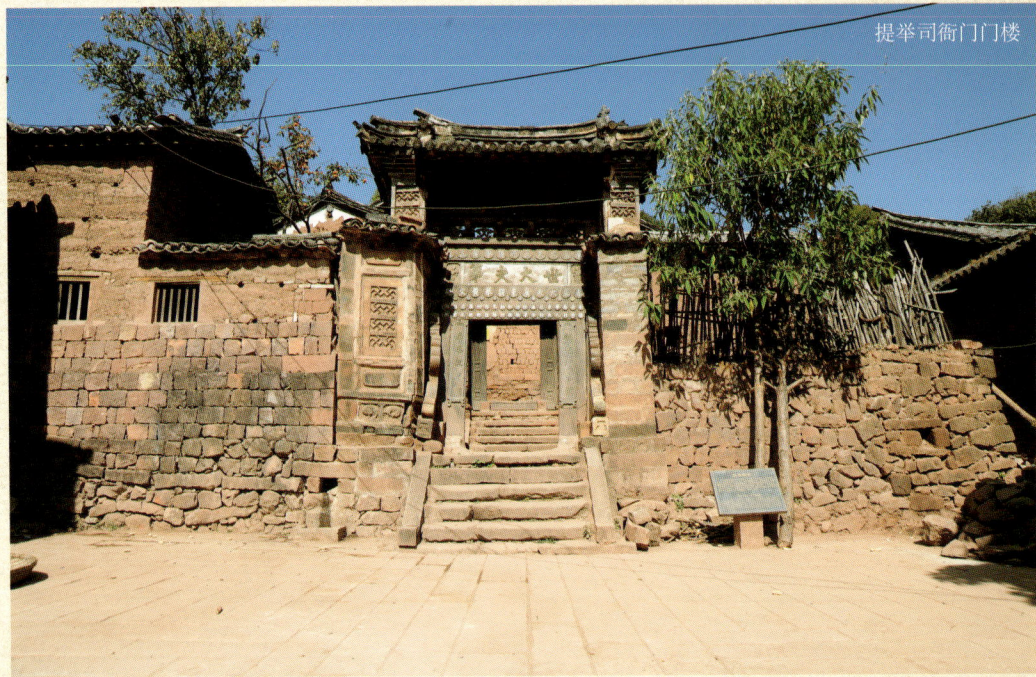

提举司衙门门楼

提举司衙门旧址

提举司衙门门框木雕

提举司衙门门柱石雕刻

棂星门

玉皇阁

诺邓村生产的火腿小有名气

文庙礼门

文庙

郭麻日村

Guomaricun

青海省同仁县年都乎乡郭麻日村

青海省同仁县年都乎乡郭麻日村，位于同仁县城以北8公里处，隆务河以西，是同仁土族集中的地区。郭麻日村因郭麻日寺而闻名，郭麻日寺初建于明万历年间。1958年前，郭麻日寺有大经堂、弥勒殿、护法殿各1座，昂欠（活佛府邸）3院约209间，僧舍105院，建筑总面积近百亩，寺僧300余人，另有马250余匹、牛400头、羊3000只等。现保存下来的主要建筑有大经堂、弥勒殿以及两院昂欠（府邸）。1981年开放后，新建隆务仓和堪布仓昂欠各1院，僧舍40多院。现有寺僧70多人，由叶什姜活佛任寺主，另有活佛隆务仓和堪布仓。该寺信仰者主要为郭麻日村群众。

郭麻日寺的时轮塔最为有名，为安多藏区最大的佛塔，位于郭麻日村郭麻日寺前的广场上。1994年由该寺住持主持设计，塔身五层，历时5年建成，高30余米，占地面积约1156平方米。时轮塔仿照古印度波罗奈城鹿野苑释迦牟尼初转法轮所在地的佛塔造型，下面基座成佛寺的门廊形式，层叠而上，四周为一圈转经长廊，塔心中装藏有十世班禅的袈裟等，可沿塔内的盘旋式阶梯逐层登高。塔的外壁塑有菩萨、观世音和三十五座般若佛像。时轮塔颜色非常艳丽，其建筑风格之特、造型之美、耗资之巨、民族特色之浓，在我国藏区首屈一指。主塔四周有12座小塔，塔顶部设有佛堂。整个佛塔建筑结构严谨，布局新颖别致，造型独具匠心，显得气势宏伟、典雅秀丽、富丽堂皇、轻巧精致，充分展示了藏传佛教艺术家们的聪明智慧。

郭麻日村为同仁县古寨之一，有高原古堡之称，呈长方形，寨墙为夯土板筑，东西长约220米，南北宽约180米，开东、西、南三门，东门为正门。寨门顶上都设置有嘛呢经轮，这是古寨独具特色之处。寨内巷道星罗棋布，纵横复杂。巷道最宽2米、窄处只容一人一骑通过，如迷宫一般。每户院落占地很少，多为四合院式。房屋为土木结构平顶房，一般底层为厨房、储存房和牲口圈房，二层廊房为佛堂和寝室。佛堂所在的房屋一般都是上房，和佛堂不同向的两边厢房一般做卧室。院内紧凑简朴，空间利用充分。一般民居都有飞椽花藻之类，屋内一般以木板作隔扇，室内有护炕木板和木板墙围，多雕花草于其上。房屋一般面阔三间，正面以木板隔墙并装上木板条方格小花窗。院落中央一般都有竖挂经幡的旗杆，还设有桑台，具有明显的藏式特点。各户之间以迂回曲折的巷道相互连接，并由寨墙包围着。

郭麻日村有独特的端午节风俗。据说，村民在端午节清晨起床后，于太阳出来之前，家中全部人员到自家麦田中沾染晨露，认为端午节这天麦苗上的甘露及河水都是神水。端午时节，清晨的河水仍冰凉清澈，但大家不畏冰凉到隆务河边洗脸洗澡，以祛病驱邪。青年男女分区洗浴，年纪稍大者洗脸洗脚，象征性地洗浴。在日出之前，妇女们将家中所有盛水器具打满水，而后做韭菜包子。挑来的新水先要叫家中老幼喝一口，再做他用。从河边回来时要折柳枝、掐鲜花。男人们负责将柳枝和鲜花插在门顶，并给家中小孩用柳条扎一条插满鲜花的腰带。小孩身上的柳条和鲜花，要在太阳出来后才能去掉。这天早晨，要给家中的马、驴等牲口剪一些鬃毛和尾毛，以祈六畜平安。还要在野外采集一种气味发臭名叫"赛日埃松"的草，晒干后备用，主治皮肤病之类疾病。

韭菜包子蒸熟后，要先给出家为僧的亲戚送去，并召回已出嫁的女儿共享。僧人又往往是主持本家日常佛事的阿卡，当地土语称"安确"。每家都有一个自己的"安确"，一年中逢年过节都要送食品给"安确"，以示尊敬，并请其勿忘为本家先人诵经祈祷。对当年家中有丧事的亲朋好友亦馈赠美食，以示慰藉和情谊。之后，全家人共享端午包子。吃完早饭，每家都要有人到一个名叫"吉东"的山上煨桑，并到村里各自"措哇"（部族）的"本康"（供神的宗教场所）煨桑。煨桑就是用松柏枝焚起霭霭烟雾，是藏族祭天地诸神的仪式。然后，家中男女老少到河边玩耍娱乐。端午节这天人们往往要着新装，家庭条件好的则在河边扎帐篷游玩，通常一天结束。

端午节后，村民开始进行抵挡冰雹、暴雨的祭祀仪式。即每年在某固定的田埂自然土堆上，插上三叉树枝，并用树枝捆成人形（藏语称"赛日孕"）。据说此仪式以前由部落头人主持，现在由各分队队长或选出的年轻人主持，逐年轮流。

郭麻日村的寺院从五月初五开始，亦有抵挡冰雹的法事。有专门的僧人负责全天候观察天气。一旦有暴雨和冰雹征兆，便吹法号阻挡，如若无效，寺内要转动一种特殊的经轮，俗信其所产生的风能将乌云吹散，此经只在万不得已时使用。这种观天象活动，持续到秋收。据说很早以前，五月初五起，村民要将村庙中山神画像请出，轮流在每家每户大门上悬挂一昼夜，以抵挡天灾，保佑各家各户庄稼丰收。

郭麻日寺的砖雕独具一格，主要见于寺院的砖柱、墙裙、屋脊花边以及飞檐兽吻等处。

郭麻日古堡土墙

郭麻日村

郭麻日寺时轮塔

郭麻日寺时轮塔四周小塔

郭麻日寺时轮塔转经长廊

郭麻日寺时轮塔佛像

郭麻日寺坛城殿

郭麻日寺坛城殿

郭麻日寺弥勒殿

古堡东门

古堡内民居及巷道

第四批

中国历史文化名村

偏城村

Pianchengcun

河北省涉县偏城镇偏城村

河北省涉县偏城镇偏城村，地处太行山东麓，西北部与山西省左权县为邻，东距邯郸市区约90公里，南距涉县县城30公里。称为"偏城"，可能是地处偏僻的缘故。

偏城村以刘家寨闻名。刘家寨地处方整的高岗之上，呈长方形，四周以青石筑起长约700米的寨墙，有东、南、北三个寨门，占地面积16600平方米。北门是刘家寨的主门，建有门楼，门楼上有"偏城"二字，门阙上残存有莲花、犀牛望月等石刻图案。

据《涉县地名志》记载，偏城村原分为三片，东、西两片称东岗、西岗，中间为寨子，有牛姓、马姓、王姓、陈姓和罗姓居住。宋末元初，刘姓从山西辽州（今左权县）迁来，罗、刘两姓均居于中间的寨子，当时有"罗半寨，刘满寨"之称。后罗姓绝嗣，刘姓便将寨子四周以石筑墙，并设东、南、北三门，俨然一座小山城，易守难攻，改名"永安寨"。因地处偏僻，又名"偏城"。因原主人姓刘，现在人们又常称其为"刘家寨"。刘氏世代为官，发展到第十五代刘道泰时，不仅诰封武德都尉，还育有七男九女。第十六代的七个男子中，老五和老六分别考取武举人和武进士，刘姓家族就此达到鼎盛。

刘家寨只有南、北、东三个门，却没有西门。一说"城"应该是政治经济文化中心，但刘家寨只是一个"寨"、一个家族居住地，不能称之为"城"，所以只建了三个门；二说按五行八卦，北门属水，水生木，南门属火，木生火，东门属木，木木相帮，西门属金，金克木，故而不留西门。

刘家寨是典型的北方城堡式建筑群，内分为7门圪廊、47个分院，有以雕刻精致出名的明楼院、中西合璧的进士院、四根巨大青石撑屋的石柱院、威严的将军第。各院落依地势而建，始建年代最早可以追溯到宋末元初。现存80%以上的建筑为清代至民国初年所建，全部是砖石土木结构。

明楼院位于寨子西南角，基本保存完好，门额有"整齐严肃"四字砖雕。明楼院主房为明楼样式，主体为二层木质结构，外墙有许多精美木雕和鲜艳的彩画。西房是海青房，房屋的后墙就是刘家寨西寨墙一部分，屋顶临院的一面为坡式瓦顶，临寨外的一面是平顶，屋顶上的水全部流到院里，寓意"肥水不流外人田"。石柱院主房的柱子皆为笔直的石头，石柱上压着刻有各种图案的柱顶石。

将军第位于"六门圪廊"胡同的南头，门额有石刻"将军第"和"乙丑陋科进士"、"刘榕立"等字，门两边有石刻对联"祖武箕裘家声麟凤，皇猷黼黻国器圭璋"。"六门圪廊"胡同因刘家十六代孙刘榕得名，刘榕在兄弟七人中排行老六，故称"六门"。"圪廊"里历来居住的都是刘榕的子孙，是寨内最威严的宅院。"将军第"是串联式的一进三院，依山而建，前后高低落差达9米。一条50米长的甬道走向二门，路两侧各有两层配房，进二门是一座左右对称的厅堂，堂内套间，约50米深，木雕窗棂，石刻柱顶。穿过厅堂，上三阶，又进一四合庭院，正中是正堂大厅。

刘家寨院落竖向随地形依山就势，布局结构紧凑，主房、陪房等级明显，主次分明。街巷呈"丁"字形，以条石铺地。沿街院落的门楼，飞檐斗拱，大门两侧的门楣多为青石，并雕刻楹联。高大的门楼，高高的台阶，台阶多为青石铺就，底层台阶下设排水道，门前有上马石，墙面上镶嵌着雕有石鼻钮的拴马石，屋顶为坡屋顶。出飞檐，圆椽，方砖盖瓦，屋顶压背，两端出兽。建筑装饰以雕刻和彩绘为主，异彩纷呈，柔和优美。木雕和彩绘多用于室内装饰，砖雕和石雕多用于室外装饰。院落的门有广亮门和扫地门两种，广亮门宽阔，门上雕刻繁复，门槛高，门两侧有上马石、拴马石，炫耀着主人曾经的显赫。扫地门较窄，无门槛，门上雕刻简单。每个院落的门楣上，通常书有"敦本"、"庆有馀"等横幅，展现了刘家对子孙"敦厚诚实本分、年年丰收有余"的期望。

现在的刘家寨，老屋新房混存，留存下来许多的石碑砖刻、字联书画，既有明清之古韵，亦有近现代之气息，见证了刘家寨的繁华、衰落和变迁。行走在刘家寨的各条巷道和各个院落，随处可见捶布石、志石（练武用的石头）、磨盘、石狮子等。

革命战争年代，刘家寨也燃起革命烽火。从1938年到1946年，中共偏城县委、县政府驻扎于此，八路军129师先遣团也在这里秘密驻扎达七年。新中国成立后，刘姓家族的一些院落分给偏城村缺屋少房的群众，不再是刘姓人氏独居。随着岁月流逝，刘家寨的许多房屋年久失修，渐成危房。

刘家寨东门

刘家寨北门

刘家寨南门

石柱院柱础

窗台石雕

石柱院

明楼院绣花楼

刘家寨保存最好的院落

明楼院上马石

六门圪廊

将军第

将军第院落

门枕石

北方城村

Beifangchengcun

河北省蔚县涌泉庄乡北方城村

河北省蔚县涌泉庄乡北方城村，位于蔚县县城以北10公里处。蔚县境内庄堡众多，而被称为"城"的只有东、西、南、北四个。为了便于区分，在"方城"前冠以方位，这就是"北方城"村名的由来。蔚县传统的"堡"多为方形，少见长方形和圆形。建堡"讲究方正"，叫"城"不叫"堡"，是因为"城比堡大"。在这众多的城堡之中，北方城是"唯一有着规整格局的"，平面呈正方形，边长约200米。

蔚县有"北京西大门"之称，同时又是草原游牧文化与中原文化碰撞、交流最多的地区之一。明代中期，气候寒冷，草原少数民族为得到粮食、布匹、茶叶、农具和瓷器等物品，不时南下骚扰，蔚县经常受到侵犯。在这样的历史背景下，明嘉靖、隆庆、万历年间蔚县地区广建城堡。明朝这三代皇帝又笃信道教，所以堡内常见道教建筑。直到明隆庆六年（1572），一条北至俄罗斯，南通中原地带的"茶马之路"开通，蔚县与草原少数民族的紧张关系得以缓解。北方城前的道路，是明清时期蔚县通往西北五岔关口的交通要道，骡帮驼队穿梭往来，为"燕云古道"之一。

北方城村始建于明万历四年（1576），经400多年风雨，依然保持明代规划的"丰"字形布局。建于明清时期和民国年间的民宅、戏楼、庙宇、碾坊、城门等古建筑，数量较多、种类齐全、形制独特、格局完整。这些建筑遗产和文物古迹保存较好，具有较高的历史价值、文化价值和艺术价值。

北方城基本布局与其它古堡相似，中轴线上的主街由南向北依次有财神庙、马神庙、三觉圆，街尽头为真武庙，主街两侧民居一字排开，民居属典型四合院。财神庙、马神庙位于离南门不远的主街东西两侧。三觉圆位于主街中心，三觉圆是自觉、觉他、觉行圆满之意，"三觉圆"匾额下写有"佛光普照"四字，在四个梁头上还每两仙一组绘有八仙过海的图画。真武庙坐北朝南，供奉真武大帝，属于高台建筑，由三层台地组成，可俯视全城，站立其上，城中民宅、庙宇、城门和街巷一览无遗。

真武，古称玄武，是道教尊奉的重要神祇之一。真武庙，也叫"北极宫"，规模较大，保存相对较好。真武庙分两重院落，一低一高，用砖梯连接，第二重院落内的钟楼、鼓楼保存完好，古钟尚存。围墙砌成十字花格。殿脊正中的三股叉直插

云霄，有借真武武力保卫堡民平安之意。据真武庙现存一块石碑记载，该庙曾于民国四年（1915）重修。真武庙大殿正中为真武大帝的塑像，真武大帝金甲仗剑，前有龟蛇，武神特征明显。左右分别有金童玉女捧印、执册塑像。真武庙大殿内、东、西、北三面墙上，绘有鎏金的壁画，以连环画的形式，记录着真武大帝从出生到成神的过程。据碑文推断，壁画可能是民国四年（1915）重修时所绘。

北方城的出入口只有南门，是蔚县常见的古堡正门。在冷兵器时代，关闭南门便可抵御一般的外敌侵略。民国末年，北方城因为富裕常遭土匪烧抢。在炮火的攻击下，城门彻底失去作用。南门原为青砖结构，内外砖雕装饰，顶有小庙，现小庙已不存，门楣砖雕变成现代的"北方城"三个字。南门对面是古戏台，为古城的文娱活动场所，每年正月热闹非凡。原来戏台外有一面半米多高的扇形砖墙，墙开一小门，看戏时女人站在这里面，只有男人才可以站在戏台前，尊卑观念、"男女授受不亲"的传统伦理由此可见一斑。城门东西两侧是观音庙和阎王殿，阎王殿现已不存。龙王庙背对城门，在戏台东侧并与戏台紧靠在一起。据说，龙王庙的壁画是北方城最好的，可惜现在仅剩斑点状颜色。

经过整修的北方城古朴中焕发着一股清新。为了保护和开发这一宝贵的历史文化遗产，该村维修了旧城墙、城南门，重修了砖道，部分修缮了真武庙，对城中建筑壁画和门窗进行了保护和修缮，硬化了村内道路，栽植了花草树木，修建了文化广场和文化墙。城南门外，十来棵古柳树枝繁叶茂。古柳树下错落有致地悬挂有一盏盏灯笼，并设有健身器材和休闲椅凳。

过去，北方城内每处院落一般住两三家人，共住有600多人，很是热闹。现在，只要长大结婚，就会搬至城外居住，城内只剩下老人。城内很多老房子摆出一副空骨架，摇摇欲坠，原来最为显赫的白家大院也不例外。"村子的一切都在渐渐改变着。"村民的话带着些许惋惜，又有种听天由命的淡然。从1976年开始，村子开始向城外扩建，凿墙开了一个东门，现在的东门外是一排排整齐干净的民房。

古城墙

北方城南门

北方城一角

古民居门楼

财神庙与马神庙

古民居

观音庙

三觉圆

三觉圆壁画

古戏台与龙王庙

真武庙

师家沟 村

Shijiagoucun

山西省汾西县僧念镇师家沟村

山西省汾西县僧念镇师家沟村，位于汾西县城东南5公里处。师家沟村坐落在三面环山、一面临沟的向阳坡地上，北高南低，避风向阳，是一块天然的风水宝地。砖构的窑洞式宅院依山势而建，高低错落，主体建筑占地面积约1.9万平方米。村中有公共道路和排污设施，环村一周的石板路处处与排水道连通，故有"下雨半月不湿鞋"之说。该村《要氏族谱》记载"观其村之向阳，山明水秀，景致幽雅，龙虎二脉累累相连，目观心思以为久居之地面。"师家沟是一处可与名扬三晋的王家大院、乔家大院相媲美的晋商建筑群。

师家沟村口矗立着一座雕刻精美的石牌坊，建于清咸丰年间，诰封师氏家族的几位夫人，属贞节牌坊。历经岁月洗礼，牌坊虽有破损，但丝毫不减当年的英姿。师家沟精彩之处在其窑洞民居群，该建筑群始建于清乾隆三十二年（1767），相传由师家四兄弟做官发达后所建，后经几代精心修筑扩建而成。从始祖师文炳定居师家沟开始，经近百年的艰苦创业到第三代师法泽逐渐发展壮大。当时正值乾隆盛世，封建商业经济迅猛发展，师氏家族耕读传家，农商合一，兼营钱庄、当铺，放高利贷，资金不断积聚壮大，逐步跻身于晋商行列，一度成为晋中南地区的名门望族。师氏家族在发迹的同时，也与其他晋商一样，用赚来的钱广置田产、扩充家业、起房盖屋，尽显阔绰。在建筑过程中，由于受传统封建观念和乡风民俗的束缚，建筑布局上具有典型的封建等级观念，装饰艺术饱浸丰富的乡风民俗。建筑有主有次，有藏有露，既满足主人对外接触交往的要求，又满足一定的隐匿性和私密性的要求，既体现尊卑分等、贵贱分野、上下有序、长幼有伦、内外有别、男女归位的宗法礼教，又充分显示建筑的时代性、社会社、民族性，同时也呈现出传统基础上的变异性、平衡性和保守性三种势态。

师家沟建筑群共有大小院落31座，结合地形变化和窑洞式建筑特点，以四合院、二进四合院、二楼四合院、三楼四合院为主体，分主体和附属建筑两部分，设有正房、客厅、偏房、过厅、书房、绣楼、赏月房、门房以及工仆马厩等。大多数窑洞的房顶高达4米，进深很长，冬暖夏凉，非常舒适。四合院以封闭对称式平面为特征，宅门位于院落的西南角，宅门西向，同北方传统四合院将宅门置于东南角、居中或南向的做法不同，

体现了汾西地区民宅的特点。

村落总体布局具有防御特点，宅院除通过公共通道联系外，还在各个院落间用较为隐蔽的踏道、侧门、隧道以及窑洞内的暗洞相互贯通。一旦发生盗匪，全村人可从容不迫地通过不同的通道迅速逃离或集中防御，这种共同防御设施不仅反映了偏僻山区富商畏惧盗匪的心理，也反映了当时社会动荡、兵荒马乱的状况。这种独特的防御方式在北方民居建筑中极为少见。生人进入师家沟，犹如陷入八卦阵，不是进去了出不来，就是在原地打转，看着一墙之隔的院子就是进不去。村子里有龙王庙、学堂、祠堂、操场、酒房、醋房、豆腐房、店铺、药房、染房、造纸房等，不出村就可以解决日常生活问题，体现了封建社会自给自足的特点。

院落门前以巷道相连，狭长巷道采用传统的月洞门分隔空间，院与院之间又巧妙相通。与其它院落相互联系，或走暗道，或出偏门，或上楼门，真可谓是"走进一家院，便串全村门"。园门、耳门、偏门、楼门、屏门、暗门，上下左右互相贯通且衔接自然，形成了由下而上，楼上楼，院中院的奇特格局，有"关好八大门，锁好十小门，行人难出村"之说。整个村落既有水平方向的空间穿插，又有垂直方向的空间渗透，充分体现出丘陵沟壑地区依山就势、窑上登楼的特点，并融入平原地带多进四合院的空间布局。放眼望去，整个建筑群与山势自然衔接，交融一体，层楼叠院，错落有致，鳞次栉比，气势宏伟，洋溢着黄土高原的阳刚之气，是一部山地建筑的经典之作，是耕读文明的窑居典范。

师家沟古民居雕刻精致细腻，技艺精湛，三雕俱全，集透雕、浮雕于一体。木雕、石雕和砖雕分别装饰着斗拱、雀替、挂落、栋梁、照壁、柱础石、匾额、帘架和门罩等各处，题材多样，内容丰富。据统计，师家沟现有木刻牌匾153处，砖刻牌匾47处，字迹功力深厚、刚劲有力、神韵非凡。尤其是"东山气"、"北海风"、"南山寿"、"敦厚堂"、"水月松风"、"瑞气凝"、"成均伟望"、"作善降祥"、"积爱生福"等牌匾，风格独特，实为宝贵的书法艺术精品。以"寿"字为主的窗花隔扇图案达108种之多，有说表示师家的108种生意，也有说表示当时山西的108个县。"北观乔家堡，南游师家沟"，是对师家沟清代民居群恢宏气势、巧妙构思、独特风格的高度赞赏。

师家在经商的同时，也很注重文化教育。师家在第五代、第六代同门的28人中，获监生、贡生、增生、武生等功名者多达11人。"儒商结合"大大提高了师家的社会地位，尤其是师法泽的孙子师鸣凤官场显赫。当年师鸣凤在湖南任知县时，和清代名臣曾国藩兄弟有很深的交往，这也是师家成为名门望族的重要原因之一。

师家沟窑洞民居群

师家沟村

村口石牌坊

二楼四合院

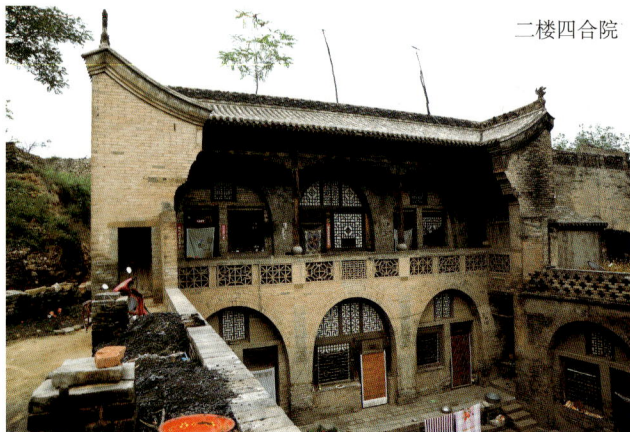

层楼叠院

三楼四合院

民居门楼 "观国光"　　　　　民居门楼 "北海风"　　　　　民居门楼 "成均伟望"

"成均伟望" 门楼木雕

民居院落

"敦厚堂"牌匾

"积爱生福"牌匾

"涵辉"牌匾

"南山寿"牌匾

龙头木雕斗拱

村中一角

古巷

李家山村

Lijiashancun

山西省临县碛口镇李家山村

山西省临县碛口镇李家山村，位于碛口镇南边5公里处，与碛口镇隔水隔山相望，北距临县县城55公里。李家山原名陈家湾，因李氏迁入并逐步兴盛改为今名。李家山地形似凤凰展翅，所以又名"凤凰山"。该村建筑主要分布在"凤首"和"两翼"地带。当年，李氏家族为适应碛口镇的商业需要，在这里饲养骆驼用于运输。因此，该村是以居民生活为中心兼骡、骆驼憩息的村落。

李家山李氏于明成化年间由临县上西坡村迁来。《李氏宗谱》载："始祖李端，明成化年间由临县上西坡村迁往临县招贤都三甲李家山村。"李氏家族之所以能够兴旺发达并盖过村里原有的陈、崔两姓，最重要的原因就是抓住了清朝至民国年间碛口水旱码头的商业机遇。李家山山坡陡峻，耕地稀少，仅靠农业生产难有大的发展，而当时黄河岸边的碛口镇却相当繁荣。李家山李氏就利用此条件，养骆驼，跑旱路运输，并在碛口镇开设店铺。按照晋商的规矩，外出经商不能携带家眷，于是李氏赚钱后就回家盖房建宅，逐渐形成独具特色的李家山民居建筑群。

村落背面依靠的山顶是凤凰的头，从这里向南偏东和南偏西的方向分别延伸出一道山沟，直通最低处的咸沟。两道山沟的西坡和东坡上，密布着依山就势而建造的窑洞住宅。围绕东面山沟的窑洞，组成了"小村"；围绕西面山沟的窑洞，组成了"大村"。大村和小村，就是凤凰的两个翅膀。夹在两道山沟中间的山坡，向南突出，成为凤凰的身体，它由北面的一段缓坡和南面的一段陡坡组成。陡坡的尽端处有一座天官庙，坐北朝南，其南面又靠近悬崖，这就是凤凰的尾巴。

当时，李家山有东西两大财主，东财主李登祥，人称祥财主，在碛口开的"德合店"、"万盛永"。西财主李德峰，在碛口开的"三和厚"。两家财路亨通、日进斗银。有了钱，就逐渐开始大动土木。他们请来风水先生，见李家山村有两条向南流的小沟，在村南汇合，注入黄河，两沟之间的山峁形似凤凰头，左右两山则是凤翼。风水先生连连说"此屯系艮龙庚向，东山月出中格穴也，毋逶迤者恐丑寅气入也，富而且贵龙之应……"

东财主家在凤身上修建，西财主家在凤的右翼上修建，凤的左翼依然是旧村。东西财主好像在暗暗较量，在40度的陡坡

上，精心设计，精心施工，依山就势，高下叠置，下一层窑顶就是上一层窑洞的前庭，从沟到顶，多达九层，人与自然和谐相处，立体而不显零乱，其造型不同，风格殊异。邻里关系和睦，鸡犬之声相闻。多达八九层的窑洞看似随意，却完美结合了山势的坡度与走向，层次分明、错落有致，层叠而上，直至坡顶，宛如一尊精美巨大的塑像或是一幅令人震撼的立体画卷。

李家山村的建筑均以水磨砖对缝砌筑，砖、木、石雕及精美匾额比比皆是。建筑形式多以砖拱顶（窑洞）明柱厦檐四合院为主，依山坐楼。侧房、马棚多为一泼水和双泼水硬山顶瓦房。道路高高低低，用条石砌棱，用块石铺面。水路布局合理，沟心卷洞，送出村外。

李家山村现有大小100余个院落，400多孔（间）民宅。凤的右翼沟里为清代建筑群，称为大村，多为李姓居住，虽有一些破旧，却还基本完好。凤的左翼沟里，称旧村或小村，住着陈、崔两姓人家。小村和大村的建筑风格迥然不同，小村至今还有人住着"一柱香"独门独窗土窑洞，村子里多以土窑接口子，石拱窑洞，砖瓦建筑很少见。李家山村民居的形态在八种以上，自然风光与人文景观交相辉映。无论是豪华的清代建筑群，还是独门独窗土窑洞，都蕴藏着丰厚的黄土民情风俗和黄河文化。李家山保存较好的古建筑有"东财主院"、"后地院"、"新窑院"、"桂兰轩"等。

岁月沧桑，风韵犹存，这座像是从山坡上长出来的村落，以近似布达拉宫的建筑风格吸引着人们的目光，特别受到了摄影人和写生者的推崇。1989年10月，著名画家吴冠中到李家山采风，惊呼这里像"汉墓"。他说，李家山隐于大山深处，空灵幽雅，从外部看像一座荒凉的汉墓，一进去是很古老也很讲究的窑洞，古村相对封闭，像与世隔绝的桃花源，这样的村子走遍全世界都难找到。吴冠中将李家山与湖南武陵源、晋陕蒙黄土高原，并列为一生的三大发现。

李家山村人能演会唱懂五音。在抗日战争和解放战争期间，李家山剧团演出的革命现代戏闻名遐迩，他们的足迹走遍晋陕解放区。演出的现代戏有《王贵与李香香》、《赤叶河》、《万象楼》、《牛永贵挂花》、《刘巧儿告状》、《刘胡兰》、《二溜子偷鸡》等。

李家山村

多达九层的窑洞建筑群

李家山民居

四合院门楼

四合院窗棂格

四合院木雕雀替

四合院内景

四合院

村中院落

李家山是采风的好地方

夏门(村)

Xiamencun

山西省灵石县夏门镇夏门村

山西省灵石县夏门镇夏门村，地处太原盆地南端，位于汾河西岸、灵石县城西南9公里处。据说，夏门村的历史可以追溯到远古时代。有人认为，所谓"夏门"，意指夏禹打开石门之处。清人李先达有诗云"峭削夏门道，疏排禹力神"。相传古时太原盆地为一大湖泊，曰"昭余祁泽"。为了排除常年洪水的灾害，夏禹曾带领先民"既载壶口，治梁及岐；既修太原，至于岳阳"，即选择太岳、吕梁两山间雍塞狭窄之处，开凿山口，将汾水导入黄河。夏禹开山之处曰"灵石口"，即今夏门村所在地。山西民谚曰"打开灵石口，空出晋阳湖"。后人为了表达对夏禹治水功绩的纪念和感激之情，特将此处命名为"夏门"，夏门村由此得名。

夏门村因夏门古堡而远近闻名。汾河自东而来，遇龙头岗悬崖改为向南流。龙头岗依水而立，夏门古堡就建在龙头岗上。夏门古堡倚山就势，顺坡而上，视野开阔，宏伟壮观，前有峭壁以为屏，后倚峻岭以为靠，下临汾水以为险，底坐磐石以为基。夏门古堡于明万历年间始建，一直修建至清光绪年间，持续300余年。在布局上，夏门古堡是窑上建窑、院中修院、窑窑相通、院院相连。诸多造型雄浑、雕刻精湛的庙宇、祠堂、牌坊、店铺等，共同构成一个城堡式的古建筑群。现保存完整的院落6组60余幢，窑洞、房屋共有千余间，建筑面积约7.5万平方米。至今保存完好的传统街巷有9条。其中东西走向的街3条（东街、中街、西街），道1条（后堡道），巷5条（大夫巷、御史巷、堡九巷、梁家巷、天九巷）。各条街、道、巷连通各个院落，并与暗道相连，方便交通和藏匿，兼具排水之功能。古堡建筑群历经400余年风霜雨雪，虽然有部分人为拆毁、自然侵蚀，但街巷、院落、堡墙、堡门等基本格局并没有改变。

夏门古堡内民居建筑风格相近，但每一座院落又各不相同，层楼迭阁，错落有致，主要院落群有大夫第、御史府、关帝庙（清朝知府院）、道台院、百尺楼（清朝御史府）等，并保留了梁氏宗祠"惇叙祠堂"遗址一处，西祠堂及其他家庙遗址8处，老字号店铺5处，私塾3处，以及"竹林书院"1座，土地祠1座，魁星楼、鬼门关、雁归亭、对碑滩、鲁班缠、文峰塔等遗址各1处，牌坊遗址5处等。这些建筑集中反映了明清时期的风格与工艺水平，既具北方民居高大雄浑之气势，又有南国园林玲珑秀雅之奇趣，可居，可赏，饶有韵味。

关帝庙（清朝知府院）位于龙岗山南坡低处，是一座四合院。正面、左面、右面都是一层为窑，二层为房，左右两边有台阶可上二层。大门旁为戏台，砖木结构。从关帝庙顺大夫巷可达村中深处。大夫巷长215米，全部砖石铺就，巷旁建筑砖墙已风化，沧桑感油然而生。小巷尽头，便是头堡门。头堡门建于清康熙五十九年（1720），是一个半圆形拱门。进入头堡门便是一条曲折的小巷，缓缓通向山上，在小巷的尽头建有一个高高的圆形拱门，将小巷两旁的建筑联结起来。这里有许多院落，一个连着一个，"福寿亭"、"丛秀芝"、"声霄"等。折回小巷圆形拱门，向右拐，便进入二堡门，二堡门建于清乾隆二十一年（1756），是一个砖结构的拱门，门上书"爽气西来"。三堡门在高岗上，是一个小小的拱门，建于清乾隆三十年（1765）。进入三堡门，就来到百尺楼的第四层所在院落群。

百尺楼是夏门古堡的标志，建于清初，东临汾河，在陡峭悬崖上依势而建，削山为靠，易守难攻，防御功能强。百尺楼为四层建筑，一层为三孔窑，一门两窗；二层为三孔窑，三个拱形窗；三层为四孔窑，四个拱形窗；四层为穿廊式砖木结构的房屋。楼长15米、宽4米、高40米，故称"百尺楼"。楼下部为砖石结构，上部为砖木结构，建筑奇特而雄伟。每逢春日，登临百尺楼顶，远眺东山，艳阳高照，万道光芒；俯视汾河，波涛滚滚，汹涌奔流；汾河两岸，田野阡陌，杨柳婆娑，这就是灵石八景中的"夏门春晓"，"夏门春晓"石刻仍完好地镶嵌在楼北石壁之中。

夏门村的兴盛，与史称"灵石四大家族"之一的梁氏家族的发迹有着密切关系。梁氏家族仕宦传家，明清两朝族中先后有185人为官，其中五品以上官员66人，三品以上官员18人，成为当地历史上显赫的名门望族。夏门古堡中最引人瞩目的"百尺楼"即为梁家七世梁枢所建。在梁氏家族中，曾有一位名动京晋、青史留名的铁面御史梁中靖。清道光四年（1824），山西省榆次县发生了一起官官相护、行贿受贿、逼死人命的"赵二姑案"。一向铁面无私、受到百姓称颂的梁中靖通过明察暗访，冲破层层阻力，上疏弹劾，最终经刑部提解京审，方真相大白，沉冤得雪，轰动朝野，成为清代名案之一。

关帝庙戏台

关帝庙

夏门村

头堡门

三堡门

巷内的圆形拱门

二堡门

夏门春晓

百尺楼顶层

大夫巷

百尺楼顶层院落

窦庄村

Douzhuangcun

山西省沁水县嘉峰镇窦庄村

山西省沁水县嘉峰镇窦庄村，位于沁水县东南部沁河河畔，西距沁水县城约50公里。据《窦氏家谱》载，先祖辅助宋仁宗赵祯平息农民、士卒和少数民族起义而受宠，恩德荫及后人，其子窦勋赠封左领卫大将军，其孙窦璘敕封左屯卫大将军。后为避战乱窦氏由陕西扶风迁徙到端氏县（现沁水县），居端氏村，并在"泽州端氏县中沁乡西山下择地"营造窦氏先茔。宋元祐八年（1093），窦氏家族在先茔东侧择地兴建窦府。在卧牛山下的瓮水滩，窦氏家族划拨西曲里（今曲堤村）给土族张姓（当地贫民）为其先茔守墓，张姓从此世居此处。明代中后期窦姓家族势力渐衰，而张姓家族金榜提名者绵延不绝，从张谦光起辉煌十余代不衰。

明天启年间，官场腐败，社会黑暗，边患不断，民不聊生，农民起义接连爆发。为保卫家园，曾官居大理寺正卿的张五典告老回乡，构筑窦庄城堡，历时3年。张五典病故后，由儿媳霍太夫人主持营造，又历时6年，于明崇祯二年（1629）告成。明末流寇之乱中，霍太夫人与女眷童仆拒敌死守，三次击败流寇的进攻，窦庄因此也被称为"夫人堡"。

窦庄村西依榼山，三面环水，风景秀美，人文荟萃，民风淳朴，文化积淀深厚。窦庄古建筑脉络清晰，特色鲜明，现存建筑面积40000余平方米。窦庄古堡东西、南北长各约500米，城墙长2000余米、高约12米、墙头宽约1.5米。城墙下为条石，上为青砖，内添砖土。部分城墙修有暗道与城内外建筑相连，便于防守和出入。古堡布局呈"卍"（万）字形，有东西南北四条街和四条小巷。街巷与城墙交接处设城门楼，东西南北建有八座城门楼，大门、小门各四座，加上祖居尚书府所修小城"瓮城"，共九门，故有九关，合称"九门九关"。因城堡布局形状似北京紫禁城，故有"天下庄，数窦庄，窦庄城，小北京"一说。窦庄古建筑除大量民居外，还有庙宇、楼阁、祠堂、书房、校场、法庭、地牢、城墙、城门楼、牌坊、店铺和大量碑刻等。

四座大门现仅存南城门一座，四座小门现仅存小北门一座。南门巍峨屹立，颇为壮观，为明兵部尚书张五典于明天启年间筑城时同建，整体高三丈，拱顶门，门头镶嵌砖匾上刻"南门"二字，城楼顶建有炮台和瞭望孔。前挖深壕用以排放村西山洪，也为护城河，并设有吊桥。小北门与城墙同筑，砖券拱顶并装

有铁门。小门为内城门，即小北关，所谓"外城门通街，内城门通巷"，与小北门所通者为九宅巷。

根据修建家族和时代的不同，窦庄宅院可分为四类。第一类为窦氏宅院，窦庄古堡东南有一座小四合院，北面正房为两暗三明，东西为低矮的土夯小屋，梁檐下记有"大宋"字样，高一丈五尺，进深一丈五尺，瓦大而厚。第二类为张氏宅院，明代以来张氏一门勃兴，便在旧址重建府宅，修建有尚书府上下宅。上宅总体布局为棋盘六院，建有五凤楼、望河楼、天桥、大花园、小花园，总面积3800平方米。上宅府门朝东，高9米，宽5米，高大雄伟，门头以砖雕斗拱装饰，石匾阴刻"尚书府"。下宅位于城堡西街，由三个院落组成，南院为两进院，装饰华丽，砖木石牌坊式大门楼，四柱三门，平面呈八字形，斗拱两层花拱，明楼为下三上六共九跳，次楼下二上五共七跳，明楼斗拱前挂一竖匾，上部楷书"圣旨"，中部书"旌表"，三横坊间两块花板，上板书"天恩世锡"四个大字，现仅存上板一块，竖匾和下板已不见踪迹。第三类为常氏宅院，清末官僚窦庄贾四爷为报恩而随女陪嫁的一处豪宅大院。第四类为贾氏宅院，三院串连建筑，门楼典雅间显示着威严，豪华中透着精细，门、墙上部均有砖雕斗拱飞檐，门头砖匾刻"怡善"，左右两边凸刻"忠"、"孝"二字，字大一米有余，书体刚劲有力。

古公堂位于村北，是一所古代吏治建筑，由公堂和地牢两部分组成。公堂中央为厅堂式建筑，走廊宽阔，前有两根高大石柱作为支撑，左右厢房高于中央大厅，前面布局门小窗大。中央大厅为"主审厅"，两侧建筑为"和议厅"。距厅堂20米的西南地下有拱拱窑洞8孔，牢狱建筑，通道口高处修筑砖堡以看守牢内犯人。牢狱内置石磨，墙上置有铁环。据说，此建筑早于洪洞苏三监狱，是一处非常罕见的吏治类建筑。

窦庄古堡有古代庙宇12处，分别为大庙、烈公庙、佛庙、财神庙、北庙、文庙、火星庙、观音庙、阎王庙、霸王庙、黑虎庙和五道寺。庙宇规模大小不一，现存佛庙、财神庙、火星庙、观音堂等。佛庙建于元至正六年（1346），为一进院落，有正殿、耳殿和东西配殿，明清时期扩建并多次维修。正殿坐北面南三开间，前出廊，悬山顶，前有四根小八角石柱，门枕有"元至正六年"落款。

窦庄村

窦庄南门

窦庄小北门及门内巷道

尚书府瓮城

贾氏宅院

贾氏宅院门楼

尚书府上宅府门

尚书府下宅府门

佛庙

村中古民居

古公堂

古公堂西南侧的地牢

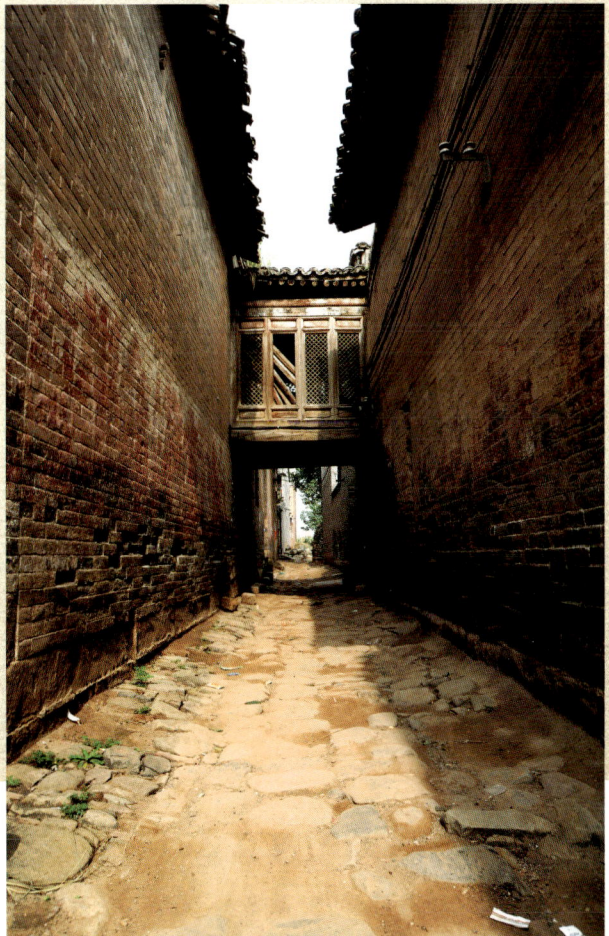

过街楼

上庄村

Shangzhuangcun

山西省阳城县润城镇上庄村

山西省阳城县润城镇上庄村，位于润城镇东北 4 公里的可乐山下，西距阳城县城 18 公里。上庄村群山环绕，风景优美，一条源于樊山的小溪自东向西从村中流过。村西入口处建有气势巍峨的永宁闸，小溪穿闸而过汇入庄河。小溪两侧为石头砌筑的坚固护堤，南岸有王国光故居尚书第、进士第、炉峰院等，北岸有参政院、司农第、王氏祠堂、望月楼、中院和樊家庄园等。上庄村除了民国富商樊次枫家族的住宅外，全部为王家的宅院。整个建筑群布列有序、规模宏伟、苍山拥翠、绿水环绕，集中体现了明清时期官宅民居的建筑风貌，且具江南水乡风格，在我国北方极为罕见。

上庄村是明代政治家、改革家、吏部尚书王国光的故乡。按照古代官职的设置，六部尚书各有别称，吏部尚书为"天官"。王国光故居"尚书第"，也被称为"天官王府"，是王国光及其后人数代相承建成的大型官居建筑群，始建于明万历初年，占地面积 4000 平方米，整体砖木结构，体现了明、清、民国等不同时期的建筑风貌。大门开在东北角，大跨度拱券式门楼是明万历皇帝恩赐修建的。门楣上挂有一块书写"尚书"二字的古匾，由明万历二年（1574）巡抚山西提督雁门关右副都御史朱笈题赠。内部院落为阳城典型的四大八小型四合院，其阳台式楼阁据传是王国光任吴江知县时引进的南方建筑形式。东部院落及西部石牌坊于清末塌毁，现存达尊堂、听泉居、藏兵洞等建筑。

王国光(1512-1594)，字汝观，号疏庵。明嘉靖十四年(1535)入国子监，明嘉靖二十三年(1544)中进士，入官场。历明世宗、穆宗、神宗三帝，官至吏部尚书，几进几退，从事政治活动 40 年，对明朝"万历中兴"起了积极作用。入官场后，虽仕途坎坷，但一生对皇帝忠心耿耿，对百姓也不失关怀。明隆庆六年（1572），穆宗驾崩，年仅 9 岁的神宗即位，是为万历皇帝。神宗即位仅一个月，王国光就参与到张居正改革之中。60 岁时出任户部尚书，他立即对全国粮食进行宏观控制，对缓解粮食紧张起了关键作用。明万历四年（1576），王国光辑成《万历会计录》。这部被神宗赞许为"留心国计"的专集，成为张居正推行"一条鞭法"改革赋税制度的理论依据，乃至成为明清时期田赋制度的准则。明万历五年（1577），已回乡养老的王国光复出，任吏部尚书，为张居正的改革选拔了不少将帅之才，使明朝军事振兴，国家用度充裕。明万历初期，明王朝日见转机，成为明朝中叶以来的最好时期，史称"万历中兴"。

永宁闸始建于明初，占地面积 580 平方米，整体砖木结构，下部砖拱跨度 7.6 米，是上庄村的标志之一，其建筑风格集风水、水利、风景点缀、宗教文化于一身，发洪水时对保护村落安全有重要作用。

炉峰院始建年代不祥，位于村南香炉峰上，占地面积 5330 平方米，包括高禖祠、三教堂、关帝庙、马房院四部分，是古时上庄村春祈秋报之所，整体砖木结构。据碑文记载，明正德、明万历、清顺治、清康熙、清乾隆、清道光年间都进行过大规模修缮和扩建。炉峰院东侧平台上，有数棵树龄 600 多年的白皮松。

进士第始建于明正德年间，占地面积 1300 平方米，院落依山就势，分上下两部分，整体砖木结构，是明嘉靖四十四年(1565)进士王淑陵的早期住所。

参政院始建于明嘉靖年间，占地面积 4760 平方米，整体砖木石结构，后经曾任山东右参政的王徵俊于明天启年间扩建，形成由竹园则、书房院、厅房院、仰山居、王氏祠堂等构成的大型封闭式院落。院内水井、碾磨等生活设施一应俱全，并有地道通往村外，具有明显的防御特性。

司农第建于明嘉靖、隆庆年间，占地面积 1800 平方米，整体砖木结构，分前后两部分，前院为王国光任户部右侍郎总督仓场时的住所。后宅司徒第，为官至户部陕西清吏司郎中王国光之堂弟王道建造的府第。

望月楼建于明天启三年（1623），占地面积 630 平方米，整体砖木石结构，是王淑陵之孙、官至正六品江西南安府经历司王元祯建造的府第，一进两院，后院五开间三层楼阁是难得的赏月之所。

中院始建于明成化年间，占地面积 630 平方米，整体砖木结构，是上庄历史上发科第一人、明成化十年（1474）甲午科亚元、官至平阳府儒学教授的王遵居住和隐居后设帐授徒的地方。在王遵的教育下，这里走出了王国光、李豸、杨枢三名进士。

樊家庄园建于民国年间，占地面积 5360 平方米，整体砖木结构。西部院落为清康熙丁酉科武举人王永彰所建，后经清末经商起家、曾任山西省绥靖公署秘书处副处长的樊次枫在东部扩建形成的大型院落，包括图麟院、树德居、樊圃、樊氏宗祠及后花园、马房院等，中西合璧，结构合理，布局严谨。

村口永宁闸

上庄村口

上庄村

参政院

尚书第大门

居仁巷

进士第

尚书第

望月楼

樊氏庄园砖雕

炉峰院正殿

三门源村

Sanmenyuancun

浙江省龙游县石佛乡三门源村

浙江省龙游县石佛乡三门源村，位于龙游县城北30公里处，北倚千里岗山余脉，南接金衢盆地。自北宋末年至南宋咸淳六年（1270），翁姓和叶姓两大家族始迁于此，翁姓为避北宋末年方腊之乱迁居三门源，叶姓先祖文彬公为三门源第一世祖。为防范匪盗，旧时村人在村口筑了一道村墙，开东、西、中三道山门，山门之下有一溪碧水涓涓流过，清水源源不断，故名"三门源"。斗转星移，山门和村墙都已不存。

三门源村东西北三面环山，南面是大片农田，山涧溪流自北向南穿村而过，环境十分恬静秀美。村落总体保持传统风貌，沿溪东岸有一条街道，街道东侧商铺林立，并横向生出多条卵石巷道。溪流两岸马头墙高耸，粉墙黛瓦错落有致，涧水淙淙，拱桥横跨，构成一幅恬静的山村景色。三门源村现存明清时期民居60余幢，另有一些民国时期建筑，占地面积43750平方米，建筑形制丰富多样，有祠堂、豪宅厅堂、楼上厅、过街楼等，以叶氏建筑群最为有名。

叶氏建筑群伫立于三门源村东北角，坐东朝西，背靠虎山，前临溪水。清道光二十六年(1846)，由村人叶鹤天中恩贡后兴建，院子里的古苏铁见证了建筑群兴衰变迁。叶氏建筑群布局严谨，造型精致，气势宏大，组合巧妙，具有清代中晚期江南民居的典型风格。楹柱和栋梁粗壮，梁架结构独特，藻井、梁柱、走马楼及窗棂等无不精雕细刻，描金抹彩。由天井调节排水、排气和采光，虽墙高楼深，但气流通畅、舒适明亮。

叶氏建筑群原有五幢主体建筑，后因兵燹被烧毁了两幢，现存"芝兰入座"、"荆花永茂"、"环堵生春"三幢主体建筑。"芝兰入座"、"荆花永茂"、"环堵生春"呈"品"字形布局，伴有门楼、庭院、花园、池塘等，占地面积4500平方米。其中"芝兰入座"最为精巧，布局为三进两明堂，是三门源村民居中的杰作。从外部正面看，叶氏建筑群是一片砖的世界，外墙、门楣到处是砖雕。进入建筑群院内，环目四周又全是木的世界，精美木雕布满了上下左右，仿佛是在参观一个古代木雕博览会。

叶氏建筑群有大量精美砖雕，保存完整，造型生动，图案逼真，人物形象栩栩如生，融砖雕艺术和地方特色于一体，内容有渔樵耕读、神仙神话、花鸟走兽、亭台楼阁等等，这是叶氏建筑群的艺术精华所在。三幢主体建筑正门全以砖雕镶嵌，

其中23方长56厘米、宽26厘米的地方婺剧戏曲砖雕，每块砖雕各镌一出戏，浮雕镂空，美轮美奂，工艺精湛，造型生动，是罕见的砖雕珍品，堪称我国古代地方戏曲的"活化石"。戏曲人物个个形象饱满，鲜明生动，有的跨着骏马，有的手持长枪，有的盘腿对弈，有的长须飘飘。

叶氏建筑群的木雕也很出彩，"芝兰入座"前檐"牛腿"上有一幅情节木雕，在远处屋宇的衬托下，丈夫在小乌蓬船上手持木桨要出门，妻子情意绵绵地送至埠头，挥手告别，人物的脸部神态被工匠着意刻画得惟妙惟肖，一幅家庭和睦、生活美满的感人图景。

三门源村还有叶氏宗祠、翁氏宗祠、明代楼上厅等传统建筑。村中民居多为三间两厢楼屋，马头墙高耸，墙多为青砖砌筑，建筑间一般采用过街楼相连接。叶氏宗祠，也称"永思堂"，始建年代不详，2000年由叶氏子孙捐资修缮。民居的门楣上有"和气致祥"、"竹苞松茂"等砖刻题字。进入民居宅内，满眼是木的世界，立柱、横梁、木隔墙、窗棂、天花板全为木制，无不精雕细刻，琳琅满目，令人目不暇接。从"竹苞松茂"门进入，是一幢叫"礼耕堂"的民居，牛腿、雀替、窗棂的雕刻十分精美，并在木雕上施以彩漆。

三门源村自然景色优美。村北有饭甑山，海拔660余米，一峰矗立，气势峻伟，雄奇壮观，数百年来见证着村落的兴衰变迁。据地质部门考证，饭甑山是火山，山顶火山口形似一个硕大无比的饭甑（当地蒸米饭用的一种炊具），山间飘渺的云雾如袅袅炊烟。顺着山路北行2公里，有白佛岩瀑布从天而降，瀑布宽3米，落差70米，从危崖壁立的白佛岩飞泻而下，形若垂练，溅如跳珠，散似银雾。白佛岩海拔700米，山势陡峭，《读史方舆纪要》称"势甚险峻，人迹罕至"。唐代道士叶法善曾在此修炼，岩壁数处佛龛隐约可辨。瀑布附近有罗汉山、将军岭、仙人峰、点易洞等景，东北角有石船山，石船石人形象逼真，惟妙惟肖。

民居沿溪而建

三门源村

三门源村一角

山涧溪流自北向南穿村而过

叶氏建筑群

叶氏建筑群"芝兰入座"门楼

叶氏建筑群天花

叶氏建筑群"荆花永茂"砖雕

叶氏建筑群厅堂

叶氏建筑群梁架雕刻

叶氏建筑群梁枋雕刻

叶氏宗祠

叶氏建筑群窗套砖雕

"竹苞松茂"门楼

叶氏建筑群天井中的官帽和钱纹雕刻

叶氏建筑群窗棂雕刻

呈坎村

Chengkancun

安徽省黄山市徽州区呈坎镇呈坎村

安徽省黄山市徽州区呈坎镇呈坎村，地处黄山余脉灵金山、丰山之间，南距徽州区中心15公里，距205国道5公里。据说呈坎村始建于东汉末年，古名龙溪。唐末江西南昌府罗氏堂兄弟秋隐、文昌为避黄巢之乱举家迁至此地，易名呈坎。整个村落按《易经》"阴"（坎）、"阳"（呈），"二气统一，天人合一"的八卦风水理论选址布局，巧借山水形势，形成二圳三街九十九巷。南宋时呈坎村就已闻名，南宋理学大师朱熹誉之为"呈坎双贤里，江南第一村"。

呈坎村坐西朝东，依山面河，是自然风光与徽派建筑艺术结合的典范。东面灵金山，东南列下结山、丰山，西南倚龙盘山、马鞍山，西靠鲤王山、葛山，北有长春山。龙盘山自西北向南延伸，山势如万马奔腾，整个环境构成"左青龙、右白虎，前朱雀、后玄武"之态势。山多则水多，潨川河是呈坎的主要河流，从龙盘山与长春山之间流入呈坎盆地，向南汇入丰乐河，而后注入新安江上游练江，村落就建在潨川河西岸。除潨川河外，呈坎一带溪涧纵横，村北有西边坑（又名柿坑）、环里坑；东面有东边坑；东南有东山坑、石步坑；西边有窑坑、棚坑，还有一些无名小溪。俯瞰呈坎，潨川河与众多溪涧如群龙汇聚，故呈坎有"九龙戏珠"之说，古名"龙溪"即由此而来。

呈坎村依山傍水，融自然山水于一体，以山为本、以水为魂的田园特色十分明显。呈坎村河西有前街、钟英街、后街、钟二街等四条主街平行于潺潺的潨川河，九十九条短巷与主街相交，造型优美的环秀桥与江南单孔跨度最大的石拱桥——隆兴桥横于河上，使整个村落扑朔迷离，宛如迷宫。街巷由花岗条石铺筑，两侧民宅鳞次栉比、纵横相接，漫步街头一步一景，步移景换。两条水圳引来潨川河水回环街巷、周旋全村，方便生活和消防。在这二圳三街九十九巷中，聚集着不同风格的亭、台、楼、阁、桥、井、祠、社及民居。村中保存有三座明代更楼，位于十字街口，具有瞭望、报更和报警作用，造型典雅，其中位于钟英街的叫钟英楼或叫过街楼，位于上街的叫上更楼，位于下街叫下更楼。

呈坎村现有宋、元建筑各一幢。其一是长春社，位于村子西南，建筑面积1100平方米，建于宋代，明代曾经修葺，后寝为清代改建，门屋则是新建的，是徽州仅存的古代祭祀土地神

和五谷神的社屋类公共建筑；其二是罗会泰宅，俗称老虎洞，位于孙家巷中部，建于元末明初，坐西朝东，门罩砖雕精美，冬瓜梁特别硕大，厅深光弱，水沟深。

呈坎村还有明代建筑23幢，清代建筑130多幢，风格独特，类型多样，有祠堂、民居、更楼、石桥等，仅三层民居就保存有7幢。值得一提的是罗东舒祠，全称"贞靖罗东舒先生祠"，是明代中后期的砖木结构建筑，规模宏大，结构完整，风格独特。明末孝子吴士鸿手书的"宝纶阁"匾额，垂挂于阁楼前檐，故该祠又称为"宝纶阁"。精湛的工艺及巧夺天工的石雕、砖雕、木雕，把徽派建筑艺术的"古、大、美、雅"体现得淋漓尽致。1996年罗东舒祠被国务院公布为第四批全国重点文物保护单位。另外，罗会炯宅（罗应鹤官邸）的石牌楼门罩，罗会炳宅（俗称石柱厅）的木牌楼门罩、须弥座、高大客厅、独柱旋转楼梯，罗长铭宅的天井鱼池，罗季颖宅的雕甍镂栋，罗来龙宅的猪食槽天井，敬老院支祠的暗壁楼梯，汪闺秀宅的陶瓷水枧，环秀桥的水亭，灵山岭的石构亭，以及民宅的斜门、铁皮门、楼厅美人靠、窗户遮羞板、石雕、木雕、砖雕以及月梁、彩绘等，都别具特色。

环秀桥位于呈坎村中部，始建于元代，是连接潨川河东西两岸的主要通道，五孔石桥，长26米，宽约4米，历百年沧桑依然秀雅如初，桥上有亭，是村民休息的好地方。隆兴桥位于潨川河下游，单孔石桥，为罗氏十九世祖罗弥达于明弘治年间捐资所建，桥身高出水面8米，宽6.6米多，长46.6米，气势雄伟。

呈坎自宋代以后徽商兴起，贾而好儒，贾德结合，儒政相通，文教事业发达，在徽州文化历史发展中独树一帜、独领风骚。正如朱熹在《罗氏族谱》序中所赞"以进士发科嗣世家业赫，为歙文献称首"。苏东坡也在《罗氏族谱》题辞中称赞呈坎村"文德武功名留简竹，理学真儒后先继续"。呈坎村75%的村民为罗姓，历史上呈坎村科甲不断、英才辈出、人文荟萃，涌现出一大批高官、隐士、高僧、巨贾、诗人、画家、史学家、制墨家、自然科学家。如宋代吏部尚书罗汝楫，安徽省第一部地方《新安志》作者罗愿，元代国子监祭酒罗绮，明代都察院右佥都御史罗应鹤，制墨大家罗龙文，地理学家罗洪先，清代朝议大夫罗宏化，直奉大夫翰林罗廷梅，扬州八怪后起之秀罗聘等。

沿溪人家

呈坎村一角

罗东舒祠

罗东舒祠内古老的桂花树

罗东舒祠大堂"彝伦攸叙"匾额

罗东舒祠宝纶阁

宝纶阁梁架

宝纶阁檐廊梁架

宝纶阁木雕雀替

燕翼堂天井

燕翼堂

古巷

古村民居

穿门过户的水圳

隆兴桥

环秀桥

查济村

Zhajicun

安徽省泾县桃花潭镇查济村

安徽省泾县桃花潭镇查济村，位于泾县县城西南50公里处，地处泾县、太平、青阳三县交界处的太平湖北岸。查济村民，十有八九姓查。据族谱记载，查姓的祖先叫姬延，周朝时封于山东济阳查地，就改为查姓。查济村这一支，是唐朝时从山东迁过来的，其始祖是唐朝时兼任宣州、池州两州刺史的查文熙。查文熙经常往返宣、池两地，骑驴坐轿必经查济，看到此处深山合围，溪流奔涌，土地肥沃，甚为喜爱，卸任后就决计在此定居，一代代繁衍生息，明清时期达到鼎盛。

据记载鼎盛时的查济村，有钟秀、平岭、石门、巴山四门，有巴山、青山、如松三塔，有108座桥梁、108座庙宇、108座祠堂，村民近7万人。"十里查村九里烟，三溪汇流万户间。祠庙亭台塔影下，小桥流水杏花天。"便是明朝村人查绎对查济村的生动描绘，可见当时村落的规模之大。明朝时村子就有了相当完整的规划，民居、庙宇、祠堂、楼塔和水系等，全按规划建设。每户人家几乎都前庭后院，临水而居。因此查绎又写道："武陵深处是谁家，隔河两岸共一查。渔郎不怕漏消息，相约明年看桃花。"

查济村历经风雨沧桑，但三溪（许溪、岑溪、石溪）并流、依山建屋、临水结村、推窗见河、开门走桥的总体格局没有改变。明清民居建筑就坐落在流水潺潺的查济河两岸，绵延十里。鳞次栉比的民居，庄严肃穆的祠堂，巍巍耸立的宝塔，潺潺的流水，静静的小桥，飘逸的凉亭，繁茂的古树，都散发出古朴典雅的气息。现保存有元代民居1幢，明代民居80幢，清代民居109幢；祠堂和庙宇10余座，红楼、天申、灵芝等桥梁15座。村口山上的如松塔，经历几百年的岁月，依然顶风冒雨，傲然挺立。2001年6月，查济古村被列为第五批全国重点文物保护单位。

这里几乎所有的明清建筑都雕梁画栋，翘角飞檐，其中德公厅屋、诵清堂、爱日堂等住宅更是高大宏伟、结构精致。德公厅屋的门楼为四柱三层牌坊式，五朵斗拱屋面，三层翘角覆盖，古朴典雅，雄浑大方。背面以镂雕手法雕出二龙戏珠、丹凤朝阳、鱼跃龙门、狮子滚绣球等吉祥图案，手法娴熟精美。屋内主要结构是以16根非常珍稀的贵重楠木柱为主，显示此厅屋当时在查氏家族的重要性。爱日堂建于明天启年间，门枋、石额、墙裙、柱础、斜撑、斗拱、额枋、窗棂和门楣，都有精美的雕刻。

二甲祠是查济村现存最大的一座祠堂，建于明末清初，为纪念中兴六世祖查祈宝而建，建筑面积1100平方米。五凤楼式门楼飞檐高翘，门楼下精雕"空城计"等戏文图案，门墙下有白石雕花墙裙。进入厅堂，放眼全为木质，内墙镶板，所谓"见木不见砖"，这是二甲祠的独特之处。规模较大的祠堂还有宝公祠、洪公祠等。

查济民居结构为多进式，或三进或四进，进间有"四水归堂"式的天井，沿天井二楼廊廊置有"美人靠"。条石砌就墙基，柱基为圆形雕石，墙体青砖，屋上黑瓦。传统的双坡屋顶半掩半露，躲在重重叠叠的山墙后面。高出屋顶的山墙既可阻止火势蔓延，又具防盗作用。山墙造型丰富，有云形、弓状、阶梯式等，墙头呈翘首长空的马头状，故称为"马头墙"。木雕、石雕、砖雕随处可见，门窗扇格的木雕，厅堂柱础的石雕，门楼、门罩的砖雕，均繁刻精镂、玲珑剔透、画面各异，或花鸟或禽兽或人物，无不栩栩如生。

查济村"依山造屋，傍水结村"，民居的分布格局巧妙地运用中国古典园林艺术的借景、对景等手法，形成"门外青山如屋里，东家流水入西邻"的"天人合一"的格局。民居间有街巷相通，岑溪、许溪、石溪三水合一的查济河逶迤穿村而流，石渠绕每家每户而过。查济河落差较大，清澈河水迭瀑式地流淌，沿河错落有致地建有多道石拱桥、石板桥、石洞桥，将两岸民居相连。饱经沧桑的石桥，藤萝缠绕，犹如碧玉横架水上，与两岸青砖黑瓦遥相呼应，可谓"三水村中流，三塔拱四门，石桥跨河溪，两岸古建群"。

自唐宋以来，查氏族人建立了一系列的家规、家训及家理。明嘉靖年间，查绎整理并订立了家规10条、家训14条和家理5条，主要内容孝道和祖先崇拜，成为查济的"法律"。查济现存的祠堂和牌坊，都深深地打上了孝道和祖先崇拜的烙印。

查济人在历史上广有贤名。唐代查文熙是最早见于史书记载的查姓名人。明清时期查济七品以上的官宦就达129人，发迹后便衣锦还乡，建祠立堂，光宗耀祖，这一时期查济在外的徽商中也不乏富商巨贾。查济文风极盛，村子周围的如松、青山、巴山三塔就是查氏为振兴文风，于清嘉庆年间资兴建的，查秉钧、查春如更是清代书画名家。

红楼桥

河岸民居

查济村

德公厅屋门楼

德公厅屋门楼上的鱼跃龙门砖雕

翔义堂美人靠

二甲祠隔扇门木雕

宝公祠木雕撑拱

二甲祠

南屏村

Nanpingcun

安徽省黟县碧阳镇南屏村

安徽省黟县碧阳镇南屏村，位于黟县县城西4公里处。南屏村，因村落西南背倚尤如屏障的南屏山而得名。该村历史悠久，可以追溯到唐宋时期，初始是一个群姓杂居的小村子。自元代末年叶姓从祁门白马山迁来后，村落迅速扩展。到了明代徽商崛起，南屏村更是有了长足的发展，渐渐形成叶、程、李三姓齐聚分治的格局，其中又以叶姓为最，故南屏曾名"叶村"。清代中叶以后，由于三大姓之间竞争进取，使南屏村步入鼎盛时期。至今，该村仍拥有纵横交错的72条深巷、36眼井和300多幢明清古民居。

南屏村最具特色的建筑应属祠堂。八座祠堂依序排列在村前横店街一条长约200米的中轴线上。其中有属于全族所有的"宗祠"，也有属于某一分支所有的"支祠"，还有属于一家或几家所有的"家祠"。宗祠规模宏大，家祠小巧玲珑，构成一个风格古雅颇具神秘色彩的祠堂群。各个祠堂与各宗族在祭祀上追求隆重的场面相适应，高大、宽敞、华美、气派，使人产生肃穆和敬畏之情。祭祀人员的穿戴、祭品的定式等有严格的规定。场面宏大、礼节繁多的仪式，可以增强族人对宗族的认同感和自豪感。有的家族还规定，年龄稍长的男孩子都要参加宗族内一些礼仪和祭祀活动，从小掌握做人的规范，懂得各种礼节，形成特定的思维模式。从这个意义上，祠堂也是一个家族精神教化的圣殿。

叶氏宗祠，也称"叙秩堂"，始建于明成化年间，坐东朝西，占地近2000平方米。这是一座由80根粗大的圆柱支撑起来的宏伟建筑，大门两侧有一对用"黟县青"大理石雕琢成的巨大石鼓，4根大石柱托着额枋，上面雕刻着古鼎宝瓶之类的祭器。整个建筑歇山重檐，端庄轩敞，巍巍壮观，分上、中、下三厅。上厅为享堂，楼上放置本族的祖宗牌位，中厅为祀堂，下厅是吹鼓奏乐之地，也可搭台演戏。叙秩堂大门以往只在重大节庆才开，平时走边门进出，大门的高度比其余七座祠堂都要高，同姓的一切支祠、家祠均不可逾越。程氏宗祠，又名"宏礼堂"，建于清乾隆年间，精美的石雕和木雕远近闻名。

叶氏支祠，又称"奎光堂"，建于明弘治年间，占地面积千余平方米，系南屏叶氏祭祀其四世祖叶文圭的祠堂，三进三开间，门前的抱鼓石纹理细腻、雕工精美。该祠堂由六根"黟县青"

大理石柱及86根白果木柱支撑，整体结构高大轩昂，明朗开阔。圭公名文圭，字天瑞，号南屏，明成化二年（1466）岁贡，曾任山西太原府岚县知县。李氏支祠则是祭祀晚清徽商巨贾李宗煝的。

除了祠堂林立，南屏村的古民居与古私塾、园林也比比皆是。村中较好地保存着明清古民居，幢幢结构奇巧，营造别致，如冰凌阁、慎思堂、南薰别墅、倚南别墅、敦睦堂、雕花厅、小洋楼、官厅等。冰凌阁始建于清朝中期，由正厅、偏厅、回廊三部分组成，正厅系五体珠式结构，偏厅分上下两层，均装有莲花门，门上有西湖十景图，回廊与正厅相对，曲径通幽，房屋的整体布局与北方四合院有异曲同工之妙。慎思堂始建于清光绪年间，是一幢前后两进的廊步三间屋，屋内东西两园，环境典雅清幽，雕刻工艺精湛，厅堂摆设讲究。倚南别墅又名"养老厅"，建于清咸丰年间，是村中"十万富"之一叶自珂的住宅，占地1200平方米。敦睦堂建于清同治年间，坐北朝南，前后二进三开单间，左设偏厅，后设庭院，集徽州石、砖、木、铁、漆、画、雕七种工艺，耗资颇巨，美轮美奂。

半春园位于村落上首，又名"梅园"，建于清光绪年间，是村中富商叶自彰为子女读书而营造的私塾庭院，园内有三大间书屋及半月形的庭院。西园坐落在叶氏宗祠前，始建于清乾隆五十六年（1791），占地面积近1公顷，内设牡丹园、梅竹园、山水园、松柏园四大部分，是当时村人叶君华为孩子们读书养性而修建的，现今只留下石雕"西园"两字大门额。抱一书屋建于清光绪年间，系徽商李宗煝捐资举办的三幢私塾之一，村中贫寒子弟均可在此读书。

村中72条高墙深巷，长短不一，纵横交错，相互贯通，如同一座巨大的迷宫，曲折难辨。其中的步步高升巷，即"长房弄"，是72条巷弄中最长、层次感最强的一条，从巷头到巷尾慢慢升高，别有情趣。招财进宝巷号称"南屏最美的巷子"，小巷两侧门楼排列整齐有序，屋檐恰似一个个元宝。小巷中可以看到许多小巧玲珑的水井，其中井口有三个井眼的被称为"三元井"。

依山傍水的南屏村，古水口建筑令人赏心悦目。一座长40米的三孔石拱桥横卧武陵溪上，桥额为斗大石刻楷书"万松桥"，传出自文学大师姚鼐手笔。走过万松桥，迎面是雷祖殿、文昌阁、观音楼和万松亭等古建筑群。建筑群后为万松林，上百株参天古木巍然耸立。林中有南阳书院，还有一泓清泉，名醴泉。

20世纪90年代初，张艺谋执导的著名影片《菊豆》在南屏拍摄。叙秩堂就是主要的拍摄场地，染布、晒布的台架、绞车、染池等至今仍保持着拍摄时的原貌，"老杨家染坊"的横匾也高悬在叙秩堂大门上方。

叶氏宗祠（叙秩堂）

叙秩堂内景

叙秩堂门前石鼓

南屏村

叶氏支祠（奎光堂）

奎光堂

冰凌阁

南熏别墅

南熏别墅垂柱

民居隔扇门木雕

三元井

倚南别墅窗棂木雕

村中最高建筑小洋楼

招财进宝巷

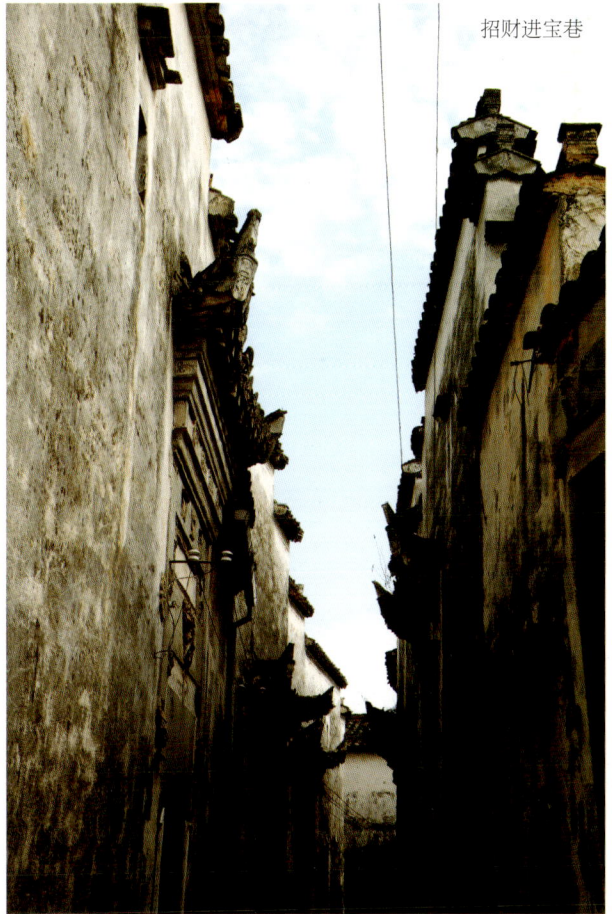

廉村 ⑭

Liancun
福建省福安市溪潭镇廉村

福建省福安市溪潭镇廉村，位于福安市区西南 20 公里处。廉村，原名石矶津。南朝梁天监年间（502-519），光禄大夫薛贺由江南迁入福建，辗转定居于石矶律。第六代孙薛令之勤奋读书，唐神龙二年（706）终成为八闽第一位进士，及第后授官左补阙、太子侍讲。时宰相李林甫弄权，东宫官受冷遇，薛令之愤懑不平，题《自悼》诗于墙上曰："朝日上团团，照见先生盘。盘中何所有？苜蓿长阑干。饭涩匙难绾，羹稀箸易宽。只可谋朝夕，何由度岁寒？"表示对唐玄宗做法的不满。唐玄宗见诗后，岂能容忍？当即在旁和诗一首："啄木嘴距长，凤凰毛羽短。若嫌松桂寒，任逐桑榆暖。"薛令之便称病，辞官还乡。后唐玄宗闻其家贫，让长溪县每年拨给赋谷，薛令之总是酌量领取，从不多要。

唐肃宗即位后，感念昔日师生之谊，旨召薛令之入朝，是时薛令之已去世。为嘉许他的廉洁清正，唐肃宗敕封薛令之所在村为"廉村"，水为"廉水"，岭为"廉岭"。明《八闽通志》载：薛令之，唐神龙初举进士，唐开元中为左补阙兼太子侍讲。唐肃宗嘉叹其廉，敕其乡曰"廉村"，水为"廉溪"。后唐年间（923-936），有陈姓迁入廉村。从北宋大观三年（1109）至南宋宝祐六年（1258）的 150 年间，廉村薛、陈两姓又出过 17 位进士，陈姓曾一门五进士、三代俱登高第。

南宋以后，因水陆交通便捷，廉村出现经济繁荣、文化发达的景象。明嘉靖三十九年（1560），筑城墙以御倭寇，称廉村堡。城堡平面略呈椭圆形，面积达 10 万平方米。城墙环村而筑，全长 1400 米（现存 850 米），墙面用花岗岩石块垒砌，中为泥土夯筑，墙厚 3.6 米、高 4.4 米，是一道坚固的防御工事。城堡原有 6 个门，以儒家道德为核心命名，分别为廉门、忠门、孝门、礼门、义门和信门，用花岗岩条石叠砌，现只有忠门和孝门保存完好。廉村城堡内官道纵横交错，迂回曲折，保留宋代的风格，由一排或三排条石铺设，在条石之间用鹅卵石镶嵌，造型十分独特，麦穗形表示丰衣足食，水波形表示团结一致，阶梯形表示步步高升。官道两侧巷陌深处的粉刷院墙翘然高昂，尚存大型明清时期民居 26 幢，清代祠庙 4 座。据传宋代鼎盛时，官道两旁耸立十六幢气势显赫的进士府第，只因岁月蹉跎、战火频生，进士府第已不复存在。薛令之故居遗迹尚存的两尊小石狮，

也于 1997 年被盗。

廉村主要文物古迹有明清时期的城墙、陈氏宗祠、陈氏支祠、后湖宫、妈祖庙、陈树安宅、陈住松宅、"聪明泉"、薛令之故居、薛令之读书处（灵谷草堂）、古码头等。

廉村后湖宫祭祀的就是"开闽第一进士"薛令之，故称明月神祠。整个建筑由门楼、戏台、天井和享堂构成，屋内正中摆放着薛令之塑像，雕像上方牌匾上的四个大字"覆载资生"是唐太宗教育儿子唐高宗的家训，其意为"水能载舟，亦能覆舟，为官一任要服务百姓、造福苍生。"另有一楹联"首登黄榜自古八闽无双士"，"帝赐廉名至今华夏第一村"以赞美薛令之，赞美廉村。

廉村现存一座建于唐代的古井，传说在一个月明之夜，身怀六甲的薛令之之母看到井口有道佛光便来到井边，见井水上涨，薛母饮了三口，当晚便生下了薛令之，故薛令之号明月，此井被称作"明月井"，据说饮此井水便可金榜题名。

陈氏支祠前的祠堂坪由清一色的鹅卵石拼嵌成数个直径达 1 米的圆形图案，线条流畅、气派庄严，廉村当地人称为"八卦地"，寓意祖宗要求后代做事要圆满。正门对面还有照墙，墙上书有"世德作求"字样。祠堂天井中有七座石狮和一座石人。祠堂中保存着一幅雕刻于清道光年间的屏风，为廉村的镇村之宝。屏风采用镂空雕刻技术，多层透雕，雕工细腻精湛，人物神态栩栩如生。

陈氏宗祠是廉村现存最大的祠堂，占地面积达 1500 平方米，三进两天井建筑。前为大门、戏台，中为享堂，后为寝室，还有左右的廊庑。戏台就设在门楼屋后，隔着天井面对享堂，享堂和两边的廊庑成了观戏席位。正厅上方悬挂着一块"理学名宗"牌匾，两侧安坐的是历代先祖的牌位。宗祠前的祠堂坪上立着几对旗杆石，旗杆石是一种荣耀，古代只有考中举人以上才可立旗杆石，廉村现存旗杆石 16 对。

廉村堡东有明代码头 2 座。码头用硕大的鹅卵石铺排，缓缓地伸向溪流。据旧《福安县志》载，当年这里"渔舟渔货并集，远通建宁府诸县，近通县城及各村落"。过去这里河床很深，溪流开阔，海潮涨起可直抵码头。因此，廉村码头既是直通大海的内港，又是沟通闽东北和浙南的水陆枢纽和物资集散地。

廉村是一个自然景观优美、人文荟萃、历史遗迹丰富的古村落。伟岸的古城墙见证当年的繁华，百年榕树边的古码头风姿依然，老树青藤掩映下的古城门另具一番苍茫景致，朱漆剥落的民居隐约可见旧时的富有，静默的古戏台似乎还回响着当年的吟唱。廉村风光旖旎，一江碧玉般的溪水缓缓绕村而过，两岸竹林青翠欲滴，不论是乘一叶扁舟泛溪而游，还是踩着宋代石街的鹅卵石寻古探幽，都别有一番情趣。

官道

廉村

廉村城门、城墙与廉溪

陈氏支祠

陈氏支祠的石人与石狮

陈氏支祠照壁

陈氏支祠享堂

陈氏支祠"青松翠柏"屏风

陈氏支祠享堂藻井

陈氏宗祠享堂藻井

陈氏宗祠寝室藻井

后湖宫

陈氏长祠

古码头

民居梁枋上的祈福挂件

民居门楣上的祈福挂件

漤下 村

Jixiacun

福建省屏南县甘棠乡漤下村

福建省屏南县甘棠乡漤下村，北距屏南县城15公里。漤下村是清戊台名将甘国宝的祖居地。村中保存有明清古民居、古祠堂、古寺庙、古墓群、古龙井、古楹联、清乾隆皇帝御赐"福"字匾、甘国宝指虎画和民间习武器械石锁、石蛋等。明代古城楼和马氏仙宫是该村的标志性建筑。甘国宝（1709-1776），生于小梨洋村，后迁居漤下村，清雍正七年（1729）参加乡试中二甲八名武进士，选为御前侍卫，清乾隆年间任台湾镇挂印总兵、广东提督、福建全省陆路提督兼闽阅操大臣，村中保存有甘国宝故居。

明天顺五年（1461），附近山上盗匪横生，村民为自卫筑起700米城墙，并建城楼，布局成"臼"字。明代城楼坐南朝北，东南依村居，西临溪并与花桥相倚，北与高矗苍翠的文笔峰对峙。城楼为两层石木结构，长宽各8米、高10米，楼顶飞檐翘角，上有"漤水安澜"四个字，端庄古朴。仰瞻苍劲大字，细品缓缓漤川溪水流，感觉水流墨韵，墨行水脉。"漤水安澜"写下了漤川溪的水脉流态，跌水成漤，宕流水缓，流缓安澜，透出这一带甘姓子孙繁荣昌盛的奥秘。甘姓族人视古城门为吉祥、平安之门。按漤下村的传统，所有甘姓男子娶亲，一定要先偕同新娘步入城门，环绕城内一圈，才能进自己的家门。甘姓女子出嫁时则要绕城内一圈，然后再出城门而去，以求吉祥如意，这风俗一直流传至今。

整个古村落四面环山，绕村而过的漤川溪清澈透底，村民在溪里放养了许多鲤鱼，沿溪两岸建了栈道和雨廊。三座廊桥横跨溪上，显得十分秀美。距离村落数百米远的漤川溪上游，有一木制平樑廊桥"江墩桥"，建于清雍正年间。位于村子中段的廊桥"迎仙桥"，也称"花桥"，建于清康熙四十一年（1702），如今是百姓聚谈"家事、国事、天下事"、论"世人、为人、做正人"的聚会场所。"花桥"东端与古城楼相倚，西端依连水碓楼，为四扇八柱廊桥，两排靠背坐椅，可容50余人落坐，桥内顶部椽桁枋均有彩绘图画。位于漤川溪下游的八字撑木构廊桥"聚宝桥"，也称"漤川桥"。

明清古民居以闽东北乡土风格为基调，又融合了徽派和浙派建筑风格，既有徽派雕梁画栋的细节，又有江南水乡临水而居的情调，因地制宜，渗透阴阳太极、五行八卦于布局，显示

出当地特有的建筑文化。民居屋内布局体现尊卑有别，长幼有序。保存较好的古民居有红军大厝、甘国宝故居、甘氏大厝等。在红军大厝的土墙上设有枪眼，碉堡韵味十足。

甘氏宗祠雄伟壮观，重建于清嘉庆十五年（1810），土木砖石结构，明式建筑风格。全祠四面土墙，外墙红灰粉刷。祠内分前后两进，后进为大祠厅，厅后正中大红油漆神龛供奉始祖甘细旷公、婆暨十世以上祖先神主牌，神龛上方悬挂"垂统堂"匾额。民国初期，屏南知事何树德瞻仰祠堂时，特署名题赠"世德久留屏峤石，宗功长衍浙江潮"的金字楹联。祠中其余木柱楹联，由甘氏名士撰书，字体苍劲有力，颇有甘国宝风范。祠内有连战为纪念甘国宝入台240年的题词"超凡入圣"。"甘氏支祠"两座，一是思玉公祠，名曰"龙山公祠"，堂号"识春堂"；二是良济公祠，堂号"善继堂"。另外，有甘氏各宗子孙合建"合璧堂"，堂内悬挂着乾隆帝赐给戊台名将甘国宝的帖金"福"字匾。其中，龙山公祠又为"官厅"，古时接待官方落脚的地方，现在设为习武场馆，正厅摆放太师椅，神龛供奉白鹤仙师。

龙漤仙宫，也称"马氏仙宫"，为供奉龙漤开基拓主马仙娘之祀殿，现殿为明隆庆三年（1569）重建。宫殿位于村双溪合流之交汇处，坐南朝北，与文笔峰遥相对峙，东南西三面溪水环绕，古树花木围抱，风景秀丽，环境幽静。宫殿为土木建筑，其正殿璇天圆顶，艺术性较高，璇天内面由雕刻精致的无数小木块相互衔接，分九级自下螺旋而上；外形宛若巨伞覆顶，分八格遮盖瓦片，瓦行雅而不紊，顶尖以石灰塑造大葫芦，俨如一把巨伞直矗云天，外观为方形红色粉墙，圆檐正中上悬一匾，书曰"方壶圆峤"，为这一别具一格明代建筑最贴真之写照。殿内还保藏有三样珍贵文物，即雕刻精致香案一台，石狮和古钟各一对。村尾有"飞来庙"，俗称水尾殿，供祀"飞来大王"，殿内尚保存完整古壁画和楹联。村头有始建于明代的凌云寺，2007年重建。

村子武风甚浓，民间拳术代代相承，其中最有名的当属虎桩拳。当地习武之人的器械亦是十分奇特，板凳、锄头、狼芽、木棍都可以成为武器，对练起来精彩纷呈。古城楼门洞里仍保存两个先人用过的大石锁，一个200公斤，一个150公斤。村尾有甘国宝童年时玩耍练武的场所峙国亭，俗称四角亭，建于明隆庆年间，亭子正中神龛上供着关云长、关平、周仓三位武将，顶梁之上还刻着水浒108将的壁画。亭子建筑极具特色，主体为15根柱子结构，有往漤川溪取水的15级台阶，北面还有连接村道的15级台阶。过去漤下人到外地遇到甘氏后裔必问："四角亭有多少柱子？东南北三向各多少级台阶？"当对方答对时才予认亲。

绕村而过的漈川溪

漈下村

江墩桥

古城楼

漈川桥

花桥

龙山公祠识春堂

甘氏宗祠垂统堂

龙山公祠

甘氏大厝

峙国亭

龙漈仙宫三宝之石狮和香案

龙漈仙宫三宝之古钟

甘氏大厝屋脊装饰

龙漈仙宫穹顶龙形撑拱

龙漈仙宫穹顶凤形撑拱

红军大厝梁枋上的龙凤"福"字木雕

甘氏大厝供台的龙凤"福"字木雕

赖坊村

Laifangcun

福建省清流县赖坊乡赖坊村

福建省清流县赖坊乡赖坊村，位于清流县城南58公里处。历史上的赖坊村，现分为赖安和赖武两个行政村。赖坊村地处崇山峻岭之中，群山环绕，背山临水，是一个以客家人为主体的村落。

村中通道三辟，里弄四条，城门二通，东为魁星门，西为镇安门。镇安门用大块的花岗岩石叠砌，拱形的城门上用灰色砖瓦覆盖，正面刻有繁体"镇安门"三个大字，左书"嘉靖已未"，右书"民国六年仲春月重修"。主街由真武庙起，依次为真武街、楼房下街、镇安门街，四条小弄从南向北依次排开，分别为真武弄、井弄、大坂头弄、井头弄，这些小弄幽深曲折，将整个村落分割为既紧密联系又相对独立的街区单元。沿着里巷小弄分布有"宗祠"、"彩映庚"、"翰林第"、"来青"、"迎薰"、"慕荆"、"棠棣竞秀"等近50幢明清时期的古民居，建筑面积近25000平方米。村内古建筑鳞次栉比，联片分布，街巷井然，样式独特，用料考究，工艺精湛，既承中原古建筑文化精髓，又融客家先民创造性构思。

村落聚族而居，各族有祠、各祠有主。民居以祠堂为中心，环列而建，长幼尊卑，排列有序，宫祠、庙宇、寺庵、街道、水网、城寨等公共建筑服从村落整体要求，人与自然和谐共生。古建筑为砖木结构，素雅端庄。传统的双面坡悬山顶于重叠的山墙背后，中轴线对称布局，面阔三至五间，中为厅堂，两侧为边厢，厅堂前是天井。院落相套，造就出纵深自足型的生存空间。民居以天井为中心，营造"四水归堂"格局。

古建筑装饰精雕细刻，三雕俱全，准确传神。窗扇和柱子上的雕刻寓意深刻，"喜上眉梢"、"世代封侯"、"福从天降"、"四季平安"等雕刻让人目不遐接。天井里有用鹅卵石铺设的"铜钱"图案，有的三个"铜钱"环环相扣，寄托主人追求富裕的美好愿望。有的在门口地上用石头铺成"太极图"，寓意太极避邪，有的以壁画形式存留了不少诗词字画。

彩映庚建于清光绪十八年（1892），占地面积400多平方米，门楼由砖砌而成，屋顶为重檐歇山顶，翘角，脊施彩绘"寿"字纹，有花卉三朵。门额正中书"彩映庚"，檐下砖雕花卉、山水、瑞兽、珍禽等造型。正中额枋上雕四狮戏球，以及变体钱纹、琴棋、包袱锦、猪羊等。门前立双狮抱鼓石，山墙门额上墨书"居

易"。厅两侧有花雕"纲、常、伦、理"四字隔扇。天井长方形，用卵石拼钱纹。天井两侧边厢门窗雕刻莲、松鹤、麒麟送瑞、香草龙、百鸟朝凤、丹凤朝阳、万象更新等图案。

翰林第，又名"行素居"，清举人赖兆初所建，始建于清光绪年间，历时10年建成。坐东向西，砖木结构，穿斗式木构架，占地面积800平方米。厅堂高悬"椿荫槐荣"和"文明继美"两块牌匾，落款"光绪三十二年"。两个天井各有鹅卵石铺成的三个环环相扣的"铜钱"，天井两侧边厢门窗雕有马放南山等花、鸟、动物图案。

棠棣竞秀建于清道光年间，占地面积1500平方米，山门八字开，硬山顶，重檐，墨书"棠棣竞秀"字样，门额正中有砖雕及灰塑等装饰图案。山门眉额及两边分别有牡丹及"渔、樵、耕、读"等图案。门前空地由卵石铺砌，底部拼凑有"太极"图案。

来青民居建筑面积约450平方米，为一进宅第式合院建筑。正门为八字开，重檐歇山式，边饰有砖雕、灰塑等花式图案。长方形天井卵石铺砌，底部俏色拼凑钱纹。堂中立有太师壁神龛，厅头悬清乾隆年间的三块匾额。

迎薰民居建于清嘉庆年间，面积500余平方米。为两进宅第式建筑。天井卵石铺底，中用俏色卵石拼凑"太极"、"钱纹"等图案。天井两侧的边厢窗扇及门额均用樟木雕刻吉祥图案，有双狮麃羊、双狮戏球、香草龙、牡丹、四季花鸟等。

慕荆民居建于清乾隆中期，面积近1000平方米。两天井均为长方形，卵石铺砌，底部中间俏色拼凑钱纹图案。

赖氏祖庙系砖木结构，坐东朝西，面积约100平方米，正祠门用花砖构建成牌楼，门顶砌为塔形尖状，显得十分庄严，门上方的石板横额书有"源远流长"，砖砌墙体左右侧屏风镶嵌着石碑，上刻"八仙过海"、"忠孝廉节"及"光禄大夫"等字，浑厚有力。

赖氏家祠坐东朝西，建于清乾隆年间，建筑面积200多平方米，宅第式建筑，山门为八字开，太师壁设神龛，供奉赖氏历代宗亲，祠左有千年古樟，浓荫蔽日，生长茂盛。

黄氏祖屋建于清光绪二十一年（1895），建筑面积近400平方米，两进式府第建筑，门楼为硬山顶，瓦檐平脊，长方形天井设花架、水缸，两边隔扇灰壁上装饰有书法和绘画。

大圳沟由两条山溪经改造后在村西南高处汇流，然后沿主要街巷里弄流经每户人家，环绕于村落各个角落，水量充沛，常年不歇，可汲可漱，可漂可洗。大圳沟具有明确的消防功能，若某房屋不慎走火，打开和堵上相应的木闸，水很快便漫进该户人家的天井。大圳沟的存在，既方便了生活，又具有卫生、消防功能，还为赖坊村平添了几分灵气、妩媚和隽永。

赖坊村

赖坊村一角

彩映庚

彩映庚隔扇门"龙飞"木雕

彩映庚门楼砖雕

彩映庚隔扇门"凤舞"木雕

彩映庚门楼飞檐

翰林第

翰林第厅堂

翰林第隔扇门"狮舞绣球"、"马放南山"木雕

翰林第天井三环相扣的钱纹

赖氏祖庙

棠棣竞秀隔扇门木雕

棠棣竞秀

棠棣竞秀垂花拄

棠棣竞秀天井钱纹

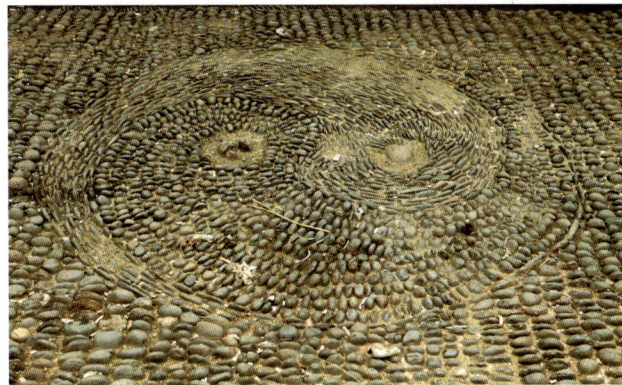

棠棣竞秀门前太极图

赖式家祠

罗田村
Luotiancun

江西省安义县石鼻镇罗田村

江西省安义县石鼻镇罗田村，位于石鼻镇东北 2 公里的梅岭脚下，东距南昌市区 40 公里，北距安义县城 20 公里。罗田村是黄氏聚族而居的村落，已有千年历史。该村是古时九江、永修、安义等地香客赴西山万寿宫朝拜许真君的必经之地，又因处在安义、永修、万埠等地通往南昌的古商路上，曾有店铺近两百家，商贾云集，热闹非凡，是赣商文化的发源地之一。民谣有云："小小安义县，大大罗田黄"，足见罗田黄家名声之大。盛时村设十甲，每甲建有门头，有"十甲全图"之称，是我国宗族血缘治理和里甲治理相结合的典型范例。

唐乾符二年（875），黄巢农民起义爆发。唐广明年间，为躲避战乱，一名叫黄克昌的青年农民，只身从大别山南麓的湖北省罗田县逃到江西，在一个偏僻的小山村安身度命，娶妻生子，黄家香火连绵不断。黄克昌人在他乡，心系故土，为了让子孙后代永世不忘自己的故乡，就将这个偏僻山村取名罗田村。

罗田村后倚大山，前面开阔。村落辟有两条竖街（前街、后街）和一条横街，按照先祖十大房亲缘关系划区集居。至今较为完整保存明清民居建筑 40 余幢，其中两幢规模较大，建筑装饰古朴精美，砖雕、石雕、木雕俱全。古老的青砖瓦房，错落有致，房子一间连着一间，院子一座连着一座，房子和院子有大有小，内部结构也不完全相同，既有别于苏州园林式建筑，也不同于北方四合院。古街、麻石板道，古车辙清晰可见，还能看到碾槽、酒坊等历史遗存，完善的地下排水系统时至今日仍在发挥作用。

走在罗田村狭窄的石板路上，就像踏入历史的门坎。两侧商铺林立，私宅犹如迷宫，墨庄书香四溢，戏台古韵犹存，古樟遮天蔽日，古井爽口清甜，一派田园风韵。罗田村现存规模较大的房屋两幢，房屋的主人都姓黄，一位是朝廷官员，一位是有钱的富商。

官员所建的房屋叫"友山私宅"，位于前街，如今已无人居住，专供游客参观，房间很多，有的挂满了名人字画，有的陈列着各种瓷器，有的只摆放着几张老式桌椅，有的展示微缩木制水车、纺车、油榨和犁、耙、碾等农具。

富商建的房屋叫"世大夫第"，位于横街与后街交汇处，现还有人居住，是罗田村规模最大、建筑技艺最精湛的房屋。原屋主名黄秀文，字趣园，黄克昌的第 27 世孙，幼年丧父，

少年学徒，后经商致富。该屋从清乾隆十七年（1752）至乾隆五十四年（1789），经黄秀文父子两代历 38 年建成。整幢建筑原为四列三进，5500 平方米，有 48 个天井，36 对厢房，108 处起居室，现存 3300 平方米。整个建筑气势恢宏，结构巧妙，四通八达，浑然一体。据说，黄秀文父子这个大屋建造成内部厅堂相连，隔巷过道回环往复，你中有我，我中有你，家家互通，是为了不让后代把房子卖给外人，要卖只能卖给住在屋内的黄氏族人。其中，绥福堂（后堂）是供奉祭祀先祖之处，启绪堂（正堂）是家人议事筹划举办重大活动之处，叙彝堂（偏正堂）是评理说法、调解纠葛之处，敦厚堂（偏后堂）是家人自由聚集的场所，天和堂（正后堂）是长辈颐养天年之处。

世大夫第装饰有大量木雕、石雕和砖雕，造型生动，工艺精湛。后堂木窗雕有"百福图"，100 只形态各异、栩栩如生的蝙蝠既构成生动立体的画面，又具有通风透光的实用功能。正中堂门楣上竖立着刻有鲤鱼跳龙门、状元打马逛街、丹凤朝阳图案的官帽状三层石雕。隔扇门上刻有桃园结义、三顾茅庐等图案。启绪堂悬挂有 4 副楹联，其中一副是："建功桑梓，义成还羡关武穆；垂范子孙，名立尤钦陶朱公。"在能够拿钱"捐官"的封建时代，这所院子的主人花钱向朝廷买来一个品位不高的官阶。官阶到手后，他并没有真正去做官，而是继续做生意。由于此人颇有经商头脑，生意越做越大，又乐善好施，为附近百姓办了不少的实事好事，深得百姓赞许。有人将他的事迹上奏朝廷，朝廷就将其官阶升为四品。这位"四品"富商不忘朝廷恩典，也为了炫耀其地位和身份，就别出心裁地建造了这所官气十足的宅院。宅院的大门造型是一顶硕大官帽，大门上方两侧用不同颜色砖石砌出两片乌纱。人站在大门下，头上就像戴着一顶乌纱帽，不是做官之人也能在此过一把官瘾。

更楼位于前街和横街交汇处，建于北宋末年，几经损毁，几度重建，旧时由村青壮年轮流在此守夜并巡逻打更，遇有火警或匪警则鸣锣通知村人。

罗田村村尾有一棵千年古樟，冠盖如伞，枝繁叶茂，树干直径近 3 米，据说是始祖黄克昌所植。离千年古樟不远有一口古井，据说是始祖黄克昌在罗田村开凿的第一口井，也有千年历史，井深 12 米，井口如"井"字，井身方形，水质优良，清澈甘甜，长年丰而不竭。喝这井水的人，长寿者多，百岁老人不少，故名"寿康井"，绳索磨下的多道凹槽和井壁上布满的绿苔，印证着水井的古老。

友山私宅窗棂木雕"金玉满堂"

友山私宅

更楼

"世大夫第" 黄秀文宅

寿康井

罗田村古街

黄秀文宅窗棂木雕"桃园结义"

黄秀文宅窗棂木雕"三英战吕布"

黄秀文宅窗棂木雕"火烧赤壁"

黄秀文宅窗棂木雕"让徐州"

黄秀文宅窗棂木雕"三顾茅庐"

黄秀文宅窗棂木雕"五丈原"

黄秀文宅窗棂木雕"福寿"、"禄喜"

黄秀文宅官帽状大门

黄秀文宅官帽状大门石雕

严台村

Yantaicun

江西省浮梁县江村乡严台村

江西省浮梁县江村乡严台村，位于浮梁县的最北端，距浮梁县城74公里，距景德镇市区77公里，与安徽省祁门县的渚口乡和闪里镇相邻。严台村，古称"严溪"。根据景德镇市地名志和济阳江氏宗谱记载，严台古村起源于东汉光武年间，至今已有1900多年的历史。严台村系江姓族居，开族源流远自仲公一百零九世孙，近至革公第三十九世孙之江仲仁。原隐居严台村的严氏家族迁徙陕西后，江仲仁便于南宋嘉泰辛酉年（1201）自邻近的浩峰迁来此处，成为严台江氏一门的开基始祖。

严台村风景秀丽，历史文化悠久。整个村落古色古香，处处透射出深厚的徽派文化底蕴。村中原有千年古戏台，全以青石板和石柱砌成。古时，从大年初一直到元宵节戏台热闹非凡，既有龙灯又有板灯，可惜戏台现已不复存在。现存的200多幢民居中，有明清建筑68幢，其余为近代仿徽式建筑。

严台村坐落在一条东西走向的小山谷中，东为谷底西为谷口，一条山涧小溪从山谷穿村而过，汇入村口的严溪。清澈的严溪自北向南流过村口，抵山甩首向西流去。村门是古村落的唯一出入口，现有两条路可达村门，一是经"富春桥"顺溪铺就的青石板古道，一是经跨溪而筑的水泥桥直抵村门。富春桥是一座古廊桥，桥头有"富春桥记"石碑，注明了富春桥始建于明弘治十五年（1502）。一条古道横亘村门，门上有一繁体字匾额"严溪锁钥"，青石门框已有数百年历史。一棵茂盛的大树，如同一把大伞罩在村门处。在村口附近的溪流两岸，生长着樟树、枫树、柏树、杏花树等名木古树，构成严台古村落的"水口"。

进入村子，踏着青石板路前行，映入眼帘的是几棵挺拔粗壮、枝繁叶茂的大树。村子中间有一条小溪缓缓的流动，小溪的上方架着几座石桥。村子虽不大，但也很有规划，村民按"股"划地居住。沿小溪而行的前街是村落的主街，从主街生出"一股街"、"二股街"，依次类推冠称。

典型的徽派老屋，门上有砖雕飞檐，檐下有石雕门额，门框是大青石料，也有雕纹装饰，所有的图案都很精美清晰。建筑的墙体上大多装饰着马头墙，马头墙的下方绘有许多漂亮的墙角画，图案或繁体喜字或喜鹊或鲜花，这些墙角装饰画构成严台村建筑群一道靓丽的风景线。

每幢民居都有天井。站在前厅向天井方位看去，正对面是山墙，山墙上绘有壁画；屋子的大门在山墙左边；顶上是阁楼；左右两边是厢房，厢房和前厅的隔断一般是木制雕花窗户；后面是壁龛，一般悬挂祖先画像或山水画，置一条台，祭祖时摆放香炉及供品。壁龛的左右各有一偏门连接后厅，通向厨房、库房等地，偏门的内门柱上贴着大幅对联，偏门上方有月梁，即形似弯月的刻有人物图案的小门梁。天井的地面有地漏接暗沟，排放雨水及日常污水，靠山墙正中置一大水缸，称"养生池"，平日蓄水养鱼，这水也有别致的名字"无根水"，是承接天上的甘霖而积蓄的，真正作用是防火。

严台村原有很多祠堂。村子的先祖经过繁衍生息，已由一家一户成了按股划分的村民小组。现在有一股、二股，直至上、下七、八股。每股一个祠堂，依次为德一堂、德二堂等，外加一个独立的"鱼祠堂"。鱼祠堂是全村各股共有的祠堂，记录着严台江氏家族的发展与变迁。鱼祠堂的主体建筑毁于文革时期，现在房基上建了两间房屋作严台村小学的校舍。祠堂的大门两边有石鼓两个，基座云纹飘飘。每个石鼓有两块方青石板，每块石板两面都有浮雕图案，共四块青石板八幅石雕，外加石鼓两边墙角上青石护墙浮雕，整个大门上就有十幅石雕。石鼓都通过榫插在门柱和基座上，连成一体。据说，曾有偷盗者左撬、右撬、上撬，使出浑身解数也没有撬下石鼓。

严台村是浮梁县东北部最遥远的一个古村，高山重叠，森林茂密，最宜茶叶种植。唐朝著名诗人白居易在其名著《琵琶行》中有"商人重利轻别离，前月浮梁买茶去"的描写，明汤显祖在其《浮梁县新作讲堂赋》一文中，曾对浮梁茶有过生动描述："今夫浮梁之茗，冠于天下，帷清帷馨，系其薄者……"。1915年，严台村江资甫"天祥"茶号经营的"浮红"功夫红茶，以其"外形美观、汤色红艳、滋味醇厚、回味隽永"四绝，一举在美国旧金山三藩市举办的"美国旧金山巴拿马万国和平博览会"上荣获金奖，让浮梁之茗再度显赫世界，神州之茶甲冠天下。1950年，毛泽东特以严台"孚丁"作为国礼，祝贺斯大林七十大寿。

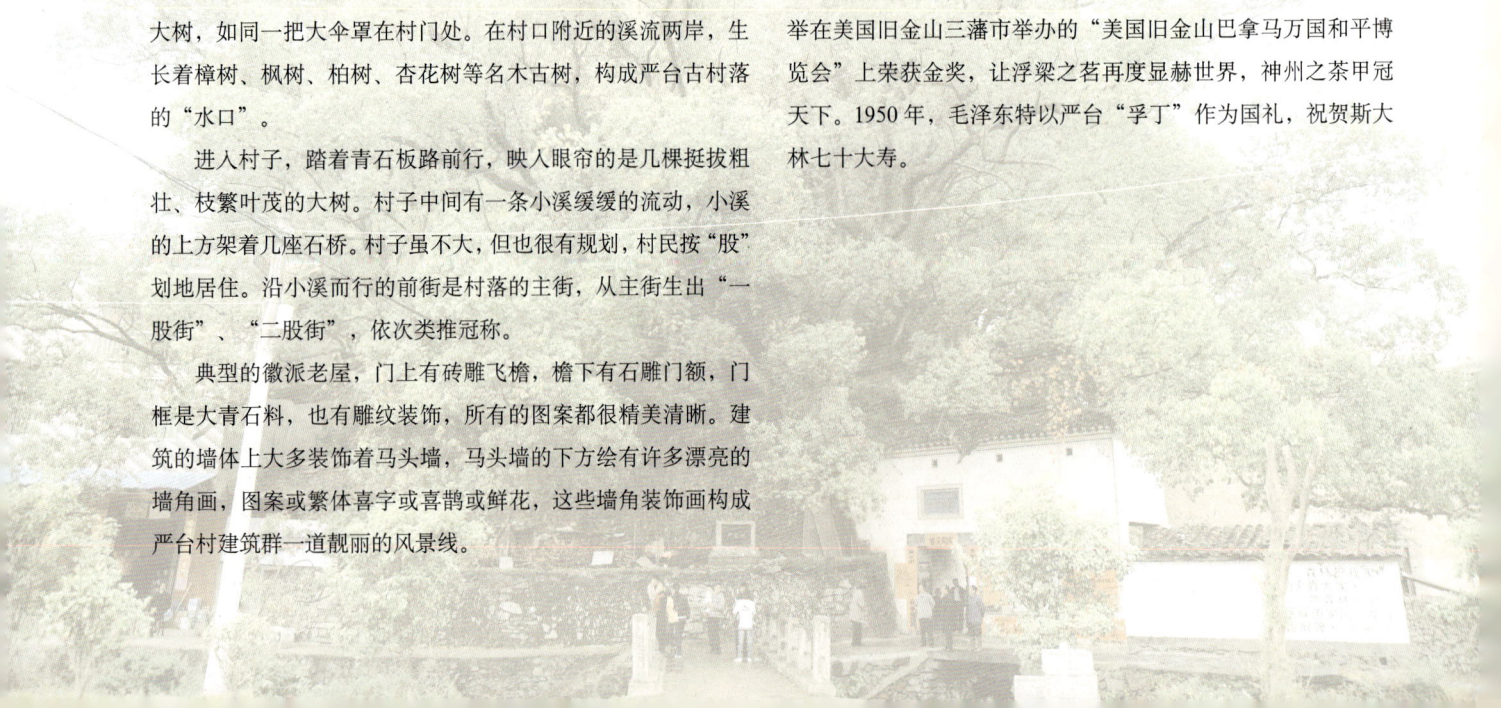

严溪

富春桥

严台村

庆云桥

民居门框上的三角形砖雕

古街
一股街 总长320米

一股街

严台村前街

马头墙及墙角画

鱼祠堂抱鼓石

鱼祠堂墙基石浮雕

建于鱼祠堂遗址上的严台村小学校舍

白鹭村

Bailucun

江西省赣县白鹭乡白鹭村

江西省赣县白鹭乡白鹭村，位于赣县的最北端，白鹭乡北部，南距赣州市区 65 公里、赣县县城 60 公里。白鹭村毗邻兴国县和万安县，有"一脚踏三县"之说。白鹭村村落坐北朝南，依山傍水，前有鹭溪，后有五龙山，呈月牙形分布。

《江西省赣县地名志》（1986 年 6 月版）载"南宋绍兴六年（1136），钟兴由兴国竹坝迁此建村。"说的是，南宋时有一个叫钟兴的赶鸭人游牧至此，晚上梦见白鹭纷飞，第二天发现他的鸭子一天竟能产两个蛋，于是钟兴就在这个风水宝地安下家来，并把这里命名为白鹭村。明清时期白鹭村迎来鼎盛，村人大兴土木建起大批民居、祠堂、庙宇，气势恢宏，富丽典雅。

白鹭村保存有 10 多幢祠堂。白鹭村的祠堂分两大类：好几户近亲人家祭祀其祖宗神位的"居祀型"祠堂，如兴复堂、崇倛堂、兰胜堂、鼎福堂、有"福"之家等；用于祭祀老祖宗神位的，若祖宗名下成年儿孙去逝，则在此装殓入棺，举行"辞祖"仪式，为"专祀型"祠堂，如福神庙、四逸堂、书升堂、洪宇堂等。白鹭村的祠堂黑瓦青砖，封火山墙，飞檐翘角，气势非凡。堂内雕梁画栋，立柱、花窗和天井错落有致，正厅、偏厅相得益彰，住房、杂屋秩序井然。大部分祠堂有雕花门楼，厅堂围绕天井构成"四水归堂"。祠堂外墙高大，墙砖用糯米砌缝，历经风霜依然坚固。官宦人家的祠堂，门口排列有"龙抱石"、"旗杆石"和"功名柱"，雕刻着文字和图案，表达主人的功名与官衔。在祠堂的墙头或屋顶上，往往高悬起一块兽头装饰的"泰山石敢当"石碑或一尊张牙舞爪小石狮，以镇妖驱邪。

王太夫人祠建于清道光四年（1824）。王太夫人（1750-1822），是清太学生、布政司理加捐知职便授奉政大夫钟愈昌的副室，也是嘉兴知府钟崇俨的生母。王太夫人一生贤淑，相夫教子，经常劝导丈夫和儿子要为人正直、扶弱济贫。她用布衣素食节省下来的积蓄为病人施药，为贫寒者施粮施衣，甚至为死于白鹭村的乞丐施棺安葬，贤淑仁慈、乐善好施的德行为人们称道。王太夫人临终前，唯一念叨的是设立义仓，并把所有积蓄拿出来成全此事。由于王太夫人义举不凡和儿子任嘉兴知府而"母以子贵"，朝廷特下懿命，诰封王太夫人为大恭人，诰赠太淑人。王太夫人祠的门楼，比白鹭村的其他门楼更宽阔、更恢弘。门楼上方的灰塑图案十分精美，麒麟、鳌鱼、凤凰、

蝙蝠、葫芦、灵芝、"万"字等图案层次分明，立意深远。祠堂前后二进，天井宽大，二进明台高 40 厘米，从二进后天井可拾级上至二楼廊。一进楼面低于二进楼面，绕天井形成回形楼廊，楼廊装修简单别致。

白鹭村有一个前后三栋的联体建筑，屋内有大小天井 16 个，被称为"山沟里的大观园"，现只剩葆中堂、崇倛堂两栋。葆中堂，也称太守敬公祠，原房主钟崇俨，建于清乾隆年间，门前一对抱鼓石仍然完好，使用的墙砖十分考究，砖上标有"日升记"字样。崇倛堂奉祀钟崇倛，大门设在东面侧墙，与前栋（葆中堂）的隔墙兼具照壁功能，隔墙与正厅间有一大型天井，堂内装修尤为精细，字画木联琳琅满目，各式古董比比皆是，至今尚保留有皇室成亲王爱新觉罗·永瑆书赠的木联、用特别原料制作的"金砖"、饰有辅首浮雕的石鼓及太师椅等物。"金砖"为正方形，又黑又厚，一侧刻有印记。正厅前方的大天井为典型江南园林风格，当年的花盆鱼缸保存完好，厮守近三百年的雌雄两株罗汉松造型奇特。

世昌堂始建于南宋淳祐十年（1250），占地面积 400 余平方米，奉祀白鹭村钟氏始祖钟兴。钟兴字世昌，故又称世昌堂，据传是钟兴搭棚牧鸭之地，历经数十次重修扩建。现建筑于 20 世纪 40 年代重修，祠堂上首巨匾横书"世昌堂"，中门巨匾横书"钟氏宗祠"镏金大字，及院照壁横书"越国世家"楷体字，皆出自名人手笔。

福神庙属于专祀型神庙，建于南宋初年，清康熙、道光年间重修扩建，地处白鹭村北面，地势较高，背靠五龙山。福神庙专祀白鹭村的仿神黄飞虎天君及赖公、观音等，既奉佛教，又奉道教，庙内还存有明清时期制造的古钟。1931 年 9 月初，毛泽东在福神庙召开了红军军团长以上干部会议，部署第二次反"围剿"斗争。

有"福"之家，原名宏先堂，属于居祀型祠堂，建于清乾隆年间，堂屋内天井青砖墙上大书一"福"字。"福"字出自名家之手，长约 100 厘米，宽约 75 厘米，笔力遒劲，线条流畅。字的左上部分是"回头鹿"，下方连着一只展翅的蝙蝠。"鹿"者，禄也；"蝠"乃民之福。寓意"福禄相连，富贵绵长"。字的右上部是一只仙鹤的头颈及腾空的祥云，下部是一个工工整整的"田"字，腾空的仙鹤象征长寿，而"田"字则有田产、土地、农耕等多层含义。"福"字，告诫世人"福自田边起，寿从地上升，有了爵禄，不忘农耕"。

东河古戏台始建于清道光四年（1824），护母返乡的钟崇俨从浙江嘉兴带回了作为家乐的昆腔班，在此建花园和戏台，并免费向村民开放。昆腔班终演变为独特的东河戏，并由此戏台传遍赣南乃至闽粤。

白鹭古戏台

白鹭村前的鹭溪及溪上的石拱桥

白鹭村

葆中堂

王太夫人祠

葆中堂墙砖上标有"日升记"字样

王太夫人祠门楼

葆中堂抱鼓石

绣花楼

福神庙

崇僎堂"金砖"

崇僎堂

崇僎堂撑拱

崇僎堂饰有辅首浮雕的石鼓

崇僎堂中的狮子柱头

崇僎堂雌雄两株罗汉松

鼎福堂

洪宇堂

有福之家的"福"字

四逸堂

兰胜堂

陂下村

Beixiacun

江西省吉安市富田镇陂下村

江西省吉安市富田镇陂下村，位于吉安市区东南50公里，东距富田镇2公里。陂下村，古名"潭溪"，唐代有罗姓在此立基，至今已有1000多年的历史。北宋末年胡姓从芗城甲村（今新圩镇）迁入，现大多数人家为胡姓。

胡姓开基祖胡晃，为吉州开国侯公霸公第八世孙，为银光光禄大夫国子监祭酒胡盛第四世孙，乃北宋狄青元帅的参将，进士出身，因军功卓著，北宋仁宗皇帝赐予銮架48件（现保留有45件），并有御笔题匾嘉赞。清道光皇帝也亲笔写"黄耇繁衍"匾额，以示赞赏，现仍镶嵌在迎龙门上。

美丽的富水河绕村而过，村落掩映在浓浓的古樟之中。村内外古樟树连片分布，沿河一带有千年古樟10多棵、500年以上古樟80棵，享有"樟树之村"美称。富水河东岸的桥头下，有一棵奇特的"合欢樟"，树冠占地面积200多平方米，树干10个大人才能合围，树中间长出一棵"凉伞树"，犹如一位婷婷玉立少女站在心爱的小伙肩膀上眺望远方。

陂下村的巷道很有特点，全村的巷道都是封闭式，只留四门进出。古时候战乱濒临，附近的山上有贼寇占山为王，喽啰们经常下山骚扰。为了抵御强盗的劫掠，才把村落建成了封闭状。贼寇进入巷道，只需将大门一封，贼寇就陷入被动挨打境地。陂下村是个多姓氏的村落，开始是各个姓氏自建封闭式的巷道，有的墙上还留有枪眼。以后人口增多了，就把整个村落封闭起来，只留下迎龙门、朝天门、延福门、龙川阁四门出入，形成了"大封闭圈"内套"小封闭圈"的格局。这种封闭式巷道，多次成功地抵御了土匪的劫掠，但无法阻挡军队进攻。清咸丰六年（1856），太平军攻入陂下村，杀死120多人，伤者无数，被焚房屋六百多幢，大火烧了七天七夜。

陂下村有一古街，始建于清道光十四年（1834）。古街不长，仅百余米，可"布匹染坊"、"粮食杂货"、"醋坊"、"药铺"样样俱全，很长一段时间里非常兴旺。据《潭溪胡氏族谱·安人堂》记载："道光甲午，族人设亥（该）市于此，有阛有阓，有街有巷，有阁有井。不数间，人迹纷如，百货辐辏，遂成一大圩。……州同胡君绍亭，建安人亭于东南隅。亭畔构唐肆数楹，取其赁值设茶亭中，以饮渴者，而东南喧阗矣。"这就是说，与古街同时建的还有"安人亭"。清道光十九年（1839），

清朝袁州司马胡徽光（胡继盛）母亲罗氏90岁，五代同堂，地方官上报皇上，清道光皇帝龙颜大悦，封罗氏为安人，亲书"黄耇繁衍"匾额，并奖了银两和绵帛等物，为此胡徽光建了"安人亭"。有趣的是陂下村胡姓人家的婚丧娶嫁都必须经过此亭，说是"安人，安人，想平安就过亭"，这种习俗一直持续到现在。

"敦仁堂"是胡氏的总祠，坐落在富水河边，长98米，宽29米，面积近3000平方米，分上中下三栋，始建于明万历年间，红石门柱上面镌刻着一副副对仗工整的楹联。"敦仁堂"三个字是清朝最后一位状元刘绎的墨宝，据传是刘绎用脚上的草鞋沾上墨汁写成的。刘绎还没有发迹之前，是个卖猪崽的小生意人。有一天，众秀才在祠堂比试书法，谁也没有把刘绎放在眼里，他趁人不注意，脱下草鞋写下"敦仁堂"三个字，刚劲有力，无人能比，从此名声大振。

"星聚堂"为胡氏景星公大宗祠，建于明朝中期，太平天国时被太平军焚烧，晚清族人集资重建，建筑面积为1538平方米，门前的龙凤楼阁气势恢宏，木雕、砖雕和石雕十分精美。"竹隐堂"始建于明嘉靖年间，太平天国时被烧毁，晚清重修，建筑面积1569平方米，堂匾为明泰和县状元曾彦所书。"乐善堂"始建于清朝中期，建筑面积219平方米。"新书院"原为"乐善堂"建的一所义塾，始建于1926年，建筑面积506平方米，中西合璧式建筑。"潭滨堂"始建于明朝中期，晚清维修，建筑面积1506平方米。启正堂（察院第）始建于清朝初期，建筑面积200平方米，为纪念南京、广东、河南监察御史胡接辉（族谱名胡达训）建造。

陂下村是一个充满战争硝烟的红色村落，为中国工农红军的发展和壮大作出了贡献，毛泽东、朱德、毛泽覃、张震等老一辈无产阶级革命家都在这里工作和战斗过。第二次国内革命时期，这里是公略县委所在地，办公楼设在"新书院"。根据"二七"会议精神，中共赣西南特委第一次代表大会在"敦仁堂"里召开，红军学校搬到了"竹隐堂"，"乐善堂"成了红军学员宿舍。毛泽覃、邓小平、陈毅、曾山等先后在"星聚堂"主持召开会议，公略县保卫局驻扎在"志笙堂"，红军模范营（后改为红军独立师）驻扎在"潭滨堂"。

列宁台主要用于集会和文娱活动，1930年毛泽东下井冈时嘱纯化区委建成。列宁台的台基两侧红军标语清晰可见，其中一条为"红军薪响穿吃一样，白军将校尉起居不同"。

星聚堂

陂下村

朝阳门

瑞公祠撑拱

启正堂（察院第）

瑞公祠

朝天门

竹隐堂

狭窄的巷道

两秀堂

中西合璧的新书院

潭滨堂

列宁台

列宁台标语

安人亭

毛泽东旧居

夫妻树

延 村

Yancun

江西省婺源县思口镇延村

江西省婺源县思口镇延村，位于婺源县城西北18公里处。延村，原名"延川"，因村落面临川流不息的遇龙河，村民以期子孙后代绵延百世，故名。根据《婺源县地名志》和宗谱等史料记载，延村始建于北宋元丰年间(1078-1085)，最早在这里聚居的是查、吴、程、吕四姓人家。明正德年间(1506-1521)，金姓从沱川迁入，目前80%的人家为金姓。村中较完整地保存着56幢明清古建筑，占地面积约25000平方米。

延村背倚"火把山"，前临遇龙河，背山面水，山绵亘，水蜿蜒，山不高但丰满秀丽，水不宽但风光旖旎。登高俯瞰，整个村落三面环水，犹如一叶竹排静静依偎河畔。水的两岸，是一望无垠的绿色田野。地势平坦，走遍全村竟无一步台阶，四条青石板铺就的村径小路将村落划为"井"字形布局。洁白的墙体、黝黑的屋瓦、飞挑的檐角、鳞次栉比的兽脊斗拱以及高低错落、层层昂起的马头墙，绵亘着一幅宗族生息繁衍的历史长卷。

延村现存有明代私塾"明训书院"和清代"余庆堂"、"聪听堂"、"笃经堂"等民居，多为明清时徽商晚年归隐所建。最兴旺时，延村有4座祠堂、100多幢大宅，家家相通，户户相连。雨雪天气穿堂入室，从村头走到村尾，不湿衣衫，足见"群屋一体"的规模。民居建筑风格大同小异，多为一层至三层穿斗式木构架，四周封火山墙围起，石库门坊大门，水磨青砖门面，门罩翘角飞檐，门枋砖雕别致。屋内分前厅、后堂、厨房等，前后均有浅天井，堂屋三间两厢、方柱石础、格扇门窗、青石板铺地。梁枋、雀替、护净、门窗等处龙凤麒麟、松鹤柏鹿、水榭楼台、人物戏文、飞禽走兽、兰草花卉等图案寓意深刻，不仅显示出精湛的工艺，而且蕴藏深厚文化神韵，令人赞叹不已。

延村古宅主人亦商亦儒，既善于经商，又重视读书问道。在重农抑商、商人地位偏低的封建社会里，商人为获得与经济地位相称的社会地位，就以"儒家思想"提升学问和修养。尊崇儒学、严守诚信，将文化、道德与经济融为一体是儒商的显著特点。他们年少即外出经商，历尽艰辛终于功成名就之时，返乡筑宅、落叶归根成了儒商们的最大宿愿。修建宅院既可福泽子孙、颐养天年，又可"托物言志"、抒发人生感悟。因此，大到房屋构架、门楣庭院，小到神龛摆设、门窗雕刻，无不经过精心设计，蕴涵着主人的理念和情感。

余庆堂古屋建于清乾隆年间，房屋老主人金文谏是个大茶商，早年经商于南京，为江宁商会会长。四个儿子均有建树，清乾隆初年分别建起四幢房屋，形成延村最有名气的四家巷。余庆堂则为其中之一，为次子金时秋所建。金时秋十六岁就随父经商，颇获盈余，于是建屋取名"余庆堂"。朝廷规定，商家大门不能朝正南开。余庆堂大门之外，有个院门，开在房屋的左角，将朝南的大门用围墙封起来。房屋大门有围墙挡着，也保护了家居的隐私，一举两得。同院门连接的小屋子，当地人称"门圈"，用来停放来客的坐轿。余庆堂的大门是徽派建筑中典型的石库门。门楼由"楼"和"罩"两部分组成，统称"门罩门楼"。门罩重瓦铺盖，翘角飞檐，遮挡雨水，既美观又有气势。飞檐下面的门枋雕刻着华丽精美、寓意吉祥的锦文图案。余庆堂的整座大门，仿佛是一个"商"字。建筑平面基本上是以天井院落为单元的内向方形布局。天井较窄小，光线经二次折射显得柔和，给人静谧舒适之感。厅堂的陈设，是典型的清代徽商模式。太师壁上悬匾额，下挂中堂画卷，两边为楹联。案桌上摆放着长鸣钟、花瓶、玻璃镜，"东瓶西镜"谐音"东平西静"。在后天井中置有用于消防的水缸，叫"镇宅缸"。缸内盛的是天上的雨水，叫"天落水"，意味"天降洪福"。这口缸用一整块黄麻石凿成，据说二百多年来从未更换过，依然雨天不满，大旱不干，清澈明净，无色无味，不生虫蚊，还说缸水能预报天气，要下雨了水则混浊，天放晴了水则清净。

金文谏的三子金时煜，考取了贡生，当上了候选盐运司，成为光耀一时的上大夫，便在村中建起了"上大夫第"。这幢府第被整体运往景德镇市区，复原后成为现在的"景德镇陶瓷博览馆"馆址。

笃经堂为清朝初期建筑，房屋主人有三子，按年龄、身份依序分布。老大的房屋高大，门楼与室内装饰最为讲究。老三的房子相对简陋。三幢房屋由一条过道贯通，均建有"门圈"，内设狭长的板凳。外客要见主人须经三兄弟依次禀报，客人只好坐在这板凳上等候。据说，俗语"坐冷板凳"便由此而来。

聪听堂建于清康熙年间，是旧时秀才们修文著述的一所馆塾。两侧隔扇的诗词字画依稀可辨，前厅梁枋和两厢的木雕非常精美。唐代诗人白居易《琵琶行》"浔阳江头夜送客"、"枫叶荻花秋瑟瑟"、"千呼万唤始出来"、"犹抱琵琶半遮面"四句诗意木雕惟妙惟肖，堪称写意木雕中的精品。

仅容一人通行的小巷

笃经堂

延村

镇宅井

聪听堂前厅梁枋木雕

聪听堂

聪听堂小竹林

明训书堂门楼

明训书堂

余庆堂窗棂木雕

余庆堂出水口麒麟石雕

余庆堂"镇宅缸"

余庆堂

通济桥

训经堂窗棂木雕

训经堂

青石板铺就的小巷

天宝村

Tianbaocun

江西省宜丰县天宝乡天宝村

江西省宜丰县天宝乡天宝村，位于宜丰县城北20多公里处。天宝村始建于南宋绍熙元年（1190），已有800多年历史，现天宝乡政府设于此。据说，天宝村是元明两代明臣刘秉忠、刘伯温的祖籍地。村落船形地貌，自然环境独特，北枕峦林山，面临耶溪河，南对檀岭山。两山林木茂密，溪河长流不断。曾以"东西南北门，前后两条街，48条巷，48眼井，四周竹城墙，四季马蹄香"而饮誉江南，古有"小南京"之称，村名取"绿波清浪，物华天宝，驾重洛阳"之意。

村落总体保持明清时期格局，房屋坐北朝南，分排林立，布局合理。现有民居230余幢，其中明清民居170幢，其余为近代仿古民居，另有宗祠、亭阁、画锦堂、观音堂、官厅、石牌坊、宝塔、庵观、寺庙等明清建筑。古祠堂20多座，少数保存完整，多数梁架完好。有36眼古水井仍在使用，一条千余米长的石板路贯穿东西，石板路边水圳相随，有古桥9座和23条历史标语，有建于1919年的现代职业学校"培根职业学校"旧址，村东门、村西门（西镇）基本完好。

天宝村民居多为穿斗木构架，砖外墙，出檐深远以防雨。梁柱构架简洁，用材大小适宜，喜用自然型月梁。装饰集中于雀替、檐下斜撑、梁头等处，少而精致。门窗格纹做工精细，柱础形式多样，门墩、栏杆、影壁等多有石雕装饰。

天宝村有一座中西合璧式的两层楼房。这座楼曾是培根职业学校的教学楼，建于1919年。刘化成是天宝村墨庄刘氏中最先接受"五四"运动新思想的人物。当年，刘化成为反对儒学，发起创办了专门培养农业人才的职业学校。"培养自食关吾分，根荒由来自尔成"，校门口的这副对联即为校训。

村东头断垣残墙的宝书楼前，4根高大的石柱永不疲倦地指向空中。宝书楼又叫"墨庄阁"。据说，岳飞在正门留下"墨庄"二字，并以"誓将七尺酬明圣，怒指天涯泪不收"的词句燃起岳家军将士心中之火。又因岳云从南昌调粮在此救济灾民，宝书楼被当地村民称为"施粥亭"。根据资料记载，南宋时宝书楼高15米、宽11.4米，是石木结构的两层重檐楼阁。楼有前后两进，前厅有四石圆柱支撑牌坊，内厅有四方石柱支起木楼。可惜的是，1979年宝书楼毁于火灾。

天宝村的祠堂、大型宅第为合院形式，建筑风格独特、典致高雅。厅堂、天井前后串联，少者三进，多者五进，主要天井封顶成为高蔽的井院，既气势壮观，又隔热通风防寒。有的在中轴两侧设旁院，一、二层房屋围合成天井小院。屋顶有硬山顶和歇山顶两种式样。木雕、石雕、砖雕俱全，隔门、花窗、门楼、石墩、石础等精雕细刻。

村中有众多祠堂，刘氏宗祠、昭翁祠、四季公祠、阳可公祠、泰轩翁祠、鹿园公祠等保存比较完好，而以刘氏宗祠最为雄伟气派。宗祠内保留有明代壁画、明代大门上的文官门神以及25块明清两代的匾额。刘氏宗祠有上千根柱子，柱基石雕刻精美。宗祠始建于明弘治年间，因风霜兵焚，几废几立，直到清雍正十三年（1735）才建成。民国时遭遇火灾，1941年重建，时至今日，现门楼完好，但厅堂损坏严重。刘氏宗祠收藏有清代宰相朱轼的"江省名宗"赠匾，以及抗战时期"救国荣宗"的匾额。

天宝村的村民绝大多数姓刘，自称是"墨庄刘氏"后裔，拜汉高祖刘邦的弟弟楚元王刘交为先祖。据说，汉高祖六年正月，楚元王刘交设都彭城（今江苏徐州），从此这个家族就世居彭城，设彭城郡，立彭城堂。西晋末年的五胡之乱，让彭城陷于兵荒马乱之中。刘交的第18代孙刘遐出任安城（今安福）太守，任职期满后，便在安福县山庄乡笪桥村刘家港定居下来，形成了以"安成"为堂号的"笪桥刘氏"。唐朝末年，"笪桥刘氏"的后裔刘逮又从安福迁居新喻获斜（现属樟树），形成"新喻刘氏"。刘逮的孙子刘式，负责北宋王朝财政统计工作的磨勘司长官，为人刚正不阿，北宋至道三年（997）遭致盐铁使李维清的诬陷和新皇帝宋真宗的罢免，时值49岁的刘式在悲愤中死于京城。刘式夫人陈氏叮嘱儿子们"你们的父亲为官清廉，身后只留下书籍数千卷，这就叫'墨庄'。希望你们都在墨庄中安心耕读，学有所成，继承光大你们祖先的事业。"刘式的儿子们刻苦攻读，终遂母愿。后来，北宋朝廷不但为刘式昭雪还加封了户部尚书。陈氏的做法也得到宋王朝的认可，被封为"墨庄夫人"。天宝墨庄刘氏有一副祖辈传下来的对联："志在春秋功在汉，心同日月义同天"，这14个字抒发着天宝墨庄刘氏的心志，而"十代书香绵世泽，九传仕宦振家声"就是家族理想。

南宋绍熙元年（1190），刘式的后人刘椿到宜丰县附近任大姑岭巡检司，偶见天宝天生船形地貌，便定居于此，繁衍后代，日久天长形成了天宝"墨庄刘氏"一族。

刘氏宗祠

四季公祠

有龙形图案的漏窗

四季公祠柱础

天宝村

石板路

民居门楼

培根学院楼背面为中式风格

培根学院楼正面为西式风格

东门

西门

门楼砖雕

雄崖所 ⑳

Xiongyasuocun

山东省即墨市丰城镇雄崖所村

山东省即墨市丰城镇雄崖所村，位于胶东半岛的南岸、即墨市东北部、丁子湾内部，西南距即墨市区45公里，因"雄崖所城"而闻名。雄崖所城现存有南城门、西城门、古城墙、观音庙、玉皇庙等历史建筑，以及其他有保护价值的明清古宅10余处、房屋70多间，是一座保存比较完整的海防古城。

雄崖所城东临大海，西扼群峰。因其东北的白马岛上有一赭色雄伟断崖而得名"雄崖"。白马岛最高点42米，高潮时倒映水中酷似白马，西北部险崖陡立，长40米、高20米，雄伟壮观。因其突兀在海里，且地势险要，成为明代军民反击倭寇的前哨阵地。相传白马岛北侧的海湾中有一深不可测的水潭。龙王派遣蟹将驻扎潭里，扼守海上关隘。一天，一蛇精藏在商船里想渡海修炼，船行至此被蟹将发现，虾兵持枪（手臂）刺向蛇精，不料被蛇精躲过，而长枪却刺入船体。若将长枪拔出，船势必进水导致船沉人亡。虾兵只好折断长枪，留下终生残疾。而蟹将则用巨螯夹住蛇身，将蛇精夹成两半。蛇精的尸体被拖上断崖，鲜血将岩石浸透，因而雄崖呈绛紫色。

雄崖所城建于明洪武三十五年（1402），是鳌山卫统辖的守御千户所。雄崖所原额设正千户2员，副千户2员，百户5员，所吏目1员，京操军春戌250名，秋戌319名，守城军余51名，屯田军余77名。雄崖所建成后，成为山东屈指可数的海防要地。雄崖所城这一明代城堡为正方形，由南向北地势渐次升高，呈阶梯分布。城墙两面均为砖砌，中间用黄土夯实，周长2公里。城有四门，各门均有门楼。城内外有城隍庙、关帝庙、菩萨庙、玉皇庙、九神庙、天齐庙、先农坛等建筑。清朝初年裁减卫所兵员，废除世袭千户，改设千总一员统辖驻军。清雍正十二年（1734），雄崖所随同鳌山卫并于即墨县，但因地处海防要冲，仍设巡检、把总统兵驻防。清乾隆年间，作为军事机构的"巡检"交移福山县海口，雄崖所遂成为一个自然村落，后因人口增加分为南所、北所两个村落。如今，雄崖所村的李、王、赵、韩、陆、陈等姓氏即是当年所城守卫将士的后裔。

现今雄崖所的城墙已全部颓塌，仅在城东南存一段城墙残基。城墙外围原掘有壕沟，壕沟深约3米，现已填平。城内基本保持明清格局，有东西、南北大街各一条，另有多条小巷。东南西北四座城门中，东、北两门已无迹可寻。南门经多次修葺，

门洞和城楼尚为完好，城门外额题"奉恩门"三字，内额题"迎薰"二字。南门城楼上的飞檐，是这一地区特有的，各吉兽所向的方位，与其他明代遗留建筑颇有不同。西城门仅存拱券形门洞，系明代建筑，洞长12.5米、外口高2.5米、内口高3.5米、底宽2.5米，门洞外上方镶一石额，题为"镇威"二字，据说为当年徐达所提。

站在古城南门城楼上向北望去，只见成片的房屋依坡呈梯状延伸而去，小瓦青砖的老房子中夹杂些红瓦高墙的新房子。房屋的结构由祖籍安徽的长官确定，建房的工匠也全部来自安徽。因居住者的级别不同，收入和待遇差异，千户、百户、总旗、小旗和一般军户的房子面积、内部装修相差很大。

从南门进入所城，沿着大街北行，很快到达村子中央，道路由此向东南西北四个方向伸展，地势西高东低。城中的房屋很有特色，利用了当地丰富的石料资源，搭砌了五彩斑斓的山墙，屋顶则一色的黑瓦。街巷以石料铺就，偶见石磨盘铺地。

雄崖所是明代初年为守卫海防而设的军事据点，目的是抗击倭寇，但从未发生实际战斗。明朝定都南京之后，为保卫海防，打击倭寇，明朝遂决定在沿海地区实行卫所制。明洪武二十一年（1388），魏国公徐辉祖奉命建鳌山卫，下辖浮山、雄崖二所，雄崖所从此成为海防前线。当时，衙门、官署、粮仓、伙房、住所、学校等分布在十字大街两侧。白天，千户、百户和相关士兵在衙内各署公干。晚间除巡逻和值夜人外，他人则回城中府邸和城外所辖六处营盘歇息，日复一日，月复一月，二十个千户、二十七个副千户、五十个百户和众多兵士世袭罔替，相继看守了三百四十六个春华秋月。其时，雄崖所丁地钱粮税课谷石机构齐全，俨然一个"国中之国"，既有紧张严肃的战备气氛，又有书声朗朗、桃李芳菲的和平景象。清雍正十二年（1734），清政府裁鳌山卫和浮山、雄崖二所，归并即墨县，改雄崖所为雄崖司，设巡检，率兵三十人把守。后来，移雄崖司巡检驻烟台市福山县海口，至此卫所制度在即墨走到尽头。

南城门"奉恩门"

南城门内侧有"迎薰"题字

雄崖所村

村中一角

通向西城门的石板街

民居

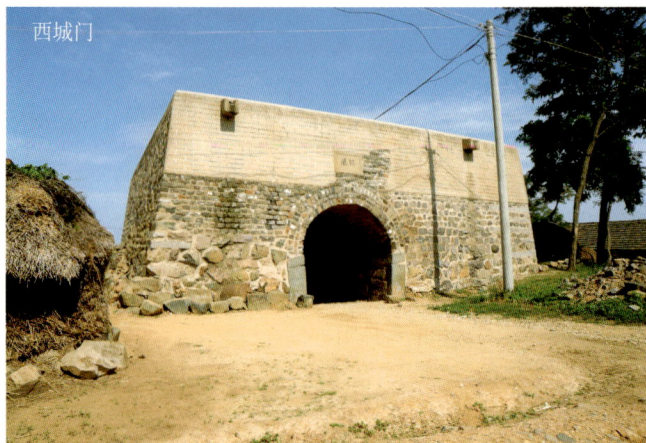

西城门

小巷

民居门楼之一

民居门楼之二

西城门门洞

张店村

Zhangdiancun

河南省郏县李口乡张店村

河南省郏县李口乡张店村，位于平顶山市区北 7 公里、郏县县城东南 25 公里处，东临紫云山并与襄县接壤，西临大龙山和火柱山并与宝丰县交界，北面是汝河。芝河绕村而过，芝河有闸门调节蓄水量，旱可浇，涝可排。

张店村山拱水护，是块龙凤宝地。在这片山环水绕的土地上，诞生了一位历史名人张良。"运筹帷幄之中，决胜千里之外"的张良，辅佐刘邦成就西汉大业，功成退隐，史称"古今第一完人"，尊称"谋圣"，汉代时就在张店村建有张良庙，又称留侯祠。明朝初年，张良后裔寻根问祖，迁返故里，守护张良庙，四时祭祀。

据《史记·留侯世家》第二十五记载"留侯张良者，其先韩人也。大父开地，相韩昭侯、宣惠王、襄哀王。父平，相厘王、悼惠王。悼惠王二十三年，平卒。……以大父、父五世相韩故。"文中的"韩"是国名。关于当时韩国的疆域，范文澜著《中国通史简编》（一）载："韩国疆土北自成泉（河南荥阳西北）过黄河到上党（治设山西长治县）。南有陉山（在河南郾城县），东临洧水（源自河南密县，至新郑东南流入颍水）。"可见张店村就在其境内。顾氏（唐初史学家，著有《汉书古今集义》）按《后汉书》云："张良出于城父"。《史记正义》、《括地志》云："城父在汝州郏城县东三十里，韩（里）[地]也。"唐代司马贞《史记索隐》称，张良故里距郏县东出三十里。唐代张守节《史记正义》，也是如此记载。清道光《宝丰县志》卷之三《舆地志》记载："父城：汉书地理志颍川郡父城据元和郡县志即楚太子建所居之城父杜预及春秋大事表俱云……父城旧城在今县东四十里。"《中国古今地名大辞典》条释曰：春秋楚邑，在今河南宝丰县东四十里。当代权威的工具书《辞海》1980 年版，称张良是郏县人。从这些文献可以看出，张良的故乡就在张店村一带。

张店村出土的一块"汉石刻"，记载着诸葛亮当年拜谒留侯祠写下的一篇铭文，成为张良故里在郏县李口乡张店村的又一有力证据。2006 年 2 月，张店村民在原张店寨小南门内的废墟中发现一块红石石刻。经过清理发现，这块未经打磨的天然石面上写有 6 行 57 个字："亮携元直，建安六年春，踏贤宗。观地势不严，然清静秀逸，乃龙凤之地。拜留侯，仰其像不威，

然运筹帷幄，决胜千里，成帝王之师。吾辈叹之、敬之、效之。"从石刻文意来看，这是诸葛亮在东汉建安六年（201）春拜谒留侯祠、瞻仰张良像后留下的。

张店村中过去有子房祠，也叫留侯神祠，前有牌楼山门，四柱三楼，正中匾额书"留侯祠"。山门东西各有一亭，东亭为授书亭，取张良下邳接受黄石公赠《太公兵法》之典而建，西亭为赤松亭，寓张良晚年摒却世事从亦松子学道之意。主体建筑为 5 间前殿，建于高台之上，翠瓦飞檐，古朴典雅，殿内供张良塑像，后殿供有张良父祖牌位。子房祠毁于清末，但后院中和大门两边的 5 棵古柏古槐仍在，其中两棵古柏在院中，每棵都有 20 多米高，三四人合抱粗。张店村西边的芝河有一深潭，传说是张良的洗马处，叫滤马潭。村西有处跑马沟，传说是张良驯马的地方。村中有侯马沟，传说是张良喂马的地方。这些都从不同侧面说明张店村与张良有着密切关系。

明朝时，张店村张家始祖张保从山西省迁回故里。张保到张店村后，认祖归宗，生下 8 个儿子，即现在张店村附近 4 个村张姓的 8 个次祖。长门有一后代，叫张乐舜，明隆庆年间任九门提督，现张店村有九门提督府第；清道光年间，六门后代张崇曾官居四品，任刑部主持，其子孙中有 7 人都官居七品以上。

据说，张店村原有红石寨墙，始建于清同治年间，毁于1947 年。寨墙周长 5 公里，高二丈八尺，厚三丈，分东、西、南、北和小南五座门，周边等距设寨楼（炮楼）15 座，除小南门楼是三层外，其它均为两层。寨子面积约 2.5 平方公里，有"提督府"、东西"官宅"、南北"义和"、"西酉盛"、"花门楼"等七座大户人家的宅院，共有房舍 2000 多间，结构严谨，气势恢宏，各种雕刻工艺精巧。

张店村目前仍保存着多处明清时期的建筑 116 间，其中明代"提督府"现存 5 处 19 间，清东"官宅"现存 3 间，清西"官宅"现存 44 间，清北"义和"现存 16 间，清"西酉盛"现存 10 间，清"花门楼"现存 2 栋楼 12 间。据统计，在这些建筑中有木雕近 30 处、1000 多块，图案有狮子滚绣球、二十四孝、松鹤延年、福禄寿禧、喜上眉梢、麒麟送子等，有各种砖雕和石雕近 100 处、300 多块。另外附近的张寨山上有魁星楼，据说始建于汉代，现建筑建于 2004 年。

红石砌墙的碉楼

裕恒堂

裕恒堂雀替

裕恒堂梁坊木雕

裕恒堂房门木雕

裕恒堂房门木雕

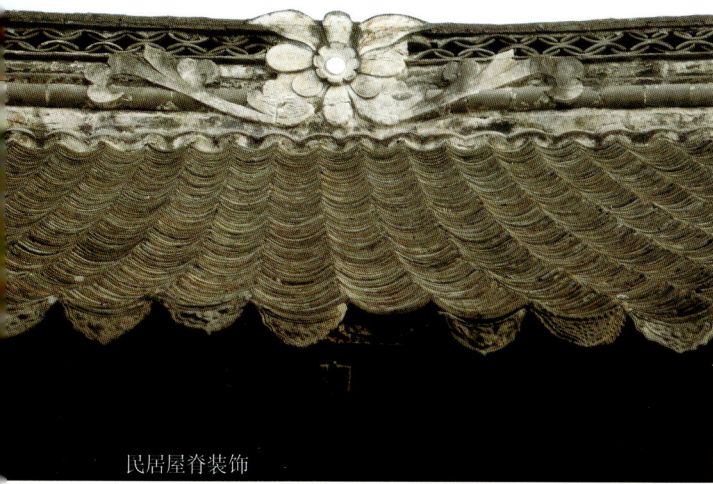

民居屋脊装饰

草龙雀替

狮子绣球雀替

古院落的正房

古院落的门楼与厢房

裕恒堂柱础

两河口 ⑪村

Lianghekoucun

湖北省宣恩县沙道沟镇两河口村

湖北省宣恩县沙道沟镇两河口村，地处土家族母亲河酉水源头、209国道东侧15公里，北距宣恩县城约40公里，多数村民为土家族。两河口的房屋大多建于清朝末年，集中分布着有200多年历史的数个吊脚楼群。两河口村满目青山，绿水悠悠，环境十分优美。在郁郁葱葱的山涧坡地上，零星点缀着一些聚落，幢幢木楼掩映在青山翠竹之中，可谓"田野纵横千嶂里，烟火人家半山中"、"深山人不觉，犹似画中居"。

两河口村风光秀丽，两条山脉自东向西南绵延，龙潭河贯流其中。在两河口村的龙潭河流域，以彭家寨为中心，周围有曾家寨、汪家寨、唐家坪，呈"三星拱月"之势。彭家寨建于山脚坡地上，后面的左山名桃花山，右山名观音山。寨前龙潭河蜿蜒而过，一座40多米长的铁索桥将寨子与外界连通。除了因族人"接儿配女"而来的几户异姓外，村民均为彭姓，故被称为"彭家寨"。寨内吊脚楼层层铺开，错落有致，相互烘托，囊括单吊、双吊、二层吊、三层吊、平地起吊和"一"字吊等吊脚楼样式。吊脚楼旧称干栏、阁栏、廊栏等。在龙潭河流域的自然环境中，各个寨子相对独立，依形就势，合理分布，选址、布局、规模和房屋大小各不相同，但大多为三柱五骑或五柱八骑木房，挑扇穿斗，单檐悬山，布瓦盖顶，临街为铺面，临溪则吊脚。这些古屋从未间断使用，保存良好。寨子里的台阶、院坝等大多用青石板铺设而成，清洁异常。在林荫覆盖下，青石板路古朴雅致，蜿蜒在院落和场坝之间。

彭家寨具有武陵山区土家族村落的典型特点，以公共的院坝和桥梁为中心，众多单体建筑组合成村寨。大多数房屋坐西北朝东南，每幢自成体系。正屋与横屋相接处为厨房，是扇面土家转角楼，俗称"骡子屁股"或"马屁股"。转角楼的排扇不是相对排列，而是前窄后宽，两排扇间撑一根"将军柱"，又叫"伞把柱"，以托住梁枋。在建筑手法上采用减柱法，大量应用不落地的骑筒，为厨房腾出开阔的空间。在屋面正屋与横屋交接处做龙脊，将屋顶水面进行分合处理。

吊脚楼最精彩的部分可能要数"龛子"。厢房由吊脚支撑楼板，垂柱支承走廊，并在山面采用类似官式建筑的"歇山顶"，这种厢房被形象地称为"龛子"。这种类似官式建筑的歇山顶，土家族人称之为"思檐"，在挡雨通风的同时也带来了美感。

寨子前后，耸立着9个以上的龛子，飞檐翘角、雕龙塑饰。另有十多个正屋尽端的山面龛子，"勾心斗角"，古色古香。深入其间，会发现龛子下面的空间有的被用作通道，有的被用作仓储，还有的被用作牛栏猪圈。

两河口村保存完好的房屋有二十三幢，每幢自成体系，面积百余到几百平方米不等，木质瓦屋，穿斗式，单檐悬山灰瓦顶。彭家寨房屋一般由正屋和吊脚楼组成。正屋建于平地，一般为三开间；厢房吊层，建在坡上，屋脊与正屋平齐，吊脚的高度随地形而定。正屋和厢房"一正一横"或"一正两横"，与院坝相围，形成了一个小庭院。据清乾隆五十七年（1792）所建的水府庙前石碑记载，当时的彭家寨从建筑到人文已有相当规模，有成熟的组织制度、宗法观念和宗教信仰。

两河口村民风淳朴，民俗浓郁。原始古朴的铜铃舞，饶有风趣的上梁歌，悲喜交加的哭嫁歌，深沉悠转的夜灵歌，诙谐活泼的闹房歌，进退有度的薅草锣鼓，都是重要的生活元素。龙潭河流域摆手舞流传至今，在鼓锣伴奏下男女相携、蹁跹进退。"遇事必跳，人神共娱"的宣恩耍耍，源于土家族原始"祭祀娱神"活动，动作诙谐活泼，腔调优美动听，唱词通俗易懂，备受人们喜爱。在鄂西南山区，人们集体薅草或挖土时，为催场催工，主人家要请演唱班子，击鼓以作气力，鸣锣以节劳逸，醋歌以抒胸臆。"薅草锣鼓"是国家级非物质文化遗产，两河口村是这一遗产的发源地。"女儿十二学绣花，长大能找好婆家"，当地妇女大都身怀绣花绝艺，织出的绣花鞋垫和绣花鞋图案丰富，富有浓郁的乡土气息和强烈的民族特色。

当地舞蹈内容丰富，形式多样，有表现爱情的耍耍、蚌壳舞、车灯舞，有表现技艺的龙舞、板凳龙、狮舞、高跷、猴儿鼓舞、滚龙连厢，有表现生产劳动的采莲船等。土家族八宝铜铃舞不仅是一种精彩歌舞和艺术化风俗，同时还承载着厚重的历史文化信息，蕴涵着深邃的哲学价值和教化意义。歌谣在两河口村所在的龙潭河流域流传广泛，种类繁多，既有粗犷豪迈、坚定有力、鼓舞劳作的劳动歌，也有情绪强烈、语言锋利、爱憎分明的时政歌；既有高亢豪放、婉转悠扬的山歌，也有曲调优美、悦耳动听的小调，既有诗韵流畅、轻快活泼的灯歌，也有形式古老、风格独具的风俗歌；既有讲古传史、扬善抑恶的历史传说歌，也有朗朗上口、想象丰富的儿童歌谣。至于那激荡人心、万代流传的情歌，更是俯拾皆是。

1935年，贺龙、关向应、肖克等领导的红二、六军团转战宣恩，在两河口一带建立了宣恩县苏维埃政府。

彭家寨

两河口村彭家寨

吊脚楼之一

吊脚楼之二

吊脚楼之三

酉水支流龙潭河

吊脚楼的"龛子"

老街台阶

老街

薅草锣鼓

歇马村

Xiemacun

广东省恩平市圣堂镇歇马村

广东省恩平市圣堂镇歇马村，地处恩平市中部的锦江河畔，位于恩平市区东北约10公里处。歇马村于元至正年间立村，已有600多年的历史。历史上出了不少举人，被称为"举人村"。歇马村风水独特，相传由著名风水大师赖布衣点建，前展四台，背靠三嶂，锦水环绕，玉带缠腰。村落布局呈"歇马饮泉"之状，巷道扇形展开，巧藏"雄马"之形神，有"马头"、"马颈"、"马腰"、"马肚"、"马尾"，而村中的下水道、巨型卵石和池塘又似"马"内脏，使"马"形惟妙惟肖、活灵活现。

关于歇马村的村名起源有两个说法。一说村落布局呈马形，故而得名；一说宋朝年间有位骁勇善战的爱国将军南征北战，英勇抗击入侵敌人。一日率众士兵经过这里，坐骑大白马口渴难忍，再也不肯走了，直奔锦江边痛饮一顿，将军便命已疲惫不堪的士兵在此稍作休息，后人便称此地为"歇马"。历史上有不少文人墨客慕名来此吟诗作赋，留下了很多名句佳篇，如清乾隆年间恩平知县曾萼曾吟诗："白马注晴川，川流碧如练。水静山不流，神驹朝暮见。"

歇马村落空间结构完整，传统风貌完好。展示雄马精神的总体格局，七大祠堂组成的祠堂群落，龙头凤脊的青砖民宅群落，都蕴藏着深厚的儒家文化。歇马村明清建筑鳞次栉比，排列别具一格，上宽下窄，中间高两边低，布局有序，错落有致，有大巷13条、小巷14条。大巷供男人出入，称"男巷"；小巷供女人出入，叫"女巷"。男女巷之区分表明在"形似骏马"格局下，歇马村也被深深打上了男尊女卑、富贵穷贱的封建时代烙印。村中保存有200多块举人石碑、清朝皇帝的圣旨石碑、八大旗杆夹以及"励志园"、"练武石"、"皇赐马厩"等众多文物古迹，见证着歇马"举人村"在封建科举时代曾有的辉煌。祠堂里陈列着族谱，歇马举人们的墨宝和家训，以及科举制度和当时乡村教育情况的介绍，也展示有歇马村历史人物的官职与画像。

励志园位于"马头"，建于清道光年间，古榕遮天，茂林修竹，曲径通幽。旧时励志园晨钟暮鼓、书声朗朗，现遗址尚存，但原貌难复。耕读传家，入仕为官，是歇马村旧时重要的文化价值取向。"笔筒量米也教子读书"，歇马梁氏深知"家风之盛在人才，而人才之兴必殷培育"，热衷办学成为传统。仅明清两朝，歇马村出了功名人士670多人，其中获举人以上功名的285人，从九品至正二品的官员430多人，因而有"举人村"的美誉。

文出进士，武出解元。除了崇文，歇马村还有体育强村的传统，自古尚武之风盛行。江翁梁公祠门口摆放的两块200公斤重的石头，相传是清乾隆辛卯科武解元梁开第的练武石。

在歇马村众多功名人士中，最为突出当数梁元桂。梁元桂，清道光二十六年（1846）中举人，清咸丰二年（1852）恩科进士，钦点户部即用主事，历任福建延平、福宁、邵武等知府，还任台澎兵备道兼学督提政。梁元桂家族自其祖父梁君杖以下四代107名男丁中，共有81人获得功名，其中51人任职朝廷，有4位是二品大员。

歇马村教育有成，人才辈出，归功于"学谷制"。明朝末年，曾任湖北卢溪知县的梁体性因明王朝灭亡而归乡，牵头建设了许多书馆、书室。随后，歇马村私塾林立，教育之风大兴。为让村中子弟安心攻读，梁体性还制订了不少鼓励青少年读书的措施，最主要的就是"学谷制"。"学谷制"规定：凡入读学子由村里每年提供一份"学谷"；如果考中秀才，每年奖12箩"学谷"（1箩谷的重量相当于30公斤）；中了举人每年奖24箩"学谷"。"书中自有千钟粟"，歇马村人在数百年前就以"学谷制"鼓励子弟求学上进，这算得上是一个创举。除了物质上鼓励读书进取外，歇马人为获取举人以上者立碑，在精神上给予鼓励。歇马村原有举人碑、进士碑数百座，存留下来的现都立于歇马公园。

该村有许多百年以上的名木古树，生态环境良好。远眺山叠翠，近看野铺红，茂林修竹拥房舍，果园菜畦簇人家，江中鱼虾肥，林中鸟雀欢，水光山色如诗似画，令人陶醉。歇马公园有一棵150年树龄的龙眼树，高约7米，全身大小孔洞无数，完全靠树表层支撑，仍枝繁叶茂，果实累累，令人惊叹。

歇马村人有着自己的养生之道，村上八九十岁、百龄寿星不少，有"健康长寿村"的美誉。

歇马村励志园

江翁梁公祠

村前池塘被称为马的"内脏"

辑熙堂

辑熙堂大门

宽敞的"男巷"

狭窄的"女巷"

八大旗杆夹

歇马公园

古龙眼树

功名路

南岗古排 村

Nan'ganggupaicun

广东省连南瑶族自治县三排镇南岗古排村

广东省连南瑶族自治县三排镇南岗古排村，位于连南瑶族自治县城西南 25 公里。南岗古寨依山而建，瑶民的房屋顺着山势错落有致地排列在半山坡上，因而这类聚居在半山上的瑶民被称为排瑶。据史料记载，隋唐时期为躲避兵匪侵扰，排瑶的祖先迁移到连南山区，在险峻的高山上聚族而居。南岗古排始建于宋代，至今已有千余年历史，初为分散布局，至明清鼎盛时期形成集中式的村寨，时有民居 700 多幢、1000 多户、7000 多人，被誉为连南八排的首领排。现居住在山寨的瑶民主要有邓、唐、盘、房四个氏族，他们在元代时就建立起民主选举的"瑶老制"，并形成了神圣而严厉的"习惯法"，严密管理山寨。从 20 世纪 80 年代起，为改善交通、饮水和生活条件，大部分瑶民搬到山下的三个村落居住。

据专家考证，南岗古排是全国乃至全世界规模最大、最古老、最有特色的瑶寨。古排村落坐西朝东、房屋层叠，石板道纵横交错、主次分明，包括古民居建筑、原始竹笕供水系统、集体议事场所、古盘王庙、太平天国遗迹等。明清时期修建的石棺墓、石拱桥、石板道以及青砖瓦屋、寨门寨墙等，经数百年风雨风貌犹存。寨门高 7 米、宽 2 米，用坚硬的大石头垒成。寨门左右两边有石头砌起的寨墙，高 6 米、厚 1 米、长 126 米。

南岗古排村保存有 300 多幢明清时期房屋，分民居、谷仓、柴寮 3 种类型。房屋依山傍坡，密密匝匝，往往是下面屋顶和上面房子地面平高，其间有一条走廊过道。竖街横巷，石块铺就，把各家各户串连起来。民居一律砖木结构，黑瓦盖顶，四檐翘角，造型独特。这里木材充足，瑶家把又长又大的木材当瓦檐，伸延出墙 1 米多长，再把楼板伸出 1 米，用木条把楼板与瓦檐木条连接起来，构成楼台（阳台）吊在屋檐下，形成风格独特的吊脚楼。粮仓一律用木板密封造成堡垒型，用来贮藏玉米、稻谷等，一般人家都建在门前阳台侧边。柴寮，每户都在山寨外边建一间茅草屋，堆放柴草。

瑶王屋建于明代，因房屋的主人是南岗排的瑶王而得名。瑶王是南岗排的最高首领，在瑶民中有崇高的威望，掌管山寨内各项事务，处理各种纠纷，维护社会秩序，负责对外交涉等，遇有战争（械斗）则是山寨最高的军事首领。瑶王屋的门楣上绘有精美的花鸟壁画，堂屋里有一张象征瑶王权威的"太师椅"，

厢房里陈设原始耕作农具，床铺家具简陋，毫无奢华。

古排里还保留有洪秀全传教屋，屋内陈列了洪秀全、冯云山的画像，以及义旗、大刀、长茅、铁叉、鸟枪等。洪秀全在发动金田起义前，辗转数地，于清道光二十四年（1844）与冯云山经阳山白虎圩（今阳山县黎埠）到南岗排，在此屋居住数日，发动瑶民反清。清咸丰三年（1853）太平军进军连阳地区，瑶民闻讯纷纷响应，支援太平军讨伐清兵。

在寨子的中间，有一块长、宽各约 9 米的坪地，是古寨的"中心广场"。逢年过节，瑶民在这里打铜锣、吹牛角、唱瑶歌、跳长鼓舞、尽情欢乐，所以被称为"歌堂坪"。

临近寨顶的地方就是千年瑶寨的"龙头"，"龙"组织是南岗排古老而独特的社会组织。宋元时期，到南岗结寨定居的邓、唐、房、盘等氏族瑶民，依山势纵向将南岗划分为 3 条"龙"，聚族建寨。东"龙"为唐姓所居，中"龙"为邓姓所居，西"龙"为盘、房等姓所居。他们在每条"龙"的地势中间竖起一块大石，称为"龙头"，逢年过节进行祭祀。每条"龙"都有首领，称为"龙头"，即相当于族长，负责管理"龙"内部的事务。站在"龙头"向下望，可以看到全寨的风貌。

南岗古排有一处末代瑶王备用的石棺。石棺葬是权力的象征，是南岗排特有的葬礼，只有瑶王才能享用。新中国成立后，瑶王思想进步，自愿不用石棺安葬，故此石棺在山寨保存下来。在南岗现存的石棺墓群中，有两座明代石棺墓刻有碑文和带有楚人文化色彩的图腾以及墓主"打道箓（度戒）"后安的法名，说明至少在明代南岗排已有石棺葬，道教也已传入连南排瑶地区。

在瑶寨内还看到不少四通八达、凌空高挂、纵横交错的"支架"，这就是瑶民创造的一种引水工具竹水笕。瑶族村寨因为建于高山上，饮用水比较困难，他们把一条条粗竹的竹节凿通连接在一起或用一条原木凿出 V 形槽，从远处水源把水一直引至寨内，再分笕通向各家各户。

在通往南岗古排的路上，有一座建于明代的石拱桥，桥长 12 米、宽 5.8 米、拱圆半径 5 米，单拱石砌结构。此桥的独特之处在于其建筑不用石灰沙浆，全用石块干垒而成，虽经数百年风雨和洪水冲击，至今完好如初。过去此桥是前往南岗古排的唯一通道，左右悬崖绝壁，有"一夫当关，万夫莫开"之险。古时桥头建有烽火台，遇有土匪或官兵进犯、关隘失守，便点燃烽火报警，通知排上瑶民做好抗击的准备。

南岗古排至今保持着独特民族文化风俗，如"耍歌堂"、"盘王节"等。每逢十月十六盘王节、耍歌堂、七月七开唱节、新春游坡节等盛大节日，古排瑶家男女老少都会打起山歌擂台，或对歌，或盘歌，或斗歌，唱到三更半夜。

南岗古排村

村中一角

南寨门

北寨门

谷仓

洪秀全传教屋

民居

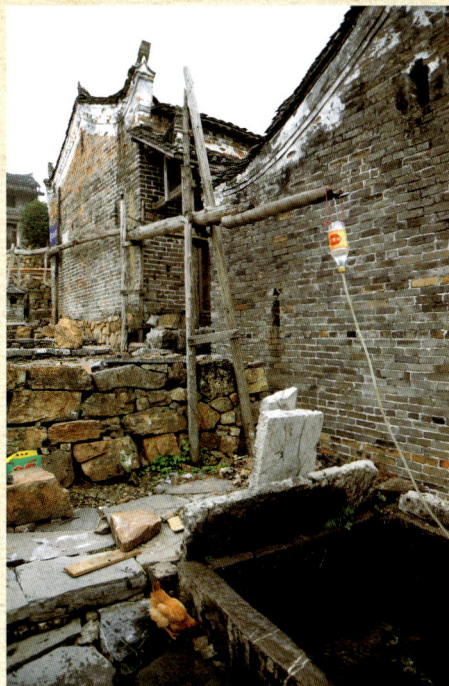

竹水笕

柴寮

石棺墓

瑶王屋

前美村

Qianmeicun

广东省汕头市澄海区隆都镇前美村

广东省汕头市澄海区隆都镇前美村，南距汕头市区30公里。前美村始建于元朝末年，创基人陈氏世序公于元至正年间携带家眷至此定居。据《陈氏族谱》记载："世序公世居福建省泉州府，因避乱携四子而迁于潮之饶隆，卜溪尾乡而居"。随着斗转星移、子孙繁衍和朱姓人家的入住，在溪尾乡又聚起了朱厝、后陈等村落。清康熙三十二年（1693）陈氏长房门下第十一世祖陈慧先创立了前溪陈村。清末民初，以泰国著名侨商陈慈黉为代表的一批陈氏后裔华侨，纷纷回梓建造宅第，创建了前溪陈村新乡。民国三十年（1941）将前溪陈村和溪尾的居美村、朱厝、后陈等村落合并为一村，取前溪陈的"前"字和居美的"美"字，称前美村。鸟瞰全村，形如卧蚕。前美村海外华侨众多，是汕头市著名侨乡，因岭南第一侨宅"陈慈黉故居"而闻名。

陈慈黉故居始建于清宣统二年（1910），是著名旅外侨胞陈黉利家族（因陈慈黉在泰国创办黉利行，其家族由此而得名）历时逾半个世纪、集几代人的心血建造的宅第总称。一般特指陈慈黉于清末民初兴建的4座大院落，即郎中第、寿康里、善居室和三庐书斋四座，占地面积约2.4万平方米，有大小厅房506间。陈慈黉故居建筑风格中西合璧，总格局以潮汕典型的"驷马拖车"为主体，糅合西式建筑特色。它的基本结构、屋内的木雕及石雕均以中国传统形式为主，而阳台、第二层的通廊天桥则属西方建筑特色。故居内除了雕梁画栋之外，还贴着绘有东南亚各国风情图案花纹的墙砖和地板砖，使整个建筑物显得既古朴典雅，又富丽堂皇。故居的建筑材料汇集了当时中外精华，其中单进口瓷砖式样就有几十种，这些瓷砖历经百年，花纹色彩依然亮丽如新。各式门窗饰有灰塑、玻璃，高雅大方；木雕石刻多以花鸟、祥禽为内容，表达吉祥、喜庆、富贵等美好愿望。此外，故居内的书法石刻皆出自名家之手，一字千金，是一本集众书法名家手笔的"活字帖"。相传陈家大院屋多，居者少，为使空气流通，特雇用一个佣人专司开关门窗，每天清晨开窗，开完所有的窗，又开始关窗，当所有的窗都关上时，天也就暗了。建筑规模之大，由此可见一斑。

永宁寨，在前美村的另一头，是陈慈黉先祖陈慧光及其子陈廷光于清康熙年间始建，于清雍正十年（1732）建成，至今已有270多年历史，是潮汕平原目前仅存的四方形寨堡。因先祖

祈望永远安宁，故名永宁寨。据说，该寨是陈廷光聘请当朝国师郭邰藩设计建造的，布局讲究风水，防洪、防盗、防涝等功能齐备。它坐西南朝东北，临水而建，占地面积10333平方米，共有厅房206间。永宁寨造型独特，既不像闽南粤东的山村圆寨，也不像普通民宅，而是一个四方形城堡式的宅院。寨墙高而厚实，三面高8米，临护寨水塘的一面高3米，全部用当地粗砂、贝灰土夯筑，固若金汤，至今无一处倒塌。全寨开大小三个寨门，一个小寨门开在后寨墙西侧，两个大寨门开在左右寨墙的前端，是出入寨的主门。大门高5米、宽1.5米，由11块长条石砌成拱形，上面建有寨门楼和瞭望口，作为守夜值更防卫之用。东寨门上有一整块花岗岩，刻有"永宁寨"三个大字。永宁寨内的房屋依地势而筑，前低后高，分三个级次。正座为传统潮汕民居建筑"双背剑"，两边是两座传统式的"四点金"硬山顶平房建筑，建有苍巷和通巷。正堂松茂堂，是族人祭祖敬神活动的中心。寨中下埕北侧还有一个保存完好的八角形石井，称为八卦井，井水深不见底，永不枯竭。旧时，全寨人的生活饮用水全靠此井。

前美村祠堂众多，是族人祭祖敬神和议事的场所，其中7座较为有名，分别是清康熙年间的世序祠（报本堂）、溪尾祠、朱厝祠堂，清雍正年间的后陈祠堂，清末的居美古庙、长房公祠、古祖家庙。世序祠是祭祀陈氏创基人世序公的宗祠。

仁寿里建于清末，占地面积4162平方米，共有厅房63间。据村史记载，"仁寿里"是慈黉家族漂洋过海，到暹罗打拼后，回乡盖的第一座大宅，至今保存完好。

文园小筑建于清末，为双层三进式传统院落，占地面积912平方米，共有厅房23间。文园小筑座落在永宁寨外的池塘边，面朝一泓碧水，二层楼台小巧玲珑、典雅别致。此外，村中还有永祚楼、大夫第、中翰第、通奉第等。

陈慈黉家族对教育的重视始自陈黉利家族的第一代陈焕荣。陈焕荣一生为生计奔波，在艰难创业中深知"无文无墨"之苦，创业初始就不惜重金"延名师，课子侄"，使其幼子慈云成了晚清秀才、粤港名士，也使其家族既商又儒，名声大振。陈焕荣晚年时，让长子慈黉主理家族生意，让次子慈祥、三子慈云埋头读书。慈云中了秀才之后，正值清末废除科举，陈慈黉遂于1907年协同其弟慈云用其公祖祠堂"古祖家庙"创办私塾。至1909年私塾改为成德学堂，让本村适龄儿童免费就读。至1912年，民国初肇，提倡新学，这个小学堂遂改为新学的小学校，约过五六年正式定名为"成德学校"。校门冠首为："成才必讲合群爱国；德育徵诸淑性润身。"

陈慈黉故居寿康里

陈慈黉故居善居室

前美村陈慈黉故居

陈慈黉故居郎中第

陈慈黉故居三庐书斋

陈慈黉故居木雕隔扇门

陈慈黉故居窗楣装饰

陈慈黉故居内部装饰

永宁寨寨墙

永宁寨东门

永宁寨

永宁寨一角

永宁寨八卦井

池塘边古民居

屋脊灰塑

永祚楼

通奉第

大夫第

秀水村

Xiushuicun

广西壮族自治区富川瑶族自治县朝东镇秀水村

广西壮族自治区富川瑶族自治县朝东镇秀水村，位于湘、桂两省（区）交界地、潇贺古道东南一侧、富川县西北部，南距富川县城 30 公里、贺州市区 90 公里。

秀水村由环绕秀峰山的水楼、八房、安福、石余等 4 个汉族自然村组成，秀水河穿村而过。秀水村的秀峰山、鳌岫山、灵山、青龙山、毛公山等形态奇异，其中秀峰山平地拔起，状如鲤鱼出水，挺拔突兀，巍然耸立，气势非凡，钟灵毓秀，故有"小桂林"之称。

秀水村地如其名，奇峰挺秀，绿水环绕，林木葱茏，景色迷人，是地灵人杰的"风水宝地"。这里风光秀丽，文化古迹众多，有秀峰挹爽、三江涌浪、灵山石室、眼兔藏烟、坦水澄清、鳌岫仙岩、飞鹰振翅、化鲤排云八大景观。秀水河，也称"秀溪"，发源于长标岭，是富川瑶族自治县的第二大河。石鼓河、鸟源河、黄沙河三条支流在秀水村汇合形成"三江涌浪"。每当春汛，大雨滂沱，三河洪水汹涌澎湃，如万马奔腾、惊涛拍岩、响之不绝、壮观不暇。

秀水村明义房《毛氏族谱》卷四记载："一世祖，太始祖讳衷，二官浙江江山人也。唐开元赐进士，由刑部郎中出任贺州刺史途过秀峰，见其山川奇异，心甚爱之。秀水村太始祖毛衷墓碑文也有类似记载。由此可知，秀水村的毛姓始祖毛衷自唐开元年间（713-741）中进士，出任贺州刺史，为浙江省衢州市江山县江郎村人，其长子毛班居冯乘（湖南省江华县），次子毛敬居阳朔，三公子毛傅居秀峰山。自唐代建村以来，秀水村毛姓家族经过长期繁衍生息，形成一个以毛姓为主的村落。

秀水村既有岭南秀美的山水风光，又保存有状元楼、秀峰诗院、毛氏宗祠、江东书院遗址、进士门楼、雕花石鼓、古戏台、石门槛、石板街巷等文物古迹和明清民居，粉墙黛瓦、飞檐戗角，更有延绵千载的文脉风水。秀水村还保存有上至皇帝下到知县赐封、贺赠的匾额，匾款花式各异，琳琅满目。

秀峰诗院始建于南宋嘉泰元年（1201），位于石余自然村，毛复倡建。诗院大成，文华俱焕，才仕频监，曾极一时之盛。状元毛自如未试之前多与秀峰高杰聚会于此，合韵联诗，妙趣横生。秀峰诗院也是毛氏宗祠，供奉有始祖毛衷的画像。

状元楼位于水楼自然村、独秀峰南侧，为纪念宋代状元毛自如而建。毛自如，南宋开禧元年（1205）状元。状元楼有前后两进，一进大门额悬"状元及第"，两侧各有一块"进士"匾，院落中有一方形荷塘。二进门楼形似状元帽，额题"状元楼"。古戏台与状元楼相对而建，两者相隔数十米。在状元楼前黄沙河的支流小溪上，一棵古树如卧龙横跨水面，形状十分奇特。

秀水八景之一"坦水澄清"位于石余自然村、青龙山下，内有仙娘庙，供奉本房姓祖黄氏仙娘。仙娘庙有门联"巾帼义举千秋颂，祖妣英名万代传"。与仙娘庙相对的水上建有一座戏楼，额匾"如斯夫"，内悬匾"音清如山"。"坦水澄清"，又称"坦川"、"仙娘井"，小桥流水，湖光山色，十分优美。

八房自然村中有一座十分奇特的"吉嘉孚"门楼，这在富川乃至贺州是极少有的。门楼无瓦盖，呈半圆弧顶，白灰粉纸浆糊墙，洋气十足，门楼内街边的一些房子亦建成洋楼别墅的模样，白墙上有行书黑色"吉嘉孚"三个字，形式与村中"文魁"、"进士"流檐盖瓦、烫金悬匾的门楼大相径庭。据说，明清时期这条街曾出过一个习外文、做生意的才子，在美国人开办的公司中做过洋务。

状元坪位于八房自然村，鹅卵石铺就。坪中由鹅卵石构成的圆形图案，是象征财富的铜钱图案，也是象征幸福和光明的太阳图案。也有人认为，该图案中心为四方形，由鹅卵石镶嵌成的条纹自中心成放射形线状扩散，象征着秦汉时车舆的车轮，放射形线即为木轮的车辐。据说毛氏先人在花石街上砌车轮，是要告诉子孙他们是乘车自秦古道迁徙至此的。

秀水村毛氏宗祠的大门及各进士门楼，宽度在 1.25 米至 1.55 米之间，这正是秦汉时车舆辕架的宽度，门的两边皆立有车轮形的石鼓、半车轮形的石月，门框石槛也被做成古车架的样子。据《毛氏族谱》记载，先人之所以将宗祠大门、进士门楼做成舆辕的样子，也是要儿孙记住祖先沿秦古道迁徙至此的不平凡经历。

秀水村人秉承勤学苦读之风，人才辈出，先后出了一个状元（毛自知）、二十六个进士、京官三人、御史十人、神童三科，诰封四娴。据说，这与潇贺古道有很大关系。古道促进货物流通，也便利人才来往。一些外地秀才、举人沿古道到此任教，传授知识，开阔了村人的视野。南宋状元毛自知，力主抗金、收复失地。南宋进士毛基辞官为民，修建"江东书院"，设帐授徒、启迪族人。

石鼓河是秀水河三条支流之一

秀水河两岸

仙娘庙

坦川

坦水澄清

江东书院旧址"富江首辟"

村中小巷

石余自然村门楼

中西合璧建筑"吉嘉孚"

状元楼

状元楼与秀峰山

卧龙古树

古戏台

状元坪

毛氏宗祠

秀峰诗院

萝卜寨 村

Luobozhaicun

四川省汶川县雁门乡萝卜寨村

四川省汶川县雁门乡萝卜寨村，位于雁门乡境内岷江东南岸海拔近2000米的高山台地上，北距汶川县城18公里。

萝卜寨村是鸟瞰岷江大峡谷风光最理想的地方，是世界上最大、最古老的黄泥羌寨，被誉为"云朵上的街市、古羌王的遗都"。"萝卜寨"村名的由来，一种说法是一次外族入侵寨子，寨主带领大家凭借险峻地势英勇抗敌，敌人最终攻克村寨后，将寨主的头颅像砍萝卜一样砍下，后人为了纪念寨主将村寨改名为萝卜寨。另一种说法是寨子所处的海拔高度、气候条件以及土质非常适合萝卜生长，其味爽口回甜，故得名。

萝卜寨的入口处建有羌碉和古老的烽火台，寨门上有太阳形状的图形和白石。萝卜寨村民的图腾是羊头，门上刻画有太阳形状的图形，每家屋顶上都供着白石。萝卜寨的民房均为高土房，二至三层，户户相连，层层叠叠，井然有序，有众多支巷道，巷宽处约7尺，窄处仅容2人擦身而过，曲径通幽，环环相扣，宛如一座有无数街巷的微缩小城。

2008年5月12日14时28分，随着一阵沉闷的隆隆声，萝卜寨村大地开始剧烈抖动，山崩地裂，巨石乱飞，天地间顿时一片昏暗，古老羌寨顷刻变成一片废墟，死伤村民100多人。水、电、道路和通讯等基础设施全部被毁，萝卜寨成为一座与外界隔绝的孤岛，村民们失去了传承长达4500年之久的美丽家园。地震发生后，萝卜寨村立即组织抗震自救。紧急搜救被埋群众、及时转移伤员、安抚群众、安葬遇难者，搭建临时过渡房，抢修被损道路。在各级党委、政府、成都军区和社会各界的关心支持下，全寨村民同心协力、众志成城、共克时艰，渡过了最艰难的阶段，进入灾后恢复重建阶段。

由于原寨基本夷为平地，原址又处在一个地质灾害点上，萝卜寨村就近择址新建。建筑风格在保持原有风貌的基础上，融入现代元素，增强抗震性能。一座座新房依然保留着"黄泥、青石、红门、黄窗"特色外貌，屋顶用青石片做成羌族建筑的装饰，窗户上镶着羌族的图腾。对口援建单位为广东省江门市，建成恒健广场、村民活动中心、具有羌族特色的新村门楼。从13公里外引来清澈山泉水哗哗流入蓄水池，萝卜寨从此告别了千百年的背水历史，长10公里的雁萝路已建成通车，新村民居、基础设施、村民活动中心也陆续完工。在经历特大灾难之后，

古老的羌寨又唤发出新的生机。原寨将开发成羌文化地震遗址，保留一部分震后原貌，选择一部分重新修建。

萝卜寨村地处高山，羌文化受到外来文化冲击少，基本保持自己的原有风俗。这里还沿袭着千百年来羌家小伙与姑娘谈恋爱对唱山歌的习俗。每年羌族节日期间，寨子内的小伙姑娘们深情对歌，和村里人一道围着火塘跳锅庄舞，喝自制的米酒，吹羌笛、唢呐、口弦琴，打羊皮鼓，通宵达旦，充满浓郁的羌民族风情。

这里称女人为包帕子的，女人一般在家织布、做饭、养牲畜。称男人为顶帕子的，意思是顶大事的。农闲时节，男人们外出揽活，女人们则坐在晒台上、门槛边做起了针线活。羌民生活在山中，离云很近，雨过更是云烟升腾。女人们将云绣在鞋上，将云踏在了脚下，每一步都走在云中。已经不穿传统服装的男人们，也钟情于穿云云鞋，给英武的羌家汉子平添了几分柔情。羌族的挑花、刺绣工艺精湛，早在明清时期就已盛行。一不打样，二不划线，全凭自己的构思，用五色丝线和棉线，信手挑绣出富有羌族特色的图案，如色彩绚丽的几何花纹、栩栩如生的各种花卉和动物，传统图案"团花似锦"、"鱼水和谐"、"瓜瓞绵绵"等令人爱不释手。羌族的服饰，多以自产的火麻经加工后纺线织成，俗称"麻布衫"。萝卜寨人以挂红表示对客人敬献赤诚的心意，一幅红绫将客人置于团结、喜庆、祥和、欢乐的氛围之中。人与人之间高度信任和相互友善，就连门锁都固守着原始的木锁。每个家庭是一个独立的单元，又是寨里大家庭不可缺少的一部分，"还工互助"是寨子里由来已久的传统习俗，哪家有事情全寨的人都来帮忙。

民间舞蹈主要有"跳沙朗"（羌族锅庄舞）、"跳盔甲"（又名"铠甲舞"）、"跳皮鼓"、"兰干寿"等。"跳盔甲"是种古老的传统祭祀风俗舞，过去多在有战功将士的葬礼上跳。数十个舞者身披生牛皮铠甲，头戴插有野鸡翎和麦秆的皮盔，肩挂铜铃，手执兵器（多为长刀），分列对阵而舞，吼声震天，威武雄壮。

羌族有悠久的酿酒历史，羌族男人皆海量，虽喜豪饮却很少烂醉滋事。酒以青稞、大麦、玉米酿成，封于坛中，饮时启封，注入开水，插上竹管，众人轮流吸吮，称为喝"咂酒"。咂酒是种低度的醪糟酒，边饮边加清水，直至味淡。

萝卜寨的宗教信仰基本沿袭传统格局，多神信仰、祖先崇拜与其他信仰并存。释比是古老的羌民族遗留至今的原始宗教文化现象，是羌族中最权威的文化人和知识集成者。释比，意思是会腾云驾雾的人，旧时村民每逢家中有事都会请释比作法。村中有东岳庙和莲花寺。东岳庙位于寨子南端，现剩残垣断壁和石狮、石虎。莲花寺即龙王庙，依山势而建，悠久历史。

萝卜寨村（地震前）

萝卜寨村

中国羌族第一寨

萝卜寨寨门

断壁残垣

云朵羌吧

龙王庙

新村房屋

萝卜寨村一角

丙安村

Bing'ancun

贵州省赤水市丙安乡丙安村

贵州省赤水市丙安乡丙安村，位于赤水市区东南25公里处，北临赤水河，东临丙安河。赤水河是贵州省通航最早、通航里程最长的一条河流。赤水河由南向北穿越赤水全境，在四川合江汇入长江。赤水地区地形复杂，山高壑深，赤水河水流湍急，险滩密布，仅在丙安村一带就有大丙滩等十大险滩。

大丙滩位于赤水河中游与下游分界处，地理位置十分重要，不仅有水运之便，还有川黔陆路驿道的险隘，可谓赤水腹地水陆交通的咽喉。在大丙滩一带，赤水河由东向西流淌。位于大丙滩南岸的丙安村，就成为赤水河水路航道的商贸码头和扼守水陆交通的军事要塞，为兵家必争之地，被誉为"千年军商古城堡"。由于有大丙滩之险，川盐船运至此，必须卸载，或由人工搬运越过险滩复载，或在此改由陆路运达目的地，丙安村成为重要的盐埠码头之一。明清时期，丙安村一直是上下客商歇息之地，客栈、饭店、茶馆比比皆是。清代诗人陈熙晋游丙安时，发出"满眼盐船争泊岸、收得百货夕阳中"之感叹。

大丙滩两岸坡陡沟深，几乎没有适宜建筑的宽阔平坝。迫于水陆运输的需要，先民在大丙滩南岸，采用木框架吊脚楼型制建筑技术，在倾角约60度、高出河岸10多米的山地上妙借山势、巧用涵洞、凿岩立柱，采用当地的木石材料，建造出一幢幢悬空20多米的吊脚楼，辟建出平直弯曲相宜、高低起伏有致的古石板街道，建成了颇具特色的丙安村。丙安村也叫丙安寨，在古寨的东、西、南、北四个方位依次砌石为墙、垒石为门，分别为"东华门"、"太平门"、"奠安门"、"平治门"，形成了军商兼用、易守难攻的古城堡。在科学技术尚不发达的古代，丙安古寨建筑不失为运用"建筑学"、"力学"等建筑技术的杰作，体现出赤水河流域先民的精湛技术和智慧匠心。历经几百年风雨兵燹，丙安寨古建筑虽有部分残损，但大部分仍保存完好。丙安寨最具丰韵之处，是依山就势、错落有致、傍水而建、起伏绵延的吊脚楼群。这些吊脚楼群，看似岌岌可危，实为固若金汤。

丙安古寨少有外界的纷扰，只有一条水路可到古寨脚下。古寨距河滩10多米高，两座石门把守着东西场口。古寨里只有一条狭窄的石板街，自古是周围几个村寨商品交易的重要场所。丙安古寨依山傍水，建在赤水河南岸一块巨石上，寨子成椭圆形，巨石边缘的房屋多为木桩支撑二至三层的吊脚楼，房屋为砖木结构，红石板街和一级级红色石阶，蜿蜒曲折，四通八达，连接着寨子的每个角落。狭长巷道，纯朴民风，构成一幅亲切、融洽、和谐的画面。为防御而建的敦厚城门至今仍威严耸立，城墙上的垛口清晰可辨。建筑上的雕花窗棂默默记载了丙安村的悠悠岁月，历尽沧桑的双龙桥留下了丙安人的奋斗足迹。

丙安村最具魅力之处，便是这幽长狭窄的石板街。石板街长约400米，依山势的平仄而收放，随坡势的急缓而曲折，从古寨通向江边。狭窄处，两侧木板房的檐口对着檐口，只留一条窄缝，让急雨尽可倾泻。舒缓时，两边的人家，凉棚对着凉棚，还种上一些花卉盆景，让春光长久地驻足门前。这曲曲折折的街市，这坎坎坷坷的街巷，这简洁古朴的结构，充分体现了高超的山地建筑艺术，展示出精妙的苦心布局和着意装点，仿佛在讲述着先人们因势利导、随遇而安的生活哲理。

据说，丙安村古时有不少别称，起初叫高安，后来又称为炳安，丙安历史上曾经发生多次火灾，多次重建。人们就怀疑是这个火字旁的"炳"作怪，就将"炳"字的"火旁"，更改为三点水的"水旁"。这是一个硬造出来的字，在字典里是查不到的。改了以后，又水灾不断，或山洪暴发毁坏家园，或河水猛涨翻船死人，险些把"双龙八墩桥"冲毁。于是，干脆"水旁"、"火旁"都不要，改成了甲乙丙丁的"丙"。

在丙安河与赤水河交汇处，一座双龙石桥横跨丙安河上。双龙桥是个千年老桥，桥有八墩，桥上以"二龙二狮四怪兽"为栏。这些曾经见证无数繁华兴替的狮兽们毁于文革，只有两只龙首和一条龙尾得以幸存。两只龙首面朝南方，目光炯炯，镇守着赤水河风平浪静，为盐运保滩护航。

1935年1月25日晚，中国工农红军一军团二师进驻丙安村。26日，红一军团的军团长林彪、政委聂荣臻和红军总政治部副主任李富春率红一军团军团部进驻丙安村。27日，红二师与川军一部在距丙安古寨10余公里的复兴场发生激战后，主动回撤防守丙安，并于28日随军团部返回元厚集结。29日，红九军团按军委部署，据守丙安古寨境内的川黔古驿道的重要关隘"川风坳"，阻击从复兴场尾追而来之敌，确保红军主力在丙安古寨的上游数十里范围内成功"一渡赤水"。千年丙安古寨，见证了红军"四渡赤水"、实现战略性转移的伟大胜利。现在，赤水河上修建了一座悬索吊桥连接丙安村，就在距桥柱不远的公路旁，立有一块石碑，上刻"丙安红军渡口"。丙安村内还有红一军团纪念馆、指挥部，以及林彪和李德休息处等。

与丙安河交汇处的赤水河大丙滩

赤水河上的悬索吊桥

丙安村

丙安村西门（太平门）

丙安村东门（东华门）

石板街之一

石板街之二

丙安河上的双龙桥

吊脚楼

赤水河丙安红军渡口

丙安红一军团陈列馆

丙安红一军团陈列馆展室

增冲 村

Zengchongcun

贵州省从江县往洞乡增冲村

贵州省从江县往洞乡增冲村，地处黔、湘、桂交界的九洞地区，位于从江县城西北 90 公里、榕江县城东 40 公里处，全村包括 20 多个小寨。

增冲村世代侗、苗、汉等民族杂居，其中侗族占绝大多数。石姓为村里最大姓氏，石姓又分上祠堂和下祠堂，区别不同的宗亲。"增冲"为汉语地名，方言称"正通"，有"通扫地方的富足之地"之意，先民于明隆庆年间由黎平迁徙而来。

这是一个神奇而富有诗意的侗寨，四周青山环抱，一条清澈见底的小溪三面绕寨，缓缓而过，寨子犹如一座美丽的半岛，幢幢吊楼依山傍水，山中有水，水中有山，山水交融，山泉水在寨中形成水渠网络，因此增冲村也被称为"水寨"。防火水渠贯穿全村，水塘比比皆是，增冲村自古少有火灾。增冲村民居建筑以田园山水为依托，古老的人行步道由青石板铺就，闻名中外的增冲鼓楼屹立于寨中央，与寨边三座年代久远的花桥交相辉映。鼓楼、花桥、村寨、田园连成一个整体，别有洞天，体现了侗寨的典型风格，浓缩了侗族文化的精华。

在贵州 300 多座侗寨鼓楼中，增冲鼓楼年代最早、体量最大、工艺最精。增冲鼓楼建于清康熙十一年（1672），全楼占地面积 160 平方米，通高约 26 米，13 层重檐，双层宝顶。鼓楼为杉木结构，枋穿斗连，不用一钉一铆。鼓楼内竖 4 根粗大主柱，柱高 15 米，柱脚直径为 0.8 米，无数穿枋将 4 根主柱牢固地穿斗组合，形成高耸的主体楼架。距主柱 3 米的外围竖立 8 根檐柱，高 3.6 米，8 块大穿枋与内 4 柱穿斗连接呈辐射状楼架。底部平面呈正八边形，整座建筑物以此平面为基础，逐层由瓜柱支撑，短枋穿斗连接构成檐层，由下至上逐层内收，每层铺盖青瓦，塑八角飞檐。第一层高 4.5 米，第二至十一各层之间为 1.5 米等距离，顶部两层斗拱结构，宝顶凌空伸高；八方斗拱巧布木格，密如蜂窝，逐层外挑，形成下小上大的八角形托座，支撑着八角飞檐。顶端用葫芦状彩陶对口堆叠，中穿桅杆，牢固叠立，直指苍穹。

增冲鼓楼各层分水瓦脊采用猕猴桃藤浆与石灰拌和的粘合剂叠瓦而成，表面刷石灰浆，洁白耀眼，久不褪色。檐角曲翘，泥塑鸟兽。封檐板面彩绘龙、凤、鱼、蚱等图案，檐下点缀精雕木花，古朴庄重。鼓楼底层开三扇大门，地面铺青石板，正中挖一火塘，四壁悬挂对联、匾额，门楣上"万里和风"匾系清道光十年（1830）信地侗寨所赠，体现侗族人民之间的亲密友谊与侗族地区的祥和氛围。楼内设有楼梯，蜿蜒而上直至楼阁，楼阁正中置一长 2 米、直径 0.5 米的楼鼓，为寨上的"信鼓"。登临鼓阁，凭栏眺望，木楼花桥、山水风光尽收眼底。

增冲鼓楼于 1988 年被国务院公布为全国重点文物保护单位，1997 年 6 月国家邮电部曾发行《侗族建筑》一套四枚邮票，其中有一枚就是增冲鼓楼，由此可见增冲鼓楼在五彩缤纷的侗乡建筑中所占的重要地位。鼓楼在侗族人民的生活中起着重要作用，既是侗家集会议事的政治中心，又是人们拜祭、休息和进行娱乐活动的场所，还是寨老处理纠纷、明断是非的公堂。当遇到紧急情况时，它又成了击鼓聚众的指挥所。此外，它还是寨中的青年男女相互交往、谈情说爱的地方。在鼓楼附近，建有一座风雨桥。长廊阁宇式的风雨桥，横躺在溪水之上，形成侗寨的主要标志，也是增冲鼓楼的组成部分。也许是为了不与鼓楼争主角，心甘情愿当配角，不雕不绘，朴实无华，仅在桥头雕塑吉祥动物作为"保护神"。

增冲村的民居主要有两种，以纯木结构房屋为主，少量为封火墙房屋。纯木结构房屋为穿斗式，歇山顶，盖青瓦，两面倒水，建筑规模有三榀（五柱）两间、四榀（五柱）三间、五榀（五柱）四间不等。封火墙房屋现存 24 幢，大多建于清乾隆年间，横墙为五岳式，窗由整块石头雕琢而成，用青石透雕花纹图案及"福寿安康"等字样，一字一窗，约 1 米见方，封火墙内则是吊脚楼式干阑木结构建筑。

增冲村人人能歌善舞，爱唱侗族大歌，大歌是一种自然合声部多声部无伴奏无指挥的民族音乐，先由一个人领唱，然后众人合唱；不知不觉中各声部又分成两部分，形成了"众低独高"、复调式多声部的合唱。侗族没有自己的文字，自己的历史、社会知识、生产生活、伦理道德等都靠歌声来记录和传承。歌师对弟子口传心授，在侗寨拥有超然的权威，是天然的长老和寨老。在侗乡，生死、嫁娶和节庆都有侗族大歌的演唱。增冲古寨是歌海之乡，寨上有侗歌队、侗戏班，每逢节日鼓楼歌坪举行"踩歌堂"，"抬官人"和各种文娱活动。

增冲村的古墓很有特色，墓碑碑身两扇能开合拆卸的青石门，内有整块青石雕凿镂花碑身罩，碑身门和碑身罩均镂空雕刻花草图案，为全国少见。

沿水而建的吊脚楼

增冲村

风雨桥"保护神"

增冲鼓楼

风雨桥桥头石雕及小庙

风雨桥

封火墙房屋

"福"字石雕漏窗

门可开合的青石古墓

增冲村周边农田

马头村

Matoucun

贵州省开阳县禾丰布依族苗族乡马头村

贵州省开阳县禾丰布依族苗族乡马头村，位于贵阳市东北58公里、开阳县城南25公里处。马头村，又称马头寨，是贵州省最大的布依族村寨之一。大部分村民是布依族，一半以上为宋姓，属当年水东宋氏的后裔。

从唐代起马头寨即为蛮州宋氏（水东宋氏前身）辖地，宋代纳入水东宋氏管辖范围。元至元二十年（1283）设底窝紫江等处（州）于底窝马头寨并建总管府，元大德年间（1301-1304）因宋隆济抗元运动而载入史册。明代成为水东宋氏直辖的十二马头（古代布依族聚居区行政管理单位）之一。马头村是抗元运动领袖宋隆济的故乡。

马头寨坐落于大自然浑然天成的巨大露台上，前临悬崖、陡坡，下距清龙河水面40至80米。露台上面炊烟袅袅，鸡犬相闻，人影婆娑，犹如人间仙境。寨子面对底窝大田坝，背靠百花山。山上古木参天，郁郁葱葱。寨前清龙河环绕，河上有石拱桥横跨。一幢幢木构民居顺山就势，依山傍水。马头寨现存明清建筑97幢，寺庙2座，寨墙50余米，石拱桥1座，戏楼1座，古道1000余米，古井2眼，并有红军标语25条，其中总管府遗址、宋耀玲宅、宋荣昌宅，宋荣宗宅保存较好。

宋荣昌宅建于清中期，坐南朝北，穿斗抬梁式木结构，悬山青瓦顶，是马头寨占地面积最大的民居。原为三个三合院，现仅存正房和左厢，门窗精雕吉祥图案。朝门自成独立的单元，建于照壁上，坐东向西，独具特色。左厢房留有红军标语。宋荣昌为土司宋德茂后裔，号称"八大爷"。

宋荣宗宅建于清中期，悬山青瓦顶，砖木结构，是马头寨保存最完整的古代民居之一。雕花门窗，明间大门前加建腰门，左厢前加建朝门，朝门两边饰精致石雕，内墙右壁留有红军标语。宋荣宗为土司宋德茂后裔，号称"七大爷"。

宋耀玲宅建于清末，坐北朝南。现存正房和右厢，穿斗抬梁式木结构，窗户饰回纹格，明间大门外建有腰门，正房明间内留下了许多红军标语。宋耀玲为土司宋德茂后裔。

宋氏土司总管府遗址，俗称大朝门，即元代底窝紫江、明代底窝马头总管府旧址，位于马头寨后部山腰台地上，坐北朝南，是黔中地区现在唯一的元明土司衙门遗址。元至元二十年（1283），设底窝紫江等处（州）于底窝马头寨并建总管府，因

元大德年间（1301-1304）宋隆济抗元运动时而载入史册，当时有4000多人攻入总管府并缴获"雍真等处蛮夷管民官印"。明洪武五年（1372）水东宋钦附明受命亲辖十二马头，土司宋德茂受任为底窝马头目并重建土司衙门，明崇祯四年（1631）革除宋氏土司设置开州（今开阳县），大朝门作为土司衙门历时数百年。

寨内道路多以青石、鹅卵石铺地成"人"字形。古民居大多为清代木质结构，不少为干栏式四合院、三合院，一般为穿斗与抬梁混合结构，一正两厢加对厅（或照壁）。四合院多以青石铺地，古香古色。正房面阔三间、五间、七间不等。正房大门外建有腰门，左厢前部多建有朝门。门窗均饰精致木雕，以龙凤、"万"字格等吉祥图案居多，象征福、禄、寿、喜、荣华富贵、多子多孙。布依族对一些雕刻图案有独特解释，如认为"万"字格象征水车花或螃蟹花，都与水有关，反映布依族自古顺水而居形成的水文化传统。

宋阿重墓，俗名宋大坟，封土呈圆丘形，位于开阳县禾丰布依族苗族乡底窝坝祖阳寨祖蒙宋氏祖坟山，由于年久失修，山与墓合为一体。宋阿重是水东宋氏土司中获中央王朝封号最多的土司，也是元代西南地区最著名的大土司之一。宋阿重墓是元代马头寨等地成为水东宋氏直辖地的重要历史物证。

兴隆寺位于马头寨北隅，始建于清顺治三年（1646），后毁于战乱。现存大殿和左厢为清光绪二年（1876）重建，坐北朝南，穿斗抬梁式木结构，门窗饰莲花等精致木雕图案。

朝阳寺位于马头寨东南角与平寨交界处，建于清乾隆二年（1737），坐北朝南，占地面积千余平方米。原为三进四合院木构建筑，现仅存石基址、石廊、石天井、正殿等。朝阳寺和兴隆寺是清代马头寨人丁兴旺、佛教兴盛的历史见证。

马头寨红军标语，现存3处共25条，均在水东宋氏土司后裔民居墙壁上。1935年春遵义会议后，红军采取"四渡赤水"的机动战略方针。4月3日红三军团一部由息烽进入开阳境，住在马头寨、杨方寨等地，并在马头寨宋耀玲宅、宋荣昌宅、宋荣宗宅等民居上写了许多红军标语。标语内容为"红军是工农的军队"、"打倒不准士兵抗日的国民党军阀"、"工农暴动起来打土豪分田地"、"打倒卖国贼的国民党"、"白军弟兄与红军联合起来一同打日本去"等等。

马头寨自然环境独特，文化氛围浓厚，布依族与汉族和睦相处，形成了富有包容性的文化风格。每逢农历六月初六，"底窝八寨"数万布依族同胞身着盛装，在马头寨欢度六月六歌节。

马头村下的底窝大田坝和清龙河

马头村

"八大爷"宋荣昌宅朝门

"七大爷"宋荣宗宅

"七大爷"宋荣宗宅朝门

宋氏土司总管府（大朝门）

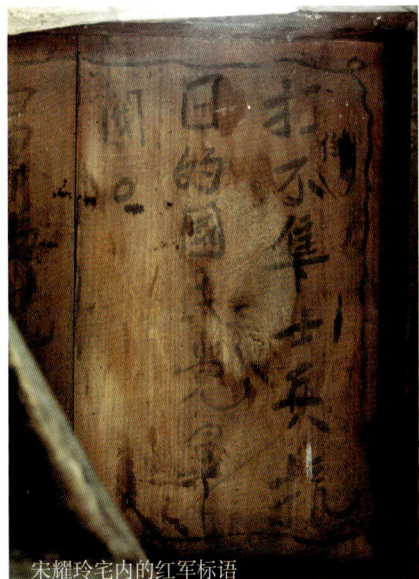

宋耀玲宅内的红军标语

宋耀玲宅

民宅内的供台

兴隆寺

马头村一角

楼上村

Loushangcun

贵州省石阡县国荣乡楼上村

贵州省石阡县国荣乡楼上村，也称楼上寨，位于石阡县西南的廖贤河畔，东距石阡县城15公里，是一个有着500多年历史的村寨。因一水沟处有一楼房，下有长长巷道，便称"楼巷"，"巷"与"上"谐音，久而久之成"楼上"，一直沿用至今。

楼上村始建于明弘治六年（1493），是一座以周氏家族为主的血缘村落。整个村寨坐东北朝西南。楼上村集梓潼宫（戏楼、正殿、南北两厢及院落、后殿）、天福井、明清古民居于一体，古楼、古屋、古巷、古桥、古井、古树、古墓、古书、古风、古韵齐备，历史悠久，人杰地灵，蕴含着丰厚的文化底蕴。村落以"北斗七星"树为中心，形成四个象限、四个分区，其东南象限为生产区，西南象限为居住区，西北象限为娱乐区，东北象限为墓葬区。

梓潼宫建筑群位于楼上村头乌龟壳山的顶部，始建于明万历年间，现存戏楼、正殿、两厢、后殿等建筑，占地面积3000余平方米。正殿居最高处，其平面高于后殿2.5米，坐东朝西，面阔五间，清康熙三年（1664）建，清同治六年（1867）重修，为抬梁穿斗混合式悬山小青瓦顶建筑。明间后檐金柱间装板至穿枋，上装走马板，置神龛。北次间廊间立有《重修梓潼宫序》石碑一通。南北两厢清嘉庆六年（1801）建，清同治六年（1867）重修，均面阔二间，为穿斗式悬山青瓦顶。院落呈长方形，青石板铺地。后殿面阔三间，为两重檐四角攒尖小青瓦顶建筑，清光绪八年（1882）重建。明间二层，为双重檐四角攒尖顶屋面卷草纹饰屋脊，葫芦宝顶，大梁题记为"皇清光绪八年正月初七汝南族等共修"。戏楼位于正殿北侧约百米处，民国五年（1916）重建，地势低于正殿20余米，为穿斗抬梁式二层歇山青瓦顶建筑，坐东朝西，左右厢楼配有走廊，舞台居中突出，置"福"、"禄"、"寿"彩绘屏风，正面及两侧梁枋下饰卷草纹挂落，檐下装鹤颈椽及板。

楼上村民居坐北朝南，依山而建，鳞次栉比，古老幽深，保留了明末清初的风貌。全村200余幢民居中，有明代建筑5幢，清代建筑58幢，民国建筑34幢。这些民居建筑装饰质朴简洁，风格明快，工艺精湛，多为四合院、三合院。四合院正房三间，两边各配有干栏式厢房两间。龙门呈内八字形状，歪着开不正对堂屋。青石板古巷斜着走，称"歪门四合院"，寓意财不外露，

反映不张扬、含蓄平实的个性。一些民居堂上有匾，门旁有联。这些联匾大多与主人的身世、地位及撰写人的祝愿相关，内涵丰富，意境深远。窗棂间镶嵌精雕细刻的人物、鸟兽、虫鱼、神鹿、凤凰、花卉等图案，呈现一幅幅龙飞凤舞、鸟鸣虫叫的画面，可谓独具匠心、技艺精湛、美妙绝伦。

马桑古屋（周正琪宅）是村寨中最古老的民居，建于明代中期，穿斗式木结构，占地面积320平方米。马桑木木纹细美，绵坚耐潮。由于大量砍伐和气候因素，明代以后马桑木变异不再长成大材。

居住区的巷道为一"斗"字布局。"斗"字的起点为马桑古屋，结束点为村寨的水源天福古井。各巷道以青石板铺路，斑驳凹凸，宽2至3.5米，并有0.3至0.4米宽的排水沟相随。全村的天然雨水和生活用水，通过这些排水沟汇入廖贤河。巷道又是村落最好的防火带，一旦发生火灾，人们只需撑着巷道两边的石墙直上屋顶，把瓦掀开，就能使火苗上蹿，截断火路。民居庭院两边，各修有一口用石条砌成的消防池。

周氏宗祠坐北朝南，面阔三间，建筑面积97.5平方米。大梁题记为"贵州思石二府新二甲所楼上住居"、"大清光绪拾玖年岁在癸巳仲冬月上旬建立"，西廊间有《轮水石碑记》石碑一通。

绿树掩映群山环抱的楼上村，百年古树比比皆是，最壮观的是梓潼宫前的7棵胸径2米的古枫树，高达40多米，呈北斗星状分布。蘭桂桥（俗称南桂桥）建于明崇祯二年（1629），桥身由一整块青石组成，因桥前有楠木和桂花树而得名。楠木和桂花树高大挺拔，枝繁叶茂，构成别具一格的寨门。

天福井位于村寨西侧，民国二十七年（1938）由村民集资所建，泉水清凉甘甜，久晴不枯，久雨不涨，四时清澈如一，冬暖夏凉。井水从龙舌状水孔中流出，经两级露天水塘外溢，第一级井池为洗菜用，第二级为洗衣用。井口南侧立有修井石碑一道。井上建凉亭似的建筑，占地面积30平方米。

村中有古墓多处，阴宅阳宅相依相靠，墓冢文化深厚。如周国祯岩穴、文林朗古墓、四方碑古墓等。天赐岩墓，即周国祯岩穴，周氏第四代祖先当周国祯生于明万历三十二年（1604），卒于清康熙二十四年（1685），任上书房中人兼管云川二省，还乡后吃斋求道，相传有仙人将天赐岩穴阴地托梦于他，死后终葬于此。文林朗古墓，墓主周学颐，为夫妻合葬墓，文林郎为古代一文职闲官。

楼上村梯田

楼上村

梓潼宫戏楼

石板路

梓潼宫

"马桑古屋"周正琪宅

"马桑古屋"周正琪宅龙门

"歪门四合院"周正芹宅龙门

蘭桂桥与桂花树

周正芹宅

天福井

天赐岩墓（周国祯岩穴）

郑营村

Zhengyingcun

云南省石屏县宝秀镇郑营村

云南省石屏县宝秀镇郑营村，位于石屏县城西10公里处，与西北方的宝秀镇隔赤瑞湖相望。汉族、彝族、白族、傣族、哈尼族杂居，姓氏众多。

郑营村，原名普胜村，是傣族聚居村。明朝初年，随入滇明军驻扎蒙自的浙江金华府浦江县人郑太武在蒙自落籍。几十年后，郑太武的儿子郑从顺见赤瑞湖南岸的普胜村依山傍水，既得湖水之利，又免受湖水之害，土壤肥沃，便举家定居普胜村。傣族村民被迫迁往元江和西双版纳。不久人丁兴旺的郑从顺，将普胜村改名为"郑营"。明洪武中后期，朱元璋"移中土大姓以实云南"，又有数百万江南、中原的汉人迁移到云南。郑氏一族定居的郑营，又有武姓、陈姓、李姓、张姓等江浙皖籍汉人迁入。

郑营村依山傍水，景色如画，是一个园林式的村落。古村落东西长800米，南北宽340米。过去的郑营村是一个完整的小城，四周筑有围墙，东西南北各建有一道栅子门，西南向还建有一座二层楼的炮台。围墙、炮台现已不存，但东西走向的青石板街依然完好，并在两头新修了仿古村门。青石板街长700多米、宽3至5米，把村子分成南北两半。建筑布局奇特，所有建筑都坐南朝北。位于青石板街北侧的房屋大门也朝北开，只在南侧开一小门与街相通。从青石板街生出九巷，分别为陈家巷、西陈家巷、马家巷、深巷、余家巷、张家巷、李家巷、里沟上巷、马沟上巷。

全村保留有清代建筑和民国建筑260幢，大多是土木结构、青瓦铺顶的两层楼房四合院。屋顶形式为硬山顶，屋脊笔直，左右山尖向上翘起，左边略高于右边，意为"左青龙，右白虎"，青龙压白虎。这些建筑装饰工艺精湛，雕刻、绘画水平高超。郑营村出名的建筑有陈氏宗祠、郑氏宗祠、司马第、陈载东住宅等。

郑营村陈氏始祖陈斌，祖籍安徽省凤阳。陈氏宗祠建造于1925年，位于青石板街南侧，坐南朝北，占地面积1240多平方米，通面阔24米，总进深52米。祠门为牌坊式，砖石结构，三开间、瓦顶、门框均用砖石拱券。明间宽3.5米，次间宽2.9米，通高6米。匾联皆用青石阴刻镶嵌在砖壁上。明间门额上有四块石匾，长宽各0.8米，其上阴刻"陈姓宗祠"四字。从

陈氏宗祠祠门沿中轴线而进，依次有石桥、中殿、正殿。中殿和正殿前各有一个院子，两侧均有对称式的偏殿楼阁。中殿前的石桥为单孔石拱桥，桥上有栏板望柱，望柱头为石雕十二生肖。中殿建在0.75米高的石台基上，四周有廊，单檐歇山顶、抬梁式。正殿为重檐歇山顶、抬梁式建筑，三开间，二进间。正殿上下有两层楼，建造在1.2米高的石台基上，更有两座1.95米高的石狮柱础抬高，显得高大雄伟、庄严肃穆。陈氏宗祠是郑营村人陈鹤亭集资建盖。陈鹤亭（1874-1931），清末进士，著名实业家，主持修建了中国历史上第一条民营铁路"个碧临石铁路"。

在陈氏宗祠东面约百米处，有郑氏宗祠。郑氏宗祠始建于清光绪八年（1882），位于青石板街南侧，坐南朝北，占地面积711平方米，土木砖石单檐硬山顶两进四合院结构。由于建造时间较早，大约又从未大修过，虽有衰败之象，但也雕梁画栋、描金绘彩。特别是大门檐枋、正殿屋檐，雕刻之繁复、细腻、精美，又超过了陈氏宗祠。

在宅第建筑中，位于郑营村中心区的陈载东住宅最显眼。陈载东是陈鹤亭的五弟，为当地一方巨贾。陈宅位于青石板街北侧，坐南朝北，占地面积1000平方米。大门以青石和砖混合砌成石墩，嵌栗木门框、双扇椿木大门。门槛左右分列石门枕，大门头横梁叠起。斗拱、昂枋、屋檐板上皆精雕细刻，有彩画的瑞兽、花草、鱼鸟等，依大门而进是下堂院、中堂院、上堂院。这座三进四合院，从上堂屋的明间而入是耳房，左右两边有寿字图案圆形窗，明间两根大圆柱直通楼上。圆柱前后有吊脚柱，前后三层檐板。前吊脚柱下，有镂空雕刻成的木灯笼。柱檐板上有云雕和各种花草。走马转角楼通过中堂楼上下连通。上院楼的四个角处，从屋檐伸出三根小柱和栏杆相连。屋檐板分三层，层次清楚，好像一道三层花门框。板上雕有云图和各种花草图案，古朴典雅。中堂楼上楼下、前后各有隔扇门24扇，屏门上有条形格图案和雕刻的各种花草和吉祥物。上下院左右耳房有方格梅花窗和雕刻屏门。木雕的图案精美，雕刻细腻。整座大院显得豪华、典雅，建筑样式奇特。

司马第始建于明初，原建筑已毁于火灾。现建筑为民国年间建造，土木结构楼房，门额上悬挂着"司马第"横式木匾。

郑营村人坚守"耕读传家"理念，尽其所能供子弟读书上进，以"知书达理"为荣。郑营小学位于村子西北端，坐南朝北，占地面积1852平方米，四合院，始建于1912年，由陈鹤亭倡办。

郑营村

郑营村西门

陈氏宗祠中殿

陈氏宗祠中殿梁枋雕刻

陈氏宗祠正殿垂花柱

陈氏宗祠正殿柱础

陈氏宗祠门前石狮子

陈氏宗祠正殿

郑氏宗祠梁枋雕刻

郑营村石板街

郑氏宗祠雀替

郑氏宗祠

郑营村古井

陈载东住宅垂花柱

陈载东住宅院落

陈载东住宅窗棂木雕

陈载东住宅门楼木雕

陈载东住宅柱础

陈载东住宅门楼

陈载东住宅雀替

陈载东住宅隔扇门木雕

东莲花_村

Donglianhuacun

云南省巍山县永建镇东莲花村

云南省巍山县永建镇东莲花村，位于永建坝子中南部，南距巍山县城25公里，北距大理市区30公里。东莲花村三面环水，林木葱郁，田园丰沃，水流潺潺，鸟语花香，充分体现了人与自然的和谐统一。

村落空间形态以清真寺为中心，民居围寺而建，雄伟的叫拜楼矗立于清真寺内，展现出强大的民族凝聚力。高耸的叫拜楼，四面相呼的5座碉楼，成片的古民居建筑群，构成了形态丰富、和谐完整的穆斯林古村风貌。东莲花村始建于明代中叶，是滇西地区较为典型的回族村落，村落风貌保存完整，建筑风格独具特色，伊斯兰民族风情浓郁，马帮文化悠久，民风民俗多姿多彩，成为滇西地区穆斯林群众生活变迁的一个缩影。

民国年间，东莲花马帮运输久负盛名。以大马锅头马如骥为首的7支马帮共有350多匹骡马，赶马伙计100余人，来往于滇、黔、川、粤、藏等省区和南亚诸国，互通有无。在马帮兴旺的年间，东莲花村家家养马，户户经商，村内马帮云集，来往商旅如织，经济繁荣，一度被喻为"小上海"。大马锅头马如骥所建的一联10间二层连体成排大马厩和马帮物资库房宅院，大马锅头马如清所建的二联18间的二层连体成排大马厩，可从六个不同方位看护马帮物资的六角伞顶型碉楼等精美建筑，是东莲花村作为茶马古道兴盛时期重要回族驿站的见证。富裕起来的马锅头们建了不少精美建筑，目前保存有形态各异、古色古香的古民居28幢，另有三层以上的碉楼5座、古清真寺1座，其中清代建筑10064平方米、民国时期建筑17966平方米。

东莲花清真寺始建于清朝初年，占地面积8.8亩，由叫拜楼、礼拜大殿、讲堂、沐浴室等建筑组成，是当地传播回族文化的中心。其中，叫拜楼也称宣礼楼，1945年建，1990年重建，四角攒尖顶，建筑面积856平方米；礼拜大殿1943年重建，1987年扩建，为重檐歇山式、长41.2米、宽19.5米，建筑面积803平方米，可容纳近千人同时礼拜。整个清真寺有一条明显轴线，由东向西，依次是大门、叫拜楼、礼拜大殿。叫拜楼把清真寺分成东、西两个院落，南、北两侧是讲堂。清真寺规模宏大，雄伟壮观，风格独特，土木结构，把中国传统出阁架斗、雕梁画栋的建筑风格和阿拉伯伊斯兰美学观念完美地结合在一起。庭院内绿树成荫，花香飘逸，与古碉楼、古民居建筑群浑

然天成，和谐交融。清真寺大殿上，民国十五年陆军少将杨盛奇题赠的匾牌"诚一不二"至今仍在。

在古民居中，民国三十年建成的马家大院工艺最好，特色最鲜明，最具代表性。马家大院建筑群多采用"六合同春"的布局，以"三方一照壁"、"四合五天井"、"走马转阁楼"等为建筑形式，角楼林立，重门深院，工艺精湛，中国传统文化与伊斯兰文化和谐并存，水乳交融。马如骥故居是马家大院古建筑群中的典范，特色是"一碉两院三门四阁五堂六天井"，采用"六合同春"布局，东西耳房、厅房同南面的主照壁构成南院的"三坊一照壁"，主房、东西厢房、大门和角楼则构成北院的"四合五天井"。打开厚重的大门，映入眼帘的是四个刻在大理石上的大字"世守清真"，表达了主人虔诚的信仰。院落的每一个角落，无论是精心装饰的门楣还是匠心独具的花窗，尽管历经岁月侵蚀、风吹雨打，依然可以看出当年的气魄和独有的魅力。在马如骥故居的二楼，那藻井的彩绘依然清晰美丽，有彩绘《三塔》、《回文学校》、《鸡足山庄严塔》、《上海街景》。其中，彩绘《上海街景》被视为不可多得的珍贵资料，不仅惟妙惟肖地再现了当年上海滩十里洋场的风华，还体现了马帮商人的开放胸襟和开阔眼界，体现了主人对现代化生活的追求和向往。马家大院的精美，往往在细节当中展现。迄今仍有淙淙碧水的古井，井栏四周雕刻美丽的折枝花卉。就连不起眼的马厩后墙墙砖上，也刻有"好鸟枝头亦朋友，落花水面皆文章"的诗句。

马如骥，清光绪二十三年（1897）出生于东莲花村伊斯兰世家，其事迹至今为乡里称道。受父母的影响，他从小学习经书，伊斯兰基础知识学得扎实。当时他的马帮商队主要跑南洋，多运输糖、茶、丝麻等互通物品。身为当时的县议员、乡长的马如骥，十分关心民情。那时横跨上川坝子的米汤河，因河高坝低，经常泛滥成灾，给乡民生命财产造成重大损失。马如骥组织灾区乡民，在洪水经常决口泛滥的河段，用五面石筑起了一道长300米、宽1.5米、高2米的石埂河堤。马如骥热心公益，在当地有口皆碑。

东莲花村精通古波斯文、阿拉伯文的学者比比皆是，宗教生活严谨，经堂教育兴盛，宗教人才辈出。一年一度的古尔邦节、圣纪节、开斋节等伊斯兰传统节日，体现出浓郁的伊斯兰风情。

东莲花村一角

东莲花村

古民居门楼

古民居角楼

古民居隔扇门

古民居照壁装饰

古民居壁画

民居院落中的古井

东莲花清真寺门楼

东莲花清真寺叫拜楼

东莲花清真寺礼拜大殿前走廊

东莲花清真寺礼拜大殿

马如骥故居院落

马如骥故居角楼

马如骥故居藻井彩绘

南长滩村

Nanchangtancun

宁夏回族自治区中卫市香山乡南长滩村

宁夏回族自治区中卫市香山乡南长滩村，位于中卫市区南60公里处，地处宁夏回族自治区、甘肃省的交界处，与甘肃隔黄河相望。因地处黄河黑山峡冲刷淤积形成的狭长河滩，又位于黄河南岸，而得名"南长滩村"。

这是一个神秘的村落，四面环山，一河绕流，形成弧形半岛，像一块翡翠镶嵌在黑色的石头和黄色的河水之间。黄河在这里转了一个大弯，在河南岸形成了一个月牙形长滩。村子不大却拥有"三个宁夏第一"，即宁夏黄河第一村、宁夏黄河第一渡、宁夏黄河第一漂。因有大山和黄河阻隔，这里是黄河岸边一个几乎与世隔绝的地方。从宁夏回族自治区中卫市到南长滩村，先要绕行到甘肃省境内，横渡黄河方可到达。每年春天，这里绽开着如云的梨花，花繁似锦，因而人们又称其为"梨花村"。

西夏王朝是我国历史上生活在西北的一个重要的少数民族政权，强盛时期曾经前期与北宋、辽，后期与南宋、金三足鼎立，元太祖二十二年（1227）被蒙古大军所灭。据说，由于灭西夏过程中遇到强力抵抗，成吉思汗死于六盘山行宫，成吉思汗临终前发出灭绝指令："殄灭无遗，以灭之、以死之。"紧接着，蒙古军队便对西夏民族进行了毁灭性屠戮，"城郭付之一炬，四面搜杀遗民，白骨蔽野，数千里几成赤地"。经过战争蹂躏、地震、兵乱、屠城，大部分西夏城镇沦为废墟，毁灭性打击使得西夏王朝的许多历史变成千古之谜。西夏文字少有人识别、西夏书法狂草被称为天书、西夏学被认为是绝学，西夏后裔一度被认为毁灭于战争。

南长滩村大部分村民复姓拓跋，现简姓拓，自称是西夏人的后裔，代代相传，至今还保留着重修于清咸丰年间的族谱。族谱用传统的方法装订，手工书写，有历次修订的序。序言记载的时间跨度很大，从公元386年拓氏跋圭继代王位、西夏国号开始，一直到拓跋元昊（西夏国王李元昊），乃至元明清各朝代都有记载，内容庞杂，从中可以感受到族人变迁的跌宕起伏。当年拓跋氏一支，为避战乱，乘羊皮筏逆流而上，发现此地没有人烟，依黄河岸边土地肥沃，于是定居于此，数百年来不被外人所知道，堪称"世外桃源"。

据传，南长滩村民是西夏党项后裔的一支，700多年来生活在这个与世无争的小山村里。这是党项族作为一个民族实体消失以后，迄今发现关于这个古代少数民族的最鲜活载体。黄河流不尽沧桑，这个村落的名字写进了《西夏通史》。历史翻到新的一页，在勤劳智慧的农牧民们精心经营和滔滔黄河水润泽下，南长滩村从荒凉的不毛之地逐渐演变成一个居住有近200户人家、1000余人口的较大村落，也成为城里人回归自然、户外探幽的一个好去处。

这里有史前岩画、古代水车、秦代长城、黄河两岸怪石嶙峋，高崖耸立。在南长滩村东北侧的断崖地层，发现一处秦汉时期人类居住过的遗址，将南长滩村人类生活的历史提前到2000多年以前。经实地调查，裸露的秦汉文化层长10多米、厚15厘米左右。地层内留有人工铺垫的红色石片基座，也有当时人们在此居住时使用过的生活陶器残片和建筑用瓦数件。陶器为泥质灰陶，器壁较厚，形体较大，主要有罐、盆等。除个别为素面外，纹饰以粗绳纹为主，细斜绳纹次之。另外，在秦汉遗址地层南约70米的村民院落外侧崖壁处，发现了元、明时期的文化层。在裸露的文化层中，发现了比较丰富的粗瓷片。从瓷片的口沿、腹、底辨析，主要有缸、罐、盆等，外壁分别施黑色釉、酱色釉和黄褐色釉，也有部分器底露胎无施釉。

梨园，南长滩最亮丽的一景，也是感受先祖惠泽并和他们娓娓絮谈的最佳地界。登高而望，一条宽约百米的葱郁林带，傍村襟河，逶迤南北。一株株状奇形异、枝杆黑褐的百年老树，气朗神清、悠悠散列。南长滩村种植有400亩的梨树，梨已成为这里一大特产，3000棵古老的梨树挤满了河滩，300年以上树龄的梨树近百棵，最古老的梨树树龄有400年。大山和黄河的阻隔，使这里保持了比较原始的生活模式，种田耕地用二牛抬杠，施用的是农家肥。村子里家家养羊，最多达500多只，收入大多依靠养羊和卖红枣、香水梨。

河边一些平整的农田里长着绿油油的庄稼，水车吱吱呀呀地"唱着"古老的歌。羊群在南边的山坡上白云似地飘着，马、牛、驴在静静地啃着草。走进南长滩村，恰如走进历史的沧桑，一些石垒土砌的原始民居静卧在这里。这里的民居，以土坯房为主。那一排排土坯房墙上，至今还保留着文革时喷印的各种标语。如今的南长滩村，正在演绎着"围城"里的故事。山里人耐不住寂寞，纷纷举家外迁，到热闹的城镇寻求发展，城里人又一窝蜂似的涌向这里，观光旅游，吃农家饭，寻得一份难得的清静，感受世外桃源的美好景色。

南长滩村盛产个大质好的红枣和清热解毒的香水梨。春天，上千棵百年老梨树花枝招展，迎接着远道而来的客人。南长滩梨花节，已成为宁夏回族自治区最具吸引力的旅游品牌之一。每年的四月上旬，南长滩村的冬梨花、香水梨花，竞相吐蕊绽放，散发出袭人的花香。

南长滩村

南长滩村一角

黄河摆渡是进出南长滩村的唯一通道

南长滩村村委会

南长滩村小学校

采摘香水梨

黄河岸边的梨园和枣园

晾晒玉米、红枣和辣椒

黄河岸边的果园和庄稼

阿勒屯村

Aletuncun

新疆维吾尔自治区哈密市回城乡阿勒屯村

新疆维吾尔自治区哈密市回城乡阿勒屯村，位于哈密市回城乡西郊，北距哈密市区 5 公里。大多数村民为维吾尔族。阿勒屯村，维吾尔族称之为"阿勒同勒克"，意思是黄金之地。阿勒屯村保存有哈密回王府、哈密回王陵等历史遗迹，建筑风格既体现了维吾尔族风格，又吸收了中原汉文化特点，是不可多得的历史文化遗产。

哈密回王是清朝时哈密维吾尔地方封建领主的习称。清康熙三十六年（1697）哈密维吾尔首领额贝都拉助清廷平定噶尔丹叛乱有功，被册封为"一等札萨克达尔汗"，其部被编为蒙古镶红回旗，历代继承者爵位由王公、贝子、贝勒一直晋升为和硕亲王，尽享尊贵。哈密王权从清康熙三十六年（1697）第一代回王额贝都拉受封始，至民国十九年（1930）结束，历经九世，共 233 年，是清朝以来新疆维吾尔封建王公统治时间最长的一个。在两个多世纪的时间里，历代哈密回王依靠清政府实行政教合一的统治，在稳定新疆、平定叛乱、维护祖国统一方面起到了积极作用。

第一代回王额贝都拉于清康熙三十七年（1698）秋进京，第二年返回时，从京城请来汉族工匠设计修建王府和回城，在原蒙古府的基础上于清康熙四十五年（1706）始建，费时七年方竣工。后又经过几代回王的修缮加工和经营扩建，至七世回王伯锡尔时，已成为一个宅园相连、雄伟壮观的园林式建筑群。哈密回王府土墙高台，琉璃瓦顶，飞檐斗拱，是当时新疆境内规模最大、最具特色的一座宫殿建筑，既体现了伊斯兰古典建筑的艺术风格，又融合了汉族建筑艺术的特点。清同治五年（1866），阿古柏叛乱军攻打哈密，杀害七世回王伯锡尔并烧毁王府。清同治十二年（1873）秋，陕西回民义军头目白彦虎攻进回城，哈密回王府又遭掠夺。清光绪八年（1882），九世回王沙木胡索特袭位后，对王府进行了扩建和翻修。扩建后的王府占地面积两万多平方米，占回城的四分之一，有房 800 多间，大小门楼九重。正门楼为中西合璧结构，飞檐起脊，画栋雕梁，绿琉璃瓦顶。整体建筑分为内外二宫，内宫地面与城墙同高，外形是城楼式的宫殿。有数院，做为官员办公、警卫住宿以及贮藏军械、招待来宾等用。由于历代回王皆是虔诚的伊斯兰教徒，因此对清真寺的修建十分重视，在回王府内，有三座规模不等、

风格各异的清真寺。民国十九年（1930）六月，沙木胡索特病故。次年农民暴动，将这座有数百年历史的回王府"付之一炬，夷为平地"。

2003 年开始，哈密市政府筹集经费重建回王府。重建工程分三期，目前一、二期工程已竣工，占地面积 59.68 亩，包括台吉议事处、回王宫大殿、回王寝宫、配殿、清真寺、角亭、军官休息室、点兵台、军官议事厅、军官活动室、碉堡、牢房、马房、牌楼、四合院等。

哈密回王陵，陵墓建筑群占地面积约 1.3 公顷，主要由大拱拜、小拱拜和大清真寺三部分组成。

大拱拜是一座具有伊斯兰建筑风格的拱拜，高 17.8 米，东西长 20 米，南北宽 15 米，埋葬着七世回王伯锡尔及其大小福晋，八世回王默哈莫德及其王妃、王族 40 人。墓室下方上圆，四角为瓷砖镶砌的圆柱，环拥中部穹顶；室门西开，两侧各配以四个小型尖拱壁龛；墓室粉白内墙，印有蓝色图案。整个建筑外覆绿色琉璃砖和白底蓝花、白底绿花的瓷砖，素雅庄重，华盛溢彩，显出王陵气魄。七世回王墓西北角有一段黄土残垣墙，修于清同治七年（1868），长 60.3 米、高 4.5 米、上宽 1 米下宽 2.6 米，由黄土夯筑而成。七世回王墓原四周均有围墙，由于年久失修，加之自然和人为因素的破坏，现仅存西北角这一段。

大拱拜南边原有五座亭式木结构小拱拜，东西排列，为其他回王陵墓，现完整保存的只有两座。东部一座为九世回王沙木胡索特拱拜，埋葬有沙木胡索特及其王室成员、王族等 13 人；西部一座为台吉拱拜，埋葬有辅佐哈密回王的台吉及其家属共 13 人。九世回王拱拜高约 15 米，底部正方形，边长 15.5 米，内部以土坯垒砌伊斯兰式的穹隆顶墓室，外部于垣墙内及四周用亭柱支撑具有汉族特点的八角攒尖顶木结构亭楼，建筑将墓室罩在其中，木格的门、木格的窗棂，飞檐起脊，雕梁画栋。这两座木质拱拜，在建筑形式上以伊斯兰式的穹隆为基础，同时吸收了内地八角攒尖顶及蒙古式盝顶的木质结构建筑形式，将多种风格融为一体，是中原文化、蒙古文化和伊斯兰文化相融合的产物。

大拱拜的正西是艾提尕尔大清真寺，具有浓郁的伊斯兰建筑风格，宏伟壮观，气息古朴。大清真寺最初修建于一世回王额贝都拉时期，后经四世回王玉素甫和六世回王额尔德锡尔的不断扩建，方具目前规模，东西长 60 米，南北宽 36 米，占地面积 2000 多平方米，修筑有唤礼塔，可同时容纳 5000 人做礼拜，其规模位居东疆清真寺之首。寺内有 9 排 104 根大红柱支撑着顶部，柱头雕红绿色莲花，木柱都是粗大的天山松木，需两人才能合抱。墙内嵌修寺所刻的纪念性石碑，顶彩绘花草图案，四壁书古兰经文。清真寺门内有一个旋梯，可以直上到寺顶。

哈密王历史陈列馆

九世回王沙木胡索特拱拜及台吉拱拜

艾提尕尔大清真寺

艾提尕尔大清真寺彩绘

艾提尕尔大清真寺柱头

艾提尕尔大清真寺

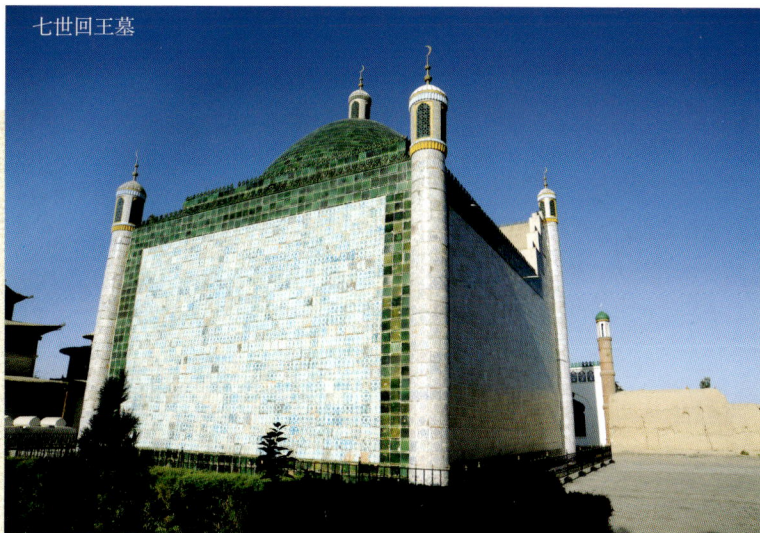
七世回王墓顶

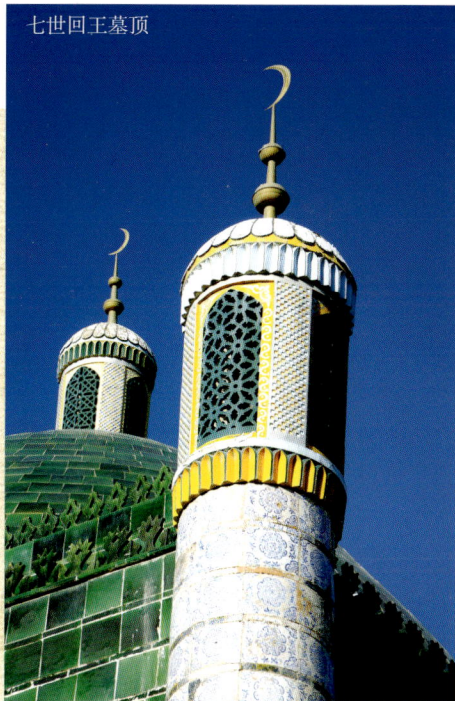
七世回王墓

七世回王墓残留的土围墙

阿勒屯村清真寺

阿勒屯村墓葬群

王爷府丹陛石与牌楼

王宫大殿内部

王宫大殿

回王府清真寺

王爷台的角亭

王爷台

索引

中国历史文化名村

注：北京市门头沟区斋堂镇爨底下村 (1) P020，括号中数字"1"表示第一批，"P020"表示第 020 页。

后记

中国历史文化名村大观

　　面对分布分散、地处偏僻的中国历史文化名村，我们感到研究的难度太大，有过中途放弃的想法。幸运的是，课题得到了中国农业博物馆党委书记沈镇昭、馆长唐珂、副馆长张力军、刘玉国以及研究馆员曹幸穗、肖克之、胡泽学的热情关心，得到了中国农业博物馆学术委员会的大力支持，使课题如期完成。作为课题主持人，我要借此机会向所有关心、支持本课题的领导和专家表达诚挚谢意。

　　两年来，课题组成员奔走于各个历史文化名村，历经风霜雨雪、盛夏酷暑，一去就是十天半个月，大家为课题研究付出了辛勤汗水。至 2010 年 9 月，我们完成了第一至第四批 108 个名村的现场调研工作，无一遗漏。在 108 个中国历史文化名村中，有 98 个村是自驾车辆前往，自驾行程 2 万多公里，路途艰辛不言而喻。为抓紧时间，每天早出晚归，虽没露宿但风餐是常事。尽管每次出行都作充分准备，详细查阅当地气候状况、交通条件等，但也遇到水灾、地震、塌方等困扰。还好，我们每次都安全、圆满地完成了现场调研任务。

　　我们一边赴现场调研、拍摄资料，一边梳理头绪、撰写书稿。《中国历史文化名村大观》出版了，我们感到十分欣慰。沈镇昭书记在百忙之中为本书作序，唐珂馆长为本书出版提了许多指导意见。在此，我也要向所有关心、支持本书出版的领导和专家表示衷心感谢。

　　这里我要特别提到孟行正副研究员。他是我多年的同事，虽已过花甲之年，但仍探访了 108 个中国历史文化名村中的 100 个，是课题组成员中走访名村最多的人。孟行正副研究员不仅是本书图片的主要摄影者，还参加了书中文字的起草和修改工作。可以说没有他的鼎力相助，本课题是难以完成的，在此我要向孟行正副研究员表达敬意。

　　中国历史文化名村是我国历史文化遗产的重要组成部分。《中国历史文化名村大观》的编撰出版，希望能让更多人了解我国农村丰富的历史文化遗产，关心和支持历史文化名村保护工作，为传承和弘扬中华文明作出贡献。

下表记录了赴中国历史文化名村进行实地考察的时间、地域和人员：

序号	起止时间	考察地域	参加人员
1	2009 年 6 月 19 日至 6 月 23 日	北京 3 个村	林诚斌　孟行正
2	2009 年 7 月 19 日至 7 月 24 日	河北 2 个村　　内蒙古 2 个村	林诚斌　孟行正　陈　影
3	2009 年 8 月 2 日至 8 月 10 日	山东 3 个村　　河北 4 个村	林诚斌　孟行正　陈　影
4	2009 年 8 月 12 日至 8 月 17 日	青海 1 个村	钱文忠
5	2009 年 9 月 19 日至 10 月 1 日	山西 13 个村　陕西 2 个村 河南 2 个村	林诚斌　孟行正　陈　影
6	2009 年 9 月 21 日至 9 月 27 日	宁夏 1 个村	钱文忠　宁　刚
7	2009 年 10 月 18 日至 10 月 31 日	安徽 10 个村　浙江 5 个村 江西 4 个村　　江苏 2 个村	林诚斌　孟行正　陈　影
8	2009 年 11 月 1 日至 11 月 8 日	湖北 3 个村　　湖南 1 个村	钱文忠　宁　刚
9	2009 年 11 月 9 日至 11 月 17 日	云南 4 个村　　四川 1 个村	林诚斌　孟行正　迟铭雯
10	2009 年 11 月 19 日至 11 月 26 日	四川 2 个村	钱文忠　宁　刚
11	2009 年 11 月 29 日至 12 月 13 日	广东 11 个村　广西 3 个村 湖南 2 个村	林诚斌　孟行正　陈　影
12	2010 年 3 月 15 日至 3 月 26 日	福建 9 个村	钱文忠　孟行正　宁　刚
13	2010 年 5 月 23 日至 6 月 1 日	江西 8 个村	林诚斌　孟行正　李士毅
14	2010 年 6 月 29 日至 7 月 10 日	贵州 7 个村　　湖南 1 个村	钱文忠　孟行正　杨作贵
15	2010 年 8 月 8 日至 8 月 15 日	新疆 2 个村	林诚斌　孟行正　李士毅

2010 年 12 月 13 日，也就是本书脱稿之际，国家住房和城乡建设部、国家文物局评选并公布了第五批中国历史文化名村 61 个，中国历史文化名村的数量由 108 个增加到 169 个。随着保护工作的开展，国家级的历史文化名村会越来越多。这些新评选的中国历史文化名村，只能留待以后研究。

林诚斌

二〇一一年五月

图书在版编目(CIP)数据

中国历史文化名村大观/林诚斌主编.
—北京：中国时代经济出版社，2011.6
ISBN 978-7-5119-0794-3

Ⅰ. ①中… Ⅱ. ①林… Ⅲ. ①乡村－简介－中国 Ⅳ. ①K928.5

中国版本图书馆CIP数据核字(2011)第042774号

————————————————————————————

书　　名：中国历史文化名村大观

出 版 人：宋灵恩

主　　编：刘玉国　林诚斌

责任编辑：张晓东

————————————————————————————

装帧设计：车建国

作　　者：刘玉国　林诚斌

出版发行：中国时代经济出版社

社　　址：北京市西城区车公庄大街乙5号鸿儒大厦B座

邮政编码：100044

发行热线：(010)68320825　68320484

传　　真：(010)68320634

邮购热线：(010)88361317

网　　址：www.cmepub.com.cn

电子邮箱：zgsdjj@hotmail.com

经　　销：各地新华书店

印　　刷：北京市广益印刷有限公司

开　　本：787×1092　1/16

字　　数：866千字

印　　张：37.5

版　　次：2011年6月第1版

印　　次：2011年6月第1次印刷

书　　号：ISBN 978-7-5119-0125-5

定　　价：386.00元

————————————————————————————